# Reisen auf den Philippinen

## Luzon
## Schmelztiegel der Nation

## Die Visayas
## Inseln im Herzen des Archipels

## Mindanao
## Der wilde Süden

# Philippinen

## Richtig Reisen

Roland Dusik

DUMONT

# Inhalt

## Archipel der 7107 Inseln

## Palawan
## Die Dschungelinsel

# Serviceteil



### Verzeichnis der Karten und Pläne

# Archipel der 7107 Inseln

# Annäherung an die Philippinen

Abends in einem Restaurant in Manila. Der alleinreisende Tourist spürt plötzlich eine Hand auf seiner Schulter. »Hey Joe! Are you lonely?« fragt ein Filipino. Gleich darauf folgt die von einem freundlichen Lächeln begleitete Aufforderung »Come and join us!«. Und unversehens findet sich der Solist in einer geselligen Runde wieder. Solche Erlebnisse sind auf den Philippinen nicht die Ausnahme, sondern eher die Regel. Ganz selbstverständlich lassen die Filipinos Besucher aus dem Ausland an ihrem Alltag teilnehmen. In wohl kaum einem anderen Land Asiens ist es einfacher, Kontakt mit den Einheimischen zu bekommen als auf den Philippinen, deren Bewohner sich selbst als ›die freundlichsten Menschen der Welt‹ bezeichnen.

Wie wenig sich Filipinos oft rein äußerlich auch ähneln mögen, ganz gleich, ob in ihren Adern das Blut malaiischer, chinesischer, spanischer oder arabischer Vorfahren pulsiert, ein beeindrukkendes Element verbindet das ethnologische, kulturelle und soziale Puzzle der Inselrepublik – die faszinierende Mischung aus aufrichtiger Gastfreundschaft, liebenswürdiger Höflichkeit und asiatischer Sensibilität, mit der die Filipinos Besucher empfangen und ihnen das Gefühl vermitteln, tatsächlich Gast zu sein und nicht nur Tourist, der lediglich als Einnahmequelle willkommen ist. Mehr noch als grandiose Landschaftskulissen bleiben Begegnungen mit Filipinos im Gedächtnis haften. Es sind die Menschen, die dem Archipel seinen Reiz und Charme verleihen. Der Schlüssel zu den Philippinen ist der Kontakt zu den Filipinos. Man muß sie kennenlernen, um über sie das Land in all seinen Aspekten verstehen zu können.

Reisende, welche die ›Sicherheit‹ der Touristenenklaven, die Welt der selbstverständlichen Stromversorgung und der Pünktlichkeit des Westens hinter

*Bei Baheli auf Palawan*

sich lassen, um in das Alltagsleben der Filipinos einzutauchen, erwartet eine ungewöhnliche und interessante, wenn auch nicht immer harmonische Mischung aus Orient und Okzident, ein aufregendes Land voller Gegensätze, voller Träume und Alpträume, das teils noch in der ›Steinzeit‹, teils bereits im 3. Jahrtausend lebt. Während in der Metropole Manila mit ihrem ewigen Verkehrschaos das Betonzeitalter wuchert, gehen in den tropischen Regenwäldern immer noch nomadisierende Stämme auf die Jagd. Während in Fischerdörfern und Bergsiedlungen das Leben vom Rhythmus der Gezeiten und vom Wechsel zwischen Aussaat und Ernte bestimmt wird, rasen in den weltoffenen Großstädten des Landes Yuppies in teueren Importautos von Party zu Party, kleidet sich die dortige Jeunesse dorée mit Designer-Produkten.

Als überwiegend christliche Enklave sind die Philippinen ein Sonderfall in

# Highlights einer Philippinen-Reise

- In Manila Intramuros, das koloniale Herz der philippinischen Hauptstadt, der Rizal Park an einem Sonntagnachmittag und der Sonnenuntergang über der Manila Bay (S. 102ff.)
- Die klassischen Klänge, die Organisten der einzigartigen Bambusorgel von Las Piñas entlocken (S. 118)
- Ein heilsames und entspannendes Bad in einer schwefelhaltigen Thermalquelle von Los Baños (S. 120f.)
- *Shooting the Rapids,* die atemberaubende Fahrt in einem Einbaum durch das tosende Wildwasser des Pagsanjan River (S. 125)
- Ein Bummel durch das koloniale Vigan, die ›spanischste Stadt der Philippinen‹ (S. 136)
- Wanderungen im Bergland von Nord-Luzon, zu Reisterrassen, traditionellen Dörfern und geheimnisvollen Begräbnishöhlen (S. 149ff.)



Asien. Ihren Namen, die Religion und eine Vielzahl sakraler Bauwerke im tropischen ›Erdbeben-Barock‹ verdanken sie den Spaniern, welche die Inselwelt 1521 auf der Suche nach Muskat und Nelken ›entdeckten‹. Vier Fünftel der Filipinos betrachten den rund 14 Flugstunden entfernt residierenden Papst als Stellvertreter Gottes auf Erden. Aus diesem Grund markieren zahlreiche Feste, die wie Feuerwerke religiöser Inbrunst, Karneval und Jahrmarkt erscheinen, die Höhepunkte des Jahres. Doch haben die Filipinos nicht nur spanische Einflüsse adaptiert. Auch die Amerikaner, die 1898 nach ihrem Sieg über die Spanier als neue Kolonialherren ins Land kamen, hinterließen Spuren. Von ihnen haben die Filipinos nicht nur Coca-Cola und Hamburger, sondern auch ihre Verkehrssprache. Weiterhin orientieren sich der Aufbau von Staat und Verwaltung sowie das philippinische Bildungswesen am US-amerikanischen Vorbild. Obwohl weite Regionen im Süden des Archipels vom Islam geprägt sind und chinesischstämmige Filipinos das Wirtschaftsleben dominieren, stehen die Philippinen dem Westen nahe wie kein anderes Land in Asien. Vielleicht ist das der Grund, weshalb die Filipinos die Menschen des Fernen Ostens sind, die einem am nächsten scheinen, weshalb der aus 7107 Inseln bestehende Staat am westlichen Rand des Pazifischen Ozeans das ideale Land für Asien-Einsteiger ist.

Wohl an die 20 Jahre bräuchte man, um jede philippinische Insel auch nur einen Tag lang zu besuchen – Tausende von palmenbewachsenen Eilanden mit kilometerlangen, feinen Sandstränden, glasklarem Wasser und paradiesischen Tauchgründen, manche klein und flach wie Sandbänke, andere größer als deutsche Bundesländer und bedeckt von schroffen Bergen und dichtem Regenwald. Der Inselstaat ist reich an erholsamen Ferienplätzen, die aber von wenigen Ausnahmen abgesehen noch im

- Das Panorama des Mount Mayon, wegen seiner Ebenmäßigkeit einer der schönsten Vulkane der Welt (S. 162)
- Eine der zahlreichen *Barrio Fiestas,* ein großes Dorffest zu Ehren des lokalen Schutzpatrons mit heiligen Messen, religiösen Prozessionen und viel Jahrmarkttrubel
- Abtauchen in die artenreiche submarine Welt der Korallenriffe bei Cebu, Bohol, Palawan und anderen Inseln des philippinischen Archipels
- Die Fahrt in einer alten Dampflokomotive auf einer Zuckerplantage auf Negros (S. 190f.)
- Die ›Seele baumeln lassen‹ auf der tropischen Ferieninsel Boracay (S. 202f.)
- Das Ati-Atihan Festival in Kalibo (S. 200) oder das Sinulog Festival in Cebu City (S. 173) – Feste mit einer Mischung aus gelebter Frömmigkeit und ausgelassenem Fastnachtstreiben
- Ein Abstecher nach Zamboanga auf Mindanao, wo das Nebeneinander von spanischer und muslimischer Architektur kontrastreiche Akzente setzt (S. 222)
- Erkundung des Underground River auf Palawan, eine Märchenwelt mit Tropfsteinhöhlen und verästelten Gängen, großartigen Stalaktiten und Stalagmiten (S. 237)
- ›Inselhüpfen‹ in dem aquatischen Wunderland des Bacuit-Archipels vor Nord-Palawan (S. 241)



Windschatten des Massentourismus liegen. Aktivurlauber können sich dort in allen möglichen Wassersportarten üben – Tauchen, Schnorcheln, Surfen, Wasserski, Segeln.

Auf vielen Inseln breitet sich ein unvergleichliches Kaleidoskop landschaftlicher Reize aus. Vor allem auf der Dschungelinsel Palawan setzt sich die Natur oftmals dramatisch in Szene. Dort können Abenteuerlustige dem Ruf der Berge, meist noch aktiven Vulkanen, folgen. Der Pinatubo auf Luzon, der 1991 mit seiner ›Jahrhundert-Eruption‹ weltweit für Schlagzeilen sorgte, gehört jetzt zu den touristischen Hauptattraktionen des Landes. Mittlerweile werden Ausflüge zu den Katastrophenstätten angeboten. Als Inselreich mit vielen Gesichtern überraschen die Philippinen darüber hinaus kulturell und ethnologisch Interessierte mit einer Vielfalt an Völkern und Kulturen. Die großartigen, oft als ›Achtes Weltwunder‹ apostrophierten Reisterrassen der Ifugao auf Nord-Luzon kontrastieren mit labyrinthischen Pfahlbau-Dörfern muslimischer Volksgruppen auf Mindanao und dem Sulu-Archipel, wuchtige altspanische Festungskirchen mit vom Halbmond gekrönten Moscheen.

Das sind die Sonnenseiten. Die Philippinen sind aber auch ein Land dramatischer politischer Entwicklungen, ständiger Krisen, dauernder wirtschaftlicher Misere und regelmäßig wiederkehrender Naturkatastrophen. Armut, Korruption, Umweltprobleme, Taifune, Vulkanausbrüche, Überschwemmungen und andere Unbilden des Lebens – man trägt's auf den Philippinen mit Fassung. Eine unendliche, für westliche Besucher manchmal schwer verständliche Leichtigkeit des Seins bestimmt den Alltag der Filipinos. »Don't worry, be happy!«, sagen die meisten Einheimischen, auch die ärmsten unter ihnen, denn das macht es einfacher, die Sorgen und Nöte des oft nicht leichten Alltagslebens zu bewältigen.

# Landeskunde im Schnelldurchgang
# Die Philippinen

**Fläche:** 300 000 km$^2$
**Einwohner:** Knapp 70 Mio.
**Hauptstadt:** Metro Manila
**Amtssprache:** Filipino
**Name:** Die Philippinen sind der einzige Staat der Welt, der in seinem Namen einen spanischen König, Philipp II., verewigt. Die offiziellen Staatsnamen lauten *Republika ng Pilipinas, Republica de Filipinas* und *Republic of the Philippines.*

**Geographie:** Umspült von der Philippinen-See im Osten, der Celebes-See im Süden und dem Süd-chinesischen Meer im Westen, bilden die Philippinen die nördlichste Inselgruppe des Malaiischen Archipels. Die meisten der 7107 Philippinen-Inseln sind nur wenige Quadratkilometer groß. Die beiden größten, Luzon und Mindanao, nehmen zusammen über zwei Drittel der Staatsfläche ein. Drei Landschaftstypen prägen die größeren Inseln: in Nord-Süd-Richtung verlaufende Gebirgsketten, die von bis zu knapp 3000 m hohen Bergen oder Vulkanen überragt werden, sanftgeschwungene Hügelländer und ausgedehnte Küstenebenen.

**Geschichte:** Funde lassen vermuten, daß es auf dem philippinischen Archipel bereits vor etwa 250 000 Jahren menschliches Leben gab. Als Ureinwohner gelten die Negritos, die sich seit etwa 25 000 v. Chr. hier niederließen. Etwa zwischen 2500 und 1500 v. Chr. drangen vom asiatischen Festland proto- bzw. altmalaiische Völker auf die Inseln vor, ihnen folgten 300 v. Chr. Deutero- bzw. Jungmalaien. Islamische Gelehrte brachten ab 1380 den Islam in den Südteil der Philippinen.

Am 16. 3. 1521 landete Ferdinand Magellan auf den Philippinen und machte spanische Besitzansprüche für den Archipel geltend. Die Kolonisierung und Christianisierung der Inseln begann 1565 unter Miguel Lopez de Legazpi. Im Jahre 1571 eroberte Legazpi Manila und erklärte die Stadt zur Hauptstadt der Philippinen, wie die Inseln bereits 1542 zu Ehren des Kronprinzen und späteren Königs Philipp II. benannt worden waren. Bis 1600 stand fast das ganze Land, mit Ausnahme des muslimischen Südens, unter spanischer Autorität.

In der zweiten Hälfte des 19. Jh. wuchs eine nationale Bewegung gegen die spanische Kolonialherrschaft. Mit Andres Bonifacios *Cry of Balintawak* begann am 19. 4. 1896 die philippinische Revolution. Nach ihrer Niederlage im spanisch-amerikanischen Krieg im Jahre 1898 mußten die Spanier die Philippinen an die Amerikaner abtreten. Nach der blutigen Niederschlagung des philippinischen Unabhängigkeitskampfes (1899–1901) trieben die USA eine rasche wirtschaftliche Entwicklung ihrer überseeischen Kolonie voran.

Am 4. 7. 1946 wurde die Republik der Philippinen proklamiert, mit Manuel A. Roxas als erstem Präsidenten. In der Folgezeit praktizierten die Filipinos einen Schlingerkurs in Demokratie, der am 21. 9. 1972 mit der Ausrufung des Kriegsrechts durch den 1965 zum Präsidenten gewählten Ferdinand Marcos endete. Anfang der 70er Jahre brachen im Süden der Philippinen Kämpfe zwischen separatistischen Muslimen und Regierungstruppen aus, die Zehntausende von Todesopfern forderten. In anderen Landesteilen nahm die kommunistische *New People's Army* den bewaffneten Kampf gegen die Marcos-Diktatur auf. Der Ermordung des Oppositionsführers Benigno Aquino am 21. 8. 1983 folgten am 7. 2. 1986 vorgezogene Präsidentenwahlen, die Marcos nur durch Wahlmanipulationen für sich entscheiden konnte. Zwischen dem 17. und 25. 2. 1986 verjagten die Filipinos in der *People's Revolution*, einer weitgehend unblutigen Rebellion, den Diktator Marcos. Am 25. 2. 1986 wurde Corazon Aquino zur siebten Präsidentin der Philippinen vereidigt. Am 11. 5. 1992 löste Fidel Ramos Frau Aquino im Präsidentenamt ab.

**Politisches System:** Die Republik der Philippinen ist laut Verfassung eine dem amerikanischen Regierungssystem nachempfundene präsidiale Demokratie. Der Exekutive steht als legislative Kraft ein Zweikammer-Parlament aus Senat und Repräsentantenhaus gegenüber (24 bzw. 250 Mitglieder; von den 250 Abgeordneten werden 200 gewählt und 50 durch das Staatsoberhaupt ernannt). Der direkt vom Volk gewählte Präsident hat nur eine, auf sechs Jahre beschränkte Amtszeit. Verwaltungsmäßig gliedern sich die Philippinen in 14 Regionen mit 72 Provinzen.

**Wirtschaft:** Fast die Hälfte aller Beschäftigten arbeiten im Agrarsektor. Wichtigste Devisenbringer sind Kokosnußprodukte, Ananas und Bananen, an Bedeutung gewinnt die exportorientierte verarbeitende Industrie. Eine weitere Devisenquelle sind die Überweisungen der über 4 Mio. im Ausland arbeitenden Filipinos.

**Bevölkerung:** Auf den Philippinen leben knapp 70 Mio. Menschen, die ethnisch meist malaiischer Herkunft sind. Die Bevölkerungsdichte beträgt 228 Einw./km² (200 Einw./km² in Deutschland), das jährliche Bevölkerungswachstum 2,3 %.

**Religion:** Rund 83 % der philippinischen Bevölkerung bekennen sich zum römisch-katholischen Glauben, damit repräsentieren sie fast zwei Drittel der Katholiken Asiens. Religiöse Minderheiten bilden Protestanten (5 %), Muslime (5 %), Anhänger der Unabhängigen Kirche der Philippinen (3 %), Anhänger der *Iglesia ni Kristo* (2 %) sowie Buddhisten, Hinduisten, Taoisten und Anhänger von religiösen Splittergruppen oder animistischen Stammesreligionen (2 %).

**Klima und Reisezeit:** Aufgrund der Ausdehnung über ein Meeresgebiet von 1,3 Mio. km² besitzen die Philippinen kein einheitliches Großklima, doch können für die meisten Gebiete trotz regional spezifischer Regenperioden die Monate Dezember bis Mai als beste, weil niederschlagsärmste Reisemonate gelten.

# Geboren aus Feuer und Wasser
## Geographie und Klima



Am Anfang war ein Vogel. Rastlos flog er zwischen Himmel und Meer, über Wellenberge hinweg und in Wellentäler hinein. So sehr er auch suchte, nirgendwo fand er einen Platz, sich auszuruhen. Denn es existierten, so will es die Schöpfungsgeschichte, anfangs nur der Himmel und das Meer. Es gab noch kein Land und außer dem Vogel auch keine Lebewesen. Des ziellosen Umherfliegens überdrüssig, begann er, Zwietracht zwischen Himmel und Meer zu schüren. Er hoffte, dadurch würde ein Platz zum Ausruhen entstehen, denn diesen gab es bislang nicht, weder in den Lüften noch im Wasser. Während des Streites versuchte das Meer, den Himmel mit riesigen Wellen zu überschwemmen. Zornig schleuderte dieser Steine und Felsbrocken in die Tiefe – die 7107 Inseln des philippinischen Archipels waren erschaffen. Und der glückliche Vogel hatte nun endlich einen Platz, an dem er sich zur Rast niederlassen konnte.

So erklären die Filipinos ihren Kindern die Entstehung ihrer Heimat. In einem stimmt die Wissenschaft mit dem Schöpfungsmythos überein: Bei der geologischen Entwicklung dieser Inselkette, die im westlichen Pazifik dem Kontinentalrand Asiens vorgelagert ist, müssen Urgewalten am Werk gewesen sein. Geologen vermuten, daß einst Landbrücken die größeren philippinischen Inseln nicht nur miteinander, sondern auch – wie Japan, Taiwan und Indonesien – mit dem asiatischen Festland verbanden.

Untermauert wird diese Theorie durch Ähnlichkeiten in Fauna und Flora

*Blick auf die Kirche von Cagsawa und den Mount Mayon auf Luzon*

# Gewalten der Natur
# Vulkane, Erdbeben, Taifune

Über 600 Jahre lang schlief er, und die Einheimischen legten an seinen Hängen Reisfelder, Gemüsegärten und Obstplantagen an. Im Gegensatz zum Mount Taal südlich von Metro Manila und zum Mount Mayon auf Süd-Luzon zählte der Mount Pinatubo nicht zu den Sorgenkindern der philippinischen Vulkanologen. So nahm auch niemand die ersten Warnsignale ernst, die eine Eruption ankündigten – eine weiße Rauchfahne und ein dumpfes Grollen. Als im April 1991 die Häufigkeit der Erdbeben im Pinatubo-Gebiet zunahm, begannen amerikanische Vulkanologen, den Vulkan intensiver zu beobachten. Die Experten stellten einen ungeheueren Druckanstieg in den Magmakammern des Berges fest und veranlaßten die sofortige Evakuierung Hunderttausender aus der Gefahrenzone.

Was dann am 15. 6. 1991 in der Provinz Zambales geschah, war eine der furchtbarsten Vulkaneruptionen unserer Zeit. Unvorstellbare Mengen von Gas und Magma, die sich seit Jahrhunderten aufgestaut hatten, schossen durch den Schlot des Vulkans nach oben. Wie der Korken einer durchgeschüttelten Sektflasche knallte der oberste ›Pfropfen‹ der Erdkruste weg. Von 1780 m sackte der Vulkan auf eine Höhe von nur noch 1400 m zusammen. Bis zu einer Höhe von 40 km schleuderte der ›Killer‹-Vulkan Milliarden Kubikmeter Asche und Steinbrocken.

Riesige Staubwolken verdunkelten stundenlang die Sonne, machten den Tag zur Nacht. Das ganze Ausmaß der ›Jahrhundert-Eruption‹ wurde erst am folgenden Morgen deutlich – die Region um den Mount Pinatubo, einst ein Teil der ›Reiskammer der Philippinen‹, war unter einer grauen Ascheschicht verschwunden und glich einer Mondlandschaft. Selbst im 80 km entfernten Metro Manila mußten Autofahrer die Vulkanasche von den Windschutzscheiben ihrer Fahrzeuge fegen.

Unglücklicherweise tobte zur gleichen Zeit ein Taifun über Zentral-Luzon. Das Regenwasser vermischte sich mit den Aschemassen zu Schlammlawinen, die von den sintflutartigen Niederschlägen in die tiefer gelegenen Ebenen geschwemmt wurden. Diese meterhohen Lahar zogen eine Spur der Verwüstung durch das Land, begruben Häuser und ganze Dörfer unter sich. Noch viele Jahre wird von diesen Schlamm-Massen, die bei jedem Monsunregen unkontrolliert in Bewegung geraten, eine große Gefahr ausgehen.

Insgesamt fanden bei der Katastrophe rund 800 Menschen den Tod. 500 000 verloren ihre Heimat; viele von ihnen leben heute noch unter menschenunwürdigen Verhältnissen in Flüchtlingslagern an der Zambales-Küste. 80 000 ha fruchtbaren Ackerlandes wurden vernichtet. Auch die 15 km östlich des Mount Pinatubo gelegene amerikanische Clark Air Force Base blieb nicht verschont und mußte nach dem Vulkanausbruch aufgegeben werden.

Der Mount Pinatubo ist nur einer von knapp 20 aktiven Vulkanen, die von Experten allesamt als ›ziemlich unberechenbar‹ eingeschätzt werden. Größter der tätigen Vulkane ist der Mount Apo auf Mindanao, mit 2954 m zugleich der höchste Berg der Philippinen. Neben dem Mount Pinatubo und dem Mount Taal (400 m) auf Zentral-Luzon, dem kleinsten aktiven Vulkan unseres Planeten, gilt der Mount Mayon (2462 m) auf Süd-Luzon als der gefährlichste ›Feuerberg‹ des philippinischen Archipels. Seinem bislang letzten Ausbruch am 2. 2. 1993 fielen 75 Menschen zum Opfer.

Ursache der vulkanischen Aktivitäten auf den Philippinen ist die Lage der Inselkette in einer Region, die weltweit zu den geologisch instabilsten gehört, dem ›Feuergürtel der Erde‹, wie die von Vulkanismus und Erdbeben charakterisierten Bruchstellen der Erdkruste genannt werden.

Die Kollision zweier Kontinentalplatten im Philippinen-Graben ist auch verantwortlich für das ständige Grummeln im Bauch der philippinischen Erde. Je nach Reibungsintensität dieser Erdschollen, der Eurasischen und der Pazifischen Platte, die sich mit einer Geschwindkeit von wenigen Zentimetern jährlich bewegen, können Erdbeben entstehen. Fast täglich werden schwa-

zwischen den Philippinen und Kontinental-Asien, durch eine vergleichbare geologische Struktur sowie die relativ geringe Tiefe des Süd-chinesischen Meeres zwischen den philippinischen Inseln und dem asiatischen Festland. Ein weiteres Indiz dafür ist der 1800 km lange Philippinen-Graben an der pazifischen Küste des Archipels, der darauf hindeutet, daß die Philippinen einst der Kontinentalrand Asiens gewesen sein könnten.

Tektonische Bewegungen der submarinen Erdkruste haben diese zusammenhängenden Landmassen im späten Erdmittelalter und dann vor 35 Mio. Jahren vollkommen umgestaltet und dabei den Aufbau des heutigen Reliefs der Philippinen bestimmt. Im Laufe von Jahrmillionen wurden Gebirgsgürtel zusammengeschoben, vom Meer überflutet und vor 1 bis 5 Mio. Jahren emporgehoben. Zeugnis für diese erdgeschichtlichen Ereignisse legen Korallenriffe und Ablagerungen fossiler Meereslebewesen ab, die man heute in Gebirgshöhen bis zu 1800 m finden kann. Ihre endgültige Prägung erfuhr die Topographie der philippinischen Inseln durch vulkanische Aktivität vor 50 000 bis 100 000 Jahren. Die Landbrücken verschwanden nach der letzten Eiszeit vor ungefähr 10 000 Jahren, als die abschmelzenden Gletscher das Niveau des Meeresspiegels weltweit anhoben.

Aufgrund dieser bewegten Vergangenheit weisen die Philippinen eine enorme geographische Zersplitterung auf. Nach der jüngsten Bestandsaufnahme besteht der philippinische Archipel aus 7107 Inseln, von winzigen Koralleneilanden bis hin zur Hauptinsel Luzon mit einer Größe von über 100 000 km$^2$. Bewohnt ist nur weit weniger als ein Drittel der Inseln, einen Namen tragen knapp 2800.

Der maritime Staat gliedert sich in vier Hauptinselgruppen: Die Luzon-Gruppe im Norden, zu der neben der größten Insel Luzon auch Mindoro und Marinduque gehören; Mindanao mit dem Sulu-Archipel im Süden; die zwischen diesen beiden Polen liegenden Viche Erdstöße registriert, immer wieder kommt es aber auch zu verheerenden Erdbeben. So forderte am 16. 7. 1990 eines der schlimmsten Beben der Neuzeit in der Stadt Baguio auf Luzon rund 1600 Todesopfer.

Eine weitere Gefahr geht von pazifischen Taifunen (auf den Philippinen *Bagyo* genannt) aus, die vorwiegend im weiteren Umkreis der Marianen- und Karolinen-Inseln entstehen. Durchschnittlich 20 tropische Wirbelstürme treten mit unerbittlicher Regelmäßigkeit alljährlich zwischen Juli und November im Bereich der Philippinen auf. Da die großflächige Abholzung des tropischen Regenwaldes die bergige Inselgruppe schutzlos gemacht hat, richten die Taifune enorme Schäden an und fordern zudem oft zahlreiche Menschenleben. Besonders betroffen sind die Ostküste von Luzon sowie vor allem die Inseln Samar und Leyte, wo am 28. 11. 1991 bei einem Wirbelsturm über 7000 Menschen ihr Leben verloren. Außerhalb des Taifungürtels liegen Mindanao und der Sulu-Archipel sowie die südwestlichen Visayas und Palawan.

Nicht nur wegen der von Taifunen verursachten Sturmfluten und Erdrutsche müssen die Feuerwehren zu Großeinsätzen ausrücken. Wenn Wirbelstürme Defekte an elektrischen Leitungen verursachen, brechen auch immer wieder Brände aus, die oft ganze Stadtviertel in Schutt und Asche legen.



sayas, schließlich die Inselprovinz Palawan, die sich nach Südwesten Richtung Borneo erstreckt und innerhalb des Archipels eine geographische und geologische Sonderstellung einnimmt.

Auf den meisten Inseln wechseln Land und Meer, Ebenen und Gebirge einander oftmals atemberaubend schnell auf engstem Raum ab. Drei Landschaftstypen prägen die größeren Inseln: in Nord-Süd-Richtung verlaufende Gebirgsketten mit Erhebungen bis zu knapp 3000 m, sanftgeschwungenes Hügelland mit vielfach nur noch karger Vegetation und Küstenebenen, die als wechselnd breite Gürtel die Inseln säumen, oft weit in die Täler vordringen und zu den bevorzugten Siedlungsgebieten des Landes zählen.

Auf dem Archipel herrscht tropisches Klima, das durch hohe Durchschnittstemperaturen, extreme Luftfeuchtigkeit und reichliche Niederschläge charakterisiert ist. Die beiden Hauptjahreszeiten werden von den Monsunen geprägt. Unterschiede gibt es dabei im Gegensatz zu mitteleuropäischen Breiten weniger in den Temperaturen als in der Niederschlagsmenge.

Die etwa von Juli bis November dauernde Regenzeit *(Tag-ulan)* wird vom Südwest- oder Sommermonsun *(Habagat)* bestimmt, der auf seinem Weg über den Indischen Ozean reichlich Feuchtigkeit aufnehmen kann. Kennzeichnend für die Regenmonate sind – neben meist sintflutartigen Wolkenbrüchen mit regelmäßig wiederkehrenden Überflutungen – verheerende tropische Wirbelstürme.

Der winterliche Nordost-Monsun *(Amihan)* weht von Dezember bis März vom asiatischen Festland her und bringt dem Land die ›kühle‹ Trockenperiode *(Tag-hapon).* Trotz häufig aufgewühlter See in den Meeresgebieten um die Philippinen gelten diese Monate wegen ihrer erträglichen Temperaturen als beste Reisezeit.

Zwischen diesen beiden Jahreszeiten, in den Monaten April bis Juni, liegt *Tagaraw,* die heiße Trockenzeit. Charakterisiert ist diese von den Filipinos auch *season of the sun* genannte Periode von sonnigen und windstillen Tagen sowie Temperaturmaxima, die im Küstentiefland bis zu knapp 40° Celsius erreichen können.

Die jahreszeitliche Klimastruktur gilt allerdings nur in Grundzügen für den Archipel, da das Wettergeschehen sehr komplex ist und von Insel zu Insel variiert. So kennen weite Regionen der westlichen Visayas und von Mindanao keine ausgeprägte Trocken- bzw. Regenzeit, während entlang der Pazifikküste, die im Einflußbereich des Nordost-Passats liegt, ganzjährig ein gemäßigtes, regnerisches Klima vorherrscht.

# Die philippinische Pflanzen- und Tierwelt

## Pflanzenwelt

Kahlgeschlagene Berghänge, ausgetrocknete Flußbetten, verödete Landstriche ohne Baumbestand – vom Flugzeug gesehen wirken viele Regionen der philippinischen Inselwelt wie nordafrikanische Dürregebiete. Noch vor einer Generation überzogen tropische Regenwälder etwa die Hälfte der Landesfläche. Heute gibt es erschreckende Beispiele dafür, was menschlicher Unverstand und blanke Profitgier einer ehemals intakten Natur angetan haben.

Vor allem zu Marcos Zeiten, von Mitte der 60er bis Mitte der 80er Jahre, hatten es die Holzfällertruppen der Konzessionäre in den immergrünen Regenwäldern auf die als ›philippinisches Mahagoni‹ bezeichneten Edelhölzer abgesehen. Der Forstwirtschaft fielen im Jahresdurchschnitt 200 000 ha ›klassischen‹ Regenwaldes zum Opfer. Einige wenige Holzbarone häuften durch den Export von Tropenhölzern Vermögen an.

Und auch heute noch schrumpfen die Primärwälder, die nach Schätzungen von Fachleuten gegenwärtig höchstens

# Die Kokospalme
# Der Baum des Lebens

Von Luzon im Norden bis Mindanao im Süden – die rund 400 Mio. auf den Philippinen wachsenden Kokospalmen, die sich dank ihrer schwimmenden Früchte über den gesamten Archipel verbreitet haben, kann man nicht übersehen. Sie sind nicht nur eine Zierde für die Tropenstrände, sie liefern den Einheimischen auch wichtige Rohstoffe. Da eine Kokospalme, wie ein Sprichwort sagt, von neunhundertneunundneunzigerlei Nutzen ist, gilt sie den Filipinos als Baum des Lebens.

Praktisch jeder Teil dieses Baums, der bis zu 60 Jahre alt werden kann, findet Verwendung. Das weiße, fetthaltige Fruchtfleisch der Nüsse wird, von der Steinschale gelöst und getrocknet, als Kopra in große Ölmühlen geschafft, wo man daraus mechanisch und chemisch Kokosöl extrahiert. Dieses geht vorwiegend in den Export und dient als Grundstoff für die Margarine- und Bratfettherstellung. Auf Kokosöl basieren auch die Tenside genannten aktiven Substanzen von Waschpulver, die – da sie biologisch abbaubar sind – in Zeiten gestiegenen Umweltbewußtseins verstärkt bei der Waschmittelproduktion Verwendung finden.

Die Preßrückstände aus den Ölmühlen liefern ein hochwertiges Kraftfutter für das Vieh. Die helltrübe Milch der Kokosnuß ist ein erfrischender Durstlöscher. Von den Filipinos wird sie auch als Heilmittel bei Verdauungsbeschwerden geschätzt. Der aus dem angeritzten Blütenschaft tropfende Saft wird zum beliebten Palmwein *Tuba* vergoren oder, allerdings illegal, zu *Lambanog,* einem arrakähnlichen Branntwein, destilliert.

Aus den Fasern der reifen Kokosnuß dreht man Seile oder fertigt Teppiche, Matten, Säcke, Polsterfüllungen, Besen, Fischernetze und andere nützliche Artikel des täglichen Gebrauchs. Die Nußschalen dienen als Klangkörper für Musikinstrumente oder als billiger Brennstoff, dessen Rauch zudem die lästigen Moskitos vertreibt.

Philippinische Hausfrauen schwören auf die faserigen Fruchthüllen, denn die damit polierten Fußböden glänzen besonders intensiv. Da die Palmstämme relativ hart werden, wenn man sie einige Zeit in salzwasserhaltigen Sandstränden eingräbt, verwenden sie Handwerker gern zur Möbelherstellung oder als Bauholz für Hütten und Häuser, deren Dächer oft mit Palmwedeln eingedeckt werden. Entfernt man den Kern der holzigen Mittelrippe der Wedel, lassen sich daraus auch allerlei Flechtwaren herstellen. N icht nur bei Einheimischen, sondern auch bei Touristen ist Kokosöl als wirksames Sonnenschutzmittel sehr beliebt. Bei Europäern mag die Kokospalme als Symbol für Tropen und Exotik oft Fernweh und romantische Assoziationen erwecken, für Filipinos ist sie eines der am vielfältigsten genutzten Geschenke der Natur.

10 % des ursprünglichen Bestands ausmachen, durch unkontrollierten Kahlschlag sowie umfangreiche Brandrodungen *(Kaingin)* zur Gewinnung von Acker- oder Weideland alljährlich um mehrere zehntausend Hektar. Zwar ist inzwischen – nicht zuletzt auf Druck von Bürgerinitiativen, die sich gegen den Umweltvandalismus zur Wehr setzen – von Gesetzes wegen der Holzeinschlag in den verbliebenen Regenwäldern verboten, doch reicht der Arm der Bürokraten in Manila längst nicht in alle entlegenen Regionen des Archipels. Dort finden Holzmagnaten allemal Mittel und Wege, ihre Interessen durchzusetzen. So nimmt es nicht wunder, daß der Raubbau an der philippinischen Natur nicht einmal Nationalparks ausspart. Es ist absehbar, wann auf den Philippinen die letzten unberührten Regenwälder verschwunden sein werden. Besonders gefährdet ist der Primärwald von Palawan, der bislang noch am dichtest bewaldeten Insel der Philippinen.

Mittlerweile wurde die Waldverwüstung zu einer Zeitbombe für das ökologische Gleichgewicht. In kahlgeschlagenen Gegenden ist die dünne Humusschicht der tropischen Böden den Niederschlägen schutzlos ausgesetzt. Als Folge davon kommt es zu Erosion und Verkarstung. Verheerend sind die durch Wirbelstürme in der ungeschützten Landschaft ausgelösten Erdrutsche und Überflutungen. Hinzu kommt die erosionsbedingte Verschlammung von zahlreichen Flußmündungen und vielen Stauseen.

Nach offiziellen Angaben sind immer noch etwa 40 % des philippinischen Staatsgebiets mit Wald bedeckt. Dabei handelt es sich jedoch überwiegend um artenarme Sekundärwaldbestände mit dichtem Unterwuchs sowie industrielle Holzplantagen aus schnellwachsenden australischen Eukalypten oder indischen Gemelina.

Je nach Höhenstufe weisen die Wälder verschiedene Vegetationszonen auf. Im Gezeitenbereich der Küstensäume, Flußdeltas und Korallenriffe wuchern salzwassertolerante Mangrovenwälder. Landeinwärts folgen Nipa- und Kokospalmenbestände sowie verschiedene Bambusarten. Bis etwa 150 m Meereshöhe reichen die Molave-Wälder, die aus Bäumen bestehen, welche in der Trockenzeit Laub abwerfen. Daran anschließend, bis etwa 400 m Höhe, finden sich immergrüne Monsunwälder mit großem Artenreichtum. In Lagen von 500 bis 1500 m sind regional verschiedenartige Kiefernwälder verbreitet, etwa die Bestände an Benguet-Pinien im Bergland von Nord-Luzon. Die höchstgelegenen, regenreichen Gebiete werden von Nebelwald und krüppelwüchsigen Bäumen sowie Farnen, Flechten und Moosen dominiert.

Über 10 000 Arten von Bäumen, Sträuchern und Farnen wachsen auf den philippinischen Inseln, davon etwa 7000 endemische, also nur dort vorkommende. Man kennt allein 900 verschiedene Arten von Orchideen, darunter sehr seltene Exemplare, etwa die Waling-Waling genannte ›Königin der philippinischen Orchideen‹. Weitere charakteristische Pflanzen sind die zur Nationalblume erkorene Sampaguita, die oft zu Blütengirlanden gebunden wird, und der Nationalbaum Narra, ein wegen seines Hartholzes begehrter Urwaldriese, sowie Bougainvillea, Frangipani und Hibiskus, die in einem Feuerwerk an Farben miteinander konkurrieren. Kulturpflanzen sind Reis, Kokosnuß, Zuckerrohr, Ananas, Banane, Tabak, Kaffee, Kakao und Gummibäume sowie die Abaka-Pflanze, aus der man Manila-Hanf herstellt.

## Tierwelt

Wegen der Insellage der Philippinen zeigt die Tierwelt nicht die Vielfalt tropischer Festlandsregionen, bemerkenswert ist aber der Reichtum an endemischer Fauna. Fossile Knochenfunde beweisen, daß auf dem Archipel vor etwa 200 000 Jahren Mammuts und Nashörner existierten. Heute gibt es auf den Philippinen keine großen Wildtiere mehr, jedoch außergewöhnliche Kleinsäuger. Dazu gehören das *Mouse Deer* (Pilandok) auf Süd-Palawan, eines der kleinsten Huftiere der Welt, und der Koboldmaki (Tarsius), der mit nur 10 bis 15 cm Körpergröße kleinste Affe Asiens.

In den Bergen von Mindoro ist der Tamaraw endemisch, ein sehr aggressiver Wildbüffel mit kurzem, geradem Gehörn. Experten schätzen, daß von dieser von der Ausrottung bedrohten Tierart nur noch etwa 200 Exemplare existieren. Millionenfach vertreten ist dagegen der *Carabao,* der domestizierte Wasserbüffel. Da er als vielfältig einsetzbares Last- und Zugtier die effektivste Landwirtschafts-›Maschine‹ der philippinischen (Klein-)Bauern ist, gilt er als *the farmer's best friend.*

Wildschweinrotten und Rehrudel durchstreifen die philippinischen Wälder. Heimisch sind auch verschiedene Affenarten. Krokodile und artverwandte Reptilien hat der Mensch jedoch nahezu ausgerottet. Zahlreich sind dagegen Schlangen, darunter giftige wie Kobra, Grubenotter und Wasserschlange. Als Insektenvertilger ist der Gecko ein beliebter Hausgenosse.

Eine große Vielfalt zeigt die philippinische Vogelwelt mit fast 1000 Arten und Unterarten, etwa mit dem Nashornvogel Kalaw, dem Tipol (einer Kranichart), dem Pfauenfasan, dem seltenen Quiao (einer sprachbegabten Dohlenart), buntgefiederten Papageienarten sowie mit dem Philippine Eagle (auch *monkey eating eagle* genannt), dem größten Adler der Welt, der mit nur noch etwa 100



*Wasserbüffel sind unentbehrliche Helfer der philippinischen Bauern*

Exemplaren jedoch stark vom Aussterben bedroht ist. In Regionen mit Kalksteinklippen nisten schwalbenartige Salanganen sowie Fledermäuse.

Vorwiegend in den verbliebenen Regenwäldern von Mindanao und Palawan flattern farbenprächtige Schmetterlinge. Das größte der philippinischen Insekten ist die *Giant Moth* (Atlasmotte) mit einer Flügelspannweite von bis zu 30 cm. Zu einer Plage können Mücken und Kakerlaken sowie Moskitos und Sandfliegen werden, lästige Insekten, die bezeichnenderweise stets im Plural auftreten. Letztere, gerade stecknadelkopfgroße Blutsauger, die man auf den Philippinen treffend *Nik Niks* nennt, können jegliche Strandfreuden verleiden. Ihr Biß überträgt zwar keine Krankheiten, juckt jedoch sehr stark und kann sich leicht entzünden. Gefährlicher sind Moskitos, vor allem die Anopheles-Mükken. In manchen Regionen des Archipels, etwa auf Palawan, können sie die gefürchtete Malaria tropica übertragen.

Ein phantastisch anmutender Reichtum an Lebewesen findet sich in den philippinischen Gewässern, darunter der Süßwasserfisch Sinarapan (auch Tabios genannt), mit einer Größe von nur 1 cm der kleinste Speisefisch der Welt. Verwirrend ist die Artenvielfalt im Bereich der noch intakten Korallenriffe. Allerdings ist diese submarine Wunderwelt in höchstem Maße bedroht: durch die Überfischung der Gewässer, Dynamitfischerei, Wasserverschmutzung und die Interessen von korallenverarbeitenden Betrieben, die Modeschmuck und andere Souvenirs herstellen. Einer Untersuchung zufolge sind fast drei Viertel aller Korallenriffe in den philippinischen Meeresgebieten völlig oder zumindest teilweise zerstört.



# Geschichte

## Besiedlungsgeschichte

Archäologische Funde belegen, daß es in verschiedenen Regionen des heutigen philippinischen Archipels bereits vor 250 000 Jahren menschliches Leben gab. Diese Hominiden, vermutlich Verwandte des Java- und des Peking-Menschen, waren über damals bestehende Landbrücken vom asiatischen Festland eingewandert.

Die ältesten Spuren des neuzeitlichen Menschen auf den Philippinen entdeckten Anthropologen in den Tabon-Höhlen auf der Insel Palawan. Untersuchungen der steinzeitlichen Werkzeuge und fossilen menschlichen Knochenfragmente lassen eine Datierung auf 30 000 v. Chr. zu. Da Palawan Teil des Sunda-Schelfes ist, gilt es als erwiesen, daß der ›Tabon-Mensch‹ über eine Landbrücke aus dem Gebiet des heutigen Borneo kam. Vermutlich existierten zu dieser Zeit auch auf anderen Philippinen-Inseln Gruppen von Homo Sapiens.

Als Ureinwohner werden die Negritos angesehen, die zwischen 25 000 und 10 000 v. Chr. über Landbrücken von Kontinental-Asien kommend, verschiedene Inseln des Archipels besiedelten. Nachfahren dieser pygmäenhaften, kraushaarigen Einwanderer australoider oder melanesischer Abkunft, die als nomadisierende Jäger und Sammler in Höhlen hausten, leben heute noch auf mehreren philippinischen Inseln.

Nachdem die Landbrücken vor ungefähr 10 000 Jahren durch das Abschmelzen der eiszeitlichen Gletscher ins Meer versunken waren, wurden die negroiden Altstämme von seefahrenden Stammesverbänden alt- bzw. protomalaiischer Völker überlagert oder in gebirgige Rückzugsgebiete verdrängt. Den philippinischen Archipel erreichten die Protomalaien in Einwanderungsintervallen zwischen 2500 und 1500 v. Chr. Sie brachten den Inseln eine weit höhere Kultur, als sie die auf vergleichsweise niedriger Entwicklungsstufe stehenden Negritos besaßen. So führten sie erste Formen der Landwirtschaft und des Hausbaus ein. Im Zentrum ihrer Naturreligion standen Schamanismus, ein ausgeprägter Totenkult und die noch bis Anfang des 20. Jh. praktizierte rituelle Kopfjagd. Zu den direkten Nachkommen der Altmalaien gehören die Bergstämme von Mindanao sowie die Igorot-Völker von Nord-Luzon, die Erbauer der dortigen Reisterrassen.

Vermutlich im 3. Jh. v. Chr. gelangten in einer weiteren Einwanderungswelle austronesische Jung- bzw. Deuteromalaien aus dem süd-chinesischen Raum auf die Philippinen. Diese Immigranten verdrängten ihrerseits die Protomalaien aus den Küstenstreifen und leicht zugänglichen Tiefebenen ins gebirgige Binnenland. Die Jungmalaien bildeten nicht nur den Grundstock für die heute staatstragende Bevölkerung der Philippinen, sie brachten als Träger der nach einem bedeutenden Fundort im heutigen nördlichen Vietnam benannten Dong-son-Kultur auch einen deutlichen Zivilisationsschub in die philippinische Inselwelt – den Sprung von der Stein- in die Bronze- und Eisenzeit.

*Die Igorot gelten als direkte Nachfahren der Altmalaien*

Wesentliche Kulturmerkmale der deuteromalaiischen Einwanderer waren der Gebrauch von Metallwerkzeugen und -waffen, die Einführung einer hochentwickelten Töpferkunst und der Haustierhaltung sowie die Entwicklung neuer Methoden in der Landwirtschaft und im Häuserbau. Zwar existierten damals auf dem philippinischen Archipel noch keine größeren politischen Einheiten, doch lebten die Menschen in gefestigten Gemeinschaften mit einem demokratisch gewählten Häuptling an der Spitze und einem alle Stammesmitglieder verpflichtenden Gesetzesgefüge. Auch die Deuteromalaien hingen dem Animismus an, bei dem Geister- und Ahnenverehrung sowie Fruchtbarkeitsrituale eine zentrale Rolle spielten.

## Frühe Kontakte zu Nachbarstaaten

Die Philippinen lagen seit der Zeitenwende bis zum Beginn der spanischen Kolonisation mehr oder weniger an der

Peripherie der geschichtlichen Ereignisse im südost-asiatischen Raum. Der Archipel und seine Bewohner haben an den großen kulturellen und staatlichen Entwicklungen in Südost-Asien, die vor allem unter indischen Einflüssen erfolgten, kaum teilgenommen.

Indien hatte schon in vorchristlicher Zeit begonnen, sich auf dem Malaiischen Archipel auszudehnen. So entstand Mitte des 7. Jh. unter indischem Einfluß das buddhistische Großreich Sri Vijaya, das im Zenit seiner Macht die Inseln Sumatra, Borneo, Celebes und West-Java sowie weite Teile von Hinterindien umfaßte. Mit Ausnahme des süd-philippinischen Sulu-Archipels gehörten die Philippinen allerdings niemals zum Machtbereich des Sri Vijaya-Reiches.

Gegen Ende des 13. Jh. wurde Sri Vijaya vom aufsteigenden ost-javanischen Königreich Majapahit als dominierende Macht in Südost-Asien abgelöst. Auch diesem hinduistischen Großreich, dessen Herrscher eine expansionsorientierte Politik betrieben, waren die Philippinen nie unterworfen. Allerdings kam es durch Händler und Einwanderer zu einer Ausbreitung indischer Kultureinflüsse. Die später einsetzende Islamisierung der süd-philippinischen Inseln und die mit der Kolonisation durch die Spanier einhergehende Christianisierung haben jedoch die Elemente der indischen Hochkultur weitgehend überdeckt.

Einen anderen Charakter hatten die Beziehungen Chinas zu den Philippinen – sie waren in erster Linie von wirtschaftlichen Interessen geprägt. Die Anfänge der chinesisch-philippinischen Handelskontakte liegen im zweiten vorchristlichen Jahrhundert, eine Intensivierung erfuhr der Warenaustausch aber erst seit dem 7. Jh., als sich China zu einer Seemacht entwickelte. Zu den Handelsplätzen der Chinesen zählten damals die Inseln Luzon, Mindoro und Palawan. Seit dem 11. Jh. gründeten sie dort feste Niederlassungen, in die später chinesische Einwanderer strömten. Lange Zeit dienten philippinische Häfen auch arabischen Seehändlern, denen zeitweise der Zugang zu chinesischen Häfen verwehrt war, als Warenumschlagplätze und Treffpunkte mit chinesischen Kaufleuten. Ungeachtet ihrer wirtschaftlichen Rolle zeigten chinesische Händler und Siedler nie größere Ambitionen, auf den Philippinen ihre Religion, ihre Kunst oder ihre Lebensweise zu verbreiten.

## Die Islamisierung der süd-philippinischen Inseln

Die Herrschaft des hinduistischen Großreichs Majapahit währte nur knapp zwei Jahrhunderte. Anfang des 16. Jh. brach das Imperium unter der Machtentfaltung des islamischen Reiches von Malakka zusammen. Der Islam gewann die Oberhand über ein Gebiet, das von der Malaiischen Halbinsel über den Malaiischen Archipel bis zu den süd-philippinischen Inseln reichte. In seinem Gefolge bildeten sich Muslimstaaten, die indische und islamische Elemente zu einer Einheit verschmolzen.

Der Islam hatte Südost-Asien entlang der Handelswege erreicht. Bereits in den ersten nachchristlichen Jahrhunderten waren arabische Händler über die Grenzen des asiatischen Kontinents hinaus in die west-pazifische Inselwelt vorgestoßen. Manila wurde im 12. Jh. einer ihrer bedeutendsten Handelsplätze im süd-ost-asiatischen Raum. Erst gegen Ende des 14. Jh. begannen islamische Gelehrte, von Borneo her vordringend, auf den Sulu-Inseln ihr Missionswerk. Im Jahre 1380 erreichte der Araber Karim al Makdum die kleine Insel Simunul und ließ dort die erste Moschee auf philippinischem Boden erbauen. Zu einer Ausbreitung des Islam kam es aber erst gegen 1450 mit der Ankunft von Abu Bakr aus Johore, der von Brunei die Insel Jolo unterwarf und dort ein Sultanat gründete. Die arabisch-malaiischen Eroberer-Missionare erwiesen sich als humane Kolonisatoren, die den Islam nicht mit dem Schwert verbreiteten, sondern versuchten, mit Toleranz und Diplomatie ihre Interessen mit denen der Einheimischen zu verbinden. Die meisten süd-philippinischen Stämme nahmen die neue Lehre willig an, nur wenige weigerten sich und wichen in die Berge zurück. Mit dem Koran gelangten auch die arabische Schrift, orientalische Kunst, arabisches Recht und der arabische Kalender auf einen Teil der philippinischen Inselwelt. Bis Mitte des 16. Jh. war der Islam punktuell auf der Hauptinsel Luzon vertreten. Eine weitere Ausdehnung der Einflußsphäre der ›Söhne Allahs‹ verhinderte erst die spanische Kolonisation.

## Die spanische Kolonialepoche

Aus dem Schatten der Weltgeschichte traten die Philippinen, als Ferdinand Magellan am 16. 3. 1521 bei der unbewohnten Insel Homonhon im Golf von Leyte ankerte. Zwei Jahre zuvor war er von der Iberischen Halbinsel aufgebrochen, um einen Seeweg nach Indien zu finden. Magellan nannte die Inseln, für die er im Namen von Kaiser Karl V. Besitzansprüche geltend machte, Archipelago de San Lazaro.

Ende März 1521 erreichte die spanische Flotte die kleine Insel Limasawa, wo Magellan mit dem Stammesfürsten Rajah Kolambu einen Blutsbund schloß. Am 7. 4. 1521 landete Magellan auf Cebu, damals eine bedeutende Handelskolonie arabischer, chinesischer und siamesischer Kaufleute. Es folgten ein Blutspakt mit dem Inselherrscher Rajah Humabon und wenig später die Konvertierung Humabons zum christlichen Glauben. Lediglich einer der lokalen Stammeshäuptlinge, Lapu-Lapu von der Insel Mactan, widersetzte sich allen Missionierungsversuchen.

*Denkmal für Lapu-Lapu, der sich im 16. Jh. spanischen Missionierungsversuchen widersetzte*

In der vermeintlichen Gewißheit, die militärische Überlegenheit zu besitzen, entschloß sich Magellan am 27. 4. 1521 zum Angriff, fand jedoch beim Landungsversuch den Tod, als sich seiner kleinen Schar von 60 bewaffneten Spaniern in den Mangrovengewässern von Mactan 2000 eingeborene Krieger entgegenstellten. Lapu-Lapu, Magellans Bezwinger, ging als frühester Freiheitsheld der Philippinen in die Geschichte ein, konnte mit seiner Tat jedoch die Er-

*Die von Spaniern errichtete Barock-Kirche von Candon auf Luzon*

oberung und Christianisierung der Inseln nicht aufhalten.

Nach dem Tod ihres Generalkapitäns setzte die nur noch aus zwei Schiffen und einer stark dezimierten Besatzung bestehende Armada ihre Reise Richtung Westen fort. Lediglich ein Schiff vollendete im September 1522 die erste Weltumsegelung der Geschichte und erbrachte damit den Beweis für Galileis These von der Kugelgestalt der Erde. Der Erlös für die wertvolle Ladung der »Victoria« – vorwiegend Gewürze von den Molukken – war um ein vielfaches höher als die Kosten für die aufwendige Expedition. Kein Wunder, daß das Interesse der Iberer an den fernen Inseln, die seit 1542 zu Ehren Philipp II. von Spanien den Namen Islas Filipinas tragen sollten, endgültig entfacht war.

Die 333jährige spanische Kolonialherrschaft über die Philippinen begann aber erst 1565. Philipp II. hatte großes Interesse an einem Handelsstützpunkt zwischen China, Macao und den Molukken, und so ordnete er 1559 an, die philippinischen Inseln dem spanischen Kolonialimperium anzugliedern.

Im November 1564 verließ eine spanische Flotte unter Miguel Lopez de Legazpi Mexiko und erreichte im März 1565 die Küste von Bohol. Geschickt schloß der spanische Konquistador Blutsbrüderschaft mit Stammeshäuptlingen. Wo Diplomatie nicht half, setzte er die Überlegenheit der spanischen Waffentechnik ein. So nahm er am 27. 4. 1565 die Insel Cebu in Besitz und gründete wenig später die Stadt Cebu, die bis 1571 als Hauptstadt von Spaniens fernöstlicher Kolonie diente. Von ihrer befestigten Wehrsiedlung auf Cebu erweiterten die Spanier ihren Machtbereich.

Der Unterwerfung der Inseln Panay, Masbate und Mindoro folgte 1571 die Eroberung von Maynilad, einem kleinen muslimischen Fürstentum an der Mündung des Pasig-Flusses auf der Insel Luzon. An der Stelle des Palisadenforts gründete Legazpi im Juni 1571 eine von Mauern geschützte Stadt mittelalterlich-spanischen Stils, die über drei Jahrhunderte das Kernstück der spanischen Kolonie in Südost-Asien bleiben sollte – Manila. Beim Tod von Miguel Lopez de Legazpi im August 1572 war die Eroberung des Archipels abgeschlossen. Mit Ausnahme der muslimischen Sultanate von Mindanao und dem Sulu-Archipel kontrollierten die Spanier Ende des 16. Jh. die philippinische Inselwelt.

Mit dem Kreuz in der einen Hand, dem Schwert in der anderen und Gott als mächtigem Verbündeten gelang den Spaniern in kurzer Zeit die Bekehrung eines Großteils der Inselbewohner zum Katholizismus. Die Christianisierung der Philippinen unterstützte dabei in hohem Maße die Ausbreitung und Festigung der politischen Herrschaft der spanischen Krone – Spaniens Priester und Mönche waren die eigentlichen Eroberer des Landes.

Die mächtigen Mönchsorden waren nicht auf den sakralen Bereich beschränkt; es bestand Einheit von Kirche und Staat, und die Fratres vereinigten bald einen großen Teil der weltlichen Macht in ihren Händen. Dem Klerus oblagen Bildung und Erziehung; Angehörige geistlicher Orden hatten auch führende Positionen in der Administration inne und konnten direkt Einfluß auf das politische Geschehen nehmen.

Die Spanier teilten das ehemalige Stammesland in *Encomiendas* genannte Verwaltungsbezirke ein und übereigneten diese verdienten Persönlichkeiten. Ebenso wie die spanische Aristokratie und die traditionelle einheimische Nobilität gelangte auch die katholische Kirche durch das *Encomienda*-System in den Besitz riesiger Latifundien, was die Orden vermögend und mächtig machte. Die *Encomienderos* knechteten ihre Untertanen durch Tribute, von denen sie einen Teil an die Krone abführen mußten, und vor allem durch ein Zwangsarbeitssystem, das alle männlichen Filipinos im Alter zwischen 16 und 60 dazu verpflichtete, 40 Tage im Jahr unentgeltlich Arbeiten, etwa den Bau von Kirchen, Festungen und Straßen, zu verrichten.

Über 250 Jahre lang waren die Philippinen Kronkolonie unter Spaniens Vizekönig in Mexiko. Erst nach der mexikanischen Revolution im Jahre 1821 wurden die Inseln Madrid unterstellt und bekamen Sitz und Stimme in der Cortes, der legislativen Gewalt im Mutterland.

Während es den Spaniern gelang, alle Spuren des Islam auf Luzon und den zentral-philippinischen Inseln zu tilgen, konnten sie bis zum Ende ihrer Kolonialzeit auf Mindanao und dem Sulu-Archipel nur punktuell Fuß fassen. Die muslimischen Sultanate der süd-philippinischen Inseln waren fast gleichzeitig mit dem Fall von Granada, der letzten islamischen Bastion in Spanien, im Jahre 1492 entstanden. Ihr weltumgreifender

Vorstoß ließ die Spanier auf der anderen Seite der Erdkugel mit der östlichen Wachstumsspitze des Islam zusammentreffen – sie sahen sich mit ihren Erzfeinden konfrontiert, mit den *Moros,* wie sie die Muslime verächtlich nannten.

Im Jahre 1578 begannen die Spanier, noch beherrscht vom Geist der Reconquista, mit ihren Feldzügen gegen die *Moros,* die zurückschlugen und bis zur zweiten Hälfte des 19. Jh. als Piraten die Gewässer der Visayas und Süd-Luzons verunsicherten. Erst 1876 wurde die Insel Jolo, die Hochburg des philippinischen Islam und Sitz des wichtigsten Sultanats, endgültig der spanischen Autorität unterstellt.

Der fernöstliche Ableger von Spaniens Kolonialimperium war von Anfang an nicht nur von kriegerischen Muslimen bedroht. Angriffen der Portugiesen zwischen 1568 und 1570 folgten von 1600 bis 1646 Attacken holländischer Schiffe auf Manila. In der entscheidenden Seeschlacht um Manila errangen die Spanier im März 1646 endgültig den Sieg. Während des Siebenjährigen Kriegs (1756–63) befand sich Spanien als Verbündeter Frankreichs im Konflikt mit Großbritannien. Im Jahre 1762 eroberten die Briten vorübergehend Manila. Ein Jahr später beendete der Frieden von Paris den überseeischen Kolonialkrieg und bestätigte die Herrschaft Spaniens über die Philippinen.

Während der drei Jahrhunderte spanischer Herrschaft gab es durchschnittlich alle fünf Jahre einen Aufstand unzufriedener Einheimischer. Meist handelte es sich nur um lokale Erhebungen, ausgelöst durch die Zwangsarbeit, Tributpflicht oder Übergriffe von Großgrundbesitzern. Erst in der zweiten Hälfte des 19. Jh., als sich immer mehr Filipinos ihrer Diskriminierung und wirtschaftlichen Benachteiligung bewußt wurden, nahm der Nationalismus, dessen Kern der Befreiungsgedanke vom kolonialen Joch war, schärfere Konturen an. Überall im Lande entstanden Freiheitsbewegungen, die vor allem von einem liberal gesonnenen Mestizen-Bürgertum, einheimischen christlichen Priestern und bäuerlichen Sozialrevolutionären getragen wurden.

Sprecher und Katalysatoren des allgemeinen Protestes und Widerstands gegen die Spanier wurden die *Ilustrados.* Diese Intellektuellen, meist Söhne philippinisch-spanischer oder philippinisch-chinesischer Grundbesitzer, waren während ihres Studiums in Europa mit dem Gedankengut der Französischen Revolution in Berührung gekommen und forderten nun in ihrem Heimatland Reformen.

Als Beginn des nationalen Unabhängigkeitskampfes gilt die Rebellion von Cavite am 20. 1. 1872, als 200 philippinische Soldaten gegen ihre spanischen Vorgesetzten meuterten. Der Aufstand wurde zwar niedergeschlagen, doch setzte er erste Zeichen für das Streben nach Freiheit und Unabhängigkeit.

Im Exil lebende *Ilustrados* organisierten sich unter Führung von José Rizal (1861–96), Marcelo H. del Pilar (1850–93) und Graciano Lopez de Jaena (1856 bis 1896) zur ›Propagandabewegung‹. Darin schlossen sich die Theoretiker und geistigen Väter der philippinischen Unabhängigkeitsbewegung zusammen, deren Ziel die Abschaffung des Kolonialsystems auf friedlichem Wege war. Im Jahre 1892 gründete José Rizal die gemäßigte, antiklerikale *Liga Filipina.* Rizals Proteste richteten sich gegen die theokratisch organisierte katholische Kirche und deren Haltung, die feudalen Gesellschaftsstrukturen zu konservieren. Die Spanier brachten den ›revolutionären Agitator‹ zum Schweigen, indem sie

# José Rizal
# Der philippinische Nationalheld

*José Rizal, der philippinische Nationalheld*

Mit dem Namen José Rizal verbindet sich auf den Philippinen die Erinnerung an den langen, blutigen Kampf gegen eines der letzten Bollwerke des spanischen Kolonialreiches, in dem einst die Sonne nicht unterging. In Rizal verkörperte sich das Streben des philippinischen Volkes nach nationaler Souveränität. Er gilt auch heute noch als das Symbol für Freiheit und Unabhängigkeit.

José Rizal wurde am 19. 6. 1861 in Calamba südlich von Manila als siebtes von elf Kindern einer angesehenen Familie, die zur gebildeten Oberschicht zählte, geboren. Dem Studium der Medizin, Literaturwissenschaften und Philosophie an der berühmten Dominikaner-Universität Santo Tomas in Manila folgten unruhige Wanderjahre. Auf mehreren Weltreisen lernte er Spanien, Frankreich, Deutschland, Belgien, England, Österreich, die Vereinigten Staaten und Japan kennen. Während eines längeren Aufenthalts in Madrid beendete er sein Medizinstudium und gründete mit emigrierten Landsleuten und sympathisierenden Spaniern die ›Propagandabewegung‹, eine revolutionäre Interessengemeinschaft, aus der die geistigen Väter der philippinischen Revolution von 1896 hervorgingen. Rizal und seine Mitstreiter begannen, die sozialen und politischen Verhältnisse in ihrem Heimatland literarisch zu verarbeiten. Ihr Sprachrohr war die sozialkritische Zeitung »La Solidaridad«.

Von der spanischen Hauptstadt führte der Weg des politischen Schriftstellers und Arztes, der sich auf Augenheilkunde spezialisierte, in andere Metropolen Europas. Nach einem Studienaufenthalt in Heidelberg, wo der Freund und Kenner deutscher Kultur Schillers »Wilhelm Tell« ins Tagalog übersetzte, vollendete José Rizal 1887 in Berlin sein Hauptwerk »Noli Me Tangere« (Berühre mich nicht). Diese in Romanform gekleidete Kampfschrift war, ebenso wie »El Filibusterismo« (Die Rebellion) und zahlreiche Gedichte und Essays, eine dramatische Anklage gegen die Unterdrückung durch die spanische Kolonialmacht und hatte, heimlich in die Philippinen eingeschmuggelt, entscheidenden Einfluß auf die Entstehung der antikolonialen Unabhängigkeitsbewegung.

Entgegen dem Rat seiner Freunde kehrte Rizal nach einem längeren Zwischenaufenthalt in Hongkong 1892 auf die Philippinen zurück. Im selben Jahr gründete er die *Liga Filipina,* die sich für politische, soziale und religiöse Reformen einsetzte sowie eine Vereinigung aller unterschiedlichen Volksgruppen der Philippinen anstrebte. Das Kolonialregime reagierte mit seiner Verbannung nach Dapitan auf Mindanao. Im Exil führte er eine ausgedehnte Korrespondenz mit dem österreichischen Historiker und Philippinen-Kenner Ferdinand Blumentritt, nach dem heute noch eine Straße in Manila benannt ist.

Als im August 1896 der Volksaufstand der *Katipunan* ausbrach (s. u.), wurde Rizal, der sich freiwillig als Arzt zur spanischen Kuba-Armee gemeldet hatte, in Madrid verhaftet und nach Manila zurückgebracht. Obwohl er am Aufstand nicht beteiligt war, verurteilte ihn ein Militärgericht wegen Verschwörung zum Tode. Am Morgen des 30. 12. 1896 mußte der Humanist und Befürworter der Gewaltlosigkeit auf dem Campo de Bagumbayan, dem heutigen Rizal Park, vor ein spanisches Exekutionskommando treten.

Am Vorabend seiner Hinrichtung verfaßte er in seiner Todeszelle im Fort Santiago sein berühmtes Abschiedsgedicht »Mi Ultimo Adios«:

*Si sobre mi sepulcro vieres brotar un día,*
*Entre la espesa yerba, sencilla humilde flor,*
*Acércala a tus labios y besa el alma mía,*
*Y sienta yo en mi frente, bajo la tumba fría,*
*De tu ternura el soplo, de tu hálito el calor.*

*Solltest du irgendwo auf meinem Grab*
*zwischen dem hohen Gras eine*
*schlichte Blume finden:*
*streichele sie mit deinen Lippen und*
*küsse meine Seele.*
*Ich werde es durch den kalten Grabstein hindurch*
*auf meinem Antlitz fühlen:*
*von deiner Zärtlichkeit den Hauch;*
*von deinem Hauch die Flamme.*



ihn nach Dapitan auf Mindanao verbannten.

Noch im selben Jahr folgte die Gründung des revolutionären Geheimbunds *Katipunan* unter Andres Bonifacio (1863 bis 1897). Die militante Bewegung, die sich aus den unteren Gesellschaftsschichten rekrutierte, entfachte 1896 die philippinische Revolution. Nach Bonifacios Hochruf auf die Unabhängigkeit der Philippinen am 19. 8. 1896 bei Manila brach der allgemeine Aufstand zunächst in Zentral-Luzon aus, verbreitete sich jedoch rasch über das ganze Land. Trotz der schlechten Bewaffnung der Aufständischen wurden die Spanier nicht Herr der Lage. Ihre Antwort auf die Rebellion war die Errichtung eines Terrorregiments. Tausende von Filipinos wurden in die Gefängnisse geworfen, viele der Revolutionäre hingerichtet.

Am 30. 12. 1896 starb auch José Rizal unter den Kugeln eines spanischen Exekutionskommandos, nachdem ein Gericht ihn des Aufruhrs für schuldig befunden hatte. Doch ein Jahr später mußte der spanische Generalgouverneur, der keine Möglichkeit für die militärische Unterwerfung der Aufständischen mehr sah, den Vertrag von Biak-na Bato unterzeichnen. In dem Abkommen verpflichtete sich die spanische Kolonialmacht, das Reformprogramm der Unabhängigkeitsbewegung, das auch die Ausweisung der Orden und die rechtliche Gleichstellung der Filipinos mit den Spaniern forderte, zu erfüllen.

Am 20. 4. 1898, einige Wochen nachdem das amerikanische Kriegsschiff »Maine« unter geheimnisvollen Umständen im Hafen von Havanna – Kuba war damals ebenfalls spanische Kolonie – explodiert war, erklärte die junge Großmacht USA Spanien den Krieg. Zehn Tage später zerstörte das amerikanische Pazifikgeschwader unter dem Kommando von Admiral George Dewey die spanischen Kriegsschiffe in der Bucht von Manila und leitete eine fast vier Monate dauernde Blockade der Hauptstadt ein. General Emilio Aguinaldo, der Führer der philippinischen Nationalisten, verbündete sich mit den Amerikanern, von denen er als Gegenleistung die Zusicherung der Unabhängigkeit erhielt, und kontrollierte mit seinen Truppen bald das Gebiet um Manila. Am 12. 6. 1898 proklamierte er in Kavit bei Manila die Unabhängigkeit der Philippinen. In der Zwischenzeit führten die Amerikaner mit den belagerten Spaniern Geheimverhandlungen und nahmen Manila am 18. 8. 1898 nach einem Scheingefecht ein.

Der Grund für das ungewöhnliche Verhalten: Die Spanier wollten ›ihr Gesicht wahren‹ und sich den weißen Amerikanern, aber nicht den braunen Aufständischen ergeben. Am Ende des spanisch-amerikanischen Konflikts stand der Friedensvertrag von Paris 1898, in dem Spanien den USA die Philippinen und andere überseeische Besitzungen für eine Entschädigung von 20 Mio. Dollar überließ. Mit der Ratifizierung des Abkommens durch den amerikanischen Senat gingen die Philippinen in den Besitz der Vereinigten Staaten über.

## Die amerikanische Kolonialepoche

Als die Amerikaner im Sommer 1898 Manila attackierten, sahen die Filipinos sie als Bundesgenossen im Kampf gegen die verhaßte spanische Kolonialherrschaft. Die USA unterstützten die philippinische Revolution mit dem Ziel, die spanische Seeherrschaft im Pazifik

zu brechen. Wirtschaftlicher Expansionsdrang, Bedarf an billigen Rohstoffen und Interesse an einer strategisch günstigen Basis vor dem Kontinentalrand Asiens waren weitere Gründe für die im Vertrag von Paris verankerte Annexion der Philippinen.

General Emilio Aguinaldo, der sich von den ehemaligen Verbündeten betrogen fühlte, begann nun einen Partisanenkrieg gegen die neuen Kolonialherren. Auf dem Höhepunkt des ersten Guerillakriegs in Asien banden die Auseinandersetzungen zwei Drittel der US-Streitkräfte auf den Philippinen und nahmen an Brutalität den Vietnam-Krieg vorweg. Nach zwei Jahren erbitterten Kampfes, bei dem 4000 US-Soldaten, 16 000 *Katipunan*-Rebellen und 200 000 Zivilisten ihr Leben verloren, gab sich Aguinaldo geschlagen und legte den Treue-Eid auf das Sternenbanner ab.

Die Amerikaner errichteten eine Infrastruktur, schufen ein Verwaltungssystem und bauten Schulen sowie Krankenhäuser. Kein anderes Land haben die Amerikaner so lange und so nachdrücklich nach ihren Vorstellungen und Idealen prägen können wie ihre fernöstliche Kolonie. Dabei wurden die Philippinen unter allen asiatischen Kolonialstaaten des 20. Jh. am liberalsten verwaltet. Philippinische Historiker sprechen von einer ›noblen Kolonialpolitik‹, die von allen während der US-Herrschaft über den Archipel amtierenden Präsidenten praktiziert wurde.

Die von Präsident McKinley eingesetzte amerikanische Philippinen-Kommission entwarf ein politisches System, für welches das der USA als Muster diente. Im Jahre 1907 wurde eine gesetzgebende Versammlung eingeführt, 1916 versprach das Jones-Gesetz den Philippinen die Unabhängigkeit, ›sobald eine stabile Regierung errichtet werden kann‹. Die Verabschiedung des Tydings-McDuffie-Gesetzes legte 1934 die Grundlage für die Schaffung einer Commonwealth-Regierung, die das Land in einer Übergangsperiode von zehn Jahren in die Unabhängigkeit führen sollte. Erster Präsident des am 15. 11. 1935 ausgerufenen *Commonwealth of the Philippines* war Manuel L. Quezon.

## Der Zweite Weltkrieg und die japanische Besetzung

Mit dem Überraschungsangriff japanischer Tiefflieger auf den amerikanischen Stützpunkt Pearl Harbor auf Hawaii brach am 7. 12. 1941 der Krieg im Pazifik aus. Einen Tag später landeten Truppen der japanischen Armee auf Mindanao und Nord-Luzon. Außerstande, die Offensive der Invasoren aufzuhalten, mußten sich die Einheiten der von US-General Douglas MacArthur aufgebauten philippinisch-amerikanischen Streitkräfte auf die Festungsinsel Corregidor in der Manila-Bucht und in die Bergdschungel der Bataan-Halbinsel zurückziehen.

Nach hohen Verlusten auf Bataan und nachdem Präsident Quezon und General MacArthur nach Australien geflohen waren, streckten die philippinisch-amerikanischen Truppen die Waffen. Ihre Kapitulation am 9. 4. 1942 leitete eines der dunkelsten Kapitel in der philippinischen Geschichte ein – den ›Todesmarsch von Bataan‹: Rund 76 000 alliierte Kriegsgefangene mußten den über 100 km langen Weg in die japanischen Lager von Capas in der Provinz Tarlac antreten; nur 56 000 erreichten ihr Ziel, weitere 24 000 starben in den Lagern.

Die japanische Propaganda hatte während der Invasion die Einheit der Völker Asiens beschworen und den Filipinos die Befreiung von der amerikani-

*Auf Leyte erinnert ein Momument an General MacArthur*

schen Kolonialherrschaft versprochen. Während ihrer dreijährigen Besatzungszeit errichteten die Japaner jedoch ein Regime des Schreckens und machten sich durch Willkürakte und Grausamkeiten verhaßt. Zwar kollaborierten einige hohe philippinische Beamte und Großgrundbesitzer mit der Besatzungsmacht, doch unterstützte die Mehrheit der Filipinos die antijapanische Widerstandsarmee *Hukbalahap,* Volkskämpfer gegen Japan, kurz *Huk.*

Im Verlauf einer Gegenoffensive konnte General Douglas MacArthur sein Versprechen – »I shall return!« einlösen: Am 20. 10 1944 ging er in Begleitung der philippinischen Exilregierung am Red Beach bei Tacloban auf Leyte an Land. Im Januar 1945 erreichten die amerikanischen Einheiten Luzon. Manila wurde bei der Rückeroberung im Februar fast völlig zerstört.

## Die unabhängigen Philippinen

Am 4. 7. 1946 wurden die Philippinen als erste Kolonie Asiens in die Unabhängigkeit entlassen. Mit der offiziellen Übertragung ihrer Souveränitätsrechte an die Republik der Philippinen unter Präsident Manuel A. Roxas gewährten die Amerikaner dem philippinischen Volk zwar formell die politische Selbstbestimmung, jedoch blieb das Land auch weiterhin durch politische und wirtschaftliche Verträge eng an die USA gebunden. So wurde ein Abkommen getroffen, daß den Vereinigten Staaten das Recht zusicherte, für die Dauer von 99 Jahren auf philippinischem Hoheitsgebiet Militärstützpunkte zu errichten. Das 1974 ausgelaufene Abkommen überließ den Amerikanern die Kontrolle über die philippinische Währungspolitik und den Handelsverkehr. Zudem hatten nach diesem Wirtschaftsabkommen amerikanische Bürger bei der Ausbeutung der natürlichen Ressourcen der Philippinen die gleichen Rechte wie Filipinos.

Das Hauptanliegen der Regierung während der späten 40er und frühen 50er Jahre war die Unterdrückung der bewaffneten Revolution durch die kommunistisch geführte *Huk*. Die Untergrundarmee, die sich überwiegend aus unzufriedenen, landlosen Bauern rekrutierte, hatte im Zweiten Weltkrieg gegen die japanischen Besatzer gekämpft, weigerte sich nach Kriegsende, die Waffen niederzulegen und richtete ihren Partisanenkampf nun gegen die Regierung. Ihr Ziel war die Abschaffung der durch ungleiche Bodenverteilung verursachten sozialen Ungerechtigkeit mittels einer Landreform. Bis 1954 gelang es jedoch der philippinischen Regierung, die Guerilla durch Einsatz von Streitkräften zu besiegen und ihnen durch soziale Reformen die Basis in der Bauern- und Landarbeiterschaft zu entziehen.

Nach der Unabhängigkeit der Philippinen hatte es die kleine, aber mächtige Führungsschicht – die Oligarchie der großgrundbesitzenden, immens reichen Traditionsfamilien, deren Ursprünge in der feudalen Gesellschaftsstruktur der spanischen Kolonialzeit wurzeln – verstanden, alle entscheidenden Posten in Politik und Wirtschaft zu besetzen. Vor allem während der Amtszeit des am 30. 12 1965 zum sechsten Präsidenten der Philippinen gewählten Ferdinand Marcos entstand eine Privilegienwirtschaft und ein kaum zu überblickender Korruptionsdschungel, zwei Übel, die bis heute das gesellschaftliche Leben auf den Philippinen prägen.

Während der zweiten Amtsperiode von Marcos trieb die philippinische Republik der Anarchie entgegen. Politiker und reiche Familien unterhielten bewaffnete Leibgarden. Schießereien zwischen rivalisierenden Gruppen waren ebenso an der Tagesordnung wie politisch motivierte Bombenanschläge. Auf einigen süd-philippinischen Inseln brachen heftige Gefechte zwischen muslimischen Separatisten und Regierungseinheiten aus (vgl. S. 38f.).

Auf dem Höhepunkt militanter Studentenproteste gegen die Mißstände verhängte Präsident Marcos am 21. 9. 1972 das Kriegsrecht. Das Ausland entrüstete sich, nicht wenige Filipinos begrüßten jedoch diesen Schritt ebenso wie die von Marcos proklamierte Schaffung gerechterer sozialer Verhältnisse in einer ›Neuen Gesellschaft‹ *(New Society* oder *Bagong Lipunan)*. Zwar kehrten während des Ausnahmezustands wieder Ruhe und Ordnung ein, doch scheiterte Marcos in den meisten anderen Punkten seines Reformprogramms, etwa der Realisierung der überfälligen Landreform oder der Verbesserung des Gesundheitswesens. Marcos schränkte zwar die Privilegien der alten Eliten ein, änderte aber wenig am System der Herrschaft der Familien-Clans, sondern verteilte vielmehr die politische und wirtschaftliche Macht im Lande auf eigene Verwandte und Günstlinge. Die *Cronies* nutzten ihre Nähe zum Machtzentrum dazu, innerhalb weniger Jahre Wirtschaftsimperien aufzubauen.

Ein Referendum im Juli 1973 bestätigte mit großer Mehrheit Marcos als Präsident und Premierminister. Allerdings wandelte sich das ›lächelnde Kriegsrecht‹ zu einem unverhohlen totalitären System und Marcos, von der offiziellen Propaganda als ›Revolutionär ohne Waffen‹ verklärt, zu einem Autokraten, der das Land mit diktatorischen Dekreten *(Presidential Decrees)* regierte.

Er war Oberbefehlshaber der Streitkräfte, ernannte die Minister, bestimmte die Richtlinien der Politik und hatte ein Vetorecht gegen Gesetzesentwürfe des Parlaments, das er auch jederzeit auflösen konnte. Skrupellos setzte Marcos den Polizei- und Überwachungsapparat ein, um die Opposition einschließlich der regimekritischen Presse zu kontrollieren und einzuschüchtern.

Betrug und Ausbeutung sowie die Verletzung von Menschenrechten prägten die zwei Jahrzehnte der Marcos-Herrschaft. Die Verweigerung jedweder Reformen verschärfte die sozialen Spannungen im Lande, ruinierte die Wirtschaft und trieb der *New People's Army*, der kommunistischen Guerilla (vgl. S. 38f.), die Jugend in Scharen zu. Zwar hob Präsident Marcos im Vorfeld eines Besuches von Papst Johannes Paul II. am 17. 1. 1981 das Kriegsrecht auf, ohne dabei jedoch seine umfassenden Befugnisse zu beschränken.

Am 21. 8. 1983 wurde Benigno (Ninoy) Aquino, früher liberaler Senator und Führer der bürgerlichen Opposition, bei seiner Rückkehr aus dem amerikanischen Exil auf dem Flughafen von Manila erschossen. Die Kugeln seiner Mörder, deren Auftraggeber im Umkreis des präsidialen Machtapparats zu suchen waren, machten Aquino zum Volkshelden und Märtyrer. Die Empörung über seine Ermordung löste eine Protestwelle aus, wie sie die Philippinen seit Ende der 60er Jahre nicht mehr erlebt hatten.

Die Trauerfeierlichkeiten für Aquino gestalteten sich zu einem Plebiszit gegen die Marcos-Diktatur. Massendemonstrationen brachten Hunderttausende auf die Straße, die den Rücktritt der Regierung forderten. Dabei verlief die Anti-Marcos-Front durch alle Bevölkerungsschichten, vermehrt reihten sich auch konservative Geschäftsleute, Unternehmer und Bankiers ein. Für Marcos war der politische Mord an Aquino der Anfang vom Ende, für die Witwe, Corazon (Cory) Aquino, der Beginn eines Lebens im Rampenlicht der Weltöffentlichkeit. Innerhalb weniger Monate wurde sie zum Symbol für den Widerstand gegen den Despoten.

Als die demokratische Opposition anschwoll und die Gefahr einer kommuni-



*Wahlkampf-Plakate des langjährigen Präsidenten Marcos*

*Demonstrationen gegen...*

stischen Erhebung ernster wurde, versuchte Washington, den bedrängten Diktator, der stets einen US-freundlichen und stramm antikommunistischen Kurs garantiert hatte, zu demokratischen Zugeständnissen zu bewegen. Bei den vorgezogenen Präsidentenwahlen vom 7. 2. 1986 sollte sich Marcos eine neue Legitimation holen. Aber nur mit Hilfe von *guns, goons and gold* (Gewehren, Schlägern und Gold) gelang es Marcos, die von der mächtigen katholischen Kirche unterstützte Präsidentschaftskandidatin der Opposition, Corazon Aquino, zu schlagen.

Der Diktator unterschätzte jedoch die um den Wahlsieg gebrachte Cory Aquino und den Freiheitswillen des philippinischen Volkes. In Appellen rief Frau Aquino zum zivilen Ungehorsam und zum Generalstreik auf. Nachdem auch kirchliche Würdenträger die Wahlmanipulation der Marcos-Administration gegeißelt hatten und Washington auf Distanz zu dem ehemaligen Schützling ging, fand der Aufruf zum gewaltlosen Widerstand auch bei der ›Reformbewegung der Streitkräfte‹ Unterstützung. Die Rebellion der vom ehemaligen Verteidigungsminister Juan Ponce Enrile und dem damaligen stellvertretenden Generalstabschef Generalleutnant Fidel Ramos angeführten Fraktion brachte schließlich den Diktator zu Fall.

Am 25. 2. 1986 wurde die aus einer Großgrundbesitzerfamilie stammende Corazon Aquino zur Präsidentin der Philippinen vereidigt. Der demokratische Neubeginn unter der Aquino-Regierung war jedoch stark belastet mit dem Erbe der diktatorischen Vergangenheit: ein kommunistischer Aufstand, der den Archipel erfaßt hatte; eine durch Korruption und Bereicherung ausgeblutete Wirtschaft und zerrüttete Staatsfinanzen; eine gespaltene Armee; Separatismus im muslimischen Süden des Landes; Massenarmut und Menschenrechtsverletzungen.

Zusammengehalten wurde die Aquino-Koalition allein durch ihre gemeinsame Opposition gegen die Marcos-Diktatur. Es war eine fragile Allianz völlig entgegengesetzter Interessen, Militärs auf der einen und liberale Demokraten auf der anderen Seite. Trotz Corazon Aquino als Integrationsfigur waren Spannungen und interne Streitigkeiten, die später lange Zeit ihr Kabinett paralysierten, vorprogrammiert.

Behinderte zunächst lediglich verbales Störfeuer den Demokratisierungsprozeß, so drohte das Experiment ›Demokratie auf den Philippinen‹ in den ersten anderthalb Jahren der Präsidentschaft von Cory Aquino mehrere Male im Kugelhagel rebellierender Militäreinheiten zu scheitern. Corazon Aquino überstand sieben Putschversuche, die zum Teil vom exilierten Diktator von Hawaii aus inszeniert worden sein sollen.

*... die ehemaligen amerikanischen Kolonialherren*

Trotz allem ging der Demokratisierungsprozeß weiter. Am 2. 2. 1987 votierte die Bevölkerung in einem Referendum, das zugleich als Popularitätstest für Corazon Aquino gelten konnte, mit deutlicher Mehrheit für eine neue Verfassung. Nächste Etappe auf dem Weg zur Etablierung demokratischer Verhältnisse waren die Kongreßwahlen vom 11. 5. 1987. Obwohl es auch in der Nach-Marcos-Ära nicht ohne Stimmenkauf abging, waren dies nach fast zwei Jahrzehnten die ersten halbwegs freien Parlamentswahlen auf den Philippinen.

Mit erdrückender Mehrheit zogen die Kandidaten der damaligen Regierungskoalition in beide Häuser des Zweikammer-Parlaments ein. Mit den Kommunalwahlen vom 18. 1. 1988, bei denen der Koalitionsblock von Corazon Aquino als Sieger hervorging, konnte die Rückkehr zur Demokratie schließlich abgeschlossen werden. Die Präsidentschaftswahlen vom 11. 5. 1992, bei denen Frau Aquino laut Verfassung nicht mehr kandidieren durfte, gewann der ehemalige Generalstabschef und Verteidigungsminister Fidel Ramos.

Während der Amtszeit von Präsident Ramos beendeten die USA mit der Schließung der Subic Naval Base 1992 ihre Militärpräsenz auf den Philippinen, weil sich der philippinische Senat weigerte, einer Verlängerung des auslaufenden Stützpunktabkommens zuzustimmen. Mitte 1991 mußten die Amerikaner die Clark Air Force Base bei Angeles City räumen, nachdem diese durch den Ausbruch des Vulkans Mount Pinatubo am 12. 6. 1991 teilweise zerstört worden war.

Der größte innenpolitische Erfolg von Präsident Ramos war 1996 nach fast drei Jahrzehnten erbitterter Kämpfe zwischen muslimischen Separatisten und Regierungsstreitkräften im Süden des Archipels, denen rund 100 000 Menschen zum Opfer fielen, der Abschluß eines Friedensabkommens mit Rebellenführer Nur Misuari.

# Endlich Frieden? Der Mindanao-Konflikt



Mit dem Friedensabkommen, das Präsident Fidel Ramos und der muslimische Rebellenführer Nur Misuari 1996 schlossen, ist ein wichtiger Schritt zur Beendigung des Bürgerkriegs im Süden der Philippinen getan. Der Konflikt, der 1972 ausbrach, forderte etwa 100 000 Todesopfer und machte rund 1 Mio. Menschen heimatlos. Es handelte sich dabei um keinen Religionskrieg. Die Auseinandersetzungen hatten mehr mit Ökonomie und Politik als mit Glaubensfragen zu tun. Der Kampf militanter Vertreter der muslimischen Bevölkerungsminorität richtete sich gegen die politische Unterdrückung, die kulturelle Bevormundung und die wirtschaftliche Plünderung von Mindanao durch Manila.

Lange bevor Ferdinand Magellan und Miguel Lopez de Legazpi in der philippinischen Inselwelt aufkreuzten und im Namen Spaniens Territorialansprüche geltend machten, hatte der Islam auf den Süd-Philippinen Einzug gehalten. Muslimische Händler kamen Mitte des 12. Jh. über Malakka und Brunei in die Region, in der sich gegen Ende des 14. Jh. erste straff organisierte Sultanate entwickelten. Zwar konnten die Spanier eine Ausbreitung des Islam auf die mittleren und nördlichen Inseln des Archipels verhindern, im Süden jedoch blieb ihr Kreuzzug gegen die verhaßten *Moros,* ihre Erzfeinde, erfolglos.

Die unmittelbare Ursache des Mindanao-Konflikts war eine großangelegte, von der Regierung in Manila geförderte Umsiedlungsbewegung von Nord nach Süd, die während der amerikanischen Kolonialepoche begonnen hatte und nach dem Zweiten Weltkrieg wieder einsetzte. Christliche Filipinos zogen von den dichtbevölkerten Inseln der Visayas, auf denen der fruchtbare Boden knapp geworden war, auf das noch relativ unerschlossene Mindanao und siedelten in traditionell muslimischen Gebieten. Die Muslime, die nur noch ein Viertel der Bevölkerung ihres eigenen Landes ausmachten, sahen sich demographisch wie ökonomisch an den Rand gedrängt. Zu einer Verschärfung des Konflikts kam es, als multinationale Konzerne auf Mindanao exportorientierte Plantagenwirtschaft aufzogen und Bergwerksfirmen mit dem Abbau reicher Vorkommen mineralischer Rohstoffe begannen. Überall, wo Einheimische den Interessen der Multis im Wege standen, wurden sie vertrieben – teils mit juristischen Methoden (da sie ihr Eigentumsrecht meist nicht mit Dokumenten belegen konnten), oft aber auch mit bloßer Gewalt.

Im Jahre 1971 leitete der Politologieprofessor Nur Misuari mit der Gründung der *Moro National Liberation Front* (MNLF) den bewaffneten Kampf gegen Manila ein. Politisches Ziel der Befreiungsorganisation war die Gründung eines unabhängigen Staates auf den südlichen Philippinen, der ›Republik Bangsa Moro‹. Zeitweise banden die erbittert geführten militärischen Auseinandersetzungen über die Hälfte der nationalen Streitkräfte auf Mindanao. Im Jahre 1976 kam es auf Druck einflußreicher arabischer Staaten in Tripolis zu einem Abkommen zwischen der philippinischen Regierung und der politischen Führung der MNLF, das zur Gründung zweier halbautonomer Regionen auf Mindanao führte.

Militante Vertreter der in verschiedene Fraktionen gespaltenen MNLF gaben sich mit einer derartigen ›maßvollen‹ Autonomie innerhalb eines von Christen dominierten Staates nicht zufrieden. Sie forderten die Loslösung der muslimischen Gebiete auf den südlichen Inseln aus dem philippinischen Staatsverband. Als auch die Zentralregierung gegen das Abkommen von Tripolis verstieß, tobten die Kämpfe heftiger und blutiger als je zuvor. Erst Friedensgespräche zwischen Corazon Aquino und Nur Misuari führten 1987/88 zu einem Rückgang der Kämpfe.

Den Durchbruch brachte der Friedensvertrag von 1996, der zur Gründung der *Autonomous Region of Muslim Mindanao* führte. Bei der christlichen Bevölkerung der Region löste die Vereinbarung Proteststürme aus. Auf der anderen Seite warfen islamistische Splittergruppen der MNLF Verrat vor. Vor allem die radikale *Moro Islamic Liberation Front* (MILF) fühlt sich nicht an das Abkommen mit Manila gebunden und will weiter für einen unabhängigen Muslim-Staat kämpfen. Noch ist der Friede auf Mindanao sehr instabil.

Entspannt hat sich die Situation an anderen Fronten. Während auch noch in der Amtszeit von Corazon Aquino jährlich viele hundert Menschen bei militärischen Auseinandersetzungen zwischen Regierungseinheiten und Rebellen der kommunistischen *New People's Army* (NPA; Neue Volksarmee) getötet wurden, sind die Kämpfe abgeebbt, nachdem Präsident Ramos Friedensgespräche in die Wege leitete und zahlreiche inhaftierte Guerillas amnestierte.

Einst verfügte die 1969 als bewaffnete Kampforganisation der damals illegalen kommunistischen Partei gegründete NPA über einen harten Kern von 25 000 gut ausgerüsteten Kämpfern sowie über 200 000 sogenannte Volksmilizionäre *(farmers by day, soldiers by night)*. Schwerpunkt ihrer militärischen Operationen war Mindanao. Weitere Aktionszentren befanden sich auf Samar, Leyte, Negros und Panay sowie in den Bergprovinzen von Nord-Luzon. Auf dem Höhepunkt der Auseinandersetzungen standen nach Schätzungen von US-Militärexperten zwischen 20 und 40 % der ländlichen Regionen unter Kontrolle der Aufständischen oder waren von ihnen zumindest infiltriert.

In diesen ›befreiten‹ Gebieten begann die NPA mit dem Aufbau ›revolutionärer Strukturen‹, etwa einer eigenen Verwaltung und einer eigenen Miliz. In weiten Gebieten war die *New People's Army* für die verarmte Bevölkerung der einzige Garant gegen die Ausbeutung durch Großgrundbesitzer und gegen Übergriffe der Armee oder paramilitärischer Schwadrone, weshalb die Abkürzung NPA denn auch häufig als *Nice People Around* gedeutet wurde. Die finanziellen Mittel für ihren Bürgerkrieg verschaffte sich die NPA mittels eines eigenen Besteuerungssystems *(revolutionary taxation)*, mit dem sie vor allem Großgrundbesitzer, Agrarfirmen, Minengesellschaften und Holzkonzerne belegte. Die einst schlagkräftige und hoch motivierte Guerilla-Armee ist heute auf ein kleines Häuflein von allenfalls 3000 Kämpfern geschrumpft.

# Daten zur Geschichte

| | |
|---|---|
| **Ab ca. 250 000 v. Chr.** | Erste Besiedlungsspuren auf den Philippinen |
| **Ab ca. 30 000 v. Chr.** | Erstes Auftreten des Homo Sapiens, ›Tabon-Mensch‹ |
| **Ab ca. 25 000 v. Chr.** | Besiedlung der Philippinen durch negroide Urvölker |
| **Ab 2500–1500 v. Chr.** | Mehrere Einwanderungsintervalle proto- oder altmalaiischer Völker; Entstehung einer jungsteinzeitlichen Kultur |
| **Ab 300 v. Chr.** | Einwanderung deutero- oder jungmalaiischer Völker; Beginn der philippinischen Bronze-Eisenzeit |
| **Ab 600** | Handelskontakte mit China |
| **Ab 700** | Einfluß des buddhistischen Großreiches Sri Vijaya |
| **Ab 1000** | Intensivierte Handelsbeziehungen zu China und Gründung erster chinesischer Niederlassungen |
| **14./15. Jh.** | Einfluß des hinduistischen Majapahit-Imperiums |
| **Ab 1380** | Vordringen des Islam von Borneo über den Sulu-Archipel |
| **1450** | Gründung des muslimischen Sultanats von Jolo |
| **16. Jh.** | Ausbreitung des Islam bis Zentral-Luzon |
| **16. 3. 1521** | Ferdinand Magellan nimmt die philippinischen Inseln für Spanien in Besitz |

*Am 15.3.1521 nimmt Ferdinand Magellan die philippinischen Inseln für Spanien in Besitz*

| | |
|---|---|
| **27. 4. 1521** | Magellan verstirbt auf der Insel Mactan |
| **1542** | Lopez de Villalobos benennt den Archipel nach dem Kronprinzen und späteren König Philipp II. |
| **März 1565** | Miguel Lopez de Legazpi beginnt mit der Eroberung der Philippinen; Beginn der spanischen Kolonialherrschaft |
| **27. 4 1565** | Eroberung der Insel Cebu; wenig später Gründung der Stadt Cebu |
| **1571** | Eroberung des muslimischen Fürstentums Maynilad |
| **24. 6. 1571** | Legazpi gründet Manila und ernennt die Stadt zur Hauptstadt der Philippinen |
| **August 1572** | Miguel Lopez de Legazpi verstirbt |
| **Ab 1578** | Beginn der spanischen Feldzüge gegen die *Moros* (Muslime) |
| **Ende 16. Jh.** | Beginn der christlichen Missionierung |
| **Bis 1600** | Unterwerfung der philippinischen Inseln bis auf den muslimischen Süden |
| **15. 3. 1646** | Seesieg der Spanier über die Holländer in der Bucht von Manila |
| **1762–63** | Britische Besetzung von Manila |
| **1821** | Mexikanische Revolution mit folgender Unabhängigkeit; die Philippinen, bis dahin Kronkolonie von Mexiko, werden Madrid unterstellt |
| **20. 1. 1872** | Cavite-Aufstand; Beginn des nationalen Unabhängigkeitskampfes |
| **1872** | Gründung der ›Propagandabewegung‹ |
| **1892** | José Rizal gründet die antiklerikale *Liga Filipina,* Andres Bonifacio den revolutionären Geheimbund *Katipunan;* Rizal wird nach Mindanao verbannt |
| **19. 8. 1896** | Bonifacios Hochruf auf die Unabhängigkeit setzt das Zeichen für den Beginn der philippinischen Revolution |
| **30. 12. 1896** | José Rizal wird hingerichtet |
| **20. 4. 1898** | Beginn des spanisch-amerikanischen Krieges |
| **12. 6. 1898** | General Aguinaldo ruft die Unabhängigkeit der Philippinen aus |
| **10. 12. 1898** | Im Friedensvertrag von Paris tritt Spanien die Philippinen an die USA ab |
| **1899–1901** | Philippinischer Unabhängigkeitskampf gegen die USA |
| **1916** | Das Jones-Gesetz verspricht den Philippinen nach einer Übergangszeit unter kolonialer Verwaltung die Unabhängigkeit |
| **15. 11. 1935** | Ausrufung des *Commonwealth of the Philippines;* Manuel L. Quezon wird erster Präsident |
| **8. 12. 1941** | Beginn der dreijährigen Besatzungszeit durch die Japaner, die sich durch Willkürakte verhaßt machten |
| **20. 10. 1944** | US-General MacArthur landet auf Leyte; Beginn der Rückeroberung |

| | |
|---|---|
| **4. 7. 1946** | US-Präsident Truman erklärt die Philippinen für unabhängig; Manuel A. Roxas wird erster Präsident |
| **1946/47** | Abschluß verschiedener Verträge, welche die Philippinen politisch und wirtschaftlich eng an die USA binden |
| **1948–54** | Rebellion der *Hukbalahap* |
| **30. 12. 1965** | Ferdinand Marcos wird Präsident |
| **11. 11. 1969** | Wiederwahl von Präsident Marcos |
| **1970** | Beginn des bewaffneten Kampfes der muslimischen Separatistenbewegung *MNLF (Moro National Liberation Front)* |
| **21. 9. 1972** | Ausrufung des Kriegsrechts; Beginn der ›Neuen Gesellschaft‹ |
| **Ab 1973** | Diktatorische Vollmachten für Präsident Marcos |
| **17. 1. 1981** | Formelle Aufhebung des Kriegsrechts |
| **16. 6. 1981** | Erneute (umstrittene) Wiederwahl von Präsident Marcos |
| **21. 8. 1983** | Ermordung des Oppositionsführers Benigno Aquino |
| **7. 2. 1986** | Vorgezogene Präsidentenwahlen, die Ferdinand Marcos nur mittels Wahlbetrugs gewinnen kann |
| **17.–25. 2. 1986** | Nach einer gewaltlosen Volkserhebung und einer Rebellion von Spitzenmilitärs gegen das Marcos-Regime verläßt der Diktator das Land |
| **25. 2. 1986** | Corazon (Cory) Aquino wird als Präsidentin der Philippinen vereidigt |
| **1986–89** | Mehrere blutige Putschversuche gegen Präsidentin Aquino |
| **11. 5. 1987** | Aus den ersten freien Parlamentswahlen seit 20 Jahren geht der Koalitionsblock von Corazon Aquino als Sieger hervor |
| **28. 9. 1989** | Ferdinand Marcos stirbt im Exil auf Hawaii |
| **16. 7. 1990** | Erdbeben in Baguio mit etwa 1600 Todesopfern |
| **12. 6. 1991** | Ausbruch des Vulkans Mount Pinatubo mit rund 800 Todesopfern |
| **28. 11. 1991** | Ein schwerer Taifun auf den Inseln Samar und Leyte fordert mehr als 7000 Todesopfer |
| **11. 5. 1992** | Fidel Ramos gewinnt die Präsidentschaftswahlen und wird zum achten Präsidenten der Philippinen vereidigt |
| **November 1992** | Schließung der Subic Naval Base bei Olongapo City und Ende der amerikanischen Militärpräsenz auf den Philippinen |
| **2. 2. 1993** | Der Ausbruch des Vulkans Mount Mayon fordert 75 Todesopfer |
| **September 1996** | Präsident Ramos und Muslim-Führer Nur Misuari unterzeichnen ein Friedensabkommen |
| **12. 5. 1997** | Kommunalwahlen, die als erste friedliche Wahlen in der Geschichte des Landes gelten |
| **September 1997** | Auch die Philippinen leiden unter der verheerenden Luftverschmutzung, zu der die Flächenbrände in Indonesien in weiten Teilen von Südost-Asien geführt haben |

# Lange Schatten der Vergangenheit
## Politik

Nach der Vertreibung des ›Kleptokraten‹ Ferdinand Marcos und seiner wegen ihrer Verschwendungssucht berüchtigten Frau Imelda brach im Lande unbeschreiblicher Jubel aus. Der Sturz der Diktatur schien eine neue Ära der Demokratie, der Abschaffung staatlicher Willkür, der Beseitigung von Hunger, Armut und Ausbeutung einzuläuten.

Nach ihrem Amtsantritt hatte Corazon Aquino, die vor allem von den Armen beinahe wie eine Heilige verehrt wurde, dem Volk nicht nur den wirtschaftlichen Aufschwung und bessere Lebensverhältnisse, sondern auch ein demokratisches System, Freiheit und Gerechtigkeit versprochen. Doch sie entpuppte sich als eine schwache Präsidentin und konnte während ihrer Amtsperiode kaum eines der Versprechen einhalten. Um die Herrschaft der Marcos-Clique zu brechen, hatte die Aquino-Koalition die Unterprivilegierten mobilisiert. Die Macht, die danach installiert wurde, war aber

# Kinder ohne Hoffnung
# Armut auf den Philippinen

Manuels Arbeitsplatz ist die Ecke der M. H. del Pilar Street und der Pedro Gil Street in Manilas Touristenviertel Ermita. Wenn die Ampel auf Rot schaltet, springt er auf die Kreuzung, spritzt ungefragt aus einer alten Plastikflasche eine selbstgemixte Seifenlauge auf die Windschutzscheibe eines haltenden Autos und streift mit einem Gummiwischer Schmutz und Lauge weg. Manche Fahrer, bei weitem nicht alle, danken es ihm mit ein paar Münzen.

Manuel, die Haare ausgeblichen von Sonne und Mangelernährung, ist sechs Jahre alt und trägt schon seit zwei Jahren seinen Teil zum Unterhalt der Familie bei. Manchmal bringt er auch Shirley mit, seine dreijährige Schwester. Da Shirley noch zu klein ist, um an die Windschutzscheiben der Autos zu gelangen, muß ihr Manuel helfen, auf die Motorhaube zu klettern. Aber das putzig-pittoreske Kinderelend, das die beiden bieten, macht sich bezahlt – Shirley bekommt fast immer etwas in die kleinen Hände gedrückt, die noch nie mit einer richtigen Puppe gespielt haben. An einem guten Tag nehmen die beiden 30 Pesos mit nach Hause, geradeeinmal zwei Mark.

Manuel und Shirley sind nicht die einzigen Bettler an dieser Straßenkreuzung. Bei jedem Ampelstopp stürzt ein Schwarm zerlumpter Gestalten auf die haltenden Fahrzeuge. Längst sind viele Kreuzungen der Innenstadt von Manila zu Mautstellen des Almosenheischens geworden. Gekrümmte Hände greifen ins Wageninnere, Kinder mit unwiderstehlichem Leidensblick pressen ihre Gesichter gegen die Scheiben.

Eine Frau in einem zerschlissenem Kleid, ein winziges Baby im Arm, führt wimmernd die Hand zum Mund – Szenen wie in Indiens Hungermetropole Kalkutta. Doch das ist der bittere Alltag in Manila, wo tagtäglich Millionen einen verzweifelten Kampf ums Überleben austragen.

Sechs Köpfe zählt Manuels Familie: Mutter Dolores, die mit 35 gute 10 bis 15 Jahre älter aussieht, und fünf Kinder. Manuels Vater ist tot, umgebracht von den Mitgliedern einer rechten ›Bürgerwehr‹, die ihn als Sympathisanten kommunistischer Guerilleros verdächtigten. Der Terror der Todesschwadronen sowie die Kämpfe zwischen Rebellen und Regierungstruppen waren auch der Grund, weshalb Dolores mit ihren Kindern von der Insel Samar nach Manila floh.

Endstation für die Familie war einer der vielen Müllberge an der Peripherie der Großstadt. Eisenhaken in der Hand und Tragkörbe auf dem Rücken durchwühlen dort Tausende von Männern, Frauen und Kindern die stinkenden Abfallhalden nach allem Verwertbaren, streiten sich mit einem Heer von Ratten oftmals sogar um die noch genießbaren Brocken im Verwesungsbrei, um Früchte, die erst zur Hälfte verfault sind, oder Knochen, die abzunagen immer noch lohnt. Mit dem Geld, das Manuel und Shirley erbetteln, kann Dolores die Mahlzeiten der Familie gelegentlich mit einem Huhn oder einem Stück Schweinefleisch aufbessern.

Immer mehr Menschen hungern auf den Philippinen. Nach Angaben der Weltbank leben derzeit mehr als die Hälfte aller Filipinos im Zustand absoluter Armut, das heißt, daß sie ein Einkommen haben, was sie nicht in die Lage versetzt, ihre einfachsten Grundbedürfnisse zu befriedigen. Ihre Kaufkraft reicht gerade dafür, 75 % des als unterste Grenze angesehenen Pro-Kopf-Bedarfes von täglich 2350 Kalorien zu decken. Nur 30 % aller philippinischen Kinder sind normalgewichtig. Der Rest leidet an Unterernährung oder armutsbedingter Fehlernährung. Über 50 % der Filipinos leben mit dem Allernötigsten. Und das Gefühl, daß sich täglich alles verschlechtert, bestimmt den Alltag dieser rund 35 Mio. Menschen.

Zwar verzeichneten die Philippinen nach dem Sturz von Marcos eine positive Wirtschaftsentwicklung, doch hat davon bislang nur die kleine Mittel- und Oberschicht profitiert. Menschen wie Dolores und ihre fünf Kinder gingen leer aus. So wurden die staatlich festgesetzten Mindestlöhne, die höchstens vier von zehn Arbeitern auch wirklich erhalten, nur geringfügig angehoben, da nach Auffassung konservativer Wirtschaftsplaner höhere Lohnkosten (ausländische) Investitonen verhindern würden.

Auch wenn beide Elternteile arbeiten, reicht es häufig nicht. Bereits kleine Kinder sind gezwungen, für den Unterhalt der Familie mitzuverdienen, als Zeitungsjunge, als Zigarettenverkäufer oder – das bringt das meiste Geld – als Prostituierte. Nach einer Untersuchung der Internationalen Arbeitsorganisation (ILO) arbeiten auf den Philippinen rund 3,7 Mio. Kinder im Alter zwischen 5 und 15 Jahren regelmäßig. Viele von ihnen an sieben Tagen in der Woche und bis zu zwölf Stunden am Tag. Mit dem Slogan ›Where Asia wears a smile‹ wirbt die staatliche Fremdenverkehrsbehörde für den Archipel im Süd-chinesischen Meer. Doch längst nicht alle Menschen auf den Philippinen haben Grund zum Lächeln.

wieder eine der reichen Führungselite. Viele der an der *People's Revolution* vom Februar 1986 Beteiligten fühlten sich um die politischen und sozialen Früchte ihrer Revolution betrogen.

Die Gewährleistung politischer Freiheitsrechte gehört zu den Verdiensten der Regierung Aquino. Die Philippinen haben eine neue Verfassung und ein funktionsfähiges, in seinen Rechten gegenüber der Exekutive gestärktes Parlament. Die Grundrechte sind verfassungsmäßig verankert, der Präsident hat keine absolute Macht mehr. Unbescholtene Richter lösten die willfährige Justiz der Marcos-Zeit ab. Doch bleibt Demokratie auf den Philippinen eine schwierige Übung. All die aufwendig in Szene gesetzten ›demokratischen‹ Prozeduren ändern nichts an der Restauration der Macht der traditionellen Oligarchie.

Auch während der Präsidentschaft von Fidel Ramos, der unter Aquino den Posten des Verteidigungsministers innehatte, sind die Reichen nicht ärmer und die Armen nicht reicher geworden. Nirgendwo anders in Südost-Asien ist das Volksvermögen ungerechter verteilt als auf den Philippinen. Obwohl der als integer und energisch geltende Ramos die Probleme der Inselrepublik mit Elan anging, bestimmen immer noch Armut und Arbeitslosigkeit das Leben eines Großteils der Bevölkerung.

Nach Angaben der Weltbank leben nach wie vor mehr als die Hälfte aller Filipinos an der Grenze des Existenzminimums. Enttäuscht fordern die Armen aus den Slums von Metro Manila und anderen Großstädten in Protestkundgebungen Reformen. Doch der Staat investiert kaum Geld in eine gezielte Armutsbekämpfung, in Beschäftigungsprogramme oder in die Sicherung der sozialen Grundversorgung. Zwar hat Ramos die Wirtschaft auf Wachstumskurs gebracht, aber die Mehrheit der Bevölkerung profitiert nicht davon. Solange jedoch soziale Schluchten die Philippinen durchziehen, besteht auch keine Chance für eine demokratische Entwicklung.

Obwohl es Ramos gelang, mit Guerillagruppen (vgl. S. 38f.) Verhandlungen aufzunehmen und provisorische Waffenstillstandsabkommen zu schließen, flackern an verschiedenen Fronten immer wieder Scharmützel zwischen Regierungstruppen und Muslim-Rebellen oder Kämpfern der kommunistischen *New People's Army* auf. Eine Landreform, die den Rebellen die Basis in der Bauern- und Arbeiterschaft entziehen würde, ist in der Regierungszeit von Präsident Ramos steckengeblieben.

Nach wie vor kontrollieren einflußreiche Familien, die ihren Pächtern häufig bis zu zwei Drittel des Ernte-Ertrags abverlangen, einen Großteil der landwirtschaftlichen Nutzfläche. Es sind auch die Mitglieder dieser Großgrundbesitzer-Familien, die Schlüsselpositionen des politischen und wirtschaftlichen Lebens innehaben und dafür sorgen, daß sich die philippinische Gesellschaft in eine dünne Schicht von Besitzenden und eine Masse von Habenichtsen teilt.

Zusehends enger wird der Schulterschluß dieser um Macht und Besitz besorgten Oberschicht mit dem Militär, das unter Ex-General Ramos einen dominierenden Einfluß auf politische Belange hat. Dagegen ist kein Vertreter der Bauern, Arbeiter, ethnischen Minderheiten oder der städtischen und ländlichen Armen in maßgeblicher Position an politischen Entscheidungen beteiligt, geschweige denn in der Regierung repräsentiert. Nach außen mögen die politischen Strukturen der Philippinen demokratisch erscheinen, doch lasten die Schatten der Vergangenheit immer noch schwer auf dem Land.

# Kleiner Tiger auf dem Sprung
# Wirtschaft

Noch bis Mitte der 80er Jahre bildete der Agrarsektor die Basis der philippinischen Volkswirtschaft. Das Wirtschaftssystem der Inselrepublik wies zu jener Zeit eine für die meisten Entwicklungsländer typische Doppelstruktur auf: Ausfuhr von agrarischen und mineralischen Rohstoffen oder Halbfertigwaren und Einfuhr von Fertigprodukten. Diese einseitige Weltmarkt- und Exportorientierung führte zu einer Abhängigkeit von den Industrienationen und war für Perioden wirtschaftlicher Depression mitverantwortlich.

Für die meisten Filipinos ist die Landwirtschaft, die immer noch fast die Hälfte aller Beschäftigten absorbiert, die wichtigste Lebensgrundlage. Das tropische Klima erlaubt den Anbau zahlreicher Nutzpflanzen. Über 40 % der Landfläche werden agrarisch genutzt. Knapp ein Drittel des kultivierten Landes bepflanzt man mit sogenannten *Cash Crops,* Pflanzen für den Export. So sind die Philippinen weltweit der drittgrößte Bananenexporteur sowie das bedeutendste Ausfuhrland für Kokosnußprodukte und, noch vor Hawaii, für Ananas. Zu den wichtigsten Devisenbringern gehören Zuckerrohr, Kaffee, Naturkautschuk und Tabak. Von Monokultur-Plantagen sind vor allem die Inseln Negros (Zuckerrohr) und Mindanao (Ananas und Bananen) geprägt. Auf Mindanao, der fruchtbarsten Insel des Archipels, wird mehr als die Hälfte der Agrarfläche für den Export bebaut.

Inzwischen hat jedoch der lange vernachlässigte industrielle Sektor mächtig aufgeholt. Mittlerweile erwirtschaften



*Die Philippinen sind das bedeutendste Ausfuhrland für Kokosnußprodukte*

*Aussaat und Ernte des Reises bestimmen den Alltag in den Dörfern*

etwa 15 % der Erwerbstätigen in diesem Bereich fast ein Viertel des Bruttosozialprodukts. Allerdings besteht ein regionales Ungleichgewicht: Die Industriebetriebe sind vorwiegend im Ballungsraum Metro Manila sowie in einigen anderen Großstädten, etwa Cebu City, Iloilo auf Panay und Davao auf Mindanao, konzentriert. Während diese Regionen großzügige staatliche Förderungen erfahren, unterblieben Investitionen in die Entwicklung ländlicher Gebiete.

Nach dem Vorbild der Freihandelszonen in Singapur und Malaysia hat man auf den Philippinen *Export Processing Zones* geschaffen, in denen vor allem Frauen und Mädchen mit flinken Händen Fertigprodukte für den Export herstellen. Ausländische Investoren genießen hier großzügige Privilegien wie infrastrukturelle Vorleistungen, steuerliche und zollrechtliche Vorzugsbehandlung oder freie Rückführung von Gewinnen.

Als Hindernisse für eine weitere Wirtschaftsentwicklung nennen Beobachter Infrastruktur-Engpässe, vor allem im Großraum Manila. Das Power-Zentrum der philippinischen Wirtschaft ist durch täglichen Verkehrsinfarkt geschwächt und bräuchte dringend Bypass-Operationen durch ein modernes Nahverkehrssystem und City-Highways. Milliarden an US-Dollar müßten landesweit in den Ausbau von Flug- und Seehäfen, Fernstraßen und Kraftwerken investiert werden. Stromausfälle stehen vor allem in Metro Manila auf der Tagesordnung. Die Versorgungskrise hält ausländische Investoren fern und behindert die einheimische Industrie. Es scheint sich mit der Zeit zu rächen, daß die philippinischen Wirtschaftsstrategen zu lange fast ausschließlich auf Billiglöhne zur Herstellung von Massenwaren gesetzt und versäumt haben, auch in Innovation, Forschung, Entwicklung, Bildung und in den Sozialbereich zu investieren.

Sorgen bereitet Experten die enorme Auslandsverschuldung der Philippinen, ein Erbe des Marcos-Clans. In den zwei Jahrzehnten seiner Regentschaft hatte es der frühere Präsident bis 1986 geschafft, durch Korruption und Vetternschaft sowie durch persönliche Bereicherung einen Auslandsschuldenberg von fast 30 Mrd. Dollar anzuhäufen. Der Schuldendienst verschlingt derzeit etwa die Hälfte der jährlichen Exporterlöse.

Auch die jetzige philippinische Regierung ist auf Kreditgewährung der Weltbank sowie des Internationalen Währungsfonds (IWF) angewiesen. Die Abhängigkeit führt dazu, daß die beiden

internationalen Organisationen wie bereits während der Marcos- und Aquino-Ära eine wichtige Rolle bei den wirtschaftspolitischen Entscheidungen des Landes spielen. Mit ihrer Auflagenpolitik, etwa der Forderung einer exportorientierten Wirtschaftsstruktur und der Priorität des Schuldendienstes, diktieren Weltbank und IWF die Richtung der wirtschaftlichen Entwicklung der Philippinen und greifen damit auch tief in das soziale und politische Leben des Landes ein.

Immer noch beträgt die Arbeitslosen- und Unterbeschäftigungsquote mindestens 30 %. Alljährlich drängen rund 750 000 junge Menschen zusätzlich auf den Arbeitsmarkt. Viele von ihnen suchen eine Beschäftigung im Ausland. Mittlerweile arbeiten über 4 Mio. Filipinas und Filipinos als Krankenschwestern und Ärzte, Hausmädchen und Lastwagenfahrer, Bardamen und Musiker in den Nachbarländern sowie vor allem in den Golfstaaten, um ihre daheimgebliebenen Familien ernähren zu können. Die Überweisungen dieser Arbeitsemigranten summieren sich zu einem Viertel der Deviseneinnahmen.

Trotz der desolaten Ausgangssituation nach dem Sturz der Marcos-Diktatur hat die philippinische Ökonomie mittlerweile ähnlich hohe Wachstumsraten erreicht wie die Volkswirtschaften der benachbarten ›Wirtschaftswunderländer‹ Singapur, Malaysia, Indonesien und Thailand. Bis zum Jahre 2000 will Präsident Ramos die Inselrepublik in ein *Newly Industrialized Country* verwandeln und damit zu den asiatischen ›Tiger‹-Staaten aufschließen.

# Schmelztiegel der Völker
# Bevölkerung

*Halo-Halo* heißt eine auf den Philippinen beliebte Nachspeise. Sie könnte aber auch die philippinische Bevölkerung bezeichnen – wörtlich übersetzt bedeutet sie Mischmasch. Das Inselreich ist ein Schmelztiegel unterschiedlichster Volksgruppen, ein Mosaik aus rund 40 ethnischen Gruppen, deren Vorfahren während verschiedener Einwanderungswellen auf den Archipel kamen.

In prähistorischen Zeiten siedelten hier Negritos, Zuwanderer aus Kontinental-Asien, deren etwa 15 000 Köpfe zählende Nachkommen heute zurückgedrängt im Bergland der Hauptinseln leben. Die negroide Urbevölkerung wurde später von alt- und jungmalaiischen Einwanderern überlagert. Ethnische, kulturelle und sprachliche Spuren haben vor Ankunft der Spanier auch Chinesen, Inder und Araber hinterlassen.

Nach Jahrtausenden der Völkervermischung läßt sich die ethnische Herkunft eines Filipino nur selten eindeutig bestimmen, jedoch herrschen meist malaiische Merkmale vor. Aus altmalaiischen Stämmen gingen die Igorot hervor, die Bergvölker von Nord-Luzon. Jungmalaiische Stämme bildeten den Grundstock des Großteils der heutigen Bevölkerung.

Ebenfalls jungmalaiischer Abstammung sind die rund 5 % der Gesamtbevölkerung stellenden Muslim-Völker der südphilippinischen Inseln. Eine wirtschaftlich einflußreiche Minderheit bilden die etwa 500 000 Chinesen, die überwiegend die philippinische Staatsangehörigkeit besitzen.

Von den knapp 70 Mio. Filipinos leben über zwei Drittel auf den beiden Hauptinseln Luzon und Mindanao. Die jährliche Wachstumsrate der Bevölkerung liegt bei 2,3 %, einer der höchsten Werte in Südost-Asien. Wenn die Rate nicht weiter reduziert werden kann, muß im Jahre 2020 mit einer Bevölkerung von über 120 Mio. gerechnet werden, was zu kaum überwindbaren Versorgungsproblemen führen wird. Rund 40 % aller Filipinos sind jünger als 15 Jahre, lediglich 3,5 % älter als 65 Jahre. Die Regierung versucht, den hohen Zuwachs durch Aufklärungskampagnen über Geburtenkontrolle zu bremsen, stößt dabei jedoch auf den erbitterten Widerstand der katholischen Kirche.

Eines der größten Gegenwartsprobleme ist die wirtschaftlich bedingte Landflucht. Obwohl fast die Hälfte der Filipinos immer noch Ackerbau betreiben, verzeichnen die meisten Großstädte ein explosionsartiges Wachstum. Junge Leute werden von den Städten durch die attraktiveren Arbeitsplätze und die dort gebotenen Zerstreuungsmöglichkeiten magisch angezogen.

## *Tagalish* und *Engalog* Babylonisches Sprachengewirr

Die ethnische Aufgliederung der Bevölkerung spiegelt sich in einem beinahe babylonischen Sprachengewirr wider. Wissenschaftler haben in dem Vielvölkerstaat 87 verschiedene Idiome gezählt, die aber sämtlich zur malaiisch-polynesischen Sprachengruppe gehören und viele Einflüsse aus dem Arabischen, Chinesischen, Spanischen und Englischen aufweisen. Zwar gibt es darunter nur sieben Sprachen, die jeweils von mehr als einer Million Menschen gesprochen werden, doch läßt ein ausgeprägter Tribalismus selbst Splittergruppen auf ihre sprachliche Autonomie pochen.

Die am weitesten verbreiteten einheimischen Sprachgruppen sind Tagalog (gesprochen von 24 % der Bevölkerung), Cebuano (24 %), Ilocano (11 %), Ilonggo (10 %), Bicol (7 %) und Waray-Waray (5 %). Die Sprachen und Dialekte stellen das primäre Unterscheidungsmerkmal für die philippinischen Volksgruppen und Stämme dar. Die Vielsprachigkeit wirft aber auch Probleme auf: So kann sich etwa ein Ilocano aus dem Norden von Luzon in seiner Muttersprache nicht mit einem Zamboangueño verständigen. Letzterer ist ein Einwohner von Zamboanga auf Mindanao, wo man das als *Bamboo Spanish* bezeichnete, stark mit spanischen Ausdrücken durchsetzte Chavacano spricht.

Um eine alle linguistischen Gruppen verbindende gemeinsame Sprache zu schaffen, wurde 1937 Tagalog, die Sprache von Manila und Zentral-Luzon, zur Nationalsprache erklärt. Nach Protesten anderssprachiger Regionen und um dem Anschein eines Kulturdiktats entgegenzuwirken, änderte man den Namen für die Nationalsprache 1959 in *Pilipino* und begann ein Jahrzehnt später, auf der Grundlage verschiedener philippinischer Idiome eine neue, seit 1973 als *Filipino* in der Verfassung verankerte Staatssprache zu entwickeln. Trotz linguistischer Elemente aus mehreren Sprachen ist die Basis des *Filipino* bezüglich Grammatik und Vokabular zu 95 % Tagalog. Seit 1978 wird *Filipino* an allen Schulen und Universitäten des Landes gelehrt, doch hat sich das Idiom noch längst nicht überall durchgesetzt. Nach einer Studie der LaSalle-Universität in Manila beherrscht noch nicht einmal die Hälfte aller Filipinos die offizielle Landessprache.

Als ›Sprachklammer‹ der Vielvölkerkultur fungiert seit der amerikanischen Kolonialepoche das Englische. Unter den Amerikanern wurde Englisch nicht nur Verwaltungs-, Handels- und Schulsprache, sondern de facto auch Verkehrssprache. Etwa 50 % der Filipinos sprechen es oder besitzen zumindest Grundkenntnisse darin.



Englisch ist noch heute die Unterrichtssprache von der Mittelstufe an sowie die Sprache von Universitäten und Colleges. Die meisten Zeitungen erscheinen in Englisch, amerikanische Fernsehsendungen werden im Originalton ausgestrahlt. Zudem schreiben die bedeutendsten Schriftsteller der Philippinen englisch. Englische Einsprengsel finden sich auch in der Nationalsprache und in regionalen Dialekten, etwa für Begriffe aus den Bereichen Technik, Wissenschaft oder allgemein ›modernes Leben‹. Hieraus resultiert im alltäglichen Sprachgebrauch oftmals eine amüsante Mischung, *Tagalish* oder *Engalog* genannt.

Das Spanische wird nur noch von höchstens 2 % der Bevölkerung beherrscht (meist von der älteren Generation traditionsbewußter Familien), zahlreiche Hispanismen haben aber in die Hauptsprachen Tagalog und Cebuano Eingang gefunden. Spanisch sind viele Orts- und Familiennamen sowie die Bezeichnungen für die Wochentage und Monate. Auch gezählt wird meist auf spanisch.

## Sozialordnung
## Balance zwischen Tradition und Fortschritt

Noch im ersten Drittel unseres Jahrhunderts wies die philippinische Bevölkerung eine deutliche Zweiteilung auf: Einer kleinen Oberschicht aus wohlhabenden, traditionell politisch sehr einflußreichen Großgrundbesitzern stand die breite Masse des Volkes gegenüber. Mit Ausnahme der in Handel und Handwerk dominierenden Chinesen existierte keine Mittelschicht. Ihren Ursprung hatte diese Gesellschaftsordnung im *Encomienda*-System der spanischen Kolonialherren, das Adeligen für ihre Verdienste Landgüter zusprach (vgl. S. 27). Dieses Erbe der Spanier, das den Grundstock für die noch bestehenden krassen sozialen Gegensätze legte, wurde von den Amerikanern nicht angetastet. Auch heute sind die Philippinen eine wohlorganisierte Klassengesellschaft. Reiche sind reich, sehr reich; Arme sind arm, sehr arm. Dazwischen gibt es eine kleine, aber aufgrund der sich verbessernden wirtschaftlichen Bedingungen kontinuierlich wachsende, zumeist städtische Mittelschicht, die sich stolz nach unten abgrenzt.

Das soziale Gefüge ist auf den Philippinen seit alters her auf Großfamilien aufgebaut. Diesen stehen oft mächtige Patriarchen vor, von denen manche sogar Privatarmeen zum Schutz ihrer Interessen unterhalten. Vor allem in ländlichen Regionen, wo der Staat und seine Organe auch heute noch vielfach als eine anonyme Macht empfunden werden, waren Sippe und Dorfgemeinschaft jahrhundertelang die einzigen gesellschaftlichen Einheiten, denen sich das Individuum verpflichtet fühlte. Auch in der Gegenwart sind Loyalität und Pflichtgefühl innerhalb der Familien und

*Schon früh müssen Kinder für die Älteren sorgen*

Clans grenzenlos, der *Civic Sense* hingegen, die Verpflichtung gegenüber der Gesellschaft, ist eher unterentwickelt.

Der Familienverband umfaßt den väterlichen und mütterlichen Verwandtenkreis sowie Nicht-Blutsverwandte. Zu ihm gehören auch Taufpaten, denn auf den Philippinen ist das *Compadrazgo*-System weitverbreitet – Freunde, Bekannte und vor allem auch bedeutende Persönlichkeiten einer Dorfgemeinschaft werden häufig gebeten, die Patenschaft für ein Neugeborenes zu übernehmen. Oft leben mehrere Generationen einer Familie unter einem Dach, doch auch eine meist durch wirtschaftlichen Druck verursachte räumliche Trennung rührt nicht an der Loyalität des einzelnen gegenüber dem Familienkollektiv.

Eine Sozialversicherung westlichen Musters ist auf den Philippinen unbekannt – anstelle des Staates knüpft und erhält die Familie das soziale Netz. Sie bietet den besten Schutz gegen Bedrohung und bildet den Rahmen für gegenseitige Unterstützung und verwandtschaftliche Hilfe bis hin zum Nepotismus. Wie auch in anderen asiatischen Kulturen stellt auf den Philippinen weniger die Selbstverwirklichung des Individuums als vielmehr das Einfügen in die Gemeinschaft das primäre Ziel der Erziehung dar.

Erstaunlich ist die Bereitschaft der Filipinos, Eigeninteressen dem Wohlergehen der Familie unterzuordnen. In der Regel unterstützen erwachsene, berufstätige Kinder ihre Eltern (ein reicher Kindersegen gilt deshalb häufig immer noch als beste Altersversicherung) und ermöglichen ihren jüngeren Geschwistern ein Studium oder eine Berufsausbildung. Ein Regulativ für die Beziehungen im Familien- oder Sippenverband ist die Verpflichtung zur Gegenleistung für eine erhaltene Hilfe. Dieses Phänomen der Dankesschuld bezeichnet man als *Utang na loob.*

Mit dem schnellen Schritt in das moderne Industrie- und Konsumzeitalter

# Frauen auf den Philippinen
# Zwischen Tradition und Emanzipation



In der vorkolonialen Gesellschaft hatten philippinische Frauen eine bemerkenswerte Rolle inne: Sie besaßen die gleichen Rechte wie Männer, konnten als Nachfolgerin des Vaters die Führung der Dorfgemeinschaft übernehmen, durften Grund und Boden besitzen sowie im Tauschhandel tätig sein. Darüber hinaus standen Frauen in alten Zeiten als hochangesehene Wahrsagerinnen, Medien und Heilerinnen im Mittelpunkt des Stammeslebens. Diese ›Priesterinnen‹ oder Schamaninnen organisierten später vielfach auch den Widerstand gegen die spanischen Konquistadoren. Generell waren Frauen in der prä-spanischen Gesellschaft gleichberechtigte Partnerin der Männer, die von ihnen in allen wichtigen Belangen Rat und Zustimmung einholten.

Mit der erfolgreichen Kolonisation und Missionierung der Philippinen durch die Spanier verloren die Frauen viele ihrer ursprünglichen Rechte. Sie hatten ganz im Sinne des spanischen Patriarchats fortan als tugendhafte Hausfrauen und Mütter ihren Ehemännern untertan zu sein. Die eher auf Gleichheit basierende soziale Rollenverteilung, welche die Amerikaner mitbrachten, eröffnete Filipinas nach fast dreieinhalb Jahrhunderten der Unterdrückung wieder Ansätze zu einer erneuten Emanzipation. So wurde Frauen das aktive wie passive Wahlrecht zugesprochen und der Zugang zu Universitäten ermöglicht.

Im Vergleich zu anderen asiatischen Ländern hat die Gleichberechtigung der philippinischen Frauen tatsächlich Fortschritte gemacht. Heute spielen sie eine wichtige Rolle im öffentlichen Leben und sind dabei in Bereiche vorgedrungen, die traditionell Domänen der Männer waren. Das staatliche Bildungsangebot wird zu gleichen Teilen von Frauen und Männern wahrgenommen. Frauen bekleiden leitende Stellungen in Wirtschaftsunternehmen und staatlichen Behörden, haben teilweise sogar hohe Positionen in Parteien und Verwaltung inne – von 1986 bis 1992 stand mit Corazon Aquino erstmals in der Geschichte der Philippinen eine Frau an der Spitze des Staates.

All dies darf aber nicht darüber hinwegtäuschen, daß ›emanzipierte‹ Frauen eine überwiegend der kleinen Mittel- und Oberschicht angehörende Minderheit sind. Bei den ärmeren Bevölkerungsgruppen, die den breiten Unterbau der Sozialpyramide bilden, besteht zwar im familiären Bereich eine relative Gleichheit zwischen Frau und Mann (das männliche Familienoberhaupt tritt nach außen als dominierende Autoritätsperson auf, wichtige Entscheidungen werden in der Regel aber im Einvernehmen mit der Ehegattin, die häufig die Familienfinanzen verwaltet, getroffen), jedoch sind die Frauen beruflich nach wie vor unterprivilegiert. Ihre Arbeitsbelastung ist meist größer als die des Mannes, die Bezahlung dagegen in der Regel wesentlich geringer.

Auf moralisch-ethischem Gebiet lebt in allen Gesellschaftsschichten die 350jährige spanische Tradition. Nach wie vor gilt die Jungfräulichkeit der Braut als ein unumstößliches Gebot. Verlassene Ehefrau oder gar ledige Mutter zu sein, ist auch heute noch ein schweres Schicksal. Scheidung und Abtreibung sind indiskutable Themen. Dagegen werden Seitensprünge des philippinischen Macho-Ehemannes gesellschaftlich toleriert. Für viele, meist wohlhabendere Filipinos ist eine *Querida* oder Geliebte sogar eine Art von Statussymbol.

Im Ausland haben die Massenmedien, internationale Schönheitswettbewerbe und vor allem Kampagnen der philippinischen Fremdenverkehrsindustrie, die den Charme und Liebreiz der Filipinas werbewirksam einsetzt, das Bild der philippinischen Frauen geprägt: exotisch, zärtlich, liebevoll, anschmiegsam, demütig, unkompliziert – Attribute, die auch viele deutsche Männer ansprechen, denn Filipinas gehören zu den bevorzugten außereuropäischen Ehepartnerinnen.

Um philippinische Frauen als gesellschaftliche und politische Kraft zu organisieren und zu mobilisieren, wurde 1984 der Frauendachverband GABRIELA *(General Assembly Binding Women for Reform, Integrety, Equality, Leadership and Action)* gegründet. Die Frauenkoalition, die heute bereits über 80 Mitgliedsorganisationen umfaßt, hat den Kampf gegen die patriarchalischen sozialen und ökonomischen Strukturen sowie generell gegen den in allen Sphären der philippinischen Gesellschaft verbreiteten Sexismus auf ihre Fahnen geschrieben. Das Akronym GABRIELA ist übrigens eine Anspielung auf Gabriela Silang, die ›Jeanne d'Arc von Ilocandia‹, Mitte des 18. Jh. eine unerschrockene Kämpferin gegen die spanischen Kolonialherren.

werden die alten, überlieferten Werte zunehmend brüchig und fragwürdig. Derzeit stehen die Philippinen im Zeichen des Wandels von einem traditionellen Agrarland zu einer Industrienation. Dies ist aber auch ein Wandel, der die Gesellschaftsstrukturen ins Wanken bringt.

Vor allem die Jugend, die zunehmend mehr Wert auf individuelle Entwicklung legt und den westlichen Lebensstil nachahmt, ist zwischen Tradition und Fortschritt zerrissen. Das auf die großen urbanen Zentren begrenzte Wachstum und die damit verbundene Landflucht hat in manchen Regionen traditionelle Familien- und Dorfstrukturen zusammenbrechen lassen und dazu beigetragen, daß das überlieferte Wertesystem seine Tragkraft zusehens verliert.

Alte Mechanismen der Dorfsolidarität zerbrechen wie die unentgeltliche Nachbarschaftshilfe oder die zinslose Verpachtung von Land. Oft ist die dörfliche Selbstversorgung zerstört, das traditionelle Handwerk verschwunden. Früher selbst hergestellte Güter müssen heute häufig gegen Bargeld auf den Märkten erworben werden. Wachsende Schulden infolge sinkender Preise für landwirtschaftliche Erzeugnisse und steigende Investitionskosten zwingen immer mehr Menschen, außerhalb ihres Dorfes Lohnarbeit zu suchen. Am Ende stehen häufig die vom Überlebenskampf geprägten Slum-Gemeinschaften der Großstädte.



# Ethnische Minderheiten

Nur wenige andere Länder der Erde weisen auf solch engem Raum eine derart verwirrende Fülle an unterschiedlichen Kulturerscheinungen, Lebens- und Wirtschaftsformen auf wie die Philippinen. Die philippinischen Christen, die vorwiegend in den Tiefebenen und an den Küstensäumen leben, bilden mit 93 % die kulturelle Mehrheit des Landes. Knapp 7 Mio. Filipinos, etwa 10 % der Gesamtbevölkerung, werden als ethnische bzw. kulturelle Minderheiten oder Stammes-Filipinos *(Cultural Minorities* oder *Tribal Filipinos)* bezeichnet. Hierin eingerechnet sind auch die rund 3,5 Mio. Muslime.

Insgesamt existieren etwa 40 ethnolinguistische Gruppen, die sich zum Teil stärker voneinander unterscheiden als mediterrane Sizilianer von lappländischen Samen. Die kulturellen Minderheiten sind vor allem auf Nord- und Zentral-Luzon sowie Mindanao, Mindoro und Palawan anzutreffen. Trotz allen Wandels konnten in den Stammesgebieten vielfach archaische Traditionen überleben, pflegen die oft in isolierten Regionen lebenden Naturvölker das kulturelle Erbe ihrer Vorväter.

Die harmonische Symbiose zwischen Mensch und Umwelt, die kulturelle Identität und soziale Existenz der unterprivilegierten ethnischen Minderheiten, sind jedoch seit Mitte dieses Jahrhunderts bedroht. Die christliche Mehrheit weitet ihren Siedlungsraum aus, große Konzerne errichten landwirtschaftliche Plantagen oder zerstören die Regenwälder durch Kahlschlag, die Regierung baut Staudämme für die Energieversorgung der Großstädte – weichen muß in jedem Fall die Urbevölkerung.

Vor allem in den Bergen von Nord-Luzon und auf Mindanao geraten Angehörige ethnischer Minderheiten immer wieder in die Schußlinie zwischen Rebellen und Regierungstruppen. Einige zehntausend Mitglieder von Stammesvölkern wurden bislang aus ihren Dörfern vertrieben.

Beeinflußt vom westlichen Lebensstil und angelockt von der Glitzerwelt der Städte, läuft den philippinischen Stammesvölkern zudem die Jugend in Scharen davon. So klagt denn einer der wenigen noch lebenden Igorot-Schamanen »Unsere Kultur hat immer weniger Einfluß auf das Leben unserer Kinder.« Weil das Dasein ihrer nationalen Minderheiten die christlichen Filipinos in der Regel herzlich wenig interessiert, wird die Kultur der Negritos und Igorot, der Mangyan und Batak und vieler anderer Stammes-Filipinos das nächste Jahrhundert vermutlich nur als exotische Erinnerung überleben.

*Junger Negrito*

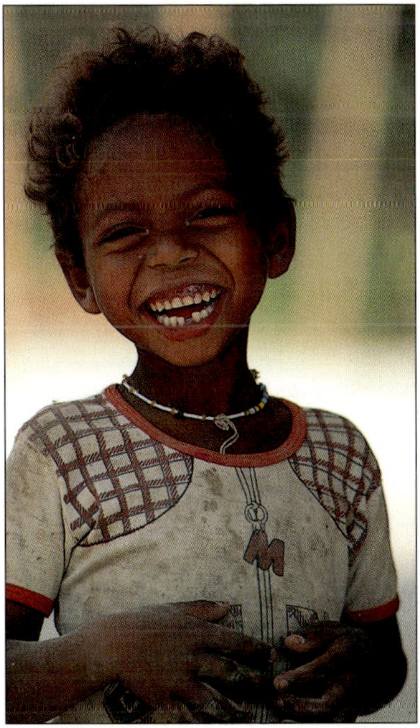

## Die Negritos

Als älteste Bevölkerungsschicht der Philippinen gehören die Negritos dem asiatisch-ozanischen Teil der Negriden an. Die kraushaarigen Negritos sind klein von Wuchs (etwa 1,50 m) und haben dunkelbraune bis schwarze Haut. Die vermutete Verwandtschaft zu den Pygmäen Afrikas ist widerlegt, ihr von den Spaniern auf den Philippinen eingeführter Name (Negerlein) irreführend. Von den rund 100 000 Negritos gelten etwa 15 % als ›reinrassig‹. Sie stellen damit die größte Negrito-Population im südost-asiatischen Raum.

Die philippinischen Negritos teilen sich in verschiedene Stämme, deren Verbreitungsgebiet fast über den ganzen Archipel reicht. Zahlenmäßig am stärksten vertreten sind sie auf Luzon. Man trifft sie außerdem auf den Inseln Panay und Negros sowie Samar und Leyte.

Die meisten Negritos wurden im Laufe der Jahrhunderte in die Gebirgswildnis im Inselinnern zurückgedrängt. Ausnahmen bilden die seefahrenden Dumagat sowie zahlreiche Aeta, die durch den Ausbruch des Mount Pinatubo im Juni 1991 von ihrem Land an den Hängen des jahrhundertelang ruhenden Vulkans vertrieben wurden und nun ein armseliges Dasein am Rande der Städte und Dörfer des Tieflands fristen. Von der christlichen Bevölkerungsmehrheit sowie auch von anderen ethnischen Minderheiten wegen ihres Aussehens und ihrer Lebensweise diskriminiert und verachtet, stehen die Negritos auf der untersten Sprosse der sozialen und wirtschaftlichen Stufenleiter der philippinischen Gesellschaft.

Wegen einer jahrtausendelangen Vermischung mit anderen Stammesgruppen und ihrer geographischen Zersplitterung repräsentieren die philippinischen Negrito-Stämme weder in Kultur noch Aussehen eine homogene Ethnie. Auch existiert keine gemeinsame Sprache. Vielmehr haben die Negritos die Dialekte der ihnen benachbarten nichtnegroiden Volksgruppen angenommen.

Ursprünglich lebten die Negritos ausschließlich als halbnomadische Jäger und Sammler. Aufgrund ihrer mobilen Lebensweise kannten sie als Behausung und Witterungsschutz nur einfache Windschirme oder Abdächer aus Ästen, Laub und Cogon-Gras. Ihre spärliche Kleidung fertigten sie aus Rindenstoffen. Nur noch vereinzelt, in sehr isolierten Regionen, hat sich diese alte Kultur bis heute unverfälscht erhalten. Verbreiteter ist in der Gegenwart eine gewisse Assimilierung an die Lebens- und Wirtschaftsformen ihrer meist christlichen Nachbarn, zu denen sich häufig einfache Handelsbeziehungen entwickelten. Vielfach haben sich Negrito-Gruppen in dörflichen Gemeinschaften seßhaft gemacht und sind zum Teil zu einer bescheidenen Form des Ackerbaus übergegangen.

Im religiösen Brauchtum bestehen regionale Unterschiede: Einige Stämme hängen einer Art von Monotheismus an (ein großer Schöpfergott, der mittels untergeordneter Gottheiten die Welt beherrscht), andere folgen animistischen Vorstellungen mit einer weitgefächerten Geisterwelt.

## Die Igorot
## Die Bergstämme von Nord-Luzon

Im zentralen Hochland der Hauptinsel Luzon leben mehrere Bergstämme, denen einst die Spanier den heute noch gebräuchlichen Sammelnamen Igorot (Menschen der Berge) gaben. Ihre Vorfahren, altmalaiische Völker vom asiatischen Festland, wurden von den Invasionen jungmalaiischer Stämme aus den Küstensäumen in ihre gegenwärtigen Rückzugsgebiete abgedrängt.

In der geographischen Isolation der Zentralkordillere haben die Igorot bis heute in erstaunlich hohem Maß ihre kulturellen Eigenheiten bewahren können. Auch die jahrhundertelangen Versuche der Spanier, sie zu unterwerfen und zu missionieren, blieben erfolglos. Erst mit Ankunft der Amerikaner kamen die Bergvölker in Kontakt mit der westlichen Zivilisation. Die Igorot zählen an die 750 000 Stammesangehörige. Diese verschiedenen Hochlandethnien weisen zwar Ähnlichkeiten und gewisse Gemeinsamkeiten in ihren Lebens- und Wirtschaftsformen auf, besitzen aber dennoch eine jeweils stammeseigene Kultur. Unterscheidungsmerkmale sind auch Kleidung und Sprache.

Gemeinsam ist allen Bergstämmen eine seßhafte Lebensweise mit der Landwirtschaft als Wirtschaftsgrundlage. In den spektakulären Reisterrassen, die zu den touristischen Hauptattraktionen der Philippinen gehören, spiegelt sich die Adaptionsfähigkeit der Igorot an die Gegebenheiten der Bergwelt wider. Größtenteils leben die Igorot in wirtschaftlich meist autarken dörflichen Gemeinschaften. Sie besitzen ein hochentwickeltes Sozialsystem, in dem der ›Rat der Ältesten‹ eine bedeutende Rolle spielt. Bei ihm liegt die lokale Gerichtsbarkeit, und durch ihn werden, nach streng demokratischen Regeln, schwerwiegende Entscheidungen gefällt.

Ein stammesübergreifendes Merkmal ist die tiefe Verwurzelung der Igorot und ihrer Kultur mit dem Land, auf dem und von dem sie leben, wo sie ihre Toten begraben und das, weil durch die Ahnen geheiligt, als unverletzbar und unveräu-

*Historische Aufnahmen von Angehörigen ...*

*... der Bergstämme in Nord-Luzon*

ßerbar gilt. Ein Verlust ihres Landes würde einem Verlust ihrer Identität als Volk gleichkommen.

In den Hochlandregionen von Nord-Luzon treffen Christentum und von alters her praktizierte Naturreligionen zusammen und sind vielfach eine friedliche Koexistenz eingegangen – Christentum ist gut, so heißt es, doch die Geister dürfen auch nicht vernachlässigt werden. Mit den Wirtschafts- und Sozialformen haben sich auch die alten polytheistischen Stammesreligionen erhalten, in denen Geisterverehrung, Saat- und Ernteriten sowie Ahnenkult die zentralen Rollen spielen.

Für die Igorot ist die Natur von Geistern belebt, weshalb tiefer Einklang und Harmonie mit der Natur und der spirituellen Welt im Mittelpunkt ihres Lebens stehen. Krankheit, Tod und Kinderlosigkeit oder auch ausbleibender Regen drücken das Mißfallen der Geister aus, die dann durch rituelle Handlungen besänftigt werden müssen, etwa durch Tieropfer. Wasserbüffelhörner und Schweineschädel, die man manchmal an Igorot-Häusern sieht, sind nicht nur Insignien des sozialen Status, sondern sollen auch die Opferbereitschaft und die hohe Sozialmoral der Familie demonstrieren.

Von den Tieflandbewohnern unterscheiden sich die Kordillerenstämme durch bestimmte Bestattungsriten und -formen, die wiederum regionale Unterschiede aufweisen, auch wenn sie in der Gegenwart allesamt zunehmend von christlichen Praktiken verdrängt werden. Bei den Bontok und Kalinga begräbt man die Verstorbenen, nachdem sie oft mehrere Tage lang in sitzender Haltung aufgebahrt waren, unter dem Haus. Kankanai und Ibaloi setzen ihre früher häufig

mumifizierten Toten in Höhlen bei. Eine Gemeinsamkeit sind sehr kostspielige Totenfeste, die nicht selten zur Verarmung der jeweiligen Familien führen.

Das den Igorot verliehene Attribut ›kriegerisch‹ beruht auf der einst von vielen Stämmen praktizierten rituellen Kopfjagd, also erbeuteten Schädeln von Mitgliedern eines feindlichen Stammes. Es hieß, daß die Kräfte, Fähigkeiten und Seelenenergien des Erschlagenen auf den Träger der Trophäe übergingen. Der amerikanischen Kolonialregierung gelang es Anfang des 20. Jh., die Kopfjägerei einzuschränken, nicht aber, sie ganz abzuschaffen. Bestimmte Formen der Blutrache existieren auch heute noch. Tätowierungen aus symmetrischen Mustern, die ältere Igorot-Männer auf Brust und Armen tragen, zeichnen sie als tapfere Krieger aus, die einst Feinde geköpft haben.

Die einzige Garantie für ein friedliches Zusammenleben der Igorot ist auch heute noch ein kompliziertes System von Friedensverträgen – *Bodong* genannt – zwischen den Bergstämmen. Dieses Bündnisgefüge wurde bereits in vorspanischen Zeiten von den Kalinga entwickelt, um Kriege zwischen verschiedenen Dörfern zu beenden oder um ihnen vorzubeugen. Später schloß

*Kalinga bei Banaue*

es die Bergvölker zu einer Front gegen die spanischen Kolonisationsversuche zusammen. Das *Dodong* System, das zu dauerhaften sozialen und durch Wechselheirat auch verwandtschaftlichen Beziehungen führt, wird von Zeit zu Zeit und durch den Austausch von Geschenken bekräftigt.

Während die Bezeichnung Igorot früher (und teils auch noch heute) von den christlichen Tieflandbewohnern mit verächtlichem Unterton gebraucht wurde, verwenden sie die ›Menschen der Berge‹ heute selbst, um ihr Selbstbewußtsein und den Stolz auf ihre kulturelle Identität zum Ausdruck zu bringen.

## Die Mangyan

Unter dem Sammelbegriff Mangyan (wörtlich Mensch oder Person) werden sechs insgesamt etwa 120 000 Köpfe zählende Naturvölker zusammengefaßt, deren Heimat die schwer zugänglichen, mit tropischem Regenwald bewachsenen Bergregionen der Insel Mindoro sind. Die im Nordteil der Insel lebenden Iraya weisen im Aussehen einen gewissen negroiden Einschlag auf. Als das ›primitivste‹ unter den Mangyan-Völkern gelten die Alangan, die in den Dschungeln des Mount Halcon auf Zentral-Mindoro ein seminomadisches Sammler- und Jägerdasein führen.

Kulturell höher entwickelt sind die Mangyan von Süd-Mindoro. Die Hanunóo bezeichnen sich als die ›wahren‹ Mangyan (*Hanunu'* = wahr, echt). Die etwa 18 500 Mitglieder dieses friedliebenden Volkes leben – in der Regel zu halbseßhaften, autonomen Gemeinschaften mit fünf bis sieben Familien zusammengeschlossen – im bergigen Binnenland von Süd-Mindoro. Die wirtschaftlichen Aktivitäten der Hanunóo umfassen Ackerbau, Fischfang sowie Jagd auf Rotwild und Wildschweine. Hochentwickelt sind ihre handwerklichen Fertigkeiten wie Töpfern, Weben, Sticken und Flechten.

Vermutlich indischen Ursprungs ist die Zeichenschrift der Hanunóo, die sie wie ihre Vorväter in vorspanischen Zeiten immer noch verwenden. Diese meist in Bambusröhren eingeritzte Silbenschrift dient dazu, Nachrichten zu übermitteln. ›Bambusbriefe‹ werden in einer Art von Stafettensystem über das Stammesgebiet verteilt. In Bambus schnitzen die Hanunóo auch ihre metaphorischen,

*Ambahan* genannten Gedichte, die der Auserkorenen meist über Mittelsmänner zugespielt werden. Trotz Missionierungsbemühungen haben die Mangyan ihre animistischen Religionen, in denen der Ahnenkult eine bedeutende Rolle spielt, weitgehend bewahrt.

## Die Naturvölker auf Palawan

Auf der langgestreckten Insel zwischen den Zentral-Philippinen und Borneo leben mehrere Ethnien altmalaiischen Ursprungs. Die Dschungelregionen im nordöstlichen Teil von Palawan sind die Heimat der seminomadischen Batak. Dem Zivilisationsdruck weichend, zogen sich die scheuen, ehedem vom Fischfang lebenden Küstenbewohner immer tiefer in die Berge und Urwälder zurück. Die Batak sind vergleichsweise klein von Wuchs und negroid im Aussehen. Sie leben in meist fünf bis zehn Familien umfassenden Gemeinschaften. Ihre verstreuten Siedlungen aus kleinen Pfahlbauten mit Palmblattbedachung geben sie zeitweise auf, wenn sie, außerhalb der Regenperiode, als Jäger und Sammler die Wälder durchstreifen.

Während ihrer Wanderungen errichten die Batak einfache Schutzhütten aus Zweigen und Blättern, die ihnen als Wetterschutz dienen und schnell wieder verrotten. Als Jagdwaffe setzten die Batak-Männer früher das Blasrohr ein. Heute werden Pfeil und Bogen sowie Speer bevorzugt. Auf ihren Wanderschaften sammeln sie unter anderem wilden Honig und Kopal-Harz, beides wichtige Einnahmequellen bei ihrem sporadischen Handel mit christlichen Tieflandbewohnern. Während ihrer seßhaften Zeit legen die Batak nahe ihrer permanenten Siedlungen kleine Felder an, auf denen sie meist Knollenfrüchte wie Camote und Cassava anbauen. Die Batak hängen einer animistischen Religion an, in deren Mittelpunkt gutgesonnene *(Diwata)* und böswillige Naturgeister *(Panya'en)* stehen.

Aufgrund von Krankheiten wie Tuberkulose, chronischem Husten und Malaria ist die Zahl der Stammesmitglieder stark rückläufig und dürfte derzeit nur noch zwischen 200 bis 300 liegen. Eine große Bedrohung für die Batak ist die Invasion von Holzfirmen. Das Batak-Land wird von Holzfällerwegen bis zu den Berggipfeln durchzogen, den Batak damit die letzte Möglichkeit genommen, sich weiter in den Regenwald zurückzuziehen. Der Kahlschlag zerstört das Ökosystem, in dem die Batak eine Chance hätten, als Stamm zu überleben.

Auf Zentral-, vorwiegend aber auf Nord-Palawan und dem vorgelagerten Insellabyrinth haben die Tagbanua, die größte Minderheit von Palawan, ihren Lebensraum gefunden. Sie führen vielfach noch ein halbnomadisches, maritim orientiertes Leben, haben sich zum Teil aber auch schon seßhaft gemacht und ihre Lebens- und Wirtschaftsformen der christlichen Bevölkerungsmehrheit angepaßt. Sprachlich eng verwandt sind die Tagbanua mit den Kalamianes, den Bewohnern der zwischen Mindoro und Palawan gelegenen Inseln Busuanga, Coron und Culion. Im gebirgigen Binnenland von Süd-Palawan lebt das seßhafte, Landwirtschaft betreibende Volk der Pala'wan.

Das kleine, nur etwa 80 Köpfe zählende Volk der ethnisch zu den Pala'wan gehörenden Tau't Batu wurde erst 1978 entdeckt. Die beinahe auf steinzeitlicher Entwicklungsstufe stehenden ›Menschen des Felsens‹ leben im Singnapan-Becken, einer kaum zugänglichen Senke westlich des Mount Matalingahan. Die

Tau't Batu wohnen sowohl in Höhlen als auch in einfachen, aus Baumstämmen und Blättern gefügten Hütten. Sie sind Sammler und Jäger, daneben betreiben sie im Brandrodungsverfahren eine bescheidene Landwirtschaft.

## Die Bergstämme auf Mindanao

Für knapp zwei Dutzend Volksstämme wurden die schwer zugänglichen Bergdschungel von Mindanao zu einer letzten Zufluchtsstätte. Ihre protomalaiischen Urväter hatten sich seit dem 14. Jh. der Islamisierung widersetzt und sich in das gebirgige Binnenland zurückgezogen. Ein weiterer Ansturm, dieses Mal christlicher Siedler, nach dem Zweiten Weltkrieg drängte sie tiefer in die Berge. Die nicht islamisierten und auch nur zu einem kleinen Teil christianisierten Bergstämme von Mindanao zerfallen in verschiedene Hauptgruppen.

Weit über die Insel verstreut ist das in einzelne Untergruppen zersplitterte Volk der Manobo, das aber durch Vermischung mit anderen Ethnien zusehens seine kulturelle Identität verliert. Die früher als stolz und kriegerisch geltenden Bagobo konzentrieren sich im Bergland nördlich und westlich von Davao City. Während die isolierten Bergbewohner ihre animistische Stammesreligion ebenso beibehalten haben wie ihre traditionellen Sozialformen, steht die Kultur der Küsten- und Fluß-Tiruray unter starken Einflüssen der muslimischen und christlichen Nachbarn.

Einer ähnlichen Entwicklung sind die Subanon der Zamboanga-Halbinsel ausgesetzt, deren Kultur vor allem durch Ehen mit Christen und Muslimen eine zunehmende Erosion erfährt. Die mit ihnen eng verwandten Mandaya und

*T'boli-Frau auf Mindanao*

Mansaka siedeln im nördlichen und östlichen Teil der Provinz Davao del Norte auf Südost-Mindanao. Die hohe Entwicklungsstufe ihrer animistischen Stammesreligion kommt in holzgeschnitzten Götzenbildnissen zum Ausdruck, die man in ihren Häusern und auf ihren Feldern findet. Beide Volksgruppen sind für ihre kunstvollen Silberschmiede-Arbeiten bekannt.

Eine Vorliebe für meist aus Messing gefertigten Metallschmuck haben die Frauen vom Stamm der T'boli. Bei festlichen Anlässen, aber auch an Markttagen schmücken sie sich mit zahlreichen Reifen, Ringen, Ketten und Gehängen sowie schweren Glockengürteln. Die Stammestracht der T'boli wird aus T'nalak hergestellt, einem aus Abaka-Fasern gewebten und mit Naturfarbstoffen eingefärbten Material. Der etwa 70 000 Menschen zählende Stamm lebt im Tiruray-Hochland von Südwest-Mindanao, vorwiegend an den Ufern des Lake

# Die Tasaday
# Mummenschanz im Regenwald?



Weltweites Aufsehen erregte 1971 die Entdeckung der Tasaday, eines quasi steinzeitlichen Naturvolkes, an dem aufgrund seiner völligen Isolation in den dichten Bergdschungeln des Tiruray-Hochlands von Südwest-Mindanao einige zehntausend Jahre Entwicklungsgeschichte spurlos vorübergegangen zu sein schienen. Die nur zwei Dutzend Mitglieder dieses genügsamen und friedfertigen Stammes, in dessen Wortschatz Begriffe wie Krieg, Feind oder Mord völlig fehlten, lebten in Höhlen und durchstreiften als Sammler die Regenwälder in einem eng begrenzten Aktionsradius von nur wenigen Kilometern.

Als ein Fallensteller des benachbarten Manobo-Blit-Stammes die ersten Kontakte zu den kleinwüchsigen Naturmenschen herstellte, benutzten diese lediglich primitive Steinwerkzeuge und trugen aus Blattwerk gefertigte Lendenschurze und Röcke. Haustiere und Ackerbau kannten sie ebensowenig wie Waffen oder Hausrat. Sie ernährten sich größtenteils von Pflanzen. Ihre tierische Nahrung bestand aus Flußkrebsen, Fischen, Kröten, Fröschen und Kaulquappen. Sehr stark ausgeprägt war bei den Tasaday das Gemeinschaftsgefühl: Sie lebten, streng monogam, in einer Art Sippenverband und trafen alle Entscheidungen gemeinsam. Privatbesitz war unbekannt.

Wissenschaftlern geben die Tasaday heute noch ein Rätsel auf – man weiß nichts Konkretes über ihren Ursprung. Linguisten vermuten aufgrund von Sprachvergleichen, daß die Tasaday seit mindestens 500, wenn nicht 1000 Jahren abgeschnitten von der nächsten bekannten linguistischen Gruppe leben. Zum Schutz der Tasaday hat die philippinische Regierung ein 20 000 ha großes Reservat eingerichtet, zu dem der Zugang streng verboten ist.

Mit der Zeit mehrten sich jedoch die Stimmen, welche die Entdeckung der Tasaday als Steinzeitvolk nur für einen

Sebu. Ein engerer Kontakt der T'boli mit der modernen Zivilisation begann erst in den 60er Jahren, so daß sich traditionelle Sitten bis heute behauptet haben. Mit Vorliebe errichten die T'boli ihre Langhäuser auf den Anhöhen des sanfthügeligen Tafellandes. Die früher nach einem alten Brauch an Markttagen veranstalteten Pferdekämpfe finden heute nur noch bei besonderen Anlässen statt.

## Die Muslim-Völker

Die etwa 3,5 Mio. Anhänger des Islam bilden den größten Teil der kulturellen Minoritäten auf den Philippinen. Es handelt sich bei ihnen aber nicht um eine homogene Einheit, sie sind vielmehr in mehrere Völkergruppen geteilt, die hinsichtlich ihrer Traditionen, Sprachen und Verhaltensweisen Eigenheiten be-

publikumswirksamen Schwindel des damaligen Regierungsbeauftragten für kulturelle Minderheiten, Manuel Elizalde, halten. »Stern«-Reporter sprachen in einem Artikel von einer Steinzeit-Show und vom Bluff im Regenwald. Ein Bericht in der »Frankfurter Allgemeinen Zeitung« trug die Überschrift »Erschwindelte Steinzeit«. Als Motiv für den Mummenschanz wurde das Bestreben des Politikers Elizalde genannt, durch die Berichterstattung der internationalen Presse seine Popularität zu steigern und in einem Wahlkampf Pluspunkte zu sammeln. Möglicherweise sollte der Medienrummel aber auch von der Zerstörung des Lebensraums anderer ethnischer Minoritäten durch Holz- und Bergbaukonzerne ablenken.

Wissenschaftler wie der Verhaltensforscher Irenäus Eibl-Eibesfeldt bezweifelten ein Täuschungsmanöver. Den »Stern«-Mitarbeitern, welche die Tasaday erst 15 Jahre nach ihrer Entdekkung besuchten, hielt er entgegen, daß die mit einem Verlust stammesspezifischer Besonderheiten verbundene Akkulturation sehr rasch geht, wenn der Erstkontakt mit der Außenwelt hergestellt wurde, da auch Steinzeitmenschen begierig sind, sich weiterzuentwickeln. Endgültig geklärt ist die mysteriöse Geschichte im Regenwald von Mindanao bis heute nicht.

wahrt haben und sich auch in ihren Wirtschaftsformen voneinander unterscheiden. Merkmale, die sie von der christlichen Bevölkerungsmehrheit abheben, sind ein eigener Moral- und Rechtskodex sowie ihre hierarchische Sozialordnung, in der die *Datu,* die traditionellen Führer, eine dominierende Rolle spielen.

Die Spanier hatten mit ihrer Kolonisation der Philippinen den Einfluß des Islam auf die südlichen Inseln zurückgedrängt. Heute bevölkern die muslimischen Filipinos weite Teile von Mindanao sowie den Sulu-Archipel. Den Sammelbegriff *Moros,* den die Spanier auf die Philippinen gebracht hatten, empfanden die philippinischen Muslime lange als diskriminierend, heute verwenden sie ihn mit trotzigem Stolz als Ausdruck ihrer kulturellen Identität. Die philippinischen Muslim-Völker setzen sich aus sechs Hauptgruppen zusammen: Maranao, Maguindanao, Tausug, Samal, Badjao und Yakan.

Die Maranao – die ›Menschen vom See‹ – siedelten sich vor Jahrhunderten im Grasland an den Ufern des Lake Lanao im nordwestlichen Teil von Mindanao an. Marawi, der Hauptort dieses mit rund 800 000 Menschen größten philippinischen Muslim-Volkes, gilt allen muslimischen Filipinos als geistig-kultureller Mittelpunkt ihres Glaubens. Hier hat sich die religiöse Tradition der philippinischen Muslime erhalten. Jahrhundertelang wehrten sich die Maranao erfolgreich gegen die Kolonisationsbemühungen der Spanier und Amerikaner. Am Lake Lanao ist heute auch das Zentrum der sezessionistischen Bewegung zu suchen. Die Maranao gelten als geschickte Kunsthandwerker, aus deren Werkstätten die schönsten Artefakte des philippinischen *Moro Brass* stammen, etwa ziselierte Messingkessel, Platten und Betelnußbchälter.

Die Maguindanao – die Menschen des überfluteten Landes – bevölkern die regelmäßig vom Rio Grande und anderen Flüssen überschwemmten Tiefebenen von Südwest-Mindanao. Die ungefähr 700 000 Menschen umfassende, zweitgrößte Muslim-Gesellschaft lebt von der Landwirtschaft.

Zahlenmäßig, wirtschaftlich und politisch sind die etwa 350 000 Tausug – die

Menschen der Strömung – die dominierende Bevölkerungsgruppe des Sulu-Archipels. Die Tausug, die sich Ende des 14. Jh. als erste zum Islam bekannten, werden als freiheitsliebender und kriegerischer Menschenschlag charakterisiert. In früheren Jahrhunderten verunsicherten sie von ihrem mächtigen Sultanat Jolo aus als Sklavenjäger und Piraten die von den Spaniern kolonisierte nördliche Inselwelt. Ihre hohe gesellschaftliche Stellung und ihr Wohlstand beruhen zu einem großen Teil auf dem Handel, den sie – oft außerhalb der Legalität – zwischen den Süd-Philippinen und Borneo betreiben.

Die Samal, die zweitgrößte Volksgruppe des Sulu-Archipels, sind anderer Abstammung als die Tausug. Es wird vermutet, daß sie erst im 14. und 15. Jh. mit verschiedenen muslimischen Eroberer-Missionaren von Johore im Süden der Malaiischen Halbinsel kamen. Sie gelten, neben den Mangyan von Mindoro, als das sanftmütigste und friedliebendste Volk der Philippinen. Eine kleine, bodenständige Untergruppe, die Ackerbau treibenden Samal Talun, hat sich in das Binnenland verschiedener Sulu-Inseln zurückgezogen, die überwiegende Mehrheit jedoch, die Samal Lipid, bevorzugt die Küstensäume als Lebensraum und baut dort im seichten Wasser oder auf Sandbänken Dörfer aus Pfahlbauten. Siedlungen der Samal, die ihren Lebensunterhalt durch Fischfang, Kleinhandel und Schiffsbau bestreiten, findet man verstreut über den Sulu-Archipel. Ihre seetüchtigen Auslegerboote mit den meist farbenprächtigen Segeln heißen *Vintas.*

Eine Sonderstellung unter den Sulu-Völkern nehmen die Badjao ein. Die etwa 20 000 Mitglieder dieses ethnisch mit den Samal verwandten Stammes werden wegen ihres Nomadendaseins in den Meeresgebieten zwischen Mindanao und Borneo auch ›Seezigeuner‹ genannt. Sie leben im Familienverband auf kleinen seetüchtigen Hausbooten

*Die Badjao vom Sulu-Archipel werden auch als Seezigeuner bezeichnet*

*(Lipas)* mit spitz zulaufenden Dächern, unter denen sich Schlafplätze und Feuerstellen befinden.

Meist schließen sich die Badjao zu Verbänden zusammen, die bis zu zwei oder drei Dutzend Boote umfassen können. Vielfach haben sich Badjao auch an Land niedergelassen oder auf weitausladenden, hochgelegenen Korallenriffen mitten im Meer Pfahlbausiedlungen errichtet. Ihre Haupterwerbszweige sind Fischfang und Perlentaucherei, gelegentlich auch die Kultivierung von Seetang, ein Grundstoff für chemische und pharmazeutische Produkte, auf großen submarinen Feldern.

Die seefahrenden Badjao folgen überwiegend einer animistischen Religion, die aufs engste mit der Natur verknüpft ist, seßhafte Badjao dagegen bekennen sich häufig zum Islam, ohne jedoch ihren Geisterglauben gänzlich abzulegen. Eine wichtige kultische Funktion hat nach wie vor der *Jin* inne, ein Zauberpriester. Wegen der Bedeutung, die dem Ahnenkult zukommt, werden die Toten an Land bestattet. Symbolhafte Tierfiguren und Miniaturboote, die man auf die Gräber legt, sollen den Verstorbenen in die jenseitige Welt bringen. Trotz Assimilierung an die Lebensgewohnheiten der Samal und Tausug führen die Badjao immer noch ein Leben am Rande der insularen Gesellschaft.

Ausschließlich auf Basilan, der nördlichsten Sulu-Insel, sind die Yakan zu Hause. Den friedfertigen Yakan, die als die besten Weber unter den muslimischen Minoritäten gelten, wird ein polynesischer Ursprung nachgesagt. Während sie noch um die Jahrhundertwende ein seminomadisches Leben führten, betreiben sie heute als seßhafte Bauern Ackerbau und Viehzucht. Männer und Frauen tragen die *Sawal,* eine vom Knie abwärts hauteng anliegende Hose. In ihrem Glauben haben die Yakan Grundzüge des Islam mit animistischen Elementen ihrer alten Stammesreligion verwoben.



# Jesus Christ Superstar Religionen auf den Philippinen

## Der philippinische Katholizismus

Über 300 Jahre Zugehörigkeit zum spanischen Kolonialreich haben die Philippinen zu einer christlichen Bastion inmitten islamisch und buddhistisch geprägter Nachbarstaaten gemacht. Etwa 93 % der Einheimischen bekennen sich zum christlichen Glauben, nur knapp 5 % zum Islam. Bei den verbleibenden 2 % handelt es sich um Anhänger des Buddhismus, Hinduismus und Taoismus, kleiner religiöser Splittergemeinschaften und verschiedener animistischer Stammesreligionen. Auf den Philippinen herrscht eine in der Verfassung verankerte Religionsfreiheit. Seit der amerikanischen Kolonialperiode besteht eine Trennung zwischen Kirche und Staat. 83 % aller Filipinos sind römisch-katholisch. Sie repräsentieren 60 % der Katholiken Asiens und machen den Inselstaat damit zum bedeutendsten Außenposten Roms in diesem Kontinent. In der Bevölkerung ist der Katholizismus spanischen

Ursprungs ebenso tief verwurzelt wie im ehemaligen Mutterland. Er spielt eine dominierende Rolle im Alltagsleben und stellt das einzige Bindeglied zwischen den sozialen Schichten dar.

Die katholische Kirche ist gleichermaßen eine Kirche der Armen wie der Reichen. Neben dem Staatsapparat ist die katholische Kirche die einzige gesellschaftliche Institution, deren Strukturen das ganze Inselreich überziehen. Die katholische Kirche, die seit der spanischen Kolonialzeit weitläufige Ländereien besitzt, betreibt mehr als 20 Radio- und Fernsehstationen, einige Monatsmagazine und je eine Tageszeitung in den drei größten Städten.

In ihrer über 400jährigen Geschichte gehörte die katholische Kirche auf den Philippinen fast immer zu den zuverlässigsten Stützen der Herrschenden. Priester und Mönche kümmerten sich nicht nur um die Christianisierung, sondern waren auch in der Verwaltung des Landes tätig, errichteten Schulen und Krankenhäuser. Unter den Spaniern überwachte der Klerus sogar die Steuereintreibung. Während der spanischen Kolonialepoche verschmolzen politische Administration, Militär und Kirche zu einem System, wurde die koloniale Unterdrückung des Volkes vom Klerus mit christlichen Phrasen abgesegnet.

Die bis dahin selbstverständliche Allianz von Kirche und Staat begannen einzelne Kleriker in Frage zu stellen, als Marcos 1972 das Kriegsrecht verhängte. Mehrere Priester verließen die Kanzel und kämpften in den Reihen der kommunistischen Guerilleros. In steigendem Maße wandten sich kritische Geistliche seit Ende der 60er Jahre den Armen und Unterprivilegierten zu. Padres gingen in die Slums und gründeten nach dem Konzept der lateinamerikanischen ›Theologie der Befreiung‹ Tausende Basisgemeinden, Arbeiterorganisationen und Bauernkooperativen, die sich der Bekämpfung der sozialen Not im Lande verschrieben hatten, dem konservativen Episkopat und dem Marcos-Regime aber ein Dorn im Auge waren. Die Kirchenoberen akzeptierten zunächst den Ausnahmezustand und setzten auf die ›kritische Zusammenarbeit‹ mit dem Regime. Erst nach der Ermordung des Oppositionspolitikers Benigno Aquino ging die katholische Kirche auf deutlichen Konfrontationskurs zur Marcos-Regierung. Im Vorfeld der Präsidentenwahlen 1986 entwickelte sie sich schließlich zur mächtigsten Kraft der Opposition gegen den Diktator.

Bevor spanische Missionare im 16. Jh. mit der Christianisierung der Philippinen begannen, war die religiöse Vorstellungswelt der Einheimischen geprägt von der Verehrung der Naturkräfte und der Ahnen sowie von magischen Bräuchen und Riten. In einer christlich abgewandelten Form blieb der Kult der Geister, Ahnen und Naturkräfte bis in die heutigen Tage lebendig. So präsentiert sich der philippinische Katholizismus heute als ein eigenständiges Glaubensgebilde, als eine Volksfrömmigkeit, die mit dem spanischen Vorbild oft nur Äußerlichkeiten gemeinsam hat.

Im religiösen Leben und Brauchtum der Filipinos zeigen sich häufig Ähnlichkeiten mit lateinamerikanischen Gläubigen. Die Kirchen des Landes sind während der Gottesdienste meist überfüllt, religiöse Feste und Prozessionen finden unter Beteiligung unübersehbarer Menschenmengen statt, die tiefste Emotionen zeigen. Volksfrömmigkeit äußert sich häufig in der inbrünstigen Verehrung von Heiligenbildnissen und zuweilen in fanatischer Selbstgeißelung.

Maria, die ›Gottesmutter‹, steht als Symbolfigur des philippinischen Katho-

*Kreuzigungszeremonie in San Fernando auf Luzon*

lizismus im Mittelpunkt zahlreicher religiöser Feste und wird in Gestalt von Marienbildnissen verehrt. Häufig schreibt man der Jungfrau wundertätiges Wirken zu, wie etwa der ›Madonna des Rosenkranzes‹ *(Nuestra Señora del Rosario),* deren Beistand die Abwehr verschiedener Angriffe der Holländer, der protestantischen Erzfeinde der Spanier, auf Manila im 17. Jh. zu verdanken gewesen sein soll.

Als Zentrum des philippinischen Marienkultes gilt Naga in der Bicol-Provinz von Süd-Luzon. Dort begeht man alljährlich am dritten Wochenende im September das Fest der ›Maria von Peñafrancia‹, dessen Höhepunkt eine spektakuläre Flußprozession ist. Eine Marienstatue wird von der Kathedrale auf ein Floß gebracht, das von Motorbooten den Bicol River hinabgezogen wird. Tausende von Gläubigen mit brennenden Kerzen in den Händen folgen der Flußprozession am Ufer, »Viva la virgen!« rufend.

Der größte Schutzpatron der Filipinos ist aber das kleine Jesuskind, Santo Niño genannt. Ferdinand Magellan hatte 1521 die ursprüngliche Santo Niño-Statuette – heute als älteste Reliquie des Landes in der Basilika von Cebu City aufbewahrt – der Frau des Inselkönigs Humabon anläßlich ihrer Bekehrung zum christlichen Glauben als Geschenk überreicht. Heute gibt es auf den Philippinen einige Dutzend Heiligenbildnisse, die das Jesuskind darstellen und die in irgendeiner Form Wunder vollbracht haben sollen. Santo Niño-Feste werden meist im Januar gefeiert, etwa das *Ati-Atihan* in Kalibo, das *Sinulog* in Cebu City oder das *Dinagyang* in Iloilo.

Die tiefe Religiosität der Filipinos findet im Alltag vielfältige Ausdrucksformen. *Jeepneys* und *Tricycles* werden mit bunten Heiligenbildern dekoriert, beim Passieren von Kirchen bekreuzigen sich viele Filipinos automatisch, fast jede katholische Familie besitzt einen kleinen Hausaltar mit der Madonna und

# Von Geistern und Wundern
# Aberglaube auf den Philippinen

Katholizismus hin, Islam her – unter dem Dach der Hochreligionen brennt lichterloh der uralte, bei allen Völkern des Archipels verwurzelte Geisterglaube. Die Filipinos sind beides: sehr religiös und sehr abergläubisch. Neben tiefen religiösen Empfindungen sind ein weit verbreiteter Glaube an Wunder sowie Animismus, die Überzeugung von der Beseeltheit der Natur, wichtige Bestandteile der spirituellen Welt der Filipinos.

Als Personifizierungen unsichtbarer Naturmächte hausen geisterhafte Wesen in Bäumen und Flüssen, auf Bergen und Vulkanen, an Wegkreuzungen und anderen besonderen Orten. Von ihrer Gunst hängt es ab, ob jemand Glück und Erfolg hat oder ob er krank wird und ihm Unbill widerfährt. Rituale im Umgang mit übersinnlichen Kräften, Abwehrmechanismen, Verehrungsriten, Wahrsagekünste, astrologische Praktiken und Tabus kennt man überall in der Inselwelt. Heilsprediger und ›Wundertäter‹ haben Hochkonjunktur. Da vermengen sich Aberglaube und Magie oftmals zu einer brisanten Mischung, die leicht in Wahn ausartet.

Weit verbreitet ist auch der Glaube an Heils- und Unheilssymbole, an die magischen Kräfte von Amuletten, Talismanen und Fetischen. So berichteten einst philippinische Tageszeitungen, daß Gregorio Honasan, einer der Anführer eines gescheiterten Putschversuchs gegen die damalige Präsidentin Corazon Aquino, durch ein Amulett auf der Brust die Kräfte eines Hundes erhalten habe und die regierungstreuen Soldaten, die ihm auf der Spur waren, schon von weitem erschnuppern konnte. Verzweifelt, aber vergeblich kämpfen katholische wie muslimische ›Fundamentalisten‹ gegen solche Formen von Aberglauben an.

Dagegen lebt ein Heer von Astrologen, Geomanten und Handlesern gut davon, die richtigen Tage für den Antritt einer Reise oder die Wahl des Ehepartners zu bestimmen. Regeln und Tabus müssen auch bei Bauvorhaben beachtet werden. Bevorzugte Plätze für Häuser und Siedlungen sind Flußufer, weil fließendes Wasser als ein Symbol des Reichtums gilt. Über Wohl und Wehe der zukünftigen Bewohner entscheidet auch die Windrichtung – als gutes Zeichen gelten Nord- und Ostwinde, als unheilvoll Süd- und Westwinde. Wichtig sind zudem der Zeitpunkt des Baubeginns, die Ausrichtung von Fenstern

dem Jesuskind. Marienschreine sind in Stadt und Land weitverbreitet.

Die vielen, oft dramatisch in Szene gesetzten religiösen Feste und farbenprächtigen Umzüge sind ein wichtiger Schlüssel zum Verständnis der philippinischen Volksfrömmigkeit. Neben überregionalen Feierlichkeiten begeht jedes

und Türen sowie die Zahl der Treppenstufen, die nach Möglichkeit ungerade sein sollte. All dies entscheidet darüber, ob Glück oder Unglück ins Haus steht.

Kontrovers sind die Meinungen über ›psychische Chirurgie‹ ohne Skalpell und Faden, bei der ›Wunderheiler‹ angeblich mit bloßen Händen Brustkörbe, Bauchdecken und andere Körperteile öffnen und sie nach erfolgter ›Operation‹ wieder schließen, ohne daß Narben zurückbleiben.

Von ihren Gegnern werden die philippinischen Heiler als Gesundbeter und skrupellose Geschäftemacher bezeichnet, die Angst und Not verzweifelter Kranker ausnutzen. Aber Tausende von schwerkranken Menschen aus aller Welt, die alljährlich die Hilfe der philippinischen ›Wunderheiler‹ suchen, sind davon überzeugt, daß in dem Inselstaat die Naturgesetze nicht uneingeschränkt gelten. Es handelt sich dabei vielfach um Patienten, die von westlichen medizinischen Experten als unheilbar aufgegeben wurden und in solchen Eingriffen die letzte Hoffnung sehen – und dafür oftmals ihre letzte Habe opfern.

Verfechter der Wunderheilung bezeichnen ihre Praktiken als ein paramedizinisches Phänomen, das sich unserer Ratio entzieht, und halten daher alle Vergleiche mit der modernen westlichen Schulmedizin für abwegig. Geistheiler sind davon überzeugt, daß ihre Hände während des Eingriffs entweder von Gott, dem Heiligen Geist oder einem bestimmten Heiligen geführt werden. Vielfach fungieren ›Wunderheiler‹ zugleich als Geistliche religiöser Sekten und vollziehen im Verlauf von Gottesdiensten bestimmte Heilungsrituale, bei denen sie aber auf blutige Operationen weitgehend verzichten. Vielmehr praktizieren sie eine Art Ganzheitstherapie, während der Kranken das Gefühl vermittelt wird, mit ihrem Leiden nicht allein, sondern im Schoß der gläubigen Gemeinde geborgen zu sein. Diese Form der Behandlung ist für die Ärmsten der philippinischen Gesellschaft, die kein soziales Netz in unserem Sinne kennt, oftmals die einzige Hilfe. Auch westliche Mediziner bestreiten nicht die Möglichkeit, daß diese Methode manchmal tatsächlich die Befreiung von psychosomatischen Beschwerden bewirken kann.

Es gibt jedoch auch ›Wunderheiler‹, die ihre Fähigkeiten in erster Linie auf die wundersame Vermehrung ihres Reichtums konzentrieren. In den Behandlungsräumen der Superstars unter den philippinischen Heilern, die teilweise auch in Europa und den Vereinigten Staaten auf Tournee gehen, drängen sich täglich oft viele Dutzend hilfesuchender Kranker, die dann wie am Fließband abgefertigt werden. Während früher die Behandlung grundsätzlich kostenlos erfolgte und lediglich eine ›angemessene‹ Spende erwartet wurde, nehmen viele Heiler heute nur noch Patienten gegen oft happige Pauschalzahlungen an. Mitunter betreiben sie neben ihren Privatkliniken, die sich überwiegend in Baguio konzentrieren, eigene Hotels, in denen sie ihre Patienten unterbringen, und eigene Reisebüros, mit denen sie sie heranschaffen.



Dorf mindestens einmal im Jahr ein großes Fest – die *Barrio Fiesta* zu Ehren des lokalen Schutzpatrons. Meist präsentieren sich diese *Fiestas* als eine Mischung aus Kirche und Karneval – heilige Messen und religiöse Prozessionen stehen zwar im Mittelpunkt, werden jedoch häufig von Kirmestrubel überlagert.

*Ati-Atihan-Fest*

Blechbläserkapellen ziehen durch die geschmückten Straßen, Schausteller sorgen für Volksfeststimmung. Beinahe jede Familie bereitet ein opulentes Mahl, zu dem Besucher aus anderen Orten ebenso eingeladen sind wie gute Freunde und enge Verwandte. Höhepunkte vieler Festlichkeiten sind Schönheitswettbewerbe, bei denen die Schönheitsköniginnen meist durch den Verkauf von Stimmzetteln ermittelt werden. Der ursprüngliche Grund für die Festivität mag religiöser Natur gewesen sein, doch allzu gern nimmt man den frommen Anlaß als Vorwand, um sich mit dem Segen der katholischen Kirche ruhigen Gewissens auszutoben und sich weltlichen Freuden hinzugeben. Philippinische Feste sind keine puritanische Heiligenverehrung, sie sind eine bizarre, für Mitteleuropäer oft unverständliche Melange aus lebendiger Frömmigkeit und ausgelassenem Jahrmarkttreiben.

Der Höhepunkt des religiösen Lebens auf den Philippinen ist die Karwoche, eine Zeit farbenprächtiger religiöser Volksbräuche. So verwandelt sich die Insel Marinduque in ein großes Freilichttheater, wenn dort als römische Legionäre verkleidete Einwohner das Moriones-Festival inszenieren (vgl. S. 158f.). Überall im Lande wird in *Cenaculos* genannten Passionsspielen das Leben und Sterben Jesu dramatisch dargestellt. In vielen Provinzstädten formieren sich am Gründonnerstag und Karfreitag Flagellanten zu Prozessionen und kasteien sich bei *Penitencias* in religiösem Bußeifer öffentlich bis aufs Blut. Sie geißeln ihre entblößten Rücken mit Bambusrohren und Dornzweigen, oft auch mit Peitschen, deren Enden mit Glassplittern versehen sind. Andere schleppen schwere Holzkreuze, rutschen auf nackten Knien durch die Straßen oder legen sich vor den Kirchenportalen auf den Boden, um Kirchgänger über ihre Rükken laufen zu lassen.

Doch die spektakulärste Bußübung ist die Kreuzigung, bei der sich Gläubige unter großen Qualen mit Nägeln wie Christus ans Kreuz schlagen lassen, um ein religiöses Gelübde *(Panata)* zu erfüllen. Am bekanntesten sind die Kreuzigungszeremonien in San Fernando (Pampanga) auf Luzon (vgl. S. 129) und auf der Insel Marinduque (vgl. S. 157).

## Andere Glaubensgemeinschaften und Religionen

Anfang des 20. Jh. verlor die katholische Kirche der Philippinen zahlreiche Gläubige an die *Iglesia Filipina Independiente* (Unabhängige Kirche der Philippinen). Die von Rom unabhängige Nationalkirche wurde 1902 von Gregorio Aglipay, dem ehemaligen Feldgeistlichen der Revolutionstruppen von 1896, als Protest gegen die katholische Kirche

*Moriones-Fest*

gegründet. Gegenwärtig erfaßt die Glaubensgemeinschaft etwa 3 % der Bevölkerung. Im Unterschied zur römisch-katholischen Kirche, deren Gottesdienste in Filipino gehalten werden, zelebriert man die Messen vorwiegend in den Regionaldialekten. Auch ist den Priestern der *Iglesia Filipina Independiente* die Heirat gestattet.

Im Jahre 1914 gründete Felix Manalo die antikatholische *Iglesia ni Kristo,* deren Glaubensinhalte dem Protestantismus gleichen. Ähnlich wie bei den Aglipayanern stammen die Angehörigen dieser kleinen Religionsgemeinschaft (2 % der Bevölkerung) zum Großteil aus wohlhabenden Gesellschaftsschichten. Auffallend sind die oft überaus pompösen Gotteshäuser dieser Gemeinde.

Mit Beginn der amerikanischen Herrschaft kamen auch protestantische Missionare auf die Philippinen. Zu protestantischen Glaubensrichtungen bekennen sich etwa 5 % der Filipinos.

Weitere 5 % der Bevölkerung folgen den Lehren des Koran, überwiegend im Südwesten der Inselwelt. Obwohl in philippinischen Koranschulen arabische Missionare und Gelehrte wirken, orientieren sich die Filipino Muslime weniger an arabischen Kulturelementen als vielmehr an ihren alten malaiischen Traditionen. Der »philippinische Islam« erscheint toleranter als etwa die Variante dieser Weltreligion im Vorderen Orient. So wird man auf den Philippinen keine verschleierten Frauen finden.

Einige chinesischstämmige Filipinos hängen dem Buddhismus und Taoismus an, die zugewanderten Inder dem Hinduismus. Animistische Stammes- und Naturreligionen, in denen meist Schamanismus und Ahnenkult eine Rolle spielen, werden von den ethnischen Minderheiten praktiziert. Bei Stammes-Filipinos existieren häufig die christliche oder islamische Hochreligion und die von Geistern dominierte traditionelle Glaubenswelt nebeneinander.

# Die Philippinen kulturell

## Spanische Kunst

Nach der Kolonisation überlagerten und verdrängten die Spanier mit ihrer vorwiegend sakralen Funktionskunst weitgehend die vorkolonialen Kulturelemente. Sie verbrannten Götzen und Idole und verboten kultische Tänze. Schließlich formten sie alle Bereiche philippinischen Kulturschaffens so sehr nach ihren Vorstellungen um, daß spanische Autoren für die Philippinen die Bezeichnung *La España Negra* (Das schwarze Spanien) prägten. Da die Philippinen 250 Jahre lang als Kronkolonie vom spanischen Mexiko aus verwaltet wurden, ist der spanische Einfluß untrennbar verbunden mit der mexikanischen Kultur. Noch heute nehmen die Philippinen aufgrund ihres Erbes eine Sonderstellung im südost-asiatischen Raum ein.

In vorkolonialen Zeiten gab es auf den Philippinen mit Ausnahme einiger muslimischer Forts im Südwesten keine Bauwerke aus Stein. Erst die Spanier führten die Steinbauweise ein und eröffneten damit eine neue Epoche in der philippinischen Architektur. Sakralbauten sind die augenfälligsten Relikte der iberischen Vergangenheit und zugleich die eindrucksvollsten Dokumente kolonialspanischer Baukunst. Die spanischen Baumeister, in der Regel Ordensmönche, orientierten sich an Vorbildern aus dem Mutterland, hatten jedoch verschiedene landesspezifische Gegebenheiten zu berücksichtigen, vor allem die Einflüsse der Witterung und die Gewalt von Naturkatastrophen wie Erdbeben oder Taifunen. Stilbildend wirkte auch die Bedrohung durch Überfälle muslimischer Piraten.

*Als ein Beispiel für ›Erdbeben-Barock‹ gilt die Kirche von Paoay auf Luzon*

Aus all diesen Faktoren resultierte eine Sakralarchitektur, die als ›Erdbeben-Barock‹ bezeichnet wird. Spanische Kolonialkirchen auf den Philippinen stellen wahre Zitadellen des katholischen Glaubens dar. Es sind massive Bauwerke, die klobig, zugleich aber weich, gerundet und beinahe erdnah wirken. Die Kirchenschiffe konzipierte man relativ niedrig, um in Verbindung mit wuchtigen Fundamenten und seitlichen Stützpfeilern ein Höchstmaß an Stabilität zu erreichen. Auffallend ist, vor allem in den Provinzen von Nord-Luzon, die Trennung von Gotteshaus und Glockenturm, der vielfach die Funktion eines Flucht- oder auch Wehrturms erfüllte. Charakteristisch erscheint bei den meisten Kirchen eine architektonische Überbetonung der Fassade, hinter deren Pracht das eigentliche Gebäude häufig recht bescheiden wirkt.

Wichtige kirchenbauliche Impulse gingen vom spanischen Mexiko aus, das im 17. und 18. Jh. eine Blüte des Barock erlebte. Dank der Handelsbeziehungen kamen nicht nur Waren, sondern auch Baumeister und Handwerker ins Land. So ist die Sakralarchitektur der Philippinen auch überwiegend vom Barock geprägt, erstaunlicherweise haben aber neben Merkmalen des spanisch-maurischen Mudéjar-Stils häufig auch Elemente orientalisch-fernöstlichen Stilempfindens Eingang gefunden.

Islamische Kunsteinflüsse, die von den Sultanaten der Süd-Philippinen ausgingen, weisen vor allem die Kirchen der Inseln Bohol und Cebu auf. Sie kommen in der oft feinziselierten ornamentalen Ausschmückung der Fassaden und Innenräume ebenso zum Ausdruck wie in der Verwendung von dekorativem Gitterwerk oder Blendbalustraden. Die Steinlöwen, die man vor einigen Kirchenportalen findet, sind Werke chinesischer Maurer und Steinmetze, die sie dort nach einer alten Tradition als Wächterfiguren plazierten. Chinesische Maurer entwickelten auch eine Spezialmischung aus Korallenkalk und Zuckerrohrsaft, aus der die dauerhaften roten Backsteine, Baumaterial vieler Kirchen, geformt wurden.

Neben sakralen Kulturdenkmälern nehmen sich die zivilen und militärischen Kolonialbauten eher bescheiden aus. Das typische Wohnhaus im spanischen Kolonialstil, ein Statussymbol wohlhabender Familien, besaß ein massives, ziegelsteingemauertes Parterre und ein leichteres Obergeschoß sowie einen Innenhof *(Patio)* und ein abgeflachtes Dach *(Azotea)*. Weitere Merkmale waren zur Straßenseite hin über die Hausfronten hinausragende Balkone und Erker sowie Schiebefenster aus Capiz, dem tropischen Glasersatz aus geschliffenem Perlmutt.

Vor Ankunft der Spanier war die Malerei auf den Philippinen noch nicht entwickelt. Mit der Errichtung der ersten Kirchenbauten erwuchs Bedarf an sakralen Gemälden. Spanische Ordensmönche begannen Anfang des 17. Jh., Filipinos und christianisierte Chinesen in der Malkunst zu unterweisen.

Erste Formen der Bildhauerei existierten auf den Philippinen bereits in vorkolonialen Zeiten. Vorwiegend handelte es sich dabei um Idole oder Götzenbilder aus Holz, Stein oder Ton, die später von den missionierenden Spaniern zerstört wurden. Spanische Padres brachten neben neuen Techniken der Bildhauerkunst auch sakrale Skulpturen ins Land, die über Jahrhunderte als Vorbilder dienten. Die Heiligenbildnisse werden unter dem Sammelbegriff *Santos* zusammengefaßt. *Santos* wurden überwiegend aus Holz zu einem kleineren Teil auch aus Elfenbein geschnitzt. *San-*

*tos* aus Stein oder Ton waren für die Kirchenfassaden bestimmt. Meisterwerke philippinisch-spanischer Holzschnitzerkunst findet man in vielen barocken Kirchen in Form von Retabeln *(Retablos)*, vielteiligen Altarbildwerken.

## Kunst der ethnischen Minderheiten



Radikal waren die Spanier daran gegangen, alle Ausdrucksformen des Kulturschaffens der eingeborenen ›Indios‹ auszumerzen. Götzenbilder wurden von Missionaren als Relikte von Heidentum und Aberglauben ebenso zerstört wie Dokumente frühen Schrifttums. Ursprüngliche Kunstformen überlebten nur durch den Widerstand ihrer Träger gegen die Kolonialherrschaft – so bewahrten die Muslim-Völker von Mindanao und die Igorot von Nord-Luzon ihr kulturelles Erbe – und durch die geographische Isolation der Rückzugsgebiete anderer Volksgruppen.

Die Kunst und Kultur der ethnischen Minderheiten präsentiert sich heute als ein weites Spektrum verschiedener Ausdrucksformen. Die muslimischen Gebiete der Süd-Philippinen sind kulturell Borneo oder auch Sulawesi ähnlicher als Luzon, wobei die islamischen Kultureinflüsse alte Stilelemente, die teilweise noch in einer hinduisierten Mythologie wurzeln, nicht verdrängen konnten. In der Dekorationskunst philippinischer Muslime dominieren zwar die arabeskenähnlichen *Okir*-Muster – komplizierte Motive aus verschlungenen, stilisierten Pflanzenranken oder Spiralen und Schnörkeln –, jedoch hat man in diese Ornamentik vielfach Tierdarstellungen integriert. Am bemerkenswertesten sind die Vogelfigur Sarimanok (künstlicher Hahn), die meist mit königlichem Federbusch und einem Fisch, entweder im Schnabel oder in den Krallen, dargestellt wird, und das in der südost-asiatischen Kunst weit verbreitete Schlangen- bzw. Drachenmotiv Naga.

Für jedes der philippinischen Muslim-Völker ist eine Form der Kunst oder des Kunsthandwerks charakteristisch: für die Maranao das Kunstschmieden, für die Yakan das Weben, für die Tausug die Herstellung reich ornamentierter Waffen, für die Badjao das Holzschnitzen und für die Samal das Flechten von Bastmatten.

Die nicht-muslimischen Bergstämme von Mindanao pflegen vor allem eine traditionelle Webkunst. Dabei verwenden sie – im Gegensatz zu den Muslim-Webern, die Seide und Baumwolle bevorzugen, – als Rohmaterial vorwiegend Pflanzenfasern.

Einst war die figürliche Holzschnitzerei in Nord-Luzon weit verbreitet und hochentwickelt. Es entstanden vorwiegend religiöse Skulpturen, Reisgötter *(Bulul)*, die als Götzenbilder in Reisspeichern aufbewahrt wurden. Heute konzentriert man sich auf die Herstellung von kunsthandwerklichen Artikeln, die bei Touristen beliebt sind, aber den Makel der Serienfertigung tragen.

## Philippinische Kultur heute

Auf der Basis malaiischer und chinesischer sowie hinduistischer, islamischer und christlicher Traditionen begegnen und durchdringen sich heute im großen Schmelztiegel der philippinischen Kunst östliche und westliche Kulturelemente. Charakteristisch für die Gegenwartskunst auf dem Archipel ist aber auch eine mit einem wachsenden Nationalbe-

*Moschee in Zamboanga auf Mindanao*

# Hahnenkampf
# Die große Leidenschaft der Filipinos



Der Hahnenkampf *(Sabong* oder *cockfight)* gehört zu den Philippinen wie der Stierkampf zu Spanien. Jede Stadt und jedes größere Dorf besitzt eine Hahnenkampfarena *(Sabongan* oder *cockpit,* manchmal auch *Galeria),* wo der bei allen Bevölkerungsschichten beliebte ›Sport‹ an Sonn- und Feiertagen stattfindet. Hahnenkämpfe waren auf den Philippinen schon vor der spanischen Epoche bekannt, allerdings nicht als Volkssport, sondern als wichtiges Element ritueller Zeremonien. Monatelang werden die Hähne, die oft einen Wert von vielen tausend Pesos haben, von ihren Besitzern, mitunter auch von professionellen Züchtern *(Sabongeros),* auf Kampfkraft und Aggression trainiert.

Bei Hahnenkampfveranstaltungen herrscht bereits am frühen Vormittag Hochbetrieb in den *cockpits.* Dies sind für gewöhnlich halboffene, überdachte Holzkonstruktionen mit nach oben gestaffelten Sitz- und Stehplätzen, die um den Kampfplatz *(Ulutan)* angeordnet sind. Wichtige Rollen bei jedem Hahnenkampf spielen der *Kasador,* eine Art Manager, der für den reibungslosen Ablauf der Veranstaltungen verantwortlich ist, und der *Mananari,* unter dessen Aufsicht die Kämpfe zusammengestellt und die rasiermesserscharfen Stahlsporen *(Tari)* ausgesucht werden.

Während die beiden Besitzer ihre Hähne in der sandbestreuten Arena für den Kampf ›scharfmachen‹, tritt der *Kristo* auf den Plan. Dabei handelt es sich um eine Art Buchmacher, der mit weit ausgestreckten Armen – eine christusähnliche Geste, die ihm seinen Namen einbrachte – die Wetten, unverzichtbare Bestandteile jedes Hahnenkampfes, entgegennimmt. Bemerkenswert ist die Art der Verständigung zwischen ihm und den Wettern – man benutzt eine Zeichensprache, mit der die Höhe der jeweiligen Einsätze signalisiert wird. So bedeuten waagerecht gehaltene Finger Hunderter und nach unten gerichtete Tausender. Eine nach vorn gestreckte Hand mit gespreizten Fingern wird als Zeichen für 25 Pesos verstanden. Erstaunlicherweise geht dies alles ohne

wußtsein verbundene Rückbesinnung auf das reiche Erbe der jahrhundertealten Tradition.

Als ›Vater der philippinischen Malerei‹ gilt Damian Domingo (ca. 1790–1830), der 1820 die erste philippinische Kunstakademie in Manila gründete. Der bekannteste Maler des späten 19. Jh. war neben Felix Resurrección Hidalgo der Klassiker Juan Luna. Er errang 1884 internationale Anerkennung, als sein Meisterwerk »Spoliarium« bei einer Ausstellung in Madrid mit dem ersten Preis ausgezeichnet wurde. Luna, ein enger Freund von José Rizal und glühender Patriot, nutzte die Malerei, um in allego-

Papier und Bleistift vonstatten. Wettabschlüsse und -quoten werden nur im Gedächtnis des *Kristo* ›notiert‹. Nach jedem Kampf werfen ihm die Verlierer die zu kleinen Bällen geknüllten Geldscheine zu.

Sobald die schützende Lederhülle von den Sporen entfernt wird und die meist prachtvoll gefiederten Kampfhähne flatternd aufeinander prallen, erreicht die Ekstase der Zuschauer einen Höhepunkt, verwandelt sich das *cockpit* in ein Tollhaus. Das Reglement für den Kampf der Gockel ist so einfach wie brutal: Nur einer darf überleben. Oft dauert das wirbelnde Gemetzel nur wenige Sekunden. In blitzschnellen, für das menschliche Auge kaum wahrnehmbaren Attacken schlagen sich die Tiere klaffende Wunden, verbeißen sich in die gestutzten Kämme und brechen sich mit Flügelschlägen die Knochen. Nur selten überstehen beide Hähne die Kampfzeit von fünf Minuten. Eine Regel besagt, daß der überlegene Hahn noch zweimal auf den Verlierer einhacken muß, bevor ihm der Sieg offiziell zugesprochen wird. Aus diesem Grund hebt der Schiedsrichter *(Sentenciador)*, dessen Urteil als unumstößlich gilt, am Ende vieler Kämpfe die Hähne auf, die beide oft bereits schwerverwundet sind, und hält sie gegeneinander. Weigert sich der stärkere Vogel, die Siegergeste auszuführen, so gilt der Kampf als unentschieden.

rischen Bildwerken Kritik an der spanischen Kolonialpolitik zu üben.

Um die Jahrhundertwende dominierte die philippinische Genremalerei, in deren Mittelpunkt die realistische Darstellung von Alltagssituationen stand. Ende der 20er Jahre kehrten verschiedene philippinische Künstler von Studienaufenthalten in Europa oder Amerika zurück, darunter auch Victorio C. Edades, der zum Begründer der modernen Malerei auf den Philippinen wurde. Er bildete mit Galo Ocampo und Carlos Francisco das sogenannte ›Triumvirat‹, das sich später zu den ›Thirteen Moderns‹ erweiterte. In der zeitgenössischen Malerei gibt es seit Beginn der 70er Jahre eine Tendenz zu wachsender Aufmerksamkeit gegenüber den sozialen Problemen der Landes.

In der Architektur setzte sich mit Beginn der amerikanischen Kolonialepoche ein monumentaler neoklassizistischer Stil durch. Vor allem der amerikanische Städteplaner Daniel H. Burnham errichtete in den 30er Jahren mehrere öffentliche Gebäude, bei denen deutlich die klassizistische Architektur in Washington Pate stand. Zu den bekanntesten philippinischen Architekten der Gegenwart zählt Leandro V. Locsin, der unter anderem das Cultural Center of the Philippines und das Philippine International Convention Center in Metro Manila entwarf.

Die literarische Tradition der Filipinos reicht weit zurück in vorspanische Zeiten, allerdings haben aus dieser Epoche keine schriftlichen Aufzeichnungen überdauert. Die mit arabischen und indischen Motiven bereicherten Epen, Legenden und Mythen verschiedener Volksgruppen wurden aber zu einem Teil als mündlich überlieferte Erzählungen, Gedichte und Lieder weitergegeben.

Während der spanischen Herrschaft dominierten in der philippinischen Literatur religiöse Werke, überwiegend in der Muttersprache der Kolonialherren. Als wichtigstes Epos in Tagalog erschien Mitte des 19. Jh. Francisco Balagtas allegorische Versdichtung »Florante at Laura«. Die Sprache der Elite war jedoch weiterhin Spanisch, und in Spanisch wurde bis zum ersten Jahrzehnt unseres Jahrhunderts die Mehrzahl der literarischen Werke geschrieben. Auch José Rizals sozialkritische Romane »Noli Me Tangere« und »El Filibusterismo«, die später zu Bibeln der philippinischen Revolutionäre wurden, waren in Spanisch verfaßt.

Die zeitgenössische philippinische Literatur bedient sich vorwiegend der englischen Sprache, neuerdings verstärkt auch des Nationalidioms Filipino. Moderne Autoren wie F. Sionil José, Nick Joaquin, Bienvenido N. Santos und Gregorio Brillantes greifen zunehmend soziale Konflikte als Erzählstoff auf. »Szenen aus Manila«, der ins Deutsche übersetzte Roman von F. Sionil José, dem wohl bekanntesten zeitgenössischen Schriftsteller der Philippinen, handelt vom Leben und dem politischen Engagement eines jungen Filipino, der aus der Provinz in die Hauptstadt kommt.

Frühe, vermutlich indisch beeinflußte Vorformen des Theaters hatten einen religiös-kultischen Hintergrund. Die Spanier benutzten das Theater später als Propagandamittel für Kirche und Staat. Aus dem altspanischen Fecht- und Schwerttanz *Morisca* entstanden auf den Philippinen die *Moro-moros,* Bühnenstücke, die den Konflikt zwischen den christlichen Spaniern und den ungläubigen *Moros* zum Inhalt hatten. Ebenfalls auf die Spanier gehen die Passionsspiele *(Cenaculos)* zurück. Vor allem Amateurgruppen pflegen diese beiden Formen heute noch als Volkstheater. Die *Zarzuela,* eigentlich eine spanische musikalische Komödie, wurde von patriotischen philippinischen Autoren in der vorrevolutionären Epoche zu einer dramatischen Form der sozialen und politischen Satire entwickelt.

Auf den Philippinen werden jährlich rund 150 Filme produziert, jedoch orientiert sich die einheimische Filmindustrie eher an einer großen Breitenwirkung als an künstlerischen Qualitäten. In der Regel dominieren Action-Filme, Liebesdramen und Komödien. Im Spektrum der Unterhaltungsmöglichkeiten spielen Kinos eine herausragende Rolle, so gibt es in praktisch jedem kleinen Provinznest ein Lichtspielhaus, in größeren Orten meist mehrere Filmpaläste von oft gewaltigen Dimensionen.

Als Alternative zum kommerziellen Kino existiert aber auch eine eigenständige Filmkunst, deren Erzeugnisse als anspruchsvolle, oft sozial- und gesellschaftskritische Werke zu klassifizieren sind. Vertreter dieses Genres sind die philippinischen Regisseure Lino Brocka, Ishmael Bernal und Mike de Leon.

Die Musik ist traditionell die beliebteste künstlerische Ausdrucksform der Filipinos, und entsprechend gibt es auf dem Archipel ein unerschöpfliches Reservoir an begabten Folk-, Pop- und Rock-Musikern. Der *Pinoy Sound,* eine Mischung aus philippinischer Originalität und einer perfekten Imitation westlicher Musik, hat sie in fast ganz Asien zu beliebten Interpreten gemacht – Nachtklubs und Hotelbars zwischen Bombay und Bangkok haben philippinische Gruppen unter Vertrag. Als einer der bekanntesten Interpreten der Gegenwart gilt Freddie Aguilar, dessen Lied »Bayan Ko« (Mein Land) während der Volkserhebung gegen Marcos zu einer zweiten Nationalhymne wurde.

Wichtige Impulse für die anspruchsvollere zeitgenössische Filipino-Musik gingen von den *Kundiman* aus, klassischen, romantisch-sentimentalen Liebesliedern, die zu Zeiten der Marcos-Diktatur als Protestsongs eine Renaissance erlebten. Viele Elemente der traditionellen philippinischen Musik sind auch in den Gesängen und Liedern der ethnischen Minderheiten lebendig geblieben. Besonders hochentwickelt ist die Musik der Muslim-Völker, die durch den *Kulintang,* ein xylophonartiges Instrument mit acht Messinggongs, einen stark indonesischen Charakter erhält.

In eindrucksvoller Vielfalt präsentieren sich die philippinischen Tänze, in denen malaiische, muslimische und spanische Elemente ihren Niederschlag gefunden haben. Vor allem die Volkstänze der Minoritäten spielen bei Taufen und Hochzeiten ebenso wie bei Begräbnissen oder religiös-kultischen Zeremonien eine zentrale Rolle.

Bei dem oft als Nationaltanz der Philippinen bezeichneten *Tinikling,* einem Volkstanz von der Insel Leyte, werden zwei lange Bambusstangen in rasantem Rhythmus zwischen den Füßen der Tänzer gegeneinandergeschlagen. Dieser Tanz ist eine sinnbildliche Darstellung des stelzenden Gangs und der Flugbewegungen des Reihers. Zu den schönsten philippinischen Volkstänzen gehört der *Singkil.* In diesem königlichen Tanz der Maranao wird das Brautwerben eines muslimischen Prinzen vorgeführt. Zu den Klängen des *Kulintang* tanzen Prinz und Prinzessin zwischen sich kreuzenden Bambusstangen. Im Kriegstanz *Maglalatik,* bei dem die Ausführenden rhythmisch mit Kokosnußschalen gegeneinanderschlagen, gelangt der Konflikt zwischen Christen und *Moros* zum Ausdruck.

Beim *Pandango sa Ilaw,* einem sehr schwierigen Tanz von der Insel Mindoro, balancieren die Tänzerinnen drei brennende Öllämpchen – eines auf dem Kopf und jeweils eines auf den Handrücken. Bei einem ähnlichen Tanz, dem *Binasuan,* verwendet man statt der Lämpchen halbgefüllte Weingläser.

*Auch noch im kleinsten Ort gibt es ein Kino*

# Die Philippinen kulinarisch



Männer und Frauen schleppen Tische und Hocker herbei. In den Garküchen und fahrbaren ›Mini-Restaurants‹ werden die Woks angeheizt und Nudeln ins siedende Wasser geworfen. Schon bald liegen über dem Nachtmarkt dichte Schwaden beißenden Rauches von Kokosschalen-Holzkohlegrills. Es duftet nach frisch gebratenem Hühnchen und *Lechon,* knusprig geröstetem Spanferkel. An einem anderen Essensstand brutzeln Reis- und Nudelgerichte. Nebenan gibt es *Halo-Halo,* eine der beliebtesten Nachspeisen der Filipinos: ein Fruchtcocktail aus Mango, Jackfruit, junger Kokosnuß und Mais, angereichert mit Haferflocken, geraspeltem Eis und Kondensmilch.

Bei einem Rundgang auf einem Essensmarkt kann man sich ein schmackhaftes und preiswertes Menü zusammenstellen. Während in den Restaurants der Ferienorte meist Mahlzeiten serviert werden, die auch in München, Wien oder Zürich hätten zubereitet werden können, bieten die lokalen, seit den frühen Abendstunden geöffneten Essensmärkte eine Möglichkeit, einheimische Gerichte zu probieren. Hygienische Bedenken sind in der Regel nicht nötig, denn schließlich würden auch Filipinos kein Essen anrühren, von dem sie annehmen, es sei nicht sauber zubereitet. Zudem machen die hohen Temperaturen im Wok oder auf dem Grill allen potentiellen Krankheitserregern den Garaus.

Legionen von Essenverkäufern und winzigen Garküchen, bodenständigen Gaststätten und eleganten Restaurants beweisen, wie wichtig den meisten Filipinos das Essen ist. *Kainna!* (Laßt uns essen gehen!) oder *Tikman!* (Probier das doch mal!) hört man immer wieder.

Dem Naturell der Filipinos entspricht es, in geselliger Runde zu essen. Am Feierabend trifft man sich mit Freunden

in einem *Turo-Turo*-Restaurant, wo man an einem Buffet seine Wahl nach Augenschein trifft, oder in einem der *Inihaw*-Biergärten. Dort werden kleine Grillgerichte oder andere *Pulutan* – das sind Snacks oder Appetithappen – serviert, etwa *Balut.* Dies ist eine Zwischenspeise ganz nach dem Geschmack philippinischer Männer, für westliche Gaumen dagegen eher ein kulinarisches Abenteuer: ausgebrütete Enteneier mit halbausgebildetem Embryo, die mit einer Prise Salz genossen werden. Man schätzt sie nicht nur wegen des Geschmacks, sondern auch wegen ihrer angeblich aphrodisiakischen Wirkung. Dazu mundet ein kühles San Miguel, die meist getrunkene Biersorte der Philippinen. Andere Leckereien, die im Biergarten auf den Tisch kommen, sind *Crispy Pata,* geschnetzelte, knusprige Schweinehaxe, die man in eine Würzsauce aus Essig, Sojaöl und Chilis stippt, oder *Kinilaw,* kleingeschnittener roher Fisch oder Krabben in einer Marinade aus Kokosessig, Tomaten, Zwiebeln, Knoblauch, Chilis und anderen feurigen Gewürzen.

Ein opulentes Mahl steht fast immer im Mittelpunkt eines jeden festlichen Ereignisses. Im Gegensatz zur europäischen Küche wird dann aber nicht Gericht nach Gericht serviert, sondern es kommen verschiedene Köstlichkeiten gleichzeitig auf den Tisch, und jeder nimmt sich, worauf er gerade Appetit hat. Allerdings muß alles auf der Tafel ausgewogen sein. So wird zu jedem scharfen Gericht ein mildes gewählt, zu jedem süßen ein saures, zu jedem gebratenen ein gedünstetes.

Gegessen wird meist mit Löffel und Gabel; Messer sind nicht nötig, da alles kleingeschnitten serviert wird. Stäbchen gibt es in chinesischen Lokalen, während in den *Kamayan*-Restaurants sowie auch auf dem Land oder im familiären Kreis die Finger das Besteck ersetzen, und zwar die der rechten Hand. War eine größere Runde in einem Restaurant essen, bezahlt derjenige, der eingeladen hat. Manchmal überläßt man diese ›Kleinigkeit‹ auch dem Besucher aus dem Westen.

Obwohl in Grundzügen malaiisch, spiegelt die philippinische Küche die Einflüsse wider, denen das Land in seiner bewegten Geschichte ausgesetzt war. All die asiatischen und europäischen Kulturen, die hier Fuß faßten, haben der Landesküche eine große Vielfalt von Gerichten und Zubereitungsarten beschert. Indische Kaufleute brachten ebenso wie Chinesen und Araber neben ihren Eßgewohnheiten neue Gewürze mit. Chinesen führten die flachen Woks ein, in denen Fleisch und Gemüse kurz gegart werden. Auch die Spanier haben ihre Visitenkarte in der philippinischen Küche abgegeben. Davon zeugen Gerichte wie *Adobo* und *Paella* oder *Pan de Sal,* das Frühstücksbrötchen. Der kulinarische Beitrag der Amerikaner beschränkte sich in erster Linie auf Hamburger und Hot Dogs.

Welcher Koch im Topf gerührt hat, verraten häufig die Ingredienzen. Wenn etwa Hundefleisch über dem Feuer schmort, ist der Maître de Cuisine mit großer Wahrscheinlichkeit ein Igorot aus Nord-Luzon, denn dort schätzt man *Aso,* ein Hundefleischgericht. Nach Protesten ausländischer Tierschutzverbände ist *Aso* heute verboten, zumindest offiziell. Bei anderen Volksgruppen gelten geröstete Fledermäuse, gegrillte Feldratten und Schlangenragout mit Kokosmilch als Delikatessen.

Kennzeichnend für die philippinische Küche ist ihr eher milder Charakter. Im Gegensatz zu den Nachbarländern kennt man keine scharfen Curries und nur wenige extrem stark gewürzte Spei-

# Durian
# Delikate oder penetrante Frucht?

*Denkmal für die Durian*

Womöglich hätte die Vertreibung aus dem Paradies nicht stattgefunden, wenn Eva versucht hätte, Adam mit einer Durian zu verführen. Denn Adam hätte wohl kaum von einer Frucht gekostet, die riecht wie eine Mischung aus Limburger Käse, Knoblauch und madigem Fleisch. Bei der Durian teilen sich die Geschmäcker. Diese Frucht, so sagt man, schmecke himmlisch, der Geruch aber sei höllisch.

Der bedeutende Naturforscher Alfred Russel Wallace soll einmal bemerkt haben, daß sich eine Reise nach Süd-ost-Asien allein wegen der Durian lohnen würde. Die Durian zu probieren, gilt vielen zeitgenössischen Philippinen-Besuchern aber immer noch als ein kulinarisches Abenteuer mit ungewissem Ausgang. Einheimischen ist die fußballgroße, bis zu 3 kg schwere Frucht, deren harte und mit gefährlichen Stacheln gespickte Schale jedem Messer hartnäckig Widerstand leistet, indes teuer. Auf den Philippinen gibt es regelrechte ›Durian-Süchtige‹, die zur Zeit der Durian-Schwemme im Mai und Juni, wenn die Preise auf ein annehmbares Niveau gefallen sind, schnuppernd tagtäglich über die Obst- und Gemüsemärkte streichen, um die köstlichsten Früchte zu ergattern. Die Fans der Durian wissen genau, wie sie die Qualität einer Frucht beurteilen können – durch Drehen, Wenden und Schütteln, durch Riechen und Klopfen an der Schale. Unter dieser liegen kastaniengroße Fruchtkerne, die von einem gelb-weißen, cremig-klebrigen Samenmantel bzw. Fruchtfleisch, dem genießbaren Teil, umhüllt sind.

Es soll auch Menschen geben, die zwar gegen das Aroma der stacheligen Stinkbombe allergisch sind, das erfrischend säuerliche Fruchtfleisch aber dennoch gern essen. Ihnen geht es weniger um den Vitaminreichtum der Frucht, als vielmehr um deren angebliche Eigenschaft als Aphrodisiakum. Wegen des penetranten Geruchs verwehren viele Hotels ihren Gästen die Mitnahme von Durian auf das Zimmer. Und es gibt Fluglinien, welche die Durian neben Waffen auf die Liste der für die Passagierkabine verbotenen Gegenstände gesetzt haben.

sen. Basis der meisten Mahlzeiten ist Reis. Meist steht Reis schon auf dem Frühstückstisch; häufig handelt es sich dabei um *Fried Rice,* den Reis vom Vortag, leicht angebraten und mit viel Knoblauch gewürzt. Beilagen sind Gemüse von Aubergine bis Zucchini, Huhn, Schweine- oder Rindfleisch sowie Fisch und Meeresfrüchte. Grundsätzlich gilt dabei: Die Produkte müssen so frisch wie möglich sein. Für den richtigen Geschmack sorgen Gewürze und Kräuter wie Chili und Ingwer, Muskat und Gewürznelken, Kardamom und Gelbwurz.

Verlockend ist das Angebot an süßen Kleinigkeiten, etwa Reiskuchen, für die von den Filipinos sehr geschätzten Zwischenmahlzeiten (*Meriendas*). Ganz zu schweigen von der bunten Palette tropischer Früchte. Als Königin gilt hier die stachelige Durian, von der man sagt, sie rieche höllisch, schmecke aber himmlisch. Alles in allem zeichnet sich die philippinische Küche durch eine leicht verdauliche Kost aus, deren positive Wirkung auf Körper und Geist auch Ärzte schätzen.

Die Filipinos trinken zum Essen meist nur reines Wasser, das auch in feinen Restaurants durchaus ›gesellschaftsfähig‹ und zumindest in den Städten dank chemischer Behandlung gut verträglich ist. Gern stillt man seinen Durst auch mit Soft Drinks. Ausgezeichnete Durstlöscher sind Fruchtsäfte, vor allem der Saft der limonenartigen Calamansi. Bier erfreut sich großer Beliebtheit, vor allem das einheimische San Miguel, dessen Name auf die koloniale Vergangenheit verweist. Und als Digestif schätzen viele Filipinos einen milden Rum aus einheimischer Produktion.

Um einem falschen Eindruck vorzubeugen: Längst nicht alle Filipinos können sich die Köstlichkeiten der philippinischen Küche leisten. Die Mahlzeiten der armen Leute bestehen aus Reis und Gemüse. Nur gelegentlich gibt es als Beilage einen kleinen Fisch. Fleisch kommt in vielen Familien allenfalls bei einem sehr seltenen Festmahl auf den Tisch.



*Trockenfisch gehört zu den beliebten Speisen auf den Philippinen*

# Reisen auf den Philippinen

# Luzon Schmelztiegel der Nation

Die größte und wichtigste der philippinischen Inseln besteht aus zwei unterschiedlichen Landesteilen. Der südliche Teil ist eine schmale Halbinsel mit buchtenreichen Küsten, während der Norden sich in relativ große Landschaftsräume gliedert. Zwischen den Gebirgsketten der Cordillera Central im Westen und der Sierra Madre an der Pazifikseite liegt das breite Tal des Cagayan-Flusses. Östlich der Zambales Mountains erstreckt sich das größte zusammenhängende Tieflandgebiet der Philippinen, die dichtbevölkerte, fruchtbare Zentralebene *(Central Plains)*, die Korn- und Reiskammer des Landes.

Luzon ist der Schmelztiegel der Nation, in dem seit Menschengedenken malaiische, indische, muslimische, chinesische, europäische und seit Ende des 19. Jh. auch amerikanische Einflüsse zusammentrafen. Seit vielen Jahrhunderten fungiert Luzon als wichtigste Kontaktstelle des philippinischen Archipels zur Außenwelt. Auf der Hauptinsel konzentrieren sich heute auf einem Gebiet von der zweieinhalbfachen Größe der Schweiz etwa die Hälfte der philippinischen Bevölkerung, rund 10 Mio. Menschen allein im überquellenden Ballungsgebiet Metro Manila. Auf Luzon befinden sich nicht nur die Schaltstellen von Politik und Wirtschaft, sondern auch die bedeutendsten historischen und kulturellen Kernräume der Inselrepublik.

Das facettenreiche Spektrum der Landschaften auf Luzon spannt sich vom tropischen Regenwald über pinienbestandene Gebirgszüge bis zu vom Reisanbau geprägten Provinzen und palmengesäumten Sandstränden, die unseren Traumvorstellungen von den Tropen sehr nahe kommen. Luzon ist zudem ein ›Hot Spot‹ für Vulkanliebhaber, denen Namen wie Mount Pinatubo, Mount Taal und Mount Mayon abenteuerliche Erkundungstouren signalisieren.

Auf Luzon, einer Insel im Spannungsfeld zwischen Tradition und Moderne, erwarten Besucher auch eine Fülle widersprüchlicher Impressionen: eine futuristische Hochhaussilhouette in Metro Manilas Big-Business-Distrikt Makati und die pastorale Idylle von Dörfern, die in Kokoshainen eingebettet sind, exklusive Wohnparks der wohlhabenden Oberschicht und ausufernde Slumviertel, die Hitze der pulsierenden Hauptstadt Metro Manila mit ihrem ewigen Verkehrschaos und das kühle Gebirgsklima des Hochlands von Nord-Luzon, chinesische Tempel, die fernöstliche Exotik ausstrahlen und Gotteshäuser, die Reisende an Spanien erinnern.

◁ *Reisterrassen bei Banga-an auf Luzon*

# Metro Manila
# Zwischen Megastaus und Marienbildern

■ S. 277
Karte: s. hintere Umschlagklappe

Wenn Manila voll aufdreht, hat es etwa 90 Dezibel Dauerton, 90 % Luftfeuchtigkeit und 90° Fahrenheit. Hunderttausende Autos und Motorräder, Busse und Lastwagen dröhnen laut wie Tiefflieger über die Straßen und laden die Luft mit Kohlenmonoxyd auf. Viele Fußgänger pressen sich Taschentücher vor Mund und Nase, der ›dicken‹ Luft wegen. Die Hauptstadt der Philippinen, für die meisten Besucher Ausgangspunkt einer Reise im Archipel der 7107 Inseln, trifft Neuankömmlinge wie ein Hammerschlag. Metro Manila, die 10-Millionen-Megacity, in der rund ein Siebtel aller Filipinos lebt, ist wie ein brodelnder Kessel, bis zum Überlaufen gefüllt mit Menschenströmen.

Die an der Manila Bay gelegene Metropole, ein Stadtkonglomerat aus 16 vormals eigenständigen Städten mit dem offiziellen Namen Metropolitan Manila Area oder kurz Metro Manila, ist das politische, wirtschaftliche und kulturelle Zentrum sowie der bedeutendste Verkehrsknotenpunkt des Landes. In Metro Manila befinden sich neben dem Sitz der Regierung auch die offizielle Resi-

*Im Stadtteil Makati*




denz des Staatsoberhauptes sowie sämtliche Ministerien und die Verwaltungszentralen großer nationaler und internationaler Firmen.

Die Kapitale des Inselreichs, eine der widersprüchlichsten Großstädte Südost-Asiens, ist längst nicht mehr die einst vielgerühmte ›Perle des Ostens‹, die Besucher auf Anhieb in ihren Bann zieht, sich ihm mit Charme und Schönheit von selbst offenbart. Eine Stadtrundfahrt in Metro Manila ist ein Wechselbad zwischen Extremen. Kontraste der Dritten Welt prägen das janusköpfige Erscheinungsbild der Hauptstadt: Die Metropole ist vornehm und verdreckt, schön und schäbig. Eleganz und Verfall, Pracht und Armut liegen nebeneinander.

Noch im Schatten der Nobelherbergen werden Besucher mit dem ›anderen‹ Manila konfrontiert, dem der schmutzigen, aus allen Nähten platzenden Shantytowns, dem der bitteren Armut und des täglichen Kampfes um die nackte Existenz. Wie ein Magnet zieht Metro Manila die Habenichtse aus dem Hinterland an, obwohl die Stadt bereits jetzt ihren topographischen Rahmen sprengt und kaum mehr weitere Arbeitskräfte aufnehmen kann. Sehr schnell wird für viele Zuwanderer aus der Provinz in den ausufernden Slumbezirken von Metro Manila der Traum vom Leben in der Großstadt zum Alptraum.

Es fällt schwer, diese Stadt, in der sich die Wandlung des Ostens in eine Kopie des amerikanisierten Westens vollzieht, schön zu nennen. Dennoch lohnt sich ein zwei- bis dreitägiger Aufenthalt, denn die Metropole hat auch charmante Seiten zu bieten: ein weltoffenes Ambiente in den modernen Geschäftsvierteln, spanische Tradition mit altehrwürdigen Baudenkmälern im Kernbereich von Intramuros, orientalische Exotik in den Ladenstraßen der Chinatown und Südsee-Atmosphäre beim Sonnenuntergang an der Manila Bay. Mit Geduld und Offenheit wird man in den Nischen des Asphaltdschungels faszinierende Details entdecken – ein Rundgang durch Metro Manila lebt nicht zuletzt von den kleinen Erlebnissen zwischen den Sehenswürdigkeiten.

## Ein Blick in die Geschichte

Wegen der günstigen Lage gründeten bereits Jahrhunderte vor Ankunft der Spanier muslimische Seehändler aus Borneo an der Mündung des Flusses Pasig ins Süd-chinesische Meer eine Wehrsiedlung, die unter dem Namen Maynilad (Wo es blühende Wasserlilien gibt) vor allem im 12. und 13. Jh. als Warenumschlagplatz eine Glanzzeit erlebte.

Am 8. 5. 1570, fünf Jahre nach seiner Landung auf der Insel Cebu, entsandte Miguel Lopez de Legazpi ein Expeditionskorps nach Luzon, um den florierenden Hafen Maynilad für die spanische Krone zu erobern. Der muslimische Stützpunkt mag ausgereicht haben, um regionale Feinde abzuwehren, den kastilischen Musketen und Kanonen war die Palisadenfestung aber nicht gewachsen. Ein Jahr nach der Eroberung, am 24. 6. 1571, erklärte Legazpi Manila offiziell zur Hauptstadt der Philippinen und begann mit dem Bau einer befestigten Stadt, die für die kommenden drei Jahrhunderte zum Zentrum des spanischen Kolonialimperiums im Fernen Osten werden sollte. *Insigne y Siempre Leal Ciudad* nannten die Spanier Manila nach einem königlichen Dekret Philipp II. – die ›höchste edle und immer treuergebene Stadt‹. Ihre Keimzelle ging unter dem Namen Intramuros in die Geschichte ein.

Anfangs standen den Spaniern als Baumaterial lediglich Holz und Bambus sowie, zum Eindecken ihrer Häuser, die Blätter der Nipa-Palme zur Verfügung. Nach zwei Angriffen des chinesischen Freibeuters Limahong im Jahre 1574 und einem verheerenden Großbrand, der den Brückenkopf der Konquistadoren 1583 in Schutt und Asche legte, begannen die Nachfolger Legazpis, Manila dauerhaft in Stein wiederaufzubauen. Innerhalb der immer mächtiger werdenden, stellenweise bis zu 10 m dicken Mauern, die von Zwangsarbeitern errichtet wurden, entfaltete sich eine rege Bautätigkeit.

Ähnlich wie in Spaniens Kolonialstädten in Lateinamerika wurde auch Intramuros in ein streng geometrisches Schachbrettmuster gepreßt, das 64 Häuserblocks umfaßte. Im Herzen der Stadt gruppierten sich um die Plaza Real der Palast des Generalgouverneurs, verschiedene Verwaltungsgebäude und später die Kathedrale. Als wichtigste Verteidigungsanlage entstand bereits Ende des 16. Jh. das wuchtige Bollwerk des Fort Santiago. Im Laufe der Jahre folgten weitere Kirchen und Klöster, eine Vielzahl feudaler Herrschaftshäuser für wohlhabende Bürger, Kasernen für Soldaten, mehrere Hospitäler, Schulen und Universitäten. Geschützt wurde Intramuros, das sich zu einer der schönsten mittelalterlichen Städte im spanischen Kolonialreich entwickelte, seit Beginn des 17. Jh. zusätzlich durch einen breiten Wassergraben. Als Arbeitskräfte dienten den Spaniern chinesische Handwerker, die mit den alljährlich einlaufenden Dschunken der Kaufleute nach Manila kamen.

Innerhalb der Stadtmauern durften nur Angehörige der kastillischen Oberschicht leben – in der Regel Regierungsbeamte, Mönche und Soldaten – sowie Mestizen, denen der Aufstieg in die ›feine Gesellschaft‹ gelungen war. Philippinische und chinesische Arbeiter und Handwerker mußten bei Einbruch der Nacht Intramuros verlassen und in ihre noch in Reichweite der spanischen Kanonen gelegenen Siedlungen zurückkehren. In den sich rasch ausdehnenden Vororten, die an Einwohnerzahl und Landfläche schon bald die ›Stadt in den Mauern‹ übertrafen, gediehen Handel und Handwerk prächtig. Die Häuser der von den Spaniern *Arrabales* genannten Außenbezirke errichtete man im Gegensatz zu den Gebäuden im Innern der Stadtumwallung aus Holz.

Weniger die einheimischen Tagalen lehnten sich zu dieser Zeit gegen die spanische Herrschaft auf als vielmehr die chinesischen Einwanderer. Sie zettelten wiederholt blutige Rebellionen an. Gefahr drohte der Schaltzentrale spanischer Macht in Asien auch von den Holländern, die ihren Unabhängigkeitskampf gegen die spanische Krone in den Fernen Osten trugen und Manila in der ersten Hälfte des 17. Jh. mehrmals attackierten, schließlich aber 1646 in der entscheidenden ›Seeschlacht um Manila‹ unterlagen. Im Jahre 1762 gelang es englischen Truppen, Intramuros einzunehmen. In Europa tobte zu dieser Zeit der Siebenjährige Krieg zwischen England und Frankreich, in den auch die Spanier als Verbündete Ludwig XV. verwickelt waren. Erst nach dem Friedensvertrag von Paris am 10. 2. 1763 gaben die Engländer Manila an die spanische Krone zurück.

Beinahe 250 Jahre lang, von 1571 bis 1815, war Manila während des einträglichen Galeonenhandels mit dem mexikanischen Acapulco eine Art von Entrepot, durch das die Schätze zweier Hemisphären flossen. Die alljährliche Galeone zwischen Manila und Acapulco, reichbeladen mit Porzellan, Seide, Elfenbein, Perlen, Edelsteinen und anderen Kostbarkeiten des Orients, legte den Grundstock für Wohlstand und Macht der Stadt. Es entwickelte sich eine vermögende Oberschicht, die ihre Privilegien bis heute zu verteidigen weiß.

Anfang des 19. Jh. hoben die Spanier im Zuge einer Liberalisierung des Welthandels ihr Handelsmonopol für die Philippinen auf. Schiffe anderer Nationen konnten nun im Hafen von Manila vor Anker gehen, und ausländischen Fir-

*Historische Darstellung der Kathedrale von Manila*

men wurde erlaubt, hier Handelsniederlassungen zu gründen. Das zur gleichen Zeit aufkeimende philippinische Nationalbewußtsein, aus dem sich die Unabhängigkeitsbewegung entwickelte, hatte seinen Ursprung in und um Manila. Die philippinische Revolution von 1896 brachte die spanische Herrschaft über Manila ins Wanken, aber erst am 18. 8. 1898 mußten die Spanier ihre Fahnen in Intramuros endgültig einziehen und Manila den siegreichen Truppen aus Amerikanern und philippinischen Freiheitskämpfern überlassen, deren Waffenbrüderschaft aber nicht von Dauer war.

Nach dem Ende des philippinisch-amerikanischen Krieges, den Manila relativ unbeschadet überstand, bis zur offiziellen Unabhängigkeitserklärung 1946, lebten die Filipinos erneut unter kolonialer Herrschaft. Die 48 Jahre unter dem Sternenbanner reichten aus, um Manilas Erscheinungsbild, das über drei Jahrhunderte spanischer Kolonialregierung tief geprägt hatten, deutlich zu ändern. Spanische Tradition und beschauliche Lebensweise wurden verdrängt von amerikanischem Pragmatismus sowie modernen westlichen Sitten und Gebräuchen. Die Bauwerke der ehemaligen Kolonialherren verkamen im Schatten einer neuen, funktionell orientierten Stadtarchitektur. Intramuros verlor zunehmend an Bedeutung, da sich die Zentren politischer und wirtschaftlicher Macht in andere Stadtteile verlagerten.

Unvorstellbares Leid herrschte unter der Bevölkerung Manilas während der japanischen Schreckensherrschaft von 1942 bis 1945. Noch unter dem Schock des Angriffs auf Pearl Harbor stehend, überließen die Amerikaner im Januar 1942 den heranrückenden japanischen Truppen die Hauptstadt praktisch kampflos. Erst im Februar 1945 konnte General Douglas MacArthur Manila in verlustreichen Kämpfen zurückerobern. Frenetisch umjubelt, zogen die amerikanischen Befreier erneut in Manila ein. Fazit nach der Rückeroberung: Manila – vor allem der historische Stadtkern – glich einer Trümmerwüste; nur einige wenige Monumente und öffentliche Gebäude hatten die Kämpfe relativ unbeschadet überstanden. Manila war, nach Warschau und Dresden, die im Zweiten Weltkrieg am stärksten zerstörte Stadt.

Nach der Erlangung der Unabhängigkeit am 4. 7. 1946 fungierte Manila zwei Jahre lang als Regierungssitz und Hauptstadt der Philippinen. Von 1948 bis 1975 wurden die Geschicke der Nation von Quezon City aus gesteuert. Im Jahre 1976 verfügte der damalige Präsident Marcos den Zusammenschluß von 16 Städten und Stadtbezirken zur über 600 km² großen Metropolitan Manila Area, kurz Metro Manila, das seitdem die offizielle Landeshauptstadt ist.

## Rizal Park Grüne Insel im urbanen Meer

Im Zentrum von Manila (Stadtplan s. hintere Klappenkarte), zwischen Intramuros und dem Stadtteil Ermita, erstreckt sich die größte Parkanlage der Metropole – der **Rizal Park** **1**, benannt nach dem philippinischen Nationalhelden José Rizal (1861–96), der hier am 30. 12. 1896 unter den Kugeln eines spanischen Exekutionskommandos starb (vgl. S. 29f.). Der weitläufige Park mit einer kleinen, künstlichen Lagune, Springbrunnen, Kinderspielplätzen und hübschen Gartenanlagen wird auch *Luneta* (Kleiner Mond) genannt. Der spanische Name stammt von einer Redoute, einem kleinen, halbmondförmigen Festungswerk, das sich bis zur Jahrhundert-

# Wer anhält, verliert
# Jeepneys in Manila



Lovely Earnie gibt Gas, driftet nach rechts über drei Fahrspuren, schneidet dabei ein Taxi und zwingt einen Lieferwagen zur Vollbremsung. Hinter ihm der Klageton quietschender Reifen, frenetisches Hupen, wüste Flüche – Alltag in Manila zur Rush Hour. Doch Lovely Earnie zuckt nur gleichgültig mit den Schultern und setzt sein breites Grinsen auf. Er ist Fahrer eines *Jeepney,* eines nostalgischen Massentransportmittels, das weltweit seinesgleichen sucht.

Als 1945 die Amerikaner von den Philippinen abzogen, ließen sie Tausende ausrangierter Jeeps zurück, die in ehemaligen Militärdepots vor sich hin rosteten. Da kam ein findiger Filipino auf die Idee, eines dieser alten Fahrzeuge für seine Zwecke umzurüsten. Fahrgestell und Aufbau wurden verlängert, Sitzbänke für 16 Fahrgäste eingebaut – das war die Geburtsstunde des *Jeepney.* Freilich hatten die graugrünen Geländewagen von damals nur entfernte Ähnlichkeit mit den chromblitzenden und virtuos dekorierten Vehikeln von heute. Es sind so an die 60 000, die Tag für Tag Manila unsicher machen, nur gut die Hälfte davon polizeilich registriert. Sie bilden den größten privatorganisierten Verkehrsbetrieb der Welt – ohne übergeordnetes Management, ohne Bürokratie und auch ohne Fahrplan.

*Jeepneys* halten den Verkehr der Metropole Manila aufrecht und bringen die Stadt zugleich in den Stoßzeiten an den Rand des Kollapses. Sie befördern tagtäglich Hunderttausende von Menschen und treiben sie gleichzeitig mit ihren Abgasen und ihrer röhrenden Allgegenwart zur Verzweiflung. Aber ohne das konkurrenzlos billige Massenverkehrsmittel geht nichts in Manila. *Jeepneys* pendeln auf festen Routen, die vorne über der Windschutzscheibe oder seitlich angeschrieben sind, in sämtlichen Stadtteilen von Metro Manila, auch im vornehmen Makati. Sie halten auf Handzeichen, an jedem Punkt der Straße, jederzeit, auch im Halteverbot oder wenn es sein muß sogar auf einer belebten Kreuzung. Selten muß man länger als zwei Minuten am Straßenrand warten, bis man einen *Jeepney* erwischt, der die gewünschte Strecke fährt.

Ausgelegt ist ein *Jeepney* für etwa 16 philippinische Passagiere. Aber zu den Hauptverkehrszeiten drängen sich auch schon einmal zwei Dutzend und mehr in die dann sprichwörtliche Sardinenbüchse. Jeder Quadrat- und Kubikzentimeter wird optimal genutzt, auf dem Dach und sogar der Kühlerhaube werden Säcke mit Reis oder Bierkästen festgezurrt, und zwischen den Fahrgästen flattern verängstigte Hühner.

*Jeepney*-Fahren ist eine kommunikative, vor allem aber auch klassenlose Art der Fortbewegung. Morgens führt man einen Plausch mit Marktfrauen, am späten Nachmittag lernt man einen Bankangestellten kennen, der sich eigentlich auch einen fünfmal so teueren vollklimatisierten Stadtbus hätte leisten können. Steigt eine alte Frau oder ein Kind ein, strecken sich helfende Hände aus. Man rutscht zusammen, macht Platz, lächelt sich an, kein böses Wort.

Der beste Platz ist zweifellos vorn rechts neben dem offenen Seitenein- noch Klopflaute, weil ihm die Diskomusik aus 60-Watt-Lautsprechern um die Ohren fetzt. Dann stimmen alle Insassen die *Jeepney*-Melodie an, ein durchdringendes ›sssssttt‹, und schon steigt der Mann am Steuer in die Bremse. Bezahlt wird immer erst beim Aussteigen – wenn man sein Ziel heil erreicht hat.

stieg. Hier wippt man nach Cowboy-Manier lässig mit dem Fuß auf dem Kotflügel und springt ab, wenn es brenzlig zu werden droht. Wehe aber, wenn man von einem zusteigenden Passagier auf den Platz direkt neben dem Fahrer gedrängt wird. Der rammt einem ohne Vorwarnung den Schalthebel gegen das Knie, und beim Nach-vorn-Schauen durch die über und über mit Aufklebern verzierte Windschutzscheibe fühlt man sich in einen Panzerspähwagen versetzt. Wer hier sitzt, wird automatisch zum Assistenten des Fahrers. Er nimmt von den Passagieren beim Aussteigen das Fahrgeld in Empfang und gibt Wechselgeld zurück.

Wer aussteigen will, ruft einfach laut *para* oder klopft gegen das Blechdach. Meistens hört der Fahrer weder Zurufe

Lovely Earnie hat fünf Hände, mindestens. Mit der einen schaltet er, mit der anderen wechselt er die Musikkassetten. Die dritte greift nach dem Fahrgeld, das ihm ein Passagier über die Schulter reicht, die vierte wickelt Bonbons aus. Und die fünfte hält ein Tuch, mit dem sich Lovely Earnie den Schweiß von der Stirn wischt. Meistens lugt von irgendwo noch eine sechste Hand hervor, die einen der unzähligen Straßenverkäufer heranwinkt oder eine zerknautschte Zigarette hält. Dabei hat Earnie ständig den fließenden Verkehr im Auge, achtet auf die Handzeichen von Passanten am Straßenrand, schaltet einen Gang zurück, reagiert blitzschnell, als ein anderer *Jeepney* vor ihm abrupt bremst, weicht in einem wilden Manöver um Haaresbreite aus.

Ein Derwisch am Steuer, der wie ein Formel-1-Pilot alle Tücken seines Parcours im Schlaf kennt und so fährt, als hätte er überall und ständig eine Meute schießwütiger Gangster hinter sich, die er im allerletzten Moment doch noch abschütteln wird.

Earnie liebt seinen *Jeepney* und weiß, daß dieser seine täglichen Streicheleinheiten braucht. Poliert blitzt sein Vehikel in der Sonne, wie ein Phantasiegefährt aus Disneyland. Auf der Motorhaube wippen beim Gasgeben oder Bremsen acht silberne Miniaturmustangs. Fast zwei Dutzend Außen-, Seiten- und Rückspiegel auf Kotflügel, Haube und Dach geben dem toten Winkel keine Chance. Dazwischen drängen sich unzählige nutzlose Antennen, begleitet von Wimpeln und Fähnchen. An den Seitenfenstern bauschen sich bunte Gardinen und Girlanden aus Sampaguita-Blumen. Über dem Armaturenbrett thront ein Hausaltar mit Marienbildern, und nachts leuchten und blinken bis zu 20 grelle Diskolampen im Rhythmus der Musik.

Der echte Farbenfreak läßt an den Fahrzeugflanken Maler und Grafiker ihre Phantasie austoben: möglichst grell und schrill, aber auch mit viel Gefühl für die Träume und Sehnsüchte des Rush-Hour-Rallye-Fahrers. Folk-Art auf Rädern, mobile Kunst, sehr individuell. Ein *Jeepney* ist eben mehr als ein Auto, er ist Existenzgrundlage und Statuszeichen gleichermaßen, ein fahrendes Stück philippinischer Lebensphilosophie.

*Jeepney*-Fahren in Manila ist zugleich atemberaubend und atemraubend. Alles steht, der Verkehr steht, die Luft steht, kein Windhauch vertreibt die Schwaden stinkender Abgase. »God bless our trip!« heißt es beziehungsreich auf einem der zahllosen Aufkleber am Armaturenbrett. Möge er uns vor allem doch bitte vor dem Ersticken bewahren. Im Kampf gegen den Smog fordern Städteplaner seit mehr als 30 Jahren, die *Jeepneys* ein für allemal aus Manilas Stadtbild zu verdammen. Ein geregelter Busverkehr soll her, um der Verkehrs- und Umweltprobleme endlich Herr zu werden.

Anastasio Francisco, Marktführer und Sprecher der philippinischen *Jeepney*-Fabrikanten, zeigt sich von solchen Forderungen gänzlich unbeeindruckt. Er sieht keine Alternative zum *Jeepney*, und so geht es offenbar auch den verantwortlichen Kommunalpolitikern. Wahrscheinlich also wird der *Jeepney* seine Kritiker noch überleben und allen Passagieren gilt der fröhliche Ruf: »God bless your trip!«

wende gegenüber der Puerta Real befand, einem der Haupttore von Intramuros. Im 19. Jh. war Luneta ein beliebter Platz bei den spanischen Honoratioren, die hier gern ihren Nachmittagsspaziergang, den *Paseo,* machten. Nach den strengen Protokollvorschriften mußten sie im Uhrzeigersinn promenieren; nur dem Erzbischof und dem Generalgouverneur war es gestattet, dieser Regelung nicht nachzukommen.

Heute ist der Rizal Park ein echter Volkspark, in dem an Sonntagnachmittagen oder anläßlich nationaler Feiertage – vor allem am Neujahrstag oder am 30. 12., dem Rizal-Tag, – Hunderttausende von Menschen zusammenströmen. Im westlichen Teil der Anlage, unweit des Roxas Boulevard, befindet sich das 1913 errichtete Rizal Monument, zugleich Denkmal und Grabstätte des Volkshelden. Rund um die Uhr hält eine

*Das Rizal Monument im gleichnamigen Park*

Garde der philippinischen Marine unter der bronzenen Rizal-Statue Ehrenwache. Die pathetischen Exerziermanöver bei der Wachablösung sind mittlerweile eine Touristenattraktion. Unmittelbar bei dem Denkmal markiert eine Marmorplatte José Rizals Hinrichtungsstätte. Ringsum sieht man eine Reihe von Bronzetafeln mit verschiedenen Übersetzungen des von Rizal am Vorabend seiner Exekution verfaßten Abschiedsgedichts »Mi Ultimo Adios« (vgl. S. 30). Ganz in der Nähe wird auf einer Freilichtbühne allabendlich die Hinrichtung des Nationalhelden dramatisch in Szene gesetzt.

Ein Stückchen entfernt erinnert ein schlichter Obelisk an den Märtyrertod der Priester Gomez, Burgos und Zamora, die hier am 17. 2. 1872 von den Spaniern wegen ihrer angeblichen Beteiligung am Cavite-Aufstand hingerichtet wurden (vgl. S. 28). Am Fahnenmast mit der philippinischen Nationalflagge, nur wenige Schritte abseits des Rizal Monument, wurde am 4. 7. 1946 die Republik der Philippinen ausgerufen und deren erster Präsident, Manuel Roxas, in sein Amt eingeführt.

Der etwas höher gelegene Teil des Rizal Park jenseits des Roxas Boulevard, des ›Sunset Strip‹ von Manila, ist Aufschüttungsgebiet. Von der dortigen **Mole von Luneta** 2 legt mehrmals täglich ein Passagierschiff zu Hafenrundfahrten ab; lohnend ist vor allem die »Sunset Cruise«. Aber auch die Uferpromenade ist ein hervorragender Platz, um ein kostenloses Schauspiel, das mangels Jahreszeiten in den Tropen allabendlich um sechs Uhr stattfindet, zu beobachten – die flammenden Sonnenuntergänge über der Manila Bay mit den Bergen der Bataan-Halbinsel im Hintergrund. Von hier aus sieht man auch das legendäre Manila Hotel am nördlichen Ende des Roxas Boulevard, das wie das Raffles in Singapur oder das Oriental in Bangkok zu den ›Grand Old Hotels‹ von Südost-Asien gezählt wird.

An der Nordseite des Rizal Park, entlang der Padre Burgos Street, liegen der Japanische und der Chinesische Garten. Letzterer, von chinesischen Landschaftsarchitekten mit Pflanzen aus Taiwan gestaltet, ist eine wahre Oase der Ruhe und Beschaulichkeit im Großstadtrummel. Beim Japanischen Garten mit verspielten Brücken und Pagoden liegt der Chess Ground, eine steinerne Plattform mit Tischen, in die Schachbretter eingelassen sind. Ohne Schwierigkeiten findet man hier unter den schachbegeisterten Filipinos einen Partner für das königliche Spiel. Zwischen den beiden Gartenanlagen befindet sich das City Planetarium, in dem mehrmals täglich audiovisuelle Vorführungen zu sehen sind, und das große Open-air-Auditorium, wo sonntags am späten Nachmittag das Manila Symphony Orchestra und gelegentlich auch ausländische Musiker das kostenlose *Concert at the Park* veranstalten.

Den östlichen Teil des Rizal Park dominieren zwei praktisch identische Gebäude – das **Department of Finance** und das **Department of Tourism** 3. Beide Bauwerke, die in den 30er Jahren nach Plänen des amerikanischen Architekten und Städteplaners Daniel H. Burnham im neoklassizistischen Stil entstanden, weisen an ihrer Frontseite wuchtige Säulenreihen auf. Im Erdgeschoß des riesigen ›Tourismustempels‹, der recht anschaulich die Bedeutung des Fremdenverkehrs auf den Philippinen symbolisiert, erhalten Besucher des Landes kostenloses Informationsmaterial. Den Mittelpunkt dieses Sektors der Parkanlage bildet ein Springbrunnen in Form der Erdkugel, um den eine kreisrunde Rollschuhbahn verläuft. Ein Stückchen weiter, in Richtung Taft Avenue, erstreckt sich ein künstlicher See mit einem topographischen Modell des philippinischen Archipels.

Hinter dem Finanzministerium, am nordöstlichen Ende der Padre Burgos Street, steht das Executive House, das frühere Kongreßgebäude, das heute das **National Museum** 4 beherbergt. Das 1934 von Burnham entworfene Gebäude besitzt einen imposanten Portikus, der von Statuen der ehemaligen Philippine-Commonwealth-Präsidenten Manuel L. Quezon und Sergio Osmeña flankiert wird. Im Erdgeschoß des Nationalmuseums präsentiert eine Gemäldegalerie Werke philippinischer Künstler von der Kolonialperiode bis zur Gegenwart, etwa ›Spoliarium‹, das gigantische Meisterwerk von Juan Luna. Zudem lohnt sich im Erdgeschoß ein Besuch der naturkundlichen Sektion. Im ersten

Richtig Reisen *Tip*

# Das Manila Hotel – Die Grande Dame der Luxushotels

Es gab eine Zeit, da war das altehrwürdige Manila Hotel von der Abrißbirne bedroht. Doch dann besann sich eine Gruppe lokaler Geschäftsleute eines Besseren und beschloß die Restaurierung des Hotelpalastes, der sich in kolonialer Noblesse am nördlichen Ende des Roxas Boulevard, in Höhe des Rizal Park, erhebt.

Heute wird die Hotellegende oft mit anderen ›Grand Old Hotels‹ von Südost-Asien verglichen, etwa mit dem Oriental in Bangkok oder dem Raffles in Singapur. Jetzt dämpfen wieder dicke Teppiche die Schritte durch das kolonial-spanisch geprägte Foyer, erinnern die edle Ausstattung und der perfekte Service den solventen Gast daran, was man in Manila zu Beginn des 20. Jh. unter gediegener Gastlichkeit verstand. Beliebt bei Nostalgikern sind vor allem die sehr geschmackvoll ausgestatteten Suiten im alten Flügel der 1912 eröffneten Nobelherberge, in denen noch typische Stilelemente der feudalen spanischen Kolonialarchitektur dominieren.

Wiederholt geriet das Manila Hotel in die Schlagzeilen der (Welt-)Presse. Zum bislang letzten Mal im Juli 1986, als es zum Schauplatz des sogenannten ›Tolentino-Putsches‹ wurde. Am 6. 7. 1986 verschanzte sich hier der frühere Außenminister Arturo Tolentino mit einigen hundert Soldaten, erklärte sich zum amtierenden Staatsoberhaupt und das Aquino-Kabinett für abgesetzt. Der Versuch, die Regierung von Frau Aquino aus den Angeln zu heben, scheiterte nach 36 Stunden, bildete jedoch den Auftakt zu einer Serie von Umsturzversuchen Marcos-loyaler Kräfte.

Anstelle von Möchtegern-Präsidenten residieren heute präsidiale Staatsbesucher, aber auch Prominente aus Wirtschaft und Showbusiness wieder ganz regulär in den Nobelsuiten des Manila Hotel. Falls eine Übernachtung in dem edlen Gemäuer das Reisebudget überfordert (Zimmer ab 200 US-Dollar, Suite ab 300 US-Dollar), sollte man zumindest einmal auf einen Drink hineinschauen, um etwas koloniales Flair zu schnuppern (The Manila Hotel, Roxas Blvd., Rizal Park, Ermita, Metro Manila, ✆ 02-5 27 00 11, Fax 02-5 27 00 22).



Stock wartet die prähistorische Abteilung mit archäologischen Fundstücken auf, etwa altsteinzeitlichen Werkzeugen sowie Skelettfragmenten aus den Tabon-Höhlen auf der Insel Palawan. Ebenfalls im Obergeschoß befindet sich die nach Inseln und Regionen untergliederte ethnographische Sammlung, die einen umfassenden Einblick in das Kunst- und Kulturschaffen der philippinischen Ethnien vermittelt. Etwas weiter nördlich vom National Museum befindet sich die City Hall, Manilas 1934 errichtetes Rathaus, mit sechseckigem Turm.

## Intramuros Das koloniale Herz der Stadt

Der historische Kern von Metro Manila ist **Intramuros** 5. Feuersbrünste und Erdbeben hatte dieses dreieinhalb Jahrhunderte alte Zeugnis spanischer Baukunst im Fernen Osten leidlich überstanden, im Zweiten Weltkrieg sank Intramuros jedoch in Schutt und Asche. Nach dem Krieg dienten weite Teile der zerbombten Altstadt als Lagerplätze für den expandierenden Hafen oder verkamen zu trostlosen Slums. Zwar ist Intramuros auch heute noch längst nicht vollständig restauriert, doch zeitigt ein Sanierungsprogramm bereits deutliche Erfolge. Ein stilvolles Gefährt für die Besichtigung von Intramuros ist eine der *Calesas* genannten Pferdedroschken, die bei den Stadttoren auf Kundschaft warten. Oder man erschließt die Altstadt mit dem Rizal Park als Ausgangspunkt auf einem bequemen, etwa 3 bis 4 km langen Spaziergang zu Fuß.

Man betritt die alte Stadtfestung durch die Puerta Real, das ›Königstor‹ – so benannt, weil früher jeder spanische Generalgouverneur bei seinem Amtsantritt mit Hofstaat hier einritt, um die Stadt symbolisch im Namen des spanischen Königs in Besitz zu nehmen. Heute beherbergt das historische Gebäude ein kleines Museum.

Wenige Schritte nach der Puerta Real zweigt von der General Luna Street die Calle Muralla nach rechts ab. Folgt man nun dem inneren Umgang der ›Stadt in den Mauern‹, gelangt man vorbei an der Baluarte de San Andres, dem Revellin de Recolletos und der mit einem Dutzend verrosteter Kanonen bestückten Baluarte de Dilao, in der sich die Aurora-Gärten mit einer Orchideensammlung befinden, zur Puerta del Parián, einem weiteren der sieben Stadttore von Intramuros. Das Tor führte einst nach El Parián, das geschäftige Chinesenviertel des alten Manila. Zum Schutz des Hauptwalls ist auch hier ein Bollwerk vorgelagert, der Revellin del Parián. Von hier schweift der Blick über den ehemaligen Stadtgraben, heute ein gepflegtes Golfareal.

Nun geht es zur Baluarte de San Gabriel, dem einst wichtigsten Festungswerk zur Verteidigung der Nordflanke von Intramuros und zur perfekt restaurierten **Puerta de Isabel II.** 6 aus dem Jahre 1861. Im bastionsartigen Stadttor, das jahrzehntelang als Geräte- und Waffenlager diente, ist heute ein kleines historisches Museum untergebracht.

An der Plaza Roma erhebt sich eine der bedeutendsten Bastionen des Katholizismus auf den Philippinen – die imposante neoromanische Basilica de la Immaculata Concepción (Basilika der Unbefleckten Empfängnis) oder kurz **Manila Cathedral** 7. Eine Plakette am Portal informiert über die Entstehungsgeschichte, die als beinahe typisch für die meisten altspanischen Kirchen des Landes gelten kann. Im Jahre 1581 erstmalig aus Bambus und Nipa-Palmholz erbaut; 1582 Beschädigung durch einen Taifun und 1583 Zerstörung durch Feuer; 1592 als erste Steinkirche der Philippinen ein zweites Mal errichtet; acht Jahre später bei einem Erdbeben erneut verwüstet; 1614 Neubau der dritten Kathedrale, die durch das schwere Erdbeben von 1645 in Trümmer gelegt wurde; 1654–71 Bau des vierten Gotteshauses; 1863 Zerstörung bei einem Erdbeben; 1870–79 erneut errichtet, schließlich im Bombenhagel des Zweiten Weltkriegs zum sechsten Mal dem Erdboden gleichgemacht; in den Nachkriegsjahren (1954–58) mit finanzieller Unterstützung des Vatikan als einzige der im Krieg

*Blick auf die Kathedrale von Manila*

zerstörten Kirchen von Intramuros wiederaufgebaut, wobei in den Neubau einige alte Mauern integriert wurden. Die hauptsächlich aus Adobe – ungebrannten, luftgetrockneten Lehmziegeln – errichtete Kathedrale besitzt einen 51 m hohen Glockenturm. An der Fassade wachen die Statuen der Schutzheiligen von Manila. Die als achtteiliges Flachrelief gestaltete, bronzene Eingangstür zeigt bildhaft die Entstehungsgeschichte der Kathedrale.

Im Innern des Gotteshauses befinden sich neun kleine Kapellen, deren Altarreliefs und -mosaiken von zeitgenössischen europäischen Künstlern geschaffen wurden. Ein Bronzerelief des deutschen Bildhauers Toni Fiedler schmückt den Hauptaltar. Bemerkenswert ist das Relief der Kanzel, dessen Darstellungen die Evangelisten symbolisieren. Links vom Altar steht der Bischofsthron, in strenger Schlichtheit aus bestem italienischem Marmor gestaltet. Unter einem von Fiedler entworfenen Baldachin befindet sich auf dem Hochaltar eine bronzene vergoldete Marienfigur. Eine Treppe führt zur Krypta mit den Gräbern von drei früheren Erzbischöfen von Manila.

Im linken Seitenschiff die Kapelle des heiligen Sakraments, die Taufkapelle mit einer Bronzeplastik, welche die Taufe Jesu darstellt, und schließlich die Kapelle von San Lorenzo Ruiz de Manila, des ›ersten philippinischen Märtyrers und Heiligen‹. Die mächtige, aus den Niederlanden stammende Orgel auf der Empore soll mit 4500 Pfeifen die größte in Asien sein.

Ein Besuch der Kathedrale lohnt sich allein schon wegen der eindrucksvollen Kirchenfenster aus Buntglas, die nach Entwürfen des philippinischen Künstlers Galo Ocampo in Italien hergestellt wurden. Beachtung verdienen vor allem die recht eigenwilligen Madonnenfiguren beiderseits des Querschiffes, die verdeutlichen, in welcher Gestalt die Muttergottes auf verschiedenen Inseln des philippinischen Archipels verehrt wird.

Das Erbe der spanischen Konquistadoren lebt im nur wenige Schritte entfernten **Fort Santiago** 8 weiter. Über eine Steinbrücke und durch ein mächtiges Tor gelangt man in einen Innenhof mit Rasenflächen und Blumenrabatten, der früher den Namen Plaza de Armas trug. Linker Hand steht die Ruine eines Ziegelsteingebäudes, die heute eine dramatische Kulisse für Freilichtaufführungen von Theatergruppen bildet. Vormals befand sich hier eine Kaserne für eine Garnison von etwa 400 spanischen Soldaten.

Eine Gartenanlage umrahmt die José-Rizal-Gedächtnisstätte, ein zweistöckiges Museum mit historischen Dokumenten und persönlichen Memorabilien des Schriftstellers, Patrioten und Märtyrers, das fast schon als ein Nationalheiligtum angesehen wird. Zu besichtigen sind auch die Gefängniszelle, in welcher der Nationalheld die letzten Tage vor seiner Hinrichtung am 30. 12. 1896 verbrachte, Originalmobiliar und eine vom philippinischen Bildhauer Guillermo Tolentino modellierte Wachsfigur, die Rizal bei der Niederschrift seines Abschiedsgedichts »Mi Ultimo Adios« darstellt.

Die früher am Meer gelegene Nordwestspitze von Fort Santiago dominiert die Baluarte de Santa Barbara. Von diesem strategisch perfekt postierten Bollwerk konnten die Spanier die Mündung des Pasig kontrollieren. Unter der Bastion liegt die alte Pulverkammer, in der die japanischen Besatzer während des Zweiten Weltkriegs Hunderte von philippinischen und amerikanischen Kriegsgefangenen unter unmenschlichen Bedingungen einkerkerten. Gefürchtet waren insbesondere die Verliese unter dem Meeresspiegel, in denen viele philippinische Widerstandskämpfer in grausamer Folter ertränkt wurden. Das weiße Kreuz vor dem Eingang markiert das Massengrab von etwa 600 Menschen, die hier einen qualvollen Tod sterben mußten.

Zurück an der Plaza Roma, hält man sich an der Aduana Street rechts und

*Straßenzug im Viertel Intramuros*

biegt wenig später in die Calle Arzobispo ein. An der westlichen Mauer des Intramuros-Fünfecks sind zwei weitere Stadttore eingelassen: Puerta del Postigo (Hintertür), durch die spezielle Botschafter und Agenten oder bei Bedarf der Gouverneur selbst unbemerkt ein- und ausgehen konnten, und schließlich Puerta de Sta. Lucia. Die Calle Sta. Lucia führt vorbei an der Bastion de San José, die 1941 General MacArthur als Hauptquartier diente, und dem Fortín de San Pedro zurück zum Ausgangspunkt des Intramuros-Rundgangs, der Puerta Real. Krönender Abschluß der Besichtigung ist ein weiteres Meisterwerk altspanischer Baukunst – die **San Augustin Church** **9**, die als einzige der ehemals zwölf Kirchen von Intramuros nicht nur das verheerende amerikanische Bombardement vom Februar 1945, sondern auch in den Jahrhunderten davor etliche Kriege und Naturkatastrophen ohne gravierende Beschädigung überstand.

Im Jahre 1571, unmittelbar nach Legazpis Landung in Maynilad, entstand auf dem Areal des heutigen San Augustin-Konvents die erste Kirche von Intramuros. Die Bambus-Nipa-Konstruktion brannte 1574 ebenso ab wie neun Jahre später ein zweiter hölzerner Bau. Der Augustiner-Mönch Juan de Macías leitete 1599 nach dem Vorbild einiger von seinem Orden in Mexiko errichteten Kirchen die Arbeiten zum Bau des ältesten steinernen Gotteshauses in Manila ein.

Am Eingang zum Vorhof der 1606 vollendeten Kirche sieht man, einen seltsamen Kontrast zu dem christlichen Bauwerk bildend, chinesische Löwen aus Granit. Sie wurden nach einer alten Tradition von chinesischen Handwerkern, die am Bau der Kirche mitwirkten, hier plaziert und sollen als Wächterfiguren böse Geister vertreiben. Ursprünglich besaß San Augustin zwei Türme, einer mußte jedoch nach den Erdbeben von 1863 und 1889 abgetragen werden. Die Fassade wird von acht in Zweiergruppen angeordneten ionischen und korinthischen Säulen vertikal gegliedert. Die geschnitzte, vierteilige Molave-Tür des Haupteingangs zeigt Symbole des Augustiner-Ordens, etwa ein Buch mit einer Bischofsmitra und ein Buch mit einem von Pfeilen durchbohrten Herz, sowie figürliche Darstellungen des hl. Augustin und seiner Mutter, der hl. Monika. Flankiert wird die Tür von Statuen der Apostel Peter und Paul.

Die Kapellen im Innern des Gotteshauses, die 14 Heiligen geweiht sind, wurden durch Spenden begüterter Manileños finanziert. Ein Schmuckstück der Kirche ist die barocke Kanzel aus Molave-Hartholz mit einem vergoldeten Fries, das wiederum augustinische Symbole darstellt. In einer Kapelle links vom Hauptaltar haben Konquistadoren aus den Anfängen der Kolonialzeit ihre letzte Ruhestätte gefunden. Bei ihrer vergeblichen Suche nach Schätzen öffneten und verwüsteten 1762 plündernde Engländer auch die Gräber der San Augustin-Kirche. Nach dieser Schändung wurden die Gebeine der berühmten Spanier mit den sterblichen Überresten der frühen Generalgouverneure und Erzbischöfe in einer gemeinsamen Gruft beigesetzt. Diese Grabstätte schmückt ein Bildnis des liegenden Legazpi.

Von der Empore des Chores bietet sich ein beeindruckender Blick über den mächtigen Innenraum des Gotteshauses. Das Kirchenschiff ist 62,5 m lang, 27 m breit und hat vom Boden bis zum Schlußstein des Gewölbes eine Höhe von 18 m. Die 16 tiefhängenden Kristallkronleuchter wurden um die Jahrhundertwende aus Paris importiert. Im Jahre 1875 wurden die Deckengemälde in perfektem Trompe-l'œil-Stil vollendet. Bereits 1608 brachte man die 68 Sitze des aus Molave handgeschnitzten Chorgestühls aus Macao herbei.

Das an die Kirche angrenzende Kloster Convento de San Augustin, ebenfalls zu Beginn des 17. Jh. fertiggestellt, war lange Zeit das Mutterhaus aller im Fernen Osten tätigen Augustiner-Mönche. Heute beherbergen die meisten Räume des Konvents ein Museum mit einer bedeutenden Sammlung spanisch-philippinischer Kunstwerke, vorwiegend Holzschnitzereien. In der Klostergalerie, dem Kreuzgang um den palmenbestandenen Innenhof, sind 26 riesige Ölgemälde ausgestellt, die Episoden aus dem Leben des hl. Augustin darstellen, sowie Porträts verschiedener Augustiner-Mönche.

Folgt man dem Kreuzgang entgegen dem Uhrzeigersinn, so kommt man zunächst zur Escalera Principal, dem Haupttreppenaufgang im 30 m hohen, kuppelgekrönten Turm. Die 44 Stufen bestehen aus drei Meter langen Granitblöcken, die als Ballaststeine von Galeonen aus China mitgebracht wurden. Bei den kostbaren Büchern und Manuskripten der Bücherei *(Bibliotheca)* handelt es sich nach den Plünderungen der englischen und japanischen Besatzer nur noch um einen Bruchteil des ursprünglichen Bestands.

Im Westflügel des Klosters liegt die Krypta, in der berühmte Manileños, darunter der Maler Juan Luna, sowie 141 von den Japanern während der letzten Tage der Besetzung von Manila getötete philippinische Widerstandskämpfer ihre letzte Ruhestätte gefunden haben. Von hier aus gelangt man in das Refektorium, den ehemaligen Speisesaal des Konvents, an dessen Decke heute noch Reste von Fresken aus dem 17. Jh. zu sehen sind. Die mit 32 m Länge und 8 m Breite größte Halle des Klosters enthält die Luis Araneta-Collection, eine Sammlung liturgischer Kunstgegenstände der Philippinen. Im *Sala de la Capitulación* unterzeichnete am 13. 8. 1898 der letzte spanische Gouverneur von Manila die Kapitulationsurkunde. Hier und in der alten Sakristei *(Antigua Sacrista)* sind die Restbestände der ehemals immensen Kunstsammlung ausgestellt, welche die Augustiner während ihrer 400jährigen Tätigkeit auf den Philippinen zusammengetragen haben. Zu den schönsten Exponaten gehören Gemälde mit religiösen Motiven, sakrale Skulpturen, reich mit Brokat bestickte Meßgewänder und handgeschnitzte Holztruhen aus China. Eine Treppe führt zum Kreuzgang im Obergeschoß, von wo aus man den Chor der San Augustin-Kirche erreicht.

Es lohnt sich unbedingt ein Besuch des Barrio San Luis Complex, eines ge-

*Die Hauptpost von Manila*

schmackvoll restaurierten Prunkgebäudes aus der spanischen Kolonialzeit. Hier befindet sich neben verwinkelten Innenhöfen, Cafés und teuren Antiquitätengeschäften auch die Casa Manila, ein bis ins kleinste Detail mit Originalinventar eingerichtetes Wohnhaus, das eine recht gute Vorstellung vom Leben wohlhabender spanischer Familien im kolonialen Manila des 18. und 19. Jh. vermittelt.

## Stadtteile nördlich des Pasig River

Ein interessanter Streifzug, den man wegen der chaotischen Verkehrsdichte am besten zu Fuß unternehmen sollte, ist die Erkundung der Stadtteile Binondo (mit der Chinatown), Santa Cruz, Quiapo und San Miguel auf der nördlichen Seite des Pasig River. Hier hat sich die Metropole nicht für Besucher herausgeputzt, hier zeigt sie sich ungeschminkt in oft erschreckendem Chaos. Hier erfüllen sich aber noch am ehesten die Vorstellungen, die man mit einer fernöstlichen Großstadt verknüpft, denn nördlich des Pasig gibt es zumindest noch ansatzweise jene asiatische Exotik, die man in anderen Bezirken von Metro Manila mit den ausgeprägten spanischen und amerikanischen Einflüssen oft vermißt.

Intramuros gegenüber liegt Binondo. In vorspanischen Zeiten gab es hier ein Dorf mit dem Namen Binundok. Während der spanischen Kolonialepoche siedelten in dem Bezirk zunächst chinesische Handwerker und Geschäftsleute. Später ließen sich hier auch wohlhabende philippinisch-spanische Mestizen und Europäer nieder. Westlich vom Manila Post Office Building, dem mit einem Portal aus ionischen Säulen wie ein grie-

Richtig Reisen
Thema

# Das Beverly Hills der Toten
# Der chinesische Friedhof von Manila

Etwa 5 km nördlich des Zentrums, am Rande von Caloocan City, erstreckt sich das Areal einer pompösen Nekropolis – der chinesische Friedhof von Manila. Hier haben sich die reichsten chinesischen Familien Mausoleen geschaffen, die teilweise die Dimensionen von Zweifamilienhäusern erreichen. In dem ›Villenviertel für Verstorbene‹ reihen sich – in makabrem Kontrast zu nahen Slums der Lebenden – Totentempel aneinander, ausgestattet mit Toiletten und Badezimmern, teilweise sogar mit klimatisierten Schlafräumen, in denen sich bisweilen nahe Verwandte zur Zwiesprache mit den Toten und zur Meditation einfinden.

Das exklusivste Symbol für Macht und Reichtum der chinesischen Minorität ist ein mehrstöckiges, mit Marmor aus Taiwan und Fliesen aus Italien ausgestattetes Mausoleum, das einen eingebauten Aufzug besitzt. Eine Vielfalt kontrastierender Stilrichtungen bestimmt das Bild: hier die überschwengliche, verspielte Architektur taoistischer Pagoden, dort nüchtern-funktionelle Familienkapellen von zum christlichen Glauben konvertierten Chinesen, dazwischen obelisk- und turmartige Monumente mit glatten Betonflächen neben chinesischer Ornamentik.

Der Tod ist aber auch auf dem chinesischen Friedhof von Manila nicht der große Gleichmacher, eine soziale Rangordnung besteht über das Leben hinaus. An der Peripherie der Totenstadt befinden sich schlichte Grabmäler und in der Umfassungsmauer Kolumbarien, Grabkammeranlagen, die wie die Fächer einer Gepäckaufbewahrung wirken. In den Grabnischen sind die Gebeine jener beigesetzt, die sich ein Monumentaldenkmal nicht leisten können.

Ein Besuch des chinesischen Friedhofs ist vor allem zu Allerheiligen und Allerseelen, wenn sich Tausende von Verwandten zum gemeinsamen Ahnenbesuch versammeln, ein faszinierendes Erlebnis. Anfahrt: *Jeepneys* mit dem Hinweisschild ›Monumento‹ passieren den Chinese Cemetery. Zusteigen kann man in Ermita (Mabini St. und Taft Ave.) oder in Quiapo (Quezon Blvd.). Der Haupteingang des Friedhofs befindet sich etwa dort, wo die Rizal Avenue in die Rizal Avenue Extension übergeht.

chischer Tempel wirkenden Hauptpostamt, führt die Jones Bridge über den brackig-braunen Pasig River, in dessen verschmutzten Fluten sich die Fassaden der alten chinesischen Handelskontore und Lagerhäuser schon lange nicht mehr spiegeln.

Gleich hinter der Brücke geht es nach rechts in die Escolta, eine lebhafte Straße, deren Name an die Reitereskorten alter spanischer Nobilität erinnert. Mitte des letzten Jahrhunderts war die exakt 393 m lange Escolta die wichtigste Geschäftsstraße von Manila, deren exklusive Läden vor allem teure Importware aus Europa anboten. Gegen 1880 wurden hier die damals vornehmsten Hotels der Stadt eröffnet. Heute findet man in der Escolta immer noch einige Banken, Juweliergeschäfte und gute Restaurants, der alte Glanz ist jedoch längst erloschen.

Den größten Teil von Binondo nimmt **Chinatown** 10 ein, die man an der Plaza Moraga durch ein chinesisches Tor, den Filipino-Chinese Friendship Arch, betritt. Auf dem Höhepunkt des Galeonenhandels zwischen Manila und Acapulco war Binondo eines der wohlhabendsten Viertel der Stadt und besaß eine Mischung aus chinesischer Bausubstanz und spanischer Kolonialarchitektur. Die frühere Pracht ist mittlerweile weitgehend vom Betonzeitalter aufgefressen. Nur noch andeutungsweise nimmt man in architektonischen Details Spuren des vergangenen Glanzes wahr. So kann man die Chinatown von Manila kaum mit den Chinesen-Enklaven anderer südost-asiatischer Metropolen vergleichen. Das Viertel ist eher von nüchternem Geschäftsgeist als von chinesischer Kultur und Religion geprägt.

Folgt man der Quintin Paredes Street, so stößt man auf die Plaza Calderon de la Barca mit der Santissimo Rosario Church oder **Binondo Church** 11. Das heutige, nach dem Zweiten Weltkrieg fertiggestellte Bauwerk ist eine Nachbildung der 1596 von Dominikaner-Mönchen an dieser Stelle zu Ehren der Madonna des Rosenkranzes errichteten, aber bei der Befreiung von Manila zerstörten Kirche.

Nächstes Ziel ist der **Divisoria Market** 12, der wohl farbenprächtigste Markt von Manila. Der sich über mehrere Häuserblocks erstreckende Divisoria Market ist in einen ›nassen‹ Bezirk für Obst, Gemüse, Fisch und Frischfleisch unterteilt und einen ›trockenen‹ Sektor, dessen Angebotspalette konfektionierte Lebensmittel, Textilien und Haushaltswaren umfaßt. Einkaufen auf dem Divisoria kann ein ganz besonderes Erlebnis sein, auch wenn man originelle Mitbringsel nur noch mit viel Glück findet.

Im Norden wird das weitläufige Areal von der Claro M. Recto Street begrenzt, über die man, sich rechts haltend, zu Manilas ehemaligem Hauptbahnhof mit dem klangvollen Namen Tutuban Station kommt. Heute beherbergt das elegante Kolonialgebäude ein stilvolles Einkaufszentrum. Weithin sichtbar überragt der moderne Stupa des buddhistischen **Seng Guan-Tempels** 13 in der Narra Street, der auch den Beinamen Tempel der zehntausend Buddhas trägt, dieses Stadtviertel.

Der nordwestliche Teil von Binondo liegt an der Peripherie zu Tondo, dem Armenhaus der Hauptstadt. Vielfach überquert man nun Esteros – offene, häufig von Abfällen verstopfte, ratten- und moskitoverseuchte Entwässerungskanäle. Hier werden Besucher mit Armut und Existenzkampf, Gestank und Schmutz konfrontiert. Touristen sind in dieser Gegend die Ausnahme, gehören nicht zum Stadtbild wie in Intramuros oder Ermita.

Die Claro M. Recto Street führt zur Rizal Avenue, der Lebensader des Stadtteils Santa Cruz. Hier drängen sich nie versiegende Menschenströme vorbei an den knallbunten Kinoplakaten der größten Filmpaläste von Manila und an den Schaufensterauslagen Dutzender Kaufhäuser. Avenida Rizal und der weiter östlich verlaufende Quezon Boulevard sind wohl die geschäftigsten und lautesten Straßenzüge von Manila, wenn man den Vergleich angesichts des Chaos, das auch in anderen Stadtteilen allgegenwärtig ist, überhaupt wagen darf.

Nächste Station ist die Plaza Santa Cruz, die von einer perfekten Rekonstruktion der 1608 von Jesuiten für christianisierte Chinesen gebauten, aber 1945 völlig zerstörten **Santa Cruz Church** 14 dominiert wird. Die zeitgenössische sino-philippinische Künstlerin Elizabeth Chan schuf das Mosaik hinter dem Hauptaltar. Mehrere Banken, darunter Monte de Piedad, die älteste, 1842 von einem Franziskaner gegründete Bank der Philippinen, säumen die Plaza Santa Cruz.

Die Ongpin Street, die neben dem Bankgebäude in die Plaza mündet, wird von einem weiteren chinesischen Tor als symbolischem Eingang zur Chinatown überspannt – dem Arch of Goodwill. Mit Juweliergeschäften, China-Restaurants und kleinen Apotheken, die allerlei Heilpflanzen, Kräuter, Wurzeln, getrocknete Insekten und noch manches andere Mittel aus dem weiten Repertoire der klassischen chinesischen Naturheilkunde feilbieten, gilt die Ongpin Street als das Herz der Chinatown.

Die quirligen Einkaufsstraßen Carriedo Street und Hidalgo Street verbinden die Plaza Santa Cruz mit der Plaza Miranda, dem Zentrum von Quiapo. Hier steht die volkstümlichste Kirche von Manila, die 1935 nach Entwürfen Juan Nakpils, eines der bekanntesten philippinischen Architekten, vollendete, allerdings Mitte der 80er Jahre architektonisch recht unglücklich erweiterte **Quiapo Church** 15. Sie beherbergt den Schrein des ›Black Nazarene‹, einer lebensgroßen Statue, die Christus, unter dem Kreuz fallend, darstellt. Das religiöse Kleinod, Nuestro Padre Señor Jesus de Nazareño genannt, wurde Anfang des 19. Jh. aus Mexiko gebracht, wo es christianisierte Indios aus schwarzem Hartholz geschnitzt hatten. Es soll Heilungen und andere Wunder bewirken. Weitaus eindrucksvoller als der Bau ist die Inbrunst der Gläubigen. Meist freitags, bereits am frühen Morgen, bildet sich eine schier endlose Schlange von Pilgern, die teilweise auf Knien zum Altar rutschen, um vor dem ›Schwarzen Nazarener‹ Fürbitte zu leisten.

Ein Besuch der Quiapo-Kirche gewährt tiefe Einblicke in die philippinische Mentalität, vor allem am 9. 1. An diesem Tag ergießt sich alljährlich eine unüberschaubare Menschenmenge zumeist männlicher Gläubiger in die engen Seitenstraßen um die Plaza Miranda und bringt für Stunden sämtlichen Verkehr zum Erliegen. In einem religiösen Taumel wogt am frühen Nachmittag eine Prozession durch die Straßen. Hunderte von barfüßigen Männern, die sich *Hijos del Nazareño* (Söhne des Nazareners) nennen, ziehen abwechselnd den schweren Wagen mit der Christusfigur, während Tausende von anderen in dem Hexenkessel verzweifelt versuchen, sich durch die Menge zu kämpfen, um den ›Schwarzen Nazarener‹ zu berühren oder seine Füße zu küssen. Die Prozession startet zwischen 14 und 15 Uhr an der Plaza Miranda, führt durch die Villalobos Street, am Quinta Market vorbei und schließlich unter der Quezon Bridge hindurch. Von der Brücke kann man das

*Prozession zu Ehren des ›Schwarzen Nazareners‹*

faszinierende Spektakel wohl am besten beobachten.

Um die Quiapo-Kirche drangt sich ein Labyrinth kleiner Geschäftsstraßen. In der Hidalgo Street findet man Blumenverkäufer und Fotoläden, die Carriedo Street säumen Schuhgeschäfte, und die etwas nördlich gelegene Gonzalo Puyat Street ist ein Mekka für Freunde von Schallplatten und Musikkassetten. An der Plaza Miranda haben Verkäufer von Heiligenbildern und anderen Devotionalien Hochkonjunktur.

Am Quinta-Markt in der Carlos Palanca Street vorbei kommt man zum **Ilalim ng Tulay** 16, dem Markt unter der Brücke, wo im Gewölbe der Quezon Bridge Körbe, Taschen und Matten aus Hanf und Bast zum Verkauf angeboten werden. Das Gebiet südöstlich des Quezon Boulevard hat sich zu einer bevorzugten Wohngegend philippinischer Muslime entwickelt. Ihr religiöses Zentrum, die 1974 gebaute **Quiapo-Moschee** 17 oder Golden Mosque, ist von der Globo de Oro Street zugänglich.

Am Nordufer des Pasig, im Stadtteil San Miguel, liegt in einem Tropenpark der **Malacañang-Palast** 18, der offizielle Amtssitz des Präsidenten der Republik. Der hispanisierte Name stammt von dem Tagalog-Begriff *may lakan dyan* und bedeutet hier wohnt ein Edelmann. Ursprünglich diente Malacañang als Landsitz eines spanischen Adeligen, wurde aber 1863, anstelle des von einem Erdbeben zerstörten Palacio Real in Intramuros, zur Residenz der spanischen und später der amerikanischen Gouverneure umfunktioniert. Als erster philippinischer Staatsmann zog hier Manuel L. Quezon ein. Das eindrucksvolle, mehrmals umgestaltete Bauwerk, in dem philippinische und spanische Stilelemente eine Symbiose eingegangen sind, besitzt zur Flußseite eine dekorative Fassade. Ein Teil des Palastes wurde 1986, nach dem Sturz von Marcos, als Museum mit einer Sammlung erlesenster einheimischer und spanischer Kunstwerke der Öffentlichkeit zugänglich gemacht.

## Ermita und Malate – Das Touristenviertel von Manila

Zwischen Manila Bay im Westen und Taft Avenue im Osten liegt der Stadtteil Ermita, der im Süden nahtlos in den Malate-Bezirk übergeht. Als die Spanier auf die Philippinen kamen, war Ermita eine kleine Ansiedlung mit dem tagalischen Namen Laygo. Wie eine Legende erzählt, gründete ein Augustiner-Mönch gegen Ende des 16. Jh. hier eine Einsiedelei, auf spanisch *La Ermita,* von der sich der Name des Stadtteils ableitet.

Heute konzentriert sich im touristischen Mittelpunkt von Metro Manila eine Vielzahl von Hotels und Pensionen, Restaurants und Biergärten, Souvenirläden und Kunstgewerbegeschäften. Früher gab es hier auch, vor allem in der M. H. del Pilar Street, zahlreiche Go-Go-Bars, Nachtklubs und Striplokale, die Manilas Ruf als eines der größten ›Sündenbabel‹ von Südost-Asien begründeten. Dem bunten Nachtleben hat der Bürgermeister 1993 einen Riegel vorgeschoben, indem er die Schließung aller dubiosen Etablissements verfügte.

Weiter südlich liegt im Stadtteil gleichen Namens die Mitte des 18. Jh. von Augustiner-Mönchen gebaute **Malate Church** 19. Das Gotteshaus diente den Briten 1762 bei ihrem Angriff auf das spanische Intramuros als Hauptquartier, erlitt bei Erdbeben und vor allem bei den Befreiungskämpfen von 1945 schwere Zerstörungen, wurde aber in den Nachkriegsjahren restauriert. Bemerkenswert sind die beinahe festungsähnliche Bauweise des Kirchenschiffs und die im spanisch-maurischen Mudéjar-Stil gestaltete Fassade mit den beiden integrierten Glockentürmen. Die Kirche ist der Madonna, die Mißstände beseitigt (Nuestra Señora de los Remedios), geweiht, deren Bildnis 1624 aus Spanien kam. Auf der Malate Plaza vor der Kirche stehen Skulpturen der Madonna und des Muslim-Fürsten Rajah Sulayman, den die Spanier unterwarfen.

Das weite Areal jenseits des sechsspurigen Roxas Boulevard ist Neuland, das

*Cultural Center of the Philippines*

Richtig Reisen *Tip*

# Der Kellner naht mit kleinen Schritten
# Das Hobbit House

Die Musik ist laut, Wolken von Zigarettenrauch hängen in der Luft, eiskaltes San Miguel-Bier fließt in Strömen. Auf den ersten Blick unterscheidet sich das Hobbit House kaum von den anderen Bars und Nachtklubs in Manilas Vergnügungsviertel Ermita. Dennoch gibt es einen bedeutenden Unterschied: Der Geschäftsführer ist nur 1,10 m groß, eine Kellnerin mißt nicht mehr als 96 Zentimeter, und der Kassierer ist so klein und zerbrechlich, daß man ihn jeden Abend auf seinen Stuhl heben muß. Fast alle der 30 Angestellten im Hobbit House sind Liliputaner, kleinwüchsige Menschen – auch der Türsteher und ›Rausschmeißer‹, der zärtlich King Kong genannt wird, ist nur 1,22 m groß.

Jim Turner, ehemaliger Mitarbeiter des amerikanischen Peace Corps, mit 1,85 m ein Goliath im Reich der Zwerge, ist der Besitzer des Nachtklubs. Als begeisterter Leser von Tolkiens »Der Herr der Ringe« hörte er vor Jahren von einer Subkultur zwergenhafter Menschen in Manila. Im Jahre 1975 gründete er mit philippinischen Freunden das Hobbit House, einen Nachtklub, dessen ›Attraktionen‹ nicht Go-Go-Girls sind, sondern eben Liliputaner.

Nach anfänglichen Schwierigkeiten hat sich das Hobbit House heute mit Restaurant und Bar, wo regelmäßig der international bekannte sozialkritische philippinische Sänger und Gitarrist Freddie Aguilar auftritt, zu einem beliebten Treffpunkt für Touristen und Einheimische entwickelt. Das Geschäft geht gut. Das Gehalt der Angestellten liegt weit über dem monatlichen 100-Dollar-Durchschnittsverdienst in Manila.

Pidoy Fetalino, Kassierer des Hobbit House und Vater eines Töchterchens, verdiente sein Geld früher als Portier oder mit kleinen Rollen in Werbespots. »Noch vor einigen Jahren hatte ich Schwierigkeiten, meine Familie zu ernähren«, sagt er, »jetzt verdiene ich gut, und die Arbeit macht mir Spaß!« Pidoy hat eine Erklärung für seine Zwergwüchsigkeit. »Als meine Mutter mit mir schwanger war, hat sie sich zu oft Filme mit Zwergen angesehen.«

Manager Perry Borry ist 1,12 m groß und mit einer 1,58 m großen Frau verheiratet. »Jahrelang lebten wir in einer Miniaturwelt, bis wir schließlich von Jim und seiner Idee hörten. Hier haben wir Freunde gefunden und sind glücklich.« (Hobbit House, 1801 Mabini St., Malate, ✆ 02- 5217604)



dem Meer durch Aufschüttung abgewonnen wurde. Beinahe schon ein Wahrzeichen des modernen Manila ist das **Cultural Center of the Philippines** 20. Das imposante, 1969 nach Plänen des philippinischen Architekten Leandro Locsin vollendete Bauwerk wird von manchen enthusiastisch als kultureller Mittelpunkt der Philippinen gefeiert, von anderen als eines der teuren Prestigeobjekte der ehemaligen First Lady, als ein ›Pantheon Imeldas‹ kritisiert.

Zum Kulturzentrum gehören drei Theater, zwei Galerien mit Ausstellungen zeitgenössischer Kunst, eine gutsortierte Bücherei und das sehr sehenswerte Museo ng Kalinangang Pilipino (Museum der philippinischen Kultur), das einen guten Überblick über das Kunst- und Kulturschaffen der philippinischen ethnischen Minderheiten vermittelt. Im Cultural Center finden die bedeutendsten kulturellen Veranstaltungen von Metro Manila statt, vom klassischen Theater über Ballett und Volkstanz bis hin zu Jazz- und Rock-Konzerten.

Hinter dem Kulturzentrum liegen das **Design Center of the Philippines** 21, wo gelegentlich in interessanten Ausstellungen neue Formen des Kunsthandwerks präsentiert werden, und das 1974 anläßlich der Miss Universum-Wahl in der Rekordzeit von nur 77 Tagen errichtete **Philippine Folk Arts Theater** 22. In der Nachbarschaft stößt man auf ein Schaustück philippinischer Architekturkunst – den **Coconut Palace** 23. Die 1981 als Unterkunft für Papst Johannes Paul II. errichtete Palmenvilla demonstriert anschaulich die Möglichkeiten natürlicher Baumaterialien.

Linker Hand erhebt sich das **Philippine International Convention Center** 24, das 1976 anläßlich der Weltwährungskonferenz nach Entwürfen von Leandro Locsin entstand. Zum weitläufigen Komplex gehört das **Philippine Center for International Trade Exhibitions** 25, ein Zentrum für Industrie- und Handelsmessen. Südlich schließt sich das **Philtrade** 26 an, ein großes Messegelände mit Verkaufsausstellung.

Schräg gegenüber dem Cultural Center liegt ein weiterer stattlicher Gebäudekomplex, bestehend aus der Central Bank of the Philippines und dem **Metropolitan Museum of Manila** 27. Hinter der glatten Betonfassade verbirgt sich ein modernes Museum, das für anspruchsvolle, teilweise avantgardistische Kunstausstellungen bekannt ist. Hinter dem Museum duckt sich zwischen moderner, klobiger Zweckarchitektur das restaurierte Fort San Antonio Abad, dessen Ursprung auf das späte 16. Jh. zurückgeht. Im 19. Jh. diente die kleine spanische Festung als Pulvermagazin. Am 13. 8. 1898 wurde hier erstmals auf philippinischem Boden die amerikanische Flagge gehißt.

Vor allem am späten Nachmittag lohnt sich ein gemütlicher Spaziergang an der Uferpromenade des Roxas Boulevard zurück nach Ermita. Am palmengesäumten, gepflegten ›Vorzeigegesicht‹ der Hauptstadt reihen sich Luxushotels und Nobelrestaurants. Schon vor dem Zweiten Weltkrieg galt der nach dem ersten Präsidenten der Republik benannte Roxas Boulevard als Goldene Meile von Manila. Damals säumten ihn prächtige Herrenhäuser, die aber während der Befreiung ausnahmslos zerbombt wurden. Die Bucht von Manila, auf die man von hier einen prachtvollen Blick hat, schließt einen natürlichen Hafen ein, in dem Handelsschiffe aus aller Welt ankern.

## Makati
## Der Big-Business-Distrikt

In dem etwa eine halbe Stunde von Metro Manilas alten Stadtteilen entfernten Makati, dem modernen Wirtschafts- und Finanzviertel der Hauptstadt, ist die Vergangenheit kein Thema. Wo sich vor kaum einem halben Jahrhundert noch ein weites Sumpfgebiet erstreckte, spiegelt sich heute in den Glasfassaden futuristischer Hochhäuser das Selbstbewußtsein eines Schwellenlands auf dem Weg zur Industrienation wider. Im Zentrum von Macht und Management des Inselstaates befinden sich die Verwaltungszentralen bedeutender nationaler und internationaler Banken, Versicherungsgesellschaften und Wirtschaftsunternehmen sowie viele diplomatische Vertretungen, Büros von Fluglinien, internationale Luxushotels und große Einkaufszentren.

Von Ermita kommend, gelangt man über die Sen. Gil J. Puyat Avenue, vorbei am modernen Makati Medical Center, in die Ayala Avenue. Als Mittelpunkt der philippinischen Finanzwelt schmückt sich die Hauptstraße von Makati mit dem Beinamen Wall Street von Metro Manila. Dort, wo der Paseo de Roxas die Ayala Avenue kreuzt, erinnert eine Bronzestatue an Benigno (Ninoy) Aquino. Ein martialisches Denkmal an der Kreuzung der Ayala Avenue mit der Makati Avenue zeigt Gabriela Silang, die ›Jeanne d'Arc von Ilocandia‹, eine unerschrokkene Kämpferin gegen die spanischen Konquistadoren. Biegt man hier nach rechts ab, so kommt man zu einem der schönsten Museen von Manila. Das **Ayala Museum** 28 ist wegen seiner 60 Dioramen bekannt, in denen Meilensteine der philippinischen Geschichte anschaulich dargestellt sind. Beachtung verdienen die bis ins Detail genaue Miniaturnachbildung des Intramuros von 1860 sowie eine Sammlung von Schiffsmodellen, darunter chinesische Dschunken, philippinische *Vintas* und spanische Galeonen.

Nur wenige Schritte entfernt liegt das Ayala Center, eine moderne Ladenstadt mit entsprechend hohem Preisniveau. In dem von Betongiganten überragten Einkaufsviertel reihen sich Geschäfte, Boutiquen, Supermärkte, Restaurants und Kinos aneinander. Dazwischen gibt es Ruhezonen, etwa die zentral gelegene Plaza Gloriette, wo samstags um 17 Uhr eine Messe unter freiem Himmel abgehalten wird.

Makati ist im Halbrund umgeben von exklusiven Gartenstädten und Wohnparks der einheimischen Oberschicht. Das bekannteste dieser ›Goldenen Ghettos‹ ist der nach einem früheren amerikanischen Zivilgouverneur von Manila benannte Forbes Park. Hier igeln sich philippinische Geldaristokraten und ausländische Millionäre ein. Ihre von bewaffneten Privatpolizisten bewachten Luxusvillen verstecken sie hinter hohen Mauern und dichtem Buschwerk.

Die McKinley Road im Forbes Park führt, vorbei am Manila Polo Club, einem Ort des Freizeitvergnügens für die Hautevolee, zum Manila American Cemetery. Auf dem amerikanischen Ehrenfriedhof, dem größten außerhalb der USA, haben 17 026 im Pazifischen Krieg gefallene US-Soldaten ihre letzte Ruhestätte gefunden. Ihre Gräber werden von langen, konzentrischen Reihen weißer Marmorkreuze markiert. Eine Allee führt zu der auf einer Anhöhe errichteten, kreisförmigen Gedenkstätte mit einem turmartigen Denkmal, in dem sich auch die Friedhofskapelle befindet. In die Marmorwände des Rundbaus sind die Namen von über 36 000 vermißten Soldaten eingraviert. Zahlreiche Mosaike dokumentieren den Verlauf des Zweiten Weltkriegs im pazifischen Raum.

Von Makati führt die Epifanio de los Santos Avenue in einem weiten Bogen nach Pasay City. Die Edsa, so die gebräuchliche Abkürzung, war im Februar 1986 der Hauptschauplatz der *People's Revolution* gegen den Diktator Marcos. In unmittelbarer Nähe des Manila Domestic Airport in Pasay, einer zu Metro Manila gehörenden Stadt mit vielen

*Im Freilichtmuseum Nayong Pilipino*

Industriebetrieben, liegt das Freilichtmuseum **Nayong Pilipino** 29 (Philippinisches Dorf). Das 35 ha große, parkähnliche Gelände stellt eine Art Miniaturausgabe der Philippinen dar. Hier wurden typische Wohnhäuser und Bauwerke der einzelnen Regionen sowie markante Landschaften maßstabsgerecht verkleinert nachgebildet.

Auch eilige Besucher erhalten einen Überblick über die Kulturenvielfalt und die Besonderheiten der Inselwelt. Das ›Dorf‹ präsentiert – en miniature – die Reisterrassen von Banaue, die Chocolate Hills von Bohol und den Mayon-Vulkan von Süd-Luzon. In den stilechten Häusern sind kunstgewerbliche Arbeiten ausgestellt und zum Verkauf angeboten. Man kann auch Kunsthandwerker bei der Arbeit beobachten. Über Kunst, Kultur und Brauchtum der ethnischen Minderheiten informiert das Philippine Museum of Ethnology in der Mindanao-Sektion des Nayong Pilipino. Samstags und sonntags werden hier Tänze vorgeführt. Zu der weitläufigen Anlage gehören zudem ein Botanischer Garten und eine Voliere, in der bunt gefiederte Vögel aus Asien und Australien flattern. In der Nähe des Ausgangs ziehen farbenprächtige Tropenfische im Metro Manila-Aquarium ihre Kreise.

# Rundfahrt durch Zentral-Luzon

Die etwa 450 km lange Route, für die man mindestens vier Tage vorsehen sollte, bietet ein landschaftliches Kontrastprogramm ohnegleichen. Sobald man das Ballungsgebiet von Metro Manila hinter sich gelassen hat, folgen in raschem Wechsel bizarre Vulkanlandschaften auf ausgedehnte Binnenseen mit großen Fischzuchtanlagen und fruchtbares Schwemmland mit sattgrünen Reisfeldern, in denen sich kleine Dörfer unter Kokospalmen verlieren. Während die weiten Sandstrände am Süd-chinesischen Meer ein Dorado für Schwimmer und Sonnenanbeter sind, zieht die felsige Südküste in der Provinz Batangas Taucher aus aller Welt an.

Man betritt auf diesem Ausflug auch historischen Boden, etwa in Cavite, der Keimzelle des Unabhängigkeitskampfes gegen die Spanier, oder in Calamba, dem Geburtsort des philippinischen Nationalhelden José Rizal. Die für ihre altspanischen Kirchen und farbenprächtigen *Barrio Fiestas* landesweit bekannten Provinzen von Zentral-Luzon sind überdies die Heimat zahlreicher Künstler und Kunsthandwerker, vor allem von Malern und Holzschnitzern.

In der an der betriebsamen Durchgangsstraße gelegenen St. Joseph Church von **Las Piñas** 1 (S. 274), dem südlichsten Stadtteil von Metro Manila, kann man ein weltweit einzigartiges Instrument bestaunen – eine aus Bambus gefertigte Orgel. Wer hier an einem Sonn- oder Feiertag den Gottesdienst besucht, kommt zudem in den Genuß eines seltenen Musikerlebnisses. Ganz andere Töne erklingen 2,5 km weiter südlich an der ebenfalls an der Hauptstraße nach Cavite gelegenen *Jeepney*-Fabrik Sarao. Dort werden in mühevoller Handarbeit die originellen philippinischen Minibusse hergestellt. Nach Anmeldung in der Verwaltung dürfen Besucher an Wochentagen einen Blick in die Werkstätten werfen.

Südlich von Las Piñas geht die Metropole Manila beinahe nahtlos in die Provinz Cavite über. Aus dem Städtchen Kavit stammte der Präsident der kurzlebigen Ersten Philippinischen Republik, Emilio Aguinaldo (1869–1964). Von dem Balkon seines Geburtshauses verlas der General am 12. 6. 1898 die Unabhängigkeitserklärung, am gleichen Tag wurde hier zum ersten Mal die philippinische Flagge gehißt und die Nationalhymne gespielt.

Von historischer Bedeutung ist auch **Cavite City** 2. Hier erhoben sich im Jahre 1872 200 philippinische Soldaten gegen ihre spanischen Vorgesetzten. Der Aufstand wurde zwar niedergeschlagen, setzte aber erste Zeichen für das Streben nach Freiheit und Unabhängigkeit. Auch während der Revolution von 1896 war Cavite ein Zentrum des Widerstands gegen die spanischen Kolonialherren.

Die schönsten Strände der Provinz Cavite erstrecken sich weiter südwestlich um das Städtchen **Ternate** 3 (S. 295). Klangvolle Namen wie etwa Puerto Azul Beach Resort verheißen tropische Badefreuden. Aber man befindet sich hier immer noch an der Manila Bay, in die ungefiltert die Abwasserkanäle der Hauptstadt münden. Verschmutztes Wasser und behördlich verordnete Badeverbote trüben im wahrsten Sinne des Wortes das Vergnügen. Die nahe Jesuitenstadt Maragondon besitzt eine

Richtig Reisen *Thema*

# Klassische Klänge aus Bambushalmen Die Bambusorgel von Las Piñas

Wer einen Gottesdienst in der St. Joseph Church von Las Piñas besucht, hört exotische Klänge – Kirchenlieder gespielt auf einer Bambusorgel. Gebaut wurde die Orgel von dem vielfach begabten Padre Diego Cera aus dem spanischen Aragonien, der Priester, Musiker, Architekt, Biologe, Geologe und Physiker in Personalunion war. Beeindruckt von der vielseitigen Verwendbarkeit des Bambus, vielleicht aber auch in Ermangelung anderen Materials und aus Kostengründen, begann Diego Cera 1816 mit dem Bau der Bambusorgel.

Wichtig war die richtige Behandlung der Bambusrohre für das Pfeifenwerk. So grub man die Bambushalme einige Monate lang in feuchtem Sand ein, um sie haltbar zu machen und um Reste von Stärke und Zucker zu entfernen. Acht Jahre dauerte es, bis Cera sein Meisterwerk vollendet hatte. Das Instrument ist 5,17 m hoch, 4,11 m breit und 1,45 m tief. Es besitzt 832 Bambus- und 121 Weichmetallpfeifen sowie 22 Register und eine Fünf-Oktaven-Manuale. Die längste der Bambuspfeifen mißt knapp 2,40 m.

Während der vergangenen anderthalb Jahrhunderte erlitt die Bambusorgel durch Erdbeben und Taifune sowie Termiten und stümperhafte Reparaturversuche erhebliche Beschädigungen. Erst 1973 entschloß man sich, die Orgel nach Deutschland zu schicken, um sie dort komplett restaurieren zu lassen. Zwei Jahre lang wurde das wertvolle Instrument von einer Spezialfirma in Bad Godesberg generalüberholt. Für die komplizierten Arbeiten konstruierte man eigens einen Werkraum, der den philippinischen Temperatur- und Luftfeuchtigkeitswerten angepaßt war.

Seit 1975 steht die Bambusorgel, von deren hohem Tonumfang sich Fachleute beeindruckt zeigen, wieder in der St. Joseph Church von Las Piñas. Ein großes Ereignis ist das alljährlich im Februar in dem Gotteshaus stattfindende Bamboo Organ Festival mit weltbekannten Organisten und Chören. Musikkassetten von Bambusorgelkonzerten sind im Kirchenvorraum erhältlich.

Rokoko-Kirche aus dem späten 17. Jh. Hier wurde Andres Bonifacio, Gründer der revolutionären *Katipunan*-Bewegung, gefangengenommen und getötet.

Südlich von Cavite City steigt die Straße merklich an. Obststände und Gärtnereien, die den Highway säumen, kündigen die *Nature City* **Tagaytay** 4 (S. 294) an. Doch die Natur ist hier schon lange nicht mehr intakt, da sich der weitläufige Ort in den letzten Jahren zu einer beliebten Wochenendhaus-Enklave für betuchte Manileños entwickelte und man das Hügelland um Tagaytay mit stereotypen Wohnparks überzog. Etwa 700 m über dem Meeresspiegel gelegen, bietet

Tagaytay ein angenehm frisches Klima und vor allem einen unbeschreiblich schönen Ausblick, etwa vom Tagaytay Picnic Grove Complex, auf den **Lake Taal** 5 mit einer bizarren Vulkaninsel.

In prähistorischen Zeiten erhob sich hier ein mächtiger Vulkan, der möglicherweise über 6000 m hoch war. Die Caldera, der riesige, kesselartige Krater, der nach einer Eruption und dem Einsturz des Vulkankegels zurückblieb, füllte sich mit Süßwasser und bildete so den Lake Taal. Aus diesem knapp 267 km² großen Vulkansee ist im Laufe der Jahrtausende durch ausströmende Lava und Basaltgestein eine Insel gewachsen, auf der sich der heutige Taal-Vulkan erhebt. In seinem nordöstlichen, erloschenen Krater hat er wiederum einen See mit einer kleinen Insel hervorgebracht.

Der nur knapp 400 m hohe Vulkan Taal gilt als einer der kleinsten, aber gefährlichsten der Welt – seit 1572 gab es über 30 teilweise sehr schwere Eruptionen. Zu den bislang heftigsten Ausbrüchen kam es 1754, 1911 und 1965. Bei der ersten Eruption wurden die Städte Lipa, Sala, Tanauan und Taal, alle auf dem ›Festland‹ gelegen, völlig zerstört. 1334 Todesopfer forderte die verheerende Eruption des Jahres 1911. Die Umgebung des Lake Taal war schon wieder dicht besiedelt, als sich im September 1965 im Südwesten der Insel ein neues Eruptionszentrum öffnete. Im Umkreis von mehreren Kilometern um den neuen Krater wurde alles Leben ausgelöscht, trotz sofortiger Evakuierungsmaßnahmen verloren 190 Menschen ihr Leben.

Obwohl der vorläufig letzte, weniger heftige Ausbruch erst 1976 stattfand, leben mittlerweile bereits wieder über 30 Farmer und Fischer mit ihren Familien auf Volcano Island. Auslegerboote für eine mitunter recht feuchte Exkursion zur Vulkaninsel kann man in dem am Taal-See gelegenen Ort **Talisay** 6 (S. 295) mieten. Gegen ein kleines Trinkgeld zeigt der Bootsmann auch den Weg zum Kratersee des Taal-Vulkans.

Die gut ausgebaute Nationalstraße 17 führt von Tagaytay hinunter nach **Nasugbu** 7 (S. 283) und **Matabungkay** 8 (S. 277) am Süd-chinesischen Meer. Hier locken die wohl schönsten Sandstrände in der näheren Umgebung von Manila, doch spiegelt das recht hohe Preisniveau die Nähe zur Hauptstadt wider. Während der Woche wirken die beiden Badeorte wie ausgestorben. An Wochenenden aber fallen vielköpfige Familienklans wie Heuschrecken ein und verwandeln die Strände in riesige Picknickplätze. Die Hitliste der lokalen Beach Resorts führt Punta Baluarte bei **Calatagan** 9 (S. 262) an. Weil die dortigen Strände nicht den Erwartungen anspruchsvoller Badeurlauber gerecht wurden, hat man das ausgedehnte Hotelareal in einen grünen Golfparcours umgewandelt.

Wenig attraktiv sind auch die Strände rund um die weiter südlich gelegenen Balayan Bay und Batangas Bay. Dafür gelten die Korallenriffe im dortigen Küstenabschnitt sowie die Inseln der Verde Island Passage, etwa Verde Island, Maricaban Island, Ligpo Island und Sombrero Island, als Dorados für Taucher und Schnorchler. Tauchgänge werden von verschiedenen Veranstaltern in **Anilao** 10 (S. 251) organisiert.

**Batangas** 11, im 13. Jh. von malaiischen Datus aus Borneo gegründet und bis zum 16. Jh. muslimisch, ist das wichtigste Industrie- und Handelszentrum von Südwest-Luzon. Touristisch hat die Stadt nur Bedeutung als Ausgangspunkt für die Bootsfahrt nach Puerto Galera auf der Nachbarinsel Mindoro.

Nächste Station der Rundreise ist **Calamba** 12 (S. 262), der im 18. Jh. aus einer Jesuiten-Siedlung entstandene Geburtsort von José Rizal. Als eine Art Nationalheiligtum gilt das alte Rizal-Haus, ein von Filipinos viel besuchtes Museum mit Memorabilien des Volkshelden. Das restaurierte Gebäude vermittelt mit dem Originalinventar einen guten Eindruck vom Leben des Landadels während der spanischen Kolonialepoche. Sehenswert ist der hübsche, mit Obstbäumen bepflanzte Garten.

Die Gegend zwischen Pansol und Los Baños, östlich von Calamba, ist das ›Spa der Philippinen‹. Hier, am Fuße des erloschenen Vulkans Mount Makiling gibt es *Hot Spring Resorts,* Kurbäder, deren Schwefelquellen schon seit Jahrhunderten von Arthritiskranken hochgeschätzt werden. Die Resorts bieten von heißen Quellen gespeiste Schwimmbassins, Restaurants und teilweise auch sehr komfortable Hotels.

**Los Baños** 13 (S. 275) – spanisch für ›die Bäder‹ – ist mit vielen Thermalquellen und medizinischen Bädern als *City of Springs* der bekannteste Kurort des

*Zentral-Luzon*

Archipels. Etwas außerhalb des Städtchens liegt das renommierte *International Rice Research Institute* (IRRI). In Zusammenarbeit mit Wissenschaftlern auf der ganzen Welt werden hier durch Kreuzung verschiedener Reisvarianten Hochertragssorten entwickelt, die bis zu drei Ernten pro Jahr ermöglichen und zudem eine erhöhte Resistenz gegen Schädlingsbefall und Krankheiten aufweisen. In der Samenbank des Reisforschungsinstituts – der weltweit größten dieser Art – werden über 50 000 Samenproben von Reissorten mit jeweils verschiedenen Eigenschaften aufbewahrt.

Zwischen den Provinzen Laguna und Batangas ragen die drei Gipfel des zum Nationalpark erklärten, 1144 m hohen Makiling-Massivs auf. Die steilen Hänge des inaktiven, mit tropischem Bergdschungel dicht bewachsenen Vulkans gelten als Paradies für Hobby-Ornithologen. Für die in Los Baños beginnende Besteigung des Mount Makiling werden zwei Tage empfohlen. Um den Berg ranken sich zahlreiche Erzählungen und Sagen. So soll der Gipfel des Vulkans die Heimat der feengleichen Nymphe Mariang Makiling, der Hüterin der Welt, sein.

**San Pablo** 14 (S. 292), ein expandierendes Handelszentrum und bedeutender Verkehrsknotenpunkt, ist als ›Stadt der Sieben Seen‹ bekannt. In Ortsnähe befindet sich der Sampaloc-Kratersee, an dem es – ebenso wie am Bunot-See 5 km außerhalb – mehrere Restaurants gibt, die als Spezialität Süßwasserfisch servieren. Weitgehend ›naturbelassen‹ sind dagegen die anderen fünf Seen in der näheren Umgebung der Stadt. Westlich von San Pablo findet man, in der Nähe des Dorfes Alaminos, das Hidden Valley Springs Resort, eine Ferienkolonie mit Gästebungalows und Restaurant in einem 44 ha großen und 92 m tiefen Krater eines erloschenen Vulkans. Schmale, zementierte Pfade führen im ›Versteckten Tal‹ zu mehreren Wasserbecken, die von etwa 100 warmen und kalten Mineralquellen gespeist werden, sowie zu einem großen Wasserfall. Eine üppige Vegetation vermittelt Besuchern einen guten Eindruck von tropischer Dschungelflora, ohne daß sie sich den Strapazen einer Urwaldwanderung unterziehen müßten.

Es lohnt sich ein Abstecher zur Villa Escudero beim Städtchen Tiaong. Die

Richtig Reisen *Tip*

# Ausflug nach Puerto Galera auf Mindoro

Wer von Batangas nach Puerto Galera (S. 286) fährt, benutzt entweder das reguläre Passagierschiff und ist zwei bis drei Stunden unterwegs, oder er läßt sich mit einem gecharterten Auslegerboot zu einem bestimmten Strand in der Nähe dieses Ortes bringen, was jedoch bei hohem Seegang zu einer feuchten Angelegenheit werden kann. Auf der Fahrt begegnet man kleinen Fischerbooten mit bunten Segeln. Mit viel Glück kann man ab und zu auch Delphine beobachten. Ankunftsort der Schiffe ist das an einem herrlichen Naturhafen gelegene Städtchen Puerto Galera. Der Name ›Galeerenhafen‹ geht auf die Spanier zurück, die den geschützten Hafen seit dem späten 16. Jh. zu einem wichtigen Stützpunkt ihres Manila-Acapulco-Handels ausbauten.

Heute existiert in Puerto Galera eine gut entwickelte und sich ständig ausdehnende touristische Infrastruktur, die Unterkünfte und Restaurants aller Preisklassen bietet. Die Gründe, weshalb Puerto Galera zur touristischen Hauptattraktion von Mindoro auserkoren wurde, liegen auf der Hand: sich vor einem Hintergrund aus urwaldbestandenen, sattgrünen Bergen erstreckende lange, helle Sandstrände in weit geschwungenen Buchten, dazwischen palmenbestandene Landzungen sowie artenreiche Tauchreviere. Nicht zu vergessen, die bequeme und schnelle Anreise ab Manila.

Bis in die 60er Jahre waren Fischfang und Kokosnüsse die Haupterwerbsquellen der Bewohner von Puerto Galera. Dann setzte eine hektische Entwicklung vom beschaulichen Fischerdorf, das Weltenbummler als ›Geheimtip‹ handelten, zu einem der beliebtesten Reiseziele des Landes ein. In der Umgebung des Städtchens wurde ein Strand nach dem anderen mit relativ geringem Aufwand, oft recht plan- und regellos, für den Tourismus erschlossen. Feriensiedlungen aus Nipa-Hütten, Restaurants und Bars schossen wie Pilze aus dem Boden. Schon bald trug Puerto Galera den Beinamen ›Pattaya der Philippinen‹.

Heute lassen sich die Strände und Buchten von Puerto Galera grob in zwei Kategorien einteilen. Auf der Halbinsel östlich des Orts erstrecken sich die mit Touristenunterkünften, Restaurants und Diskotheken dicht bebauten Big La Laguna, Small La Laguna und Sabang Beach. Hier schrumpfen die Badestrände teilweise fast auf Handtuchbreite. Nachts pulsiert hier das touristische Leben grell und laut, fast so wie früher in Ermita. Etwa 5 bis 10 km westlich von Puerto Galera, jenseits von Barrio San Isidro, dehnen sich White, Aninuan und Talipanan Beach aus. An diesem Küstenstreifen gibt es feinsandige Buchten mit weitläufigen, flachabfallenden Stränden, an denen zumeist kleine, aufgelockerte Feriensiedlungen aus einfachen, aber durchweg gemütlichen Strandbungalows stehen.

Die meisten Strände sind von Puerto Galera mit *Jeepneys,* die regulär bis zum späten Nachmittag verkehren, oder, ›stilechter‹, mit gemieteten Auslegerbooten erreichbar. Tauch- und Schnorchelmöglichkeiten bieten das Halcon Reef östlich von Boquete Island und das ab White Beach mit einem lich an der Landstraße in Richtung Calapan gelegenen Tamaraw Falls oder der einstündige Fußmarsch vom White Beach zu einem Wasserfall am Fuße des Mount Malisimbo, wo ein natürliches Bassin zu einem Bad einlädt.

Puerto Galera ist auch der Ausgangspunkt für weitergehende Erkundungen

Boot innerhalb von zehn Minuten zu erreichende Hibo Reef.

In Puerto Galera selbst lohnt sich ein Blick in das kleine, informative Excavation Museum neben der Kirche. Zu den Exponaten, die bei Ausgrabungen in Ortsnähe zutage gefördert wurden, gehört prachtvolle chinesische Exportkeramik aus den Tang-, Sung- und Ming-Dynastien.

Abwechslung zum Strandleben bieten Ausflüge in die Umgebung, etwa die *Jeepney*-Fahrt zu den 15 km südöstvon Mindoro. Allerdings ist das Reisen auf der siebtgrößten Insel des philippinischen Archipels, deren Straßennetz noch nicht besonders gut ausgebaut ist, recht beschwerlich und bisweilen sehr zeitaufwendig. Praktisch vollkommen unwegsam ist die in Nord-Süd-Richtung verlaufende Gebirgskette, die den größten Teil der Insel einnimmt. In den dortigen, schwer zugänglichen Bergdschungeln leben zurückgezogen die Mangyan, die Ureinwohner von Mindoro (vgl. S. 61).

*Ein Ausflug nach Pagsanjan gehört zum ›Pflichtprogramm‹*

800 ha große Kokosplantage wurde teilweise zu einem luxuriösen Feriendorf umgestaltet. Sehenswert ist das im altspanischen Stil nachgebaute Herrenhaus mit einer exquisiten Sammlung profaner und liturgischer Kunstgegenstände.

Dominiert wird die Region von dem majestätischen Massiv des letztmals vor 250 Jahren aktiven, aber noch nicht erloschenen Vulkans Mount Banahaw (2177 m) und seinem Zwillingsgipfel Mount San Cristobal. Wegen zahlreicher Quellen an seinen Ausläufern ist der Berg auch als *Vulcano de Agua* bekannt. In der Umgebung haben sich einige religiöse Sekten unterschiedlichster Glaubensrichtung niedergelassen, denen der Mount Banahaw in einer Mischung aus Mystizismus und Aberglaube als ›heiliger Berg‹ gilt. Ausgangspunkt für eine Exkursion auf den Mount Banahaw ist Barrio Kinabuhayan östlich des Städtchens Dolores.

Nordöstlich von San Pablo liegt das immer noch kolonialen Charme ausstrahlende Städtchen **Nagcarlan** 15, das eine Kirche und einen kleinen Friedhof besitzt. Das barocke Gotteshaus wurde 1752 von Franziskaner-Mönchen errichtet, aber in späteren Jahren nach Zerstörungen durch Brände und Erdbeben mehrfach restauriert und umgebaut. Die teilweise eingestürzte Gruft in der Mitte des kreisförmigen Friedhofs ist über eine kleine barocke Kapelle zugänglich. Das unterirdische Gewölbe soll während des Aufstands gegen die Spanier 1896 ein geheimer Treffpunkt von revolutionären *Katipuneros* (vgl. S. 30) gewesen sein.

Majayjay, ein Nachbarort von Nagcarlan mit bewegter Vergangenheit, ist die älteste Siedlung in dieser Gegend und war, trotz der einst beschwerlichen Anreise, im frühen 19. Jh. ein beliebtes Ausflugsziel für spanische Bürger aus Manila. Entlang der Hauptstraße blieben einige schöne alte Kolonialhäuser erhalten, am meisten Beachtung verdient die zwischen 1619 und 1649 errichtete und später wiederholt erweiterte Kirche. Spanische Mönche des Franziskaner-Ordens zwangen die 4000 im damaligen Majayjay lebenden Einheimischen zum Bau und in späteren Jahren mehrmals zur Restaurierung des mächtigen barokken Gotteshauses, dessen drei Lagen starke Mauern bis zu 6 m dick sind. Viele versuchten der Fronarbeit zu entgehen, indem sie ihre Hütten außerhalb der Stadtgrenze errichteten, doch brannten die christlichen Missionare diese Behausungen immer wieder nieder.

Über den farblosen Provinzort Liliw führt die Route weiter nach **Lucban** 16, eine von Franziskanern gegründete Stadt, die alljährlich Mitte Mai einen Besuch wert ist. Während des dann stattfindenden Pahiyas-Festivals (Verschönerung), eines Erntedankfestes zu Ehren des Schutzheiligen von Bauern und Arbeitern, San Isidro Labrador, werden Türen, Fenster und Hausfassaden mit tropischen Früchten, Gemüse, Blumen und Laternen sowie mit *Kiping* genannten blattähnlichen Waffeln aus gefärbter Reisstärke dekoriert. Am Nachmittag des 15. 5. findet eine farbenprächtige Prozession statt, in der große Pappmaché-Figuren durch die Straßen getragen werden. Den Höhepunkt des Festes bildet eine Freilichtmesse im Innenhof der 400 Jahre alten Lucban-Kirche.

Ein Ausflug nach **Pagsanjan** 17 (S. 284) gehört zum Pflichtprogramm eines jeden Philippinen-Besuchers. Die Attraktion des ›Pagsanhan‹ gesprochenen Ortes, der einst als Ziel für Päderasten in Verruf geraten war, sind weniger die 30 m hohen Magdapio-Wasserfälle, sondern die Flußfahrten in schmalen, *Bancas* genannten Einbäumen durch eine tief eingeschnittene, malerische Dschungelschlucht zu den Katarakten.

Zwei *Banceros* paddeln Abenteuerlustige über den reißenden Bergfluß, zu dessen beiden Seiten gut 100 m hohe Felswände dramatisch aufragen. Francis Ford Coppola fand hier eine ideale Kulisse für seinen Vietnam-Film »Apocalypse Now«. Elf Stromschnellen gilt es während der etwa einstündigen Bootsfahrt zu überwinden. Mit großer Geschicklichkeit bugsieren und wuchten die beiden Fährleute den Einbaum mit den oftmals schwergewichtigen Touristen über die Felsen.

Endstation ist der zweite der mächtigen Wasserfälle, der sich in einen runden, natürlichen Felsenpool ergießt. Hier kann man ein erfrischendes Bad nehmen oder sich auf einem mit starken Seilen gesicherten Bambusfloß unter den Wasserfall und in die dahinter liegende Höhle ziehen lassen. *Shooting the Rapids* (die Stromschnellen hinunterschießen) heißt die atemberaubende Rückfahrt durch das tosende Wildwasser, die zwischen August und Dezember, wenn der Fluß am meisten Wasser führt, am aufregendsten ist. Zwei Dinge sollte man beachten: nicht am Bootsrand festhalten, denn die Finger könnten gequetscht werden! Hochempfindliches Filmmaterial und Nässeschutz für die Kamera mitbringen!

In der Nachbarschaft von Pagsanjan, am Ostufer der herzförmigen Laguna de Bay, liegt Lumban. Dort stellte man in zahlreichen Schneidereien den *Barong Tagalog* her, die Nationaltracht philippinischer Männer. Die Laguna de Bay (See von Bay) bildete früher, so nimmt man an, einen Ausläufer der Bucht von Manila, wurde aber in prähistorischen Zeiten durch eine Erdhebung abgeschnitten. Heute liegt der See 1 m über dem Meeresspiegel. Da der Fischfang in den Küstengewässern für die Ernährung der rasch wachsenden Bevölkerung nicht mehr ausreicht, züchtet man in der Laguna de Bay nach einer jahrhundertealtten Methode Fische, vor allem den Bangus oder Milchfisch. Etwa ein Drittel des Sees ist in bis zu 150 ha große Areale *(fish ponds)* parzelliert.

Bei Lumban führt eine Straße hinauf in die Ausläufer der Sierra Madre-Berge zum Lake Caliraya. Am Ufer des 1939 angelegten Stausees gibt es mehrere luxuriöse Feriendörfer. Hier erholen sich betuchte Großstädter aus dem nahen Manila beim Reiten, Windsurfen oder Wasserskifahren. Ein Stückchen weiter kommt man zum Japanese Memorial Garden, einer Gedenkstätte für die während des Zweiten Weltkriegs auf den Philippinen gefallenen japanischen Soldaten. Eindrucksvoll ist der Blick vom Aussichtspunkt der mit Pavillons und exotischen Bäumen hübsch gestalteten Parkanlage.

Einige Kilometer nördlich von Lumban lohnt es sich, nach rechts zu dem etwas abseits der Hauptstraße gelegenen freundlich-fotogenen Städtchen **Paete** 18 (gesprochen: Pa-ete) abzubiegen. In dem Zentrum der philippinischen Ebenholzschnitzerei ist fast jede Familie mit dem Schnitzen oder dem

*Die Kirche von Paete stammt aus dem Jahre 1646*

Vertrieb von Kruzifixen, Heiligenfiguren und Souvenirs beschäftigt. Die alte Kirche von Paete aus dem Jahre 1646 zeigt deutlich den Einfluß barocker Stilelemente auf die regionale Kolonialarchitektur.

Auch im benachbarten Pakil hat kunstvolle Holzbearbeitung seit Generationen eine lange Tradition – das Städtchen ist bekannt für *Pahiyas Tambag* genannte Filigranarbeiten in Holz. Überlieferte Motive sind fein gearbeitete Vögel, Schmetterlinge, Bäumchen und Engelsfiguren. Alljährlich am Freitag vor der Karwoche findet in dem sonst eher recht verschlafenen Provinzort ein fröhliches, farbenprächtiges Schauspiel statt – das Fest der Jungfrau von Turumba. Der Begriff bedeutet soviel wie ›vor Freude springen‹. In dem religiösen Tanz huldigen die Gläubigen auf recht ausgelassene Weise der Jungfrau Maria. In einer bunten Prozession folgen die männlichen und weiblichen Tänzer im *Gigue,* einem Schreittanz im Dreiertakt, einem Karren mit dem Bildnis der Jungfrau. Wichtiger Bestandteil des Turumba-Festes ist ein kühlendes Bad in einem natürlichen Bassin, dem Nuestra Señora de los Dolores-Pool, dessen geweihtem Wasser die Pilger heilende Kräfte zuschreiben.

Über Pangil und Siniloan geht die Fahrt Richtung Westen weiter nach **Mabitac** 19. Genau 125 Stufen führen hinauf zu einer Kirche aus dem 17. Jh., die zum Schutz vor Überflutungen hoch über der Ortschaft thront und ein eindrucksvolles Holztor besitzt. In zahllosen Kurven windet sich nun die Straße durch eine beinahe baumlose Landschaft nach **Tanay** 20, einer größeren Stadt mit einer interessanten Kirche aus dem 18. Jh., die trotz verschiedener Restaurierungen ihr ursprüngliches Aussehen weitgehend behalten hat. Beachtung verdienen im Innern des Gotteshauses die 14 holzgeschnitzten, auch im Detail sehr fein gearbeiteten Reliefs der Stationen des Kreuzwegs sowie die Rokoko-Retabel der Altäre.

Die Hauptattraktion der ehemaligen spanischen Hochburg **Morong** 21 ist die San Geronimo-Kirche, die von Kunsthistorikern als eines der schönsten Beispiele tropischer Barockarchitektur angesehen wird. Ihre Ursprünge reichen in das frühe 17. Jh. zurück. Harmonie und Symmetrie der zwischen 1850 und 1853 entstandenen dreistöckigen Fassade, die von einem achteckigen Glockenturm gekrönt wird, erinnern stark an südeuropäische Barock-Kirchen. Die strenge, durch paarweise angeordnete dorische Säulen hervorgerufene vertikale Gliederung wird durch verspielte horizontale Gesimse aufgelockert, die zudem die einzelnen Stockwerke markieren. Im Kontrast zur reich ornamentierten Fassade steht die relative Schlichtheit des Kircheninnern. Zwei etwas verstümmelte Steinlöwen in der Nähe des Gotteshauses erinnern an die chinesischen Handwerker, die am Bau der Kirche beteiligt waren.

Letzter Stopp der Rundfahrt ist das 15 km nördlich von Cardona in hügeligem Terrain gelegene **Antipolo** 22, der wohl bekannteste Wallfahrtsort der Philippinen. Jedes Jahr im Mai strömen Zehntausende Pilger zur Antipolo-Kathedrale, die den Schrein einer dunklen Marienstatue beherbergt, der man wunderbare Kräfte nachsagt. Das über 350 Jahre alte Bildnis wurde von einem unbekannten mexikanischen Künstler geschaffen und 1632 von Reisenden auf einer spanischen Galeone auf die Philippinen gebracht. Seitdem verehren die Gläubigen das Madonnenbild als *Virgen de la Paz y Buen Viaje* (Madonna des Friedens und der Guten Reise).

# In den Nordwesten von Luzon



Wie ein geometrisches Teppichmuster in allen Grünabstufungen breiten sich nördlich der Metropole Manila endlose Reisfelder aus. Die *Central Plains,* die Schwemmlandebenen von Zentral-Luzon, gelten als die Reiskammer der Philippinen. Einen reizvollen Kontrast zum satten Grün bilden die goldgelben Sandstrände an dem azurblauen Süd-chinesischen Meer sowie die vorgelagerten Tropeneilande des Hundred Islands National Park. Wie Fremdkörper wirken in diesem Bilderbuch asiatischer Idylle die ehemaligen US-Militärbasen bei Angeles und Olongapo.

Die Route berührt auch die bizarre Mondlandschaft, in die der Pinatubo-Vulkan 1991 weite Landstriche von Zentral-Luzon durch seine Jahrhundert-Eruption verwandelt hat. Vielleicht sind derlei Katastrophen die Ursache für die tiefe Religiosität der Landbevölkerung, die ihre religiösen Feste mit einer oft an Fanatismus grenzenden Inbrunst feiert. Weiter nördlich, in der Ilocandia-Region, geben unverkennbar spanische Einflüsse Takt und Ton an. Hier zeigt sich in Provinzstädten wie Vigan und Laoag mit ihren Barock-Kirchen, Pferdekutschen und Kolonialbauten eine andernorts längst vergangene Welt. Fünf Tage sind das Minimum für diese rund 700 km lange Route, für die ein Mietwagen von großem Vorteil ist.

Unmittelbar an ihrer nördlichen Peripherie franst die Metropole Manila in die weiten *Central Plains* aus. Dieses größte Tieflandgebiet der Philippinen, das sich vom Golf von Lingayen im Norden bis zur Manila-Bucht im Süden erstreckt, wird gesäumt von den Zambales-Bergen im Westen und der Sierra Madre-Kette im Osten. Aus diesen fruchtbaren, von mächtigen Flüssen angeschwemmten Ebenen stammt etwa ein Drittel der philippinischen Reisproduktion. Für die meisten Philippinen-Reisenden sind die *Central Plains* nur Durchgangsstation auf dem Weg nach Baguio und in das Bergland von Nord-Luzon oder in die Ilocandia-Region. Es gibt hier auch keine außergewöhnlichen Sehenswürdigkeiten. Touristische Höhepunkte sind jedoch verschiedene, meist religiöse Feste.

So sind die beiden Städte Obando und Bocaue, die am parallel zum Northern Expressway nach Norden führenden MacArthur Highway liegen, landesweit bekannt für volkstümliche Feste. In **Obando** 1 werden alljährlich vom 17. bis 19. 5. *Fertility Rites* (Fruchtbarkeitsriten) abgehalten, ein religiöses Fest zu Ehren der Schutzheiligen der Stadt, San Pascual, Santa Clara und der Madonna von Salambao. Kinderlose Ehepaare führen dann auf dem Kirchplatz und in den schmalen Straßen des Ortes traditionelle Tänze *(Pandanggos)* auf.

**Bocaue** 2 feiert am ersten Sonntag im Juli das Fest Pagoda Sa Wawa, eine im doppelten Sinn feuchtfröhliche Flußprozession. Nach einer Legende fanden vor über 200 Jahren Fischer das Heilige Kreuz von Wawa in den lehmigen Fluten des Bocaue River. Alljährlich gedenkt man dieses Ereignisses mit einer bunten Flußparade, angeführt von einer großen Barke mit einem pagodenähnlichen Aufbau, in dem sich eine Replik des Kreuzes befindet.

Das Carabao Festival wird am 14. und 15. 5. in **Pulilan** 3 zelebriert. Hunderte glattrasierter, buntgeschmückter Wasserbüffel werden dann auf dem Kirchplatz von Priestern gesegnet. Gewidmet ist das Pulilan-Dankfest San Isidro Labrador, dem Schutzpatron der Bauern.

Ein Besuch der nach König Ferdinand III. von Spanien benannten Stadt **San Fernando** 4 (S. 292) in der Provinz Pampanga lohnt sich nur in der Weihnachtszeit, wenn das traditionelle Grant Christmas Lantern Festival stattfindet (vgl. S. 130), sowie vor allem zur Osterzeit. Alljährlich am Karfreitag ist San Fernando Schauplatz einer spektakulären Kreuzigungszeremonie. Auf einem abgeernteten Reisfeld im Vorort Barangay San Pedro Cutod lassen sich mehrere Männer und manchmal auch Frauen in einem Akt der Selbstgeißelung ans Kreuz nageln. Begleitet von Dutzenden von Flagellanten, die sich die Rücken blutig peitschen, beginnen die Jesus-Darsteller ihre kilometerlange Via Crucis gegen 10 Uhr in der Nähe der Stadtkirche von San Fernando.

An der Abzweigung der Straße nach Olongapo liegt der Museumskomplex Paskuhan Village. Neben dem lokalen Fremdenverkehrsbüro und einigen Souvenirläden beherbergt es ein Museum, das sich mit dem Thema ›Weihnachten‹

*Der Nordwesten von Luzon - Von Obando nach Iba*

Richtig Reisen *Thema*

# Philippinische Weihnachtslaternen
# Das Laternenfest von San Fernando

Die meiste Zeit des Jahres liegt tropisch-verschlafene Lethargie über San Fernando, der Hauptstadt der nördlich von Manila gelegenen Provinz Pampanga. Alljährlich am 23. und 24. 12. erwacht das Städtchen zu neon- und glühlampenbeleuchteter Geschäftigkeit. Dann findet hier das traditionelle Grant Christmas Lantern Festival statt, eine faszinierende Parade überdimensionaler Weihnachtslaternen, die in der Sprache der Einheimischen *Parols* genannt werden. Die kreisrunden Laternen aus Papier und Zellophan haben bisweilen enorme Durchmesser von 2 bis 4,5 m. Um in die Vertikale gebracht werden zu können, sind sie auf Holzgestelle montiert, die schwere Lastwagen transportieren.

Die *Parols* besitzen ein kompliziertes elektronisches Innenleben: 1000 bis 1500 bunte, computergesteuerte 25- und 50-Watt-Glühbirnen bilden im Rhythmus lauter Musik Lichtmosaike und Farbkompositionen. In jedem der neun Barrios von San Fernando beginnt man schon Monate vor dem großen Ereignis mit dem Bau der bis zu 150 000 Pesos teuren Laternen. Jedes Jahr tauchen neue Kreationen auf, deren schönste in einem Wettbewerb *(Sigligan Parol)* prämiert werden.

Am sehenswertesten ist die große Parade und Ausstellung der Weihnachtslaternen am Heiligen Abend gegen 20 Uhr vor der Kirche in der Ortsmitte von San Fernando. Die prächtigsten *Parols* werden am Neujahrstag im Rizal Park von Manila präsentiert.

beschäftigt, sowie ein weiteres, das über den Ausbruch des Pinatubo-Vulkans im Juni 1991 informiert.

**Angeles** 5 (S. 250), nördlich von San Fernando gelegen, verdankte seinen raschen Aufstieg von einem unbedeutenden Provinzort zu einer wohlhabenden Stadt einst dem amerikanischen Luftwaffenstützpunkt Clark Air Force Base, früher jahrzehntelang eines der strategischen Zentren für die militärische Präsenz der USA im gesamten pazifischen und südost-asiatischen Raum. Mit 55 000 ha war Clark mit Abstand die größte Militärbasis der USA im Ausland und die größte militärische Einrichtung in Asien überhaupt.

Zur Zeit des Vietnam-Krieges waren etwa 40 000 Amerikaner auf dem Stützpunkt stationiert, 1991 lebten noch rund 15 000 Menschen auf der Air Base, die der lokalen Wirtschaft kräftigen Auftrieb gab. Die ›Stadt der Engel‹ hatte sich auf die Freizeitbedürfnisse der amerikanischen GIs eingestellt – mit unzähligen Bars, Diskotheken, Nachtklubs, Cocktail Lounges, Hamburger-Buden sowie Massage- und Spielsalons. Im Jahre 1991 mußten die Amerikaner ihren Luftwaffenstützpunkt aufgeben, da weite Teile der Anlage beim Ausbruch des Pinatubo-Vulkans schwer beschädigt worden waren. Viele Hotels und Restaurants sowie die meisten Amüsierbetriebe in Angeles standen vor dem Aus.

Mittlerweile herrscht jedoch schon wieder eine beinahe euphorische Aufbruchstimmung. Zum einen weil die philippinische Regierung auf dem ehemaligen Militärgelände einen Industriepark mit internationalem Flughafen – die *Clark Field Special Economic and Free Port Zone* – angesiedelt hat, zum anderen weil sich nach der Schließung des Rotlichtdistrikts in Manila das Nachtleben hierher verlagerte und die einschlägigen Etablissements mit Touristen aus dem Ausland einen neuen Kundenkreis erhielten. Inzwischen haben findige Filipinos auch den Pinatubo-Vulkan als Touristenattraktion entdeckt und bieten Rundflüge oder Touren in Bussen und Geländewagen an. Faszinierend sind geführte Wanderungen an den von tiefen, labyrinthischen Lahar-Schluchten zerfurchten Flanken des Mount Pinatubo. Auch sind zahlreiche kleine Werkstätten entstanden, in denen man aus dem Eruptionsmaterial des Pinatubo Souvenirs für Touristen herstellt.

Eine ähnliche Entwicklung wie Angeles hat auch **Olongapo** 6 (S. 184) durchlaufen. Am Rande der Stadt, an dem taifunsicheren, natürlichen Tiefseehafen Subic Bay, befand sich einst die Subic Naval Base. Die Marinebasis der US-Flotte erstreckte sich über 15 000 ha Land- und 11 000 ha Wasserfläche. Subic war während des Vietnam-Krieges eine der bedeutendsten Nachschubbasen der amerikanischen Streitkräfte und spielte auch im Golfkrieg Anfang 1991 eine wichtige militärstrategische Rolle. Jenseits des Militärgeländes entwickelte sich die ›amerikanischste‹ Stadt der Philippinen, die ihre gesamte Wirtschaft und Infrastruktur auf den Flottenstützpunkt und die bis zu 10 000 täglich an Land gehenden Marinesoldaten ausrichtete.

Olongapo wurde zu einem einzigen großen Bordell mit über 450 Nachtklubs, ›Girlie-Bars‹, Massagesalons und Stundenhotels, die Zehntausende junger Filipinas beschäftigten. Die Prostitution war hier quasi institutionalisiert. Weil sich der philippinische Senat weigerte, einer Verlängerung des Stützpunktabkommens zuzustimmen, mußten die Amerikaner im November 1992 Subic Naval Base räumen. In Olongapo, einst im ›Guiness-Buch der Rekorde‹ als Stadt erwähnt, die weltweit in Relation zur Bevölkerung die meisten Bars besitzt, schlossen nach dem Abzug der Amerikaner fast alle Etablissements ihre Pforten.

Mittlerweile hat die philippinische Regierung einen Teil des einstigen Militärgeländes in die Industrie- und Freihandelszone Subic Bay Freeport umgewandelt. Andere Bereiche der alten US-Anlagen haben die Metamorphose zu einem Einkaufs-, Freizeit- und Ferienzentrum vollzogen. Ehemalige Lagerhallen verwandelte man in Duty-free-Shops, Kasernen in Hotels, eine frühere Offiziersmesse in ein Spielkasino. Rund um die Subic Bay erstrecken sich weite Sandstrände, die zwar nicht in die Kategorie ›Südsee-Traumstrand‹ fallen, aber trotzdem beliebte Badeziele sind. Angelockt werden auch Taucher, die in Begleitung sachkundiger Führer die Wracks etlicher in der Bucht gesunkener Schiffe erkunden.

In Olongapo lassen sich Ausflüge an die Flanke des Mount Pinatubo organisieren. Ein beliebtes Ziel ist der von riesigen, *Lahar* genannten Schlammlawinen aufgestaute Pinatubo Lake, aus dem die Ruinen eines überfluteten Dorfes ragen.

In endlosen Kurven windet sich die Nationalstraße 7 von Olongapo, fast immer dem Küstenverlauf folgend, durch die langgezogene Provinz Zambales, die, von der Pinatubo-Eruption am stärksten betroffen, noch heute nach jahrelanger ›Aufräumarbeit‹ Spuren der Jahrhundert-Katastrophe zeigt. Grüne Reisfelder haben sich hier in graue Aschewüsten verwandelt, lebhafte Orte in Geisterstädte. Gelegentlich sieht man Gebäude, die bis zum Dach von meterhohen Schlammlawinen verschluckt wurden. Erst beim Städtchen **Botolan** 7, wo die Gläubigen in einer aus Korallengestein errichteten Kirche aus dem 17. Jh. beten, ändert sich das Bild der Landschaft. Zwischen diesem Ort und **Iba** 8 (S. 270) prägen langgestreckte, oft noch völlig unberührte hellgraue Sandstrände, die zu den schönsten des Landes zählen, das Bild der Küste.

## Von Alaminos nach Pagudpud

Nördlich von Zambales schließt sich die Küstenprovinz Pangasinan an. Der Hauptbroterwerb der frühen Siedler – Salzgewinnung durch Verdunstung von Meerwasser an der Sonne – prägte den Namen der Provinz. *Asin* bedeutet Salz, *Pang-asin-an* der Ort, an dem Salz hergestellt wird. Eine touristische Attraktion ist der dem Städtchen **Alaminos** 1 (S. 250) vorgelagerte **Hundred Islands National Park** 2. Ausgangspunkt für Exkursionen zu den knapp 100 flachen, unbewohnten Kalksteininseln ist das 4 km von Alaminos entfernte Fischerdorf Lucap, wo man Auslegerboote mieten kann.

Für ›Robinsonaden‹ eignen sich vor allem Devil's Island, Scout Island, Cathedral Island und Lopez Island. Quezon Island ist das Ziel der meisten Tagesausflügler. Hier gibt es ebenso wie auf Children's Island und Governor's Island einfache Strand-Bungalows zu mieten, die während der Woche als Basis für ruhige Inseltage dienen. Zwar sind die touristisch gut erschlossenen Hundred Islands, die vor allem an den Wochenenden von einheimischen Strandurlaubern besucht werden, keine exotischen Trauminseln, doch versprechen weiße, palmenbestandene Badestrände und Bootstouren zwischen den Inseln einen erholsamen Aufenthalt. Leider wurden die Korallengärten durch die jahrelang betriebene Dynamitfischerei arg geschädigt, weshalb Schnorchler und Taucher hier nicht auf ihre Kosten kommen.

Bei Grabungen im Barrio Balingasay wurden archäologische Funde gemacht, die zu den bedeutendsten des Landes gehören und Wissenschaftlern wichtige Aufschlüsse über die philippinische Geschichte und Kultur vom 7. bis 15. Jh. gaben. Fundstücke sind in **Bolinao** 3 (S. 258) im Regional Museum zu sehen. Im Zentrum des Ortes steht die 1609 von Augustinern erbaute, festungsartige St.

N
0
25 km
Süd-chinesisches Meer
Pagudpud
15
Claveria
Tanglagan
14
Laoag
Vintar
San Nicolas
Batac
Dingras
Mount Sicapoo
2048 m
Kabugao
13
Badoc
Tineg
Cordillera Central
Conner
Magsingal
12
11
Vigan
Bangued
10
Lagangilang
Bucay
Mount Lacob ti-Duyong
2216 m
Manabo
Santa Maria
9
Lubuagan
Chico River
Candon
Santa Lucia
8
Bontoc
Cervantes
Mayoyao
Bangar
Mankayan
Banaue
Luna
Kibungan
San Fernando
7
(La Union)
Lamut
Magat River
Bauang
6
Ambuklao Lake
Bayombong
Bolinao
3
2
Baguio
5
Hundred Islands National Park
Gulf of Lingayen
Agoo
4
Kasibu
Aritao
Alaminos
1
San Fabian
San Nicolas
Dagupan
Carranglan
San Carlos
Rosales

James Church. Wegen der Wracks chinesischer Dschunken und japanischer Kriegsschiffe sind die Gewässer zwischen den vorgelagerten Inseln Santiago, Silaqui und Dewey ein Dorado für Taucher und Hobby-Archäologen.

Sobald man Pangasinan verlassen hat, gehen die *Central Plains* in die sanfthügelige Landschaft der Region Ilocandia über. Klimatische Kontraste prägen den Nordwesten von Luzon – während in der Trockenzeit zwischen November und Mai das milde Klima ideale Bedingungen für den Anbau von Tabak schafft, wird die Region auf dem Höhepunkt der Regenzeit, meist in den Monaten August und September, regelmäßig von verheerenden Taifunen heimgesucht. Die als fleißig und sparsam geltenden und für ihre Ernsthaftigkeit und ihr Durchsetzungsvermögen bekannten Ilocanos können auf eine große Geschichte zurückblicken – Ilocandia bildet, neben Intramuros und einigen Gebieten der Visayas, den historischen Kernraum der Philippinen. Die politische und wirtschaftliche Entwicklung der Region wurde weitgehend vom spanischen Klerus

*Subic Bay*

– hier Mönche des Augustiner-Ordens – bestimmt. Von ihrem missionarischen Eifer künden zahlreiche Sakralbauten, die als Wahrzeichen von Ilocandia heute noch im Mittelpunkt religiöser Feste stehen und zu den kunstgeschichtlich bedeutendsten des Archipels zählen.

Erste Station der Ilocandia-Fahrt ist das freundliche Städtchen **Agoo** 4 (S. 250) mit dem heimatkundlichen Museo Iloco, das über die Geschichte und Kultur der Ilocos-Region informiert. Man achte vor allem auf die hier ausgestellten, meist von älteren Frauen gerauchten Zigarren, die mit einer Länge von bis zu 30 cm und einem Durchmesser von oftmals 3 cm enorme Dimensionen annehmen. Dem Museum gegenüber steht die Agoo-Basilika mit dem Schrein der Mildtätigen Madonna (Shrine of Our Lady of Charity).

Von der anhaltenden Popularität, die der aus der Ilocandia-Region stammende Ferdinand Marcos heute noch in seiner Heimat genießt, zeugt das **Marcos-Monument** 5 am Marcos Highway, etwa auf halber Strecke zwischen Agoo und Baguio. Bereits zu Lebzeiten ließ der Diktator dieses gigantische Denkmal der Eitelkeit, das den Marcos Park mit einem Golfplatz und einem Luxushotel überragt, in den Fels hauen.

Etwa 20 km nördlich von Agoo liegt **Bauang** 6 (S. 257), der beliebteste Badeort von Nord-Luzon. Von hier aus erstreckt sich ein gut 10 km langer, von Beach Resorts und Strandhotels gesäumter Küstenstreifen mit grauen, flach abfallenden Sandstränden, die allerdings nicht in die Sternekategorie fallen, bis nach San Fernando. Von Bauang – der Name kommt vom Ilocano-Wort *Bawang* (Knoblauch) – führt die 48 km lange, landschaftlich sehr reizvolle Naguilian Road nach Baguio.

Nach **San Fernando** 7 (S. 292), der Hauptstadt der Provinz La Union, sind es mit einem *Jeepney* oder Bus nur wenige Minuten. Der 1786 gegründete Ort, heute ein Handels- und Industriezentrum sowie der wichtigste Hafen im Norden von Luzon, trägt den Beinamen ›Stadt der sieben Hügel‹. Zu den Attraktionen gehört der Freedom Park (auch Heroes' Hill genannt) in der Quezon Avenue mit Statuen philippinischer Nationalhelden und Präsidenten. Hinter dem Provincial Capitol Building, dem

Sitz der Provinzverwaltung auf einem Hügel im Ostteil der Stadt befindet sich das Museo de La Union mit historischen Artefakten aus der Region. In der Nähe bietet sich von der kleinen Filipino Chinese Friendship Pagoda ein guter Blick auf die Bucht von San Fernando mit den Industrie- und Hafenanlagen am Poro Point. Im Norden der Stadt, an der Hauptstraße Richtung Vigan, liegt auf einer Anhöhe der 1978 gebaute taoistische Ma-cho Temple.

Nördlich von San Fernando stehen entlang der Ilocos-Küste einige alte spanische Wachtürme, von denen einst nach angreifenden Moro-Piraten Ausschau gehalten wurde. Gut erhalten blieben jene von Carlatan, San Juan und Bacnotan. San Juan ist bekannt für kunstvolle Töpferwaren. Auch an den vor allem bei Surfern beliebten Brandungsstränden am Küstenstreifen zwischen San Fernando und San Juan finden Erholungssuchende einige gute Ferienanlagen.

Erster Stopp in der Provinz Ilocos Sur ist **Santa Lucia** 8. Das Städtchen besitzt ein altspanisches Gotteshaus aus dem 18. Jh., ein in Stein erstarrtes Denkmal des Katholizismus, in dessen barocke Grundstruktur während verschiedener Umbauten pseudoromanische und neogotische Stilelemente Eingang gefunden haben. Über Candon mit einer sehenswerten Barock-Kirche erreicht man **Santa Maria** 9. Eine festungsähnliche Kirche thront majestätisch auf einem Hügel über dem alten, noch viel koloniale Atmosphäre ausstrahlenden Städtchen. Das 1769 errichtete Gotteshaus besitzt einen sechseckigen, schiefen Glockenturm.

Hinter Narvacan thront über der Küste der Sulvec-Turm, ein weiterer spanischer Wachturm. Hier biegt rechts die Landstraße nach **Bangued** 10 ab. In Pidigan, wenige Kilometer vor der Hauptstadt der Provinz Abra, steht ein Denkmal für Gabriela Silang. Als unerschrokkene ›Jeanne d'Arc von Ilocandia‹ führte sie während der Ilocos-Revolte gegen die spanische Herrschaft 1762/63 die Aufständischen an, wurde aber von den Spaniern gefangengenommen und hingerichtet. In Abra, der am wenigsten entwickelten Provinz der Ilocos-Region, herrschen krasse soziale Gegensätze. So nimmt es nicht wunder, daß sich im zerklüfteten Bergland einst Hochburgen von NPA-Rebellen befanden.

Die Route führt entlang der Küste nach Bantay mit einer neogotischen Kirche aus dem späten 19. Jh. Da er früher zugleich als Wachtturm diente, steht der baufällige Glockenturm in beträchtlicher Entfernung von der Kirche auf einer kleinen Anhöhe. Etwas weiter östlich bedeckt ein kleiner Friedhof einen Hügel.

Ein wenig abseits der Hauptstraße liegt **Vigan** 11 (S. 296), Hauptstadt und kulturelles Zentrum von Ilocos Sur. Da nirgendwo sonst auf dem Archipel die spanische Kolonialepoche so lebendig geblieben ist wie hier, gilt der Ort als die ›spanischste Stadt der Philippinen‹, als ein Stück Kastilien in Südost-Asien. Im Jahre 1572 gründete Juan de Salcedo hier eine große Siedlung mit dem Namen Villa Fernandina, die sich schon bald zum politischen Mittelpunkt von Nord-Luzon und zur – nach Manila – zweitwichtigsten Stadt der spanischen Kolonie entwickelte. Die Baumeister orientierten sich bei der Stadtplanung unverkennbar am Vorbild von Intramuros, doch ist die koloniale Bausubstanz von Vigan heute im Gesamteindruck überwältigender als die Festungsstadt am Pasig. Der Ort, der über die Jahrhunderte Charme und architektonische Kontinuität hat bewahren können, wirkt wie eine Art Freilichtmuseum der Kolonial-

*Das koloniale Vigan*

geschichte und vermittelt einen Hauch von jener Zeit, als in Spaniens Weltreich die Sonne nie unterging. In den traditionellen Vierteln von Vigan stört kaum ein Bau der Neuzeit die Harmonie des altspanischen Straßenbildes. Allerdings zeigt der in den Tropen besonders gierige Zahn der Zeit an so manchem Gebäude deutlich seine Nagespuren.

Viele der von Spaniern und reichen chinesischstämmigen Händlern errichteten Herrenhäuser besitzen massive Ziegelsteinmauern. Breite Tore führen in die gefliesten Innenhöfe *(Patios)*, zur Straßenseite ragen Balkone und Erker über die Hausfronten hinaus. Das Gitterwerk der Schiebefenster ist mit *Capiz*, dem tropischen Glasersatz, besetzt. Im Innern steht auf dunkelpolierten Hartholzböden oftmals noch Originalmobiliar des vorigen Jahrhunderts. Auch heute noch rumpeln *Calesas*, einspännige Pferdekutschen, über das Kopfsteinpflaster und laden ein zu einer ›stilechten‹ Stadtrundfahrt.

Man beginnt die Besichtigung von Vigan beim Burgos House, einem zweistöckigen Kolonialgebäude im Norden der Stadt. Die Geburtsstätte des 1872 von den Spaniern hingerichteten Priesters José Burgos beherbergt heute das Ayala Museum, ein Regionalmuseum für Ilocano-Kultur.

Um die Plaza Salcedo mit einem obeliskartigen, bei einem Erdbeben beschädigten Denkmal des Stadtgründers gruppieren sich einige der wichtigsten Bauwerke der Stadt: im Westen das neoklassizistische Provincial Capitol Building mit wuchtigem Säulenportikus und im Osten die klobige, zwischen 1783 und 1790 erbaute Residenz des Erzbischofs sowie schließlich die Vigan Cathedral, die auch unter dem Namen St. Paul Metropolitan Cathedral bekannt ist. Das mächtige, für die Ilocandia-Region untypische dreischiffige Gotteshaus wurde Anfang des 19. Jh. errichtet. Die Kathedrale zeigt unverkennbar europäischen Charakter, aber auch Komponenten

*Der Friedhof von Bantay unweit von Vigan*

asiatischen Stilempfindens. Überraschend sind die Steinlöwen an der Fassade über den beiden Toren der Steinflügel, chinesische Wächterfiguren, wie man sie auch vor der San Augustin Church in Intramuros sehen kann. Im Innern beeindruckt vor allem der Hauptaltar aus massivem, gehämmertem Silber. Der Glockenturm steht rechts von der Kirche, auf der gegenüberliegenden Seite der Burgos Street.

Am nördlichen Ende der Crisologo Street, des schönsten Straßenzugs von Vigan, befindet sich das Geburtshaus von Leona Florentino (1849–84), der berühmtesten Dichterin von Ilocandia. Weiter südlich, im einstigen Mestizen-Viertel (Kamestizoan District), sieht man heute noch die schönsten und besterhaltenen Kolonialhäuser von Vigan, etwa das Syquia Mansion aus dem Jahre 1830, die ehemalige Residenz des früheren philippinischen Präsidenten Elpidio Quirino, sowie das in ein Familienmuseum umgewandelte Geburtshaus von Floro Singson Crisologo, einem der berühmtesten Söhne der Stadt. In der Jar Factory Pagburnayan, einer großen Töpferei am Liberation Boulevard, Ecke Gomez Street, werden in traditioneller Handarbeit Vasen, Krüge und andere Steingutgefäße hergestellt.

Das Städtchen San Vicente unweit von Vigan besitzt eine kleine Kirche, die zwar als typisches Beispiel der regionalen Barockarchitektur gilt, sich aber durch bescheidenere Dimensionen von den sonst eher wuchtig-monumentalen Ilocos-Kirchen abhebt. San Vicente ist ebenso wie der Nachbarort San Ildefonso bekannt für traditionelle Holzschnitzereien. Im Innern der St. William Church von **Magsingal** 12 (S. 276) aus dem frühen 19. Jh. verdient das vergoldete, reich ornamentierte Retabel des Hauptaltars Beachtung – die oberste Nische enthält ein von Meerjungfrau-Statuetten flankiertes Bildnis des Schutzheiligen. Den massiven Glockenturm an der Durchgangsstraße errichtete man

1732. Dahinter liegt ein kleines Regionalmuseum für Ilocano-Kultur.

Erste Station in Ilocos Norte ist die Stadt **Badoc** 13. Hier wurde Juan Luna geboren, einer der berühmtesten philippinischen Maler des 19. Jh. In seinem restaurierten Geburtshaus sind neben persönlichen Erinnerungsstücken auch Reproduktionen seiner Gemälde ausgestellt. Weiter nördlich, bei Currimao, findet man schöne Badestrände, etwa den Gaang Beach.

**Laoag** 14 (S. 273) wurde bereits 1586 gegründet, dient aber erst seit 1818 als Hauptstadt von Ilocos Norte. Der Name, der Licht oder Klarheit bedeutet, soll sich auf das ausgesprochen sonnige Klima der Region beziehen. Wahrzeichen der Stadt ist der Sinking Tower, der Glockenturm der Laoag Cathedral (auch St. William Cathedral). Mit etwa 1 m dikken Mauern gilt er als massivster Turm im ganzen Land. Glockenturm und Kathedrale – ein beispielhaftes Ensemble für den philippinischen ›Erdbeben-Barock‹ – stammen aus dem späten 16. Jh. Die Fassade der Kirche wird durch vier paarweise angeordnete, wuchtige Säulen gegliedert.

In einer kleinen Parkanlage vor dem Provincial Capitol Building erinnert ein 1882 errichtetes Denkmal an die Aufhebung des Tabakmonopols, im 19. Jh. ein Mittel der spanischen Kolonialverwaltung, Anbau und Vermarktung des Tabaks zu kontrollieren und damit die Produzentenpreise zu bestimmen. Nordwestlich des Verwaltungsgebäudes befindet sich in dem ehemaligen Tabaccalera-Haus das Ilocandia Museum of Traditional Costumes mit einer Ausstellung traditioneller Kleidungsstücke verschiedener ethnischer Minoritäten der Region. Ein imposanter Blick auf die Stadt und ihr Umland bietet sich vom Ermita Hill östlich des Ortskerns.

Es empfiehlt sich, Laoag als Standquartier und Ausgangspunkt für Ausflüge in die an kulturellen Sehenswürdigkeiten reiche Umgebung zu wählen. Über die Gilbert Bridge kommt man Richtung Süden nach San Nicolas, wo in alter Tradition dickwandige, glasierte Steingutgefäße, sogenannte Burnay-Krüge, hergestellt werden. Bemerkenswert ist der etwa 30 m hohe Glockenturm der San Nicolas-Kirche. Die alte Residenz der Marcos-Familie im nahegelegenen Batac, heute ein Museum mit teilweise etwas kuriosen Memorabilien des Ex-Präsidenten, wurde zu einem Pilgerziel vieler Marcos-treuer Filipinos, nachdem der 1989 verstorbene Diktator hier in einem prachtvollen Mausoleum seine letzte Ruhestätte fand.

Eine der kunsthistorisch interessantesten Kirchen von Ilocandia, die mittlerweile von der UNESCO auf die Liste der zu schützenden Weltkulturgüter gesetzt wurde, bietet Paoay, 20 km südlich von Laoag. Das Gotteshaus wurde Anfang des 18. Jh. von Augustiner-Mönchen erbaut und 1793 restauriert. Zwei unterschiedliche Stilelemente sind hier eine recht interessante Symbiose eingegangen: Philippinischer ›Erdbeben-Barock‹ manifestiert sich in den massiven Fundamenten und 26 seitlichen Stützpfeilern, die das festungsartige Aussehen der Kirche betonen. Orientalisches Stilempfinden kommt in den verspielten Nischen, Zinnen und Spitztürmchen der Fassade zum Ausdruck. Der abseits stehende, 35 m hohe Glockenturm erinnert entfernt an die Giralda von Sevilla; er diente einst den aufständischen *Katipuneros* als Wachturm. Die wuchtigen Mauern bestehen aus Korallengestein und luftgetrockneten Ziegeln. Um den verwendeten Mörtel bindefähiger zu machen, versetzten die Maurer ihn mit Zuckerrohrsaft.

Zwischen Paoay und Laoag liegt der landschaftlich reizvolle Paoay Lake. Am nördlichen Ufer des 19 $km^2$ großen, zum Nationalpark erklärten Sees steht der Malacañang ti Amianan, die feudale ehemalige Residenz von Ferdinand Marcos in seiner Heimatprovinz. In der Nachbarschaft wartet die Maharlika Hall, ein luxuriöses Gästehaus der Regierung, mit einem 18-Loch-Golfplatz auf. Am Suba Beach fällt das fruchtbare Hügelland zu einer grausandigen Dünenlandschaft von Sahara-Format ab. Nahebei präsentiert sich in unverhohlendem Luxus am Rande eines ärmlichen Dorfes das Fort Ilocandia Resort Hotel. Der ehemalige Präsident Marcos ließ 1983 anläßlich der Heirat seiner Tochter Imee die Luxusherberge errichten, um die nach Hunderten zählenden Hochzeitsgäste bewirten zu können.

Bacarra, 8 km nördlich von Laoag, besitzt eine sehenswerte Kirche aus dem Jahre 1706, deren Ziegelsteinfassade durch vier paarweise angeordnete korinthische Säulen mit Rosetten- und Akanthus-Ornamentierung auffällt. Die Attraktion des Ortes ist aber der ehemals 50 m hohe, bei einem Erdbeben 1931 schwer beschädigte Glockenturm.

Östlich von Laoag liegt Sarrat, der Geburtsort von Ferdinand Marcos. In der Ortsmitte befindet sich die 1779 von Augustinern erbaute Sta. Monica Church, die durch eine Brücke mit dem benachbarten Konvent verbunden ist. Etwa 20 km weiter südöstlich stößt man auf die von tropischer Vegetation überwucherten Ruinen der Dingras Church, die im späten 17. Jh. erbaut und 1838 durch einen Brand zerstört wurde. Eine landschaftliche Sehenswürdigkeit sind die langgestreckten Sanddünen von La Paz im Mündungstrichter des Laoag River, etwa 4 km südwestlich von Laoag.

Auf idyllische, oft noch völlig unberührte Sandstrände stößt man bei **Pagudpud** 15 (S. 285) an der Nordspitze von Luzon. Zwar schmückt sich die Region mit dem Beinamen ›Riviera des Nordens‹, doch ist die touristische Infrastruktur bislang noch kaum entwickelt.

*Am Strand von Pagudpud*

# Durch das zentrale Hochland von Nord-Luzon

Karte S. 142/43
Kommt man aus dem Trubel von Metro Manila, wirkt eine Reise in das zentrale Hochland von Nord-Luzon, dessen Rückgrat die zerklüftete Gebirgskette der Cordillera Central bildet, wie eine Expedition zurück in längst vergangene Jahrzehnte. Wer sich auf schmalen Serpentinenstraßen ins Inselinnere begibt, erfährt zu seiner Verblüffung, daß Luzon ein zweites Gesicht hat. Es gibt dort nicht nur ein anderes Klima und eine andere Vegetation, sondern auch andere Menschen mit anderen Sitten und Gebräuchen.

Nie gelang es den Spaniern während ihrer fast 350jährigen Herrschaft, die unter dem Begriff Igorot zusammengefaßten einst kriegerischen Bergvölker – die protomalaiischen Apayao, Bontok, Ibaloi, Ifugao, Kalinga oder Kankanai, um nur die wichtigsten zu nennen – vollständig zu unterwerfen. So hat sich tief in den Bergen eine beinahe archaisch anmutende Welt mit einer eigenständigen Kultur erhalten.

Bereits in Baguio, dem ›Tor zu den Bergprovinzen‹, spürt man viel von dem eigenwilligen Flair dieser interessanten Region. Kurvenreiche Straßen mäandern von dort hinein in die Kordillere, zu den Bergdörfern Bontoc und Sagada sowie nach Banaue, wo die Reisterrassen der Ifugao, das ›Achte Weltwunder‹, wie gigantische Himmelstreppen zu den Wolken emporsteigen. Eine mindestens einwöchige, etwa 900 km lange Rundreise mit Bus oder Mietwagen verbindet diese landschaftlich wie kulturell faszinierenden Stätten. Angenehm sind auch die moderaten Temperaturen der Cordillera Central.

## Baguio
## Die ›Sommermetropole der Philippinen‹

1 S. 254
Rund sechs Stunden Busfahrt über die kurvenreiche Kennon Road oder gerade 45 Flugminuten genügen, um die feuchte Hitze der im Küstentiefland gelegenen Hauptstadt hinter sich zu lassen. Aufgrund der Höhenlage von teilweise über 1600 m genießt die von ausgedehnten Pinienwäldern umrahmte Stadt Baguio (gesprochen: Bagio) ganzjährig ein ausgesprochen angenehmes Klima mit durchschnittlichen Tagestemperaturen von 20° Celsius und kühlen Nächten.

Aufgrund der günstigen klimatischen Bedingungen, aber auch wegen der landschaftlich reizvollen Lage in den Bergen und der subtropischen Vegetation hat sich Baguio zu einem Mekka des nationalen Tourismus entwickelt. Vor allem während der Sommermonate April und Mai, wenn die Manileños unter Temperaturen von bis zu 40° Celsius stöhnen, zieht es an Wochenenden Zehntausende von Besuchern in die Gebirgsstadt. Hotels und Restaurants erhöhen dann ihre Preise, und es kann auch Schwierigkeiten mit der Wasserversorgung geben.

Baguio war lange Zeit eine unbedeutende Igorot-Siedlung. Erst 1846 wurde es zu einem wichtigen Stützpunkt der Spanier, die von hier aus Expeditionen ins Innere der Zentralkordillere unternahmen. Zu Beginn dieses Jahrhunderts bauten die Amerikaner Baguio zu einem Erholungsort für ihre Kolonialbeamten und Soldaten aus. Zur gleichen Zeit setzten mit der Erschließung und industriellen Ausbeutung der Gold- und Kupferminen der Benguet-Provinz ein rascher wirtschaftlicher Aufschwung und die Entwicklung zur Großstadt ein.

Heute ist Baguio mit 200 000 Einwohnern nicht nur das ökonomische und touristische, sondern als Universitätsstadt auch das kulturelle Zentrum des Hochlands. Bekannt wurde die Stadt durch die vielen hier ansässigen Wunder- oder Geistheiler (vgl. S. 70f.).

Im Zentrum von Baguio, das der amerikanische Architekt Daniel H. Burnham nach dem Vorbild von Washington D. C. entwarf, sowie in den hügeligen Randgebieten mit aufgelockerten Villen- und Sommerhaussiedlungen reicher Filipinos fielen am 16. 7. 1990 zahlreiche Gebäude wie Kartenhäuser in sich zusammen, als die Stadt von einem verheerenden Erdbeben heimgesucht wurde. Rund 1600 Menschenleben forderte diese Katastrophe, die in das Stadtbild klaffende Wunden geschlagen hat.

Ausgangspunkt der Besichtigung ist die pulsierende Hauptstraße von Baguio, die Session Road, an der sich die wichtigsten Geschäfte der Stadt sowie zahlreiche Restaurants und Cafés reihen. Voll quirliger Vitalität in den engen Gassen präsentiert sich der im ganzen Land bekannte **Baguio City Market** am nördlichen Ende der Session Road entlang der Magsaysay Avenue. Hier werden vor allem landwirtschaftliche Erzeugnisse angeboten, etwa frische Erdbeeren, Erdbeerwein und -marmelade, Honig sowie eine wohlschmeckende Marmelade aus der Knollenfrucht Ube. Korbflechtarbeiten, Holzschnitzereien sowie andere Produkte des lokalen Kunsthandwerks kann man im modernen **Maharlika Livelihood Center,** das den Markt überragt, erstehen.

Schon seit vielen Jahrzehnten ist Baguio ein Zentrum der Silberschmiedekunst. Der **St. Louis University** ist eine Gewerbeschule angeschlossen, in der junge Silberschmiede ausgebildet werden. In den Werkstätten können Besucher beobachten, wie die Lehrlinge in Handarbeit Filigranarbeiten herstellen, vor allem Silberschmuck, aber auch Tafelsilber, Vasen und Leuchten. In nächster Umgebung thront die **Baguio Cathedral** mit ihren charakteristischen Zwillingstürmen majestätisch über der Stadt. Das in den 30er Jahren entstandene Bauwerk ist kein ›Muß‹ im Besichtigungsprogramm, doch bietet sich von hier ein schöner Blick auf den Mount Santo Tomas, den mit 2260 m höchsten Berg der Provinz Benguet.

Der **Burnham Park** mit einer künstlich geschaffenen Lagune im Herzen der Stadt dient an Wochenenden Scharen von Ausflüglern zur Erholung. Auf dem See vergnügen sich einheimische Touristen bei Paddelbootfahrten. Für ausländische Besucher interessanter ist dagegen ein Besuch des Baguio City Orchidarium im südöstlichen Teil der Grünanlage.

Am südöstlichen Stadtrand von Baguio erstreckt sich das knapp 700 ha große, bereits 1903 angelegte Areal des **Camp John Hay,** einst eine Erholungsstätte, in der es sich amerikanische Beamte und Soldaten gutgehen ließen. Das Camp war im Zweiten Weltkrieg eines der ersten Angriffsziele japanischer Bomber, hier unterzeichnete auch General Yamashita 1945 die Kapitulationserklärung. Nach der Schließung der amerikanischen Militärbasen auf Zentral-Luzon ist Camp John Hay heute als großer Freizeitpark mit Swimmingpools und Tennisplätzen sowie einem 18-Loch-Golfparcours der Öffentlichkeit zugänglich. An einen Schrebergarten mit Gartenzwergen erinnert der Cemetery of Negativism, auf dem symbolisch diverse menschliche Laster und Untugenden ›begraben‹ sind. Es lohnt sich auch ein Besuch des Museum of the Mountain Provinces auf dem Gelände des Camp John Hay, das ausführlich über Geschichte und Kultur der Bergprovinzen informiert.

Ein schöner, 3 bis 4 km langer Spaziergang führt vom Camp John Hay, vorbei am **Baguio Country Club** und dem 1908 als Sitz des amerikanischen

***Baguio***
*1 Baguio City Market 2 Maharlika Livelihood Center 3 St. Louis University und St. Louis Filigree Shop 4 Baguio Cathedral 5 Burnham Park 6 Camp John Hay 7 Baguio Country Club 8 Mansion House 9 Mines View Park 10 Baguio Botanical Gardens 11 Lourdes Grotto 12 Easter School Weaving Room*

Zivilgouverneurs gebauten **Mansion House,** zum **Mines View Park,** von wo sich ein weiter Blick über das Bergbaugebiet von Benguet bietet. Die von hier aus in die Stadtmitte zurückfahrenden *Jeepneys* passieren die **Baguio Botanical Gardens,** eine Parkanlage mit hohen Benguet-Pinien, die an Wochenenden eher einem Rummelplatz gleicht.

Ein stimmungsvoller Platz, um den Tag ausklingen zu lassen, ist **Lourdes Grotto** am Mirador Hill. Genau 220 Stufen führen hinauf zu diesem Marienschrein mit schönem Panoramablick über die Stadt.

Als kleiner erholsamer Ausflug empfiehlt sich eine Halbtagestour Richtung Südwesten zu den Asin Hot Springs, einem Resort mit einem von heißen Quellen gespeisten Pool. In der Nähe haben sich Holzschnitzer niedergelassen, in deren Werkstätten Besucher willkommen sind.

Ziel eines Ausflugs nach Norden ist La Trinidad. Das Trinidad Valley, ein fruchtbares Gemüse-Anbaugebiet, gilt als Sa-

latschüssel der Philippinen. Im kühlen Hochlandklima gedeihen vor allem Kopfsalat, Kohl, Zwiebeln und Knoblauch. An der Straße nach La Trinidad steht die Bell Church, ein chinesischer Tempel der Bell Church-Sekte, deren Religion eine Mischung aus buddhistischen, taoistischen, konfuzianistischen und christlichen Elementen darstellt.

Wer die mindestens fünf lange, staubige Stunden dauernde Fahrt zu den Höhlengräbern von Kabayan am Fuße des Mount Pulog, des mit 2930 m zweithöchsten Berges der Philippinen, scheut, findet im Benguet Museum von La Trinidad drei über 500 Jahre alte Mumien aus den Kabayan-Höhlen. Im Gegensatz zu ägyptischen Mumien wurden jene der Ibaloi nicht in Gaze gewickelt, sondern nackt und in Fötalhaltung in ausgehöhlte Baumstämme gelegt, die als Särge dienen. Unbekannt ist, mit welchen Mitteln man die Körper einbalsamierte. Auf dem Rückweg nach Baguio lohnt sich ein Stopp beim **Easter School Weaving Room** im Vorort Guisag. Dort kann man Frauen bei der Arbeit an traditionellen Handwebstühlen zuschauen und die Webarbeiten in einem angeschlossenen Verkaufsraum erwerben.

*Blick auf Baguio*

## Von Baguio in die Mountain Province

Von Baguio windet sich der Halsema Highway, eine der landschaftlich reizvollsten Höhenstraßen der Philippinen, Richtung Norden durch die Zentralkordillere nach Bontoc. Die 146 km lange Fahrt auf der abenteuerlichen Gebirgsstraße, einem ehemaligen Pfad der Igorot, unternimmt man nicht nur, um in Bontoc anzukommen, sondern auch ganz einfach, um zu reisen und Ausblicke zu genießen, die den Atem verschlagen. Die knochenschindende Reise in einem zwar robusten, aber nicht eben für europäische Körpermaße konstruierten Bus geht über Stock und Stein. Zwar wird am teilweise zementierten Halsema Highway auch weiterhin emsig gearbeitet, doch sind manche Abschnitte immer noch sehr rauh und nach Wolkenbrüchen wegen Erdrutschen häufig unpassierbar.

# Die Bontok
# Menschen in den Bergen



Das Gebiet des zweitgrößten Igorot-Stammes umfaßt etwa die Mountain Province auf der Insel Luzon. Die Bontok, deren Lebensgrundlage der Naßreisanbau bildet, leben in geschlossenen Dorfgemeinschaften *(Ili)*, die wiederum in kleinere territoriale Einheiten gegliedert sind. Jeder dieser Bezirke besitzt als wichtigste Institution ein oder mehrere *Ato*. Im *Ato*, einem größeren Haus, werden bei regelmäßigen Versammlungen der Dorfältesten wichtige politische und soziale Entscheidungen gefällt sowie kultisch-religiöse Zeremonien abgehalten. Weiterhin dient es als Gästehaus und Schlafstätte alter frauenloser Männer und Jugendlicher. Ein *Ato* zählt in der Regel 25 bis 50 männliche Mitglieder. Frauen ist der Zutritt strikt untersagt.

Nur die kleineren Kinder leben permanent bei ihren Eltern, die größeren verlassen abends das elterliche Haus und halten sich unter Aufsicht einer älteren Frau oder eines älteren Mannes in Gemeinschaftsunterkünften auf – die heranwachsenden Jungen im *Ato*, die heiratsfähigen Mädchen im *Ulog*. In den Mädchenhäusern findet auch die Werbung der Jungen statt; sexuelle Kontakte vor einer offiziellen Verlobung sind aber verpönt. Zu einer monogam geführten Ehe kommt es häufig erst mit der Schwangerschaft der jungen Frau. Ehebruch gilt als ein sehr ernstes Vergehen und zieht eine schwere Bestrafung nach sich. Eine Scheidung ist nur möglich, falls eine Ehe kinderlos bleibt.

Als traditionelle Kleidung tragen die Bontok-Frauen handgewebte Röcke, mit oft farbenprächtigem Muster und die Männer eine Art Durchziehschurz, der die Oberschenkel bis zu den Hüftknochen sowie die Gesäßbacken unbedeckt läßt. Der typische Kopfschmuck der männlichen Bontok ist eine kleine, runde Bastkappe *(Fal-laka)*, die zudem

Obwohl die Piste seitwärts bisweilen senkrecht abfällt, reichen dem Fahrer zwei Handbreit Toleranz – nichts für schwache Nerven! Ein bunter Bilderbogen ist diese Busreise – hinter jeder Haarnadelkurve eröffnen sich neue, spektakuläre Perspektiven. Das überladene Vehikel wird zur Wells'schen Zeitmaschine: Wenn man von Baguio nach Bontoc fährt, läßt man in nur wenigen Stunden einige Jahrzehnte hinter sich. Man taucht in eine Landschaft von archaisch anmutender Schönheit ein, passiert Igorot-Dörfer, in denen sich das Leben seit Generationen kaum wirklich geändert hat. Kunstvoll an die Berghänge modellierte Terrassenkulturen prägen das Landschaftsbild der Kordillere und zeugen von den jahrhundertealten Bemühungen der Bergvölker, dem ursprünglich unwirtlichen Land ein Maximum an fruchtbarem Boden abzuge-

als Behältnis für Gegenstände wie Pfeifen, Tabak oder Streichhölzer dient.

Bei bedeutenden sozialen und religiösen Anlässen, etwa Hochzeiten, Beerdigungen, Saat- oder Erntefesten, halten die Bontok ein oft tagelang dauerndes *Cañao* ab, in dessen Mittelpunkt rituelle Tieropfer stehen – Hühner oder Schweine, oft auch Wasserbüffel. Nachdem man aufgrund der Lage der Gallenblase wichtige Hinweise auf zukünftige Ereignisse erhalten hat, wird das Fleisch des Opfertiers verteilt oder während des Festes gegessen. Meist folgen auf das Mahl stundenlange Tänze zu den Klängen von Bronzegongs *(Gangsa)*, die ursprünglich aus China stammen und als Griffe häufig menschliche Kieferknochen besitzen – ein Zeichen dafür, daß der Eigentümer ein erfolgreicher Krieger war. Eine wichtige rituelle Funktion haben bei einem *Cañao* große Tonkrüge, deren Vorläufer mit chinesischen Kaufleuten ins Land kamen und in denen Reiswein *(Tap-pey)*, das Standardgetränk der meisten Feierlichkeiten und Zeremonien, angesetzt wird.

Die Bontok glauben an eine Vielzahl von Geistern *(Anitos)*, die dem großen Schöpfergott Kafunian und seinem Sohn Lumawig untergeordnet sind. Während einer Beerdigungszeremonie wird der Tote auf einem Pinienholzgestell *(Sangachil)* in sitzender Haltung vor seinem Haus aufgebahrt. Nachdem man dem *Anito* des Verstorbenen ein Schwein geopfert hat, beginnen alte Frauen mit dem Klagegesang *(An-nako)*. Die ganze folgende Nacht hindurch erzählen trauernde Angehörige die Lebensgeschichte des Toten in einer Art Sprechgesang *(Achog)*. Gegen Mittag des nächsten Tages werden, nach weiteren Tieropfern, die sterblichen Überreste beigesetzt, häufig in unmittelbarer Nähe des Hauses. Nach einem alten Brauch zerschneidet man das Leichentuch *(Fachala)* und übergibt es als hochgeachtete Reliquie den Enkelkindern des Toten. Zu Zeiten der Kopfjägerei wurden enthauptete Krieger – als eine Art ständiger Erinnerung an die Pflicht, ihren Tod zu rächen – außerhalb in der Himmelsrichtung des feindlichen Dorfes begraben.

Einflüsse von außen haben auch die Bontok-Kultur verändert. Die ursprünglichen Hochlandhäuser aus Holz mit der typischen Cogon Grasbedachung werden zunehmend von uniformen, aber prestigeträchtigen Wellblechbauten abgelost. Dabei ist dieses Baumaterial denkbar unpraktisch – tagsüber staut sich in den modernen Häusern die Hitze, und bei Regen verursacht das Wellblech entsetzlichen Lärm.



winnen. Bis zu drei Ernten pro Jahr sind hier möglich. Wasser ist reichlich vorhanden, da zahlreiche Flüsse in dem Gebirgsmassiv entspringen. Auf ihrem Weg meerwärts nach Westen oder Osten schneiden sie sich tief in die Gebirgsstöcke ein und bilden bisweilen wildromantische Schluchten.

Nördlich von Atok müht sich die Bergstraße hinauf zum Sinipsip Pass, mit 2260 m der höchste Punkt der Strecke. Terrassierte Gärten, in denen die Einheimischen Obst und Gemüse anbauen, prägen die Landschaft zwischen Natubleng und Abatan. Nahe **Bauko** 2 (S. 257), bei Kilometerstein 102, bietet das inmitten eines kleinen Nationalparks gelegene rustikale Berghotel Mount Data Lodge dem durchgerüttelten Reisenden die Möglichkeit, die staubige Fahrt in stilvoller Umgebung zu unterbrechen. In Serpentinen windet sich

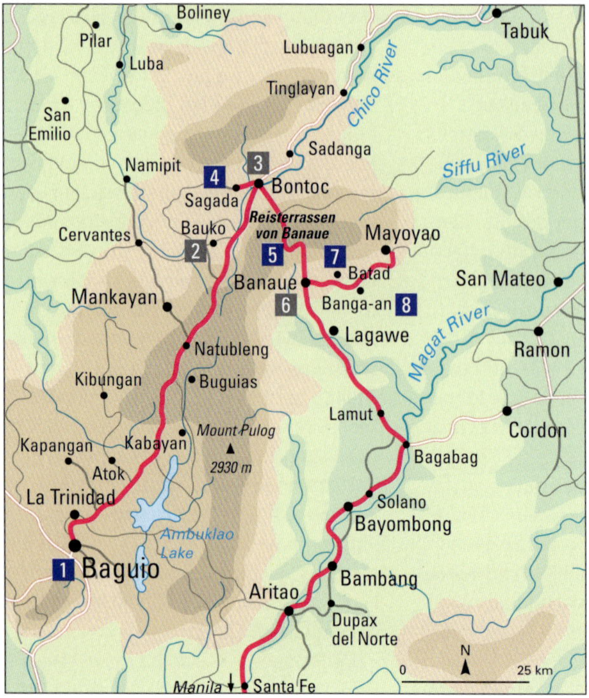

*Die Bergprovinzen von Luzon*

die Straße von dort hinunter zum am gleichnamigen Fluß gelegenen Ort Sabangan. Wenige Kilometer später erreicht man – überzogen von einer feinen Patina aus grauem Staub – das Städtchen **Bontoc** 3 (S. 258).

Da man nach Brandkatastrophen die traditionellen Igorot-Häuser durch Holz- und Steingebäude mit uniformen Wellblechdächern ersetzt hat, wirkt die in einem weiten Tal auf 1000 m Meereshöhe gelegene Hauptstadt der Mountain Province nicht sonderlich attraktiv. Eine Ausnahme ist das auch architektonisch sehr interessante, von einer belgischen Ordensschwester gegründete Bontoc Museum. Die Exponate – Haushalts- und Gebrauchsgegenstände sowie Kleidung, Schmuck und Waffen – geben in Verbindung mit historischen Fotografien einen recht fundierten Einblick in Geschichte, Tradition, Kunst und Kultur der verschiedenen Bergvölker. Im angrenzenden Garten stehen einige typische Häuser eines *Ili,* eines traditionellen Bontok-Dorfes, etwa ein *Ulog,* eine Schlafstätte für heiratsfähige Mädchen.

Wesentlich reizvoller als Bontoc ist die Umgebung des Ortes. Die zahlreichen schmalen Pfade und kaum befahrenen Straßen bieten sich geradezu an für Wanderungen, auf denen der einfühlsame Besucher auch Einblicke in die Lebens- und Arbeitsbedingungen der Hochlandbewohner gewinnen kann. Abseits der großen Touristenströme führt eine etwa dreistündige Wanderung nach Maligcong nordöstlich von Bontoc. Dieses traditionelle Igorot-Dorf mit Häusern in der herkömmlichen Bauweise thront über spektakulären Reisterrassen, die sich von der Talsohle bis zum Bergplateau wie die Ränge eins Amphitheaters übereinander staffeln. Anders als die Ifugao von Banaue haben die hiesigen Bontok die Stützmauern der Reisterrassen aus Stein statt aus Lehm gebaut. Durch die labyrinthartig angelegten Reisterrassen, auf glitschigen Stützmauern balancierend, müssen sich Besucher den Weg zum Dorf suchen.

Von Maligcong schlängelt sich ein Pfad durch eine von Reisterrassen geprägte Landschaft nach Mainit, ein hübsch gelegenes Dorf, dessen Name – heiß – auf die dort sprudelnden schwefelhaltigen Thermalquellen hinweist. Müde Wanderer können in Mainit in einem einfachen Guest House mit Thermalpool übernachten. Weiter geht es zum großen Dorf Guinaang, in dem noch viele ursprüngliche Igorot-Stelzenhäuser mit Reisstrohdächern stehen. Mit Glück findet man in Guinaang einen *Jeepney* zurück nach Bontoc. Wenn nicht, muß man laufen, was die Gesamtdauer dieser Rundwanderung auf 8 bis 9 Stunden verlängert. Da der Weg zwischen Maligcong und Mainit nicht leicht zu finden ist, sollte man sich einem ortskundigen Führer anvertrauen. Englisch sprechende *Guides,* die auch Wissenswertes über die Kultur der Bontok erzählen können, bieten sich in den Hotels und Pensionen von Bontoc an. Mit kleinen Gastgeschenken, etwa Trockenfisch, Konserven, Zucker, Salz oder Streichhölzern, hinterlassen Besucher einen guten Eindruck in den Igorot-Dörfern.

Von Bontoc windet sich eine holprige Straße durch die Berge zum etwa eine Fahrstunde entfernten **Sagada** 4 (S. 291), das – obwohl nur noch wenige traditionelle Igorot-Häuser erhalten sind – malerisch in einem weiten Hochtal eingebettet ist. Nicht wenige Weltenbummler sind in diesem wohl schönsten Dorf der Mountain Province für Wochen oder gar Monate ›hängengeblieben‹.

Aus dem Sagada Weaving Shop dringt das monotone Schlagen von Holz auf Holz. Dort sitzen Mädchen und Frauen an Handwebstühlen und fertigen in einer von Generation zu Generation weitergegebenen Technik Stoffe mit traditionellen Igorot-Mustern. Es lohnt sich ein Blick in das Restaurant des Masferré Inn, einer kleinen Pension in der Ortsmitte. Dort sind Fotografien ausgestellt, die sehr einfühlsam das Leben in Igorot-Dörfern vor 40 und mehr Jahren dokumentieren. Eduardo Masferré, ein Fotograf der ›alten Schule‹, hat sie auf Wanderungen durch die Kordillere mit einer großformatigen Kamera angefertigt.

Das Bergdorf ist umgeben von dichten Pinienwäldern, aus denen unvermittelt bizarre Kalksteinformationen aufragen. Hier findet man eine der Hauptattraktionen von Sagada – eine Vielzahl von Höhlen, die seit Jahrhunderten – und teilweise heute noch – als Begräbnisstätten dienen. Darin sind die *Hanging Coffins,* etwa 1,80 m lange und bis zu 100 kg schwere Sarkophage aus ausgehöhlten Pinienstämmen mit langen Holznägeln in den Kalkfelsen festgepflockt und teilweise zusätzlich mit Seilen gesichert. Nach dem letzten schweren Erdbeben vom Juli 1990 bietet sich am Fuße dieser Felswände oftmals eine schaurig-schöne Szenerie aus herabgestürzten Holzsärgen sowie einer Unmenge von Schädeln und Knochen.

Mögen diese Begräbnishöhlen auch eher morbiden Rumpelkammern gleichen, den Igorot gelten sie als heilige Stätten, die von Besuchern mit dem gebührenden Respekt betreten werden sollten. Höhlen mit ›hängenden Särgen‹ liegen in einem Radius von einstündigen Spaziergängen um den Ortskern, etwa Matangkib Cave, Sugong Cave

*Hängende Särge der Igorot bei Sagada*

und Lumiang Cave. Die größte der Sagada-Höhlen, die Sumaging Cave oder Big Cave, dient nicht als Bestattungsstätte. Hier gibt es statt Särgen wunderschöne Stalaktiten und Stalagmiten zuhauf sowie einen verwunschenen unterirdischen See. Um diese gigantische Tropfsteinhöhle zu besichtigen, sollte man sich unbedingt ortskundigen Führern anvertrauen. Diese besorgen auch die starken Kerosinlampen, ohne die man im stockdunklen labyrinthischen Gewirr der Gänge, Tunnel und Kavernen hilflos ist.

Auf Wanderungen in der grandiosen Bergwelt des zwischen 1600 und 1700 m über dem Meeresspiegel gelegenen Hochtals von Sagada kann man alle Stadien des Naßreisanbaus verfolgen. Die Bontok pflanzen traditionelle Reissorten an, die bislang nicht von den im International Rice Research Institute von Los Baños (vgl. S. 121) entwickelten hochertragsreichen, aber krankheitsanfälligen und düngerintensiven Sorten der ›Grünen Revolution‹ verdrängt wurden.

Ein Wanderweg führt zum kleinen Bokong Waterfall, der in ein natürliches Bassin mit guter Bademöglichkeit stürzt. Anstrengend, aber den Schweiß wert ist die Tageswanderung zum Mount Polis, denn unterwegs bieten sich immer wieder herrliche Panoramen von Reisterrassen und malerisch in Täler eingebetteten Bergdörfern. Weitere interessante Wanderziele in der Umgebung von Sagada sind das nördlich gelegene Dorf Aguid mit schönen Reisterrassen und einem hohen, in einen tiefen Felsenpool stürzenden Wasserfall (Badesachen nicht vergessen!) sowie die Kiltepan-Reisterrassen im Osten.

Während sich Touristen in der näheren Umgebung von Bontoc und Sagada sicher fühlen können, ist ein Abstecher in die sich nördlich an die Mountain Province anschließende Provinz Kalinga-Apayao nach wie vor ein riskantes Unterfangen. Jahrzehntelang kam es dort zu blutigen Auseinandersetzungen zwischen Regierungstruppen und Guerillas der NPA *(New People's Army)* sowie Kämpfern der Autonomiebewegung CPLA *(Cordillera People's Liberation Army).*

Hauptursache für die Unruhen war ein gigantisches Staudammprojekt im Tal des Chico River, das zur (Zwangs-) Umsiedlung von mehreren zehntausend Menschen geführt hätte. Hätte man das Projekt realisiert, wären nicht nur Reisterrassen, sondern auch heilige Grabstätten überflutet worden – nach dem Glauben der Igorot ein mit dem Untergang des eigenen Volkes verbundenes Sakrileg. Zwar ist das Staudammprojekt bis auf weiteres zurückgestellt, doch haben Holzfirmen ein begehrliches Auge auf die letzten verbliebenen Bergwälder der Region geworfen. Zudem führen Minengesellschaften geologische Untersuchungen durch, da sie in der heiligen Erde der Kalinga reiche Bodenschätze vermuten. Grund genug für die Kalinga gegenüber Fremden ein gesundes Mißtrauen zu hegen. Für weitere Unsicherheit sorgen außerdem sogenannte *Tribal Wars,* häufig blutig ausgetragene Fehden zwischen einzelnen Igorot-Dörfern.

Richtung Südosten führt von Bontoc eine 50 km lange Höhenstraße, deren kurvenreiche Streckenführung einer nicht enden wollenden Aussichtsterrasse gleicht, zu einem der beliebtesten Reiseziele der Bergprovinzen – nach Banaue. Bereits nach wenigen Kilometern schrumpft die Fahrbahn auf Busbreite, so daß entgegenkommenden Fahrzeugen in oft riskanten Manövern ausgewichen werden muß. Manchmal hängt das Heck des Busses in einer engen Haarnadelkurve freischwebend über dem gähnenden Abgrund. Immer wieder hat man von der Gebirgspiste, die bis auf über 1700 m ansteigt, phantastische Ausblicke, wie etwa nach 18 km auf das in einem tiefeingeschnittenen Tal liegende Dorf Bay-yo.

Veränderungen in Bau und Gestalt der Reisterrassen markieren die Grenzlinie zwischen dem Land der Bontok und der Region der Ifugao: Die Terrassenanlagen werden noch gewaltiger, die einzelnen Parzellen größer, die nun aus Lehm modellierten Stützmauern höher. Wenige Kilometer vor Banaue erreicht man einen Aussichtspunkt mit vielen Souvenirbuden, von dem man den schönsten Blick auf das 1200 m hoch gelegene und 20 km lange Banaue-Tal mit den als ›Achtes Weltwunder‹ apostrophierten **Reisterrassen von Banaue** 5 hat.

Vor etwa 2000 Jahren, so nehmen Wissenschaftler an, flüchteten die Vorfahren der heutigen Ifugao vor Eroberern in die Berge von Luzon und schufen in jahrhundertelanger, mühseliger Handarbeit diese einmalige Kulturlandschaft. Die von einem einzigen Fluß bewässerten Reisterrassen bedecken eine Fläche von über 250 km², ihre Wälle würden aneinandergereiht den halben Erdball umspannen. Im Jahre 1995 erklärte die UNESCO diese grandiose Landschaft zum Weltkulturerbe.

Das 4 km vom Aussichtspunkt entfernte **Banaue** 6 (S. 256), ein schmuckloses Dorf mit zahlreichen einfachen Pensionen und Restaurants, wird nur an Samstagvormittagen zu einer Touristenattraktion, wenn ein farbenprächtiger Markt stattfindet. Aus den umliegenden Dörfern strömen dann – vielfach noch in traditioneller Tracht – Ifugao-Frauen und -Männer herbei, um hier landwirtschaftliche Produkte zu verkaufen und Gebrauchsartikel zu erwerben. Es lohnt sich ein Blick in das Banaue Museum, das über Kunst und Kultur der Ifugao informiert.

Reizvoll sind Ausflüge in die Umgebung von Banaue. Im Schatten des Banaue-Hotels liegt das auf Touristen eingestellte Ifugao-Dorf Tam-an, in dem man für (zahlende) Besucher ›authentische‹ Volkstänze aufführt. Eine etwa einstündige Wanderung führt von hier durch Reisterrassen zu dem hübsch an einem Hang gelegenen Poitan. In diesem traditionellen Dorf blieben zahlreiche Ifugao-Häuser mit den charakteristischen, reisstrohgedeckten Pyramidendächern erhalten. In ihrem Schatten arbeiten Frauen an Handwebstühlen, während Männer bei Touristen beliebte Holzskulpturen schnitzen. In einer knappen halben Stunde gelangt man von Poitan zur Hauptstraße Banaue–Mayoyao, wo man einen *Jeepney* für die Rückfahrt anhalten kann.



Als lebendes Museum präsentiert sich das 18 km östlich von Banaue gelegene Dorf **Batad** 7 (S. 257). Die ersten 12 km dorthin kann man in einem gecharterten oder in einem regulären in Richtung Banga-an/Mayoyao fahrenden *Jeepney* zurücklegen. Ein *Guide* ist für die etwa dreistündige Wanderung von der Abzweigung nach Batad nicht erforderlich, denn der Pfad, der über zwei Berge zu dem Ifugao-Dorf führt, ist kaum zu übersehen. Es sei denn, man möchte einem der sich an der ›Batad Junction‹ als Führer anbietenden Ifugao-Jungen ein kleines Trinkgeld zukommen lassen.

Obwohl sich Batad mit mehreren einfachen Pensionen und Erfrischungsbuden bereits auf Besucher eingestellt hat, blieben hier doch noch viele traditionelle Lebensformen erhalten. Davon zeugen nicht allein die alten Ifugao-Häuser, auf deren Dächern nur vereinzelt rostiges Wellblech zu sehen ist, sondern auch die Tatsache, daß Batad noch nicht von Elektrizität und anderen ›modernen Errungenschaften‹ erreicht wurde. Spektakulär sind die Reisterrassen von Batad, die sich in Form eines gigantischen Amphitheaters um das in einer Talsohle gelegene Dorf schmiegen. Eine einstündige Wanderung in Begleitung eines *Guide* führt durch Reisterrassen zu den Tappiya-Wasserfällen, die einen Naturpool speisen. Badesachen nicht vergessen!

Folgt man der Straße Banaue–Mayoyao von der Abzweigung nach Batad noch etwa 2 km, kommt man zu einem Aussichtspunkt oberhalb des Dorfes **Banga-an** 8 (S. 256), das wie eine kleine Insel inmitten eines Meeres von Reisterrassen schwimmt. Noch weiter östlich liegt die große Ifugao-Siedlung Mayoyao. Auf der dorthin führenden kurvenreichen Straße eröffnen sich immer wieder überwältigende Blicke auf Reisterrassen.

Rund 8 Stunden benötigen die Überlandbusse für die etwas über 400 km lange Fahrt zurück nach Metro Manila. Über Lagawe windet sich die Straße hinab ins Tiefland, wo sie bei Bagabag auf die Nationalstraße 5 stößt. In den Caraballo Mountains, nach dem Städtchen Santa Fe, schwingt sich der Highway zum 915 m hohen Dalton Pass hinauf, im Zweiten Weltkrieg Schauplatz eines erbitterten Gefechts zwischen einer philippinisch-amerikanischen Division und Einheiten der auf dem Rückzug befindlichen japanischen Armee. Südlich der Caraballo-Berge fällt das Land sanft in die zentrale Tiefebene ab, durch die man nun rasch in die Hauptstadt zurückgelangt.

*Reisterrassen bei Sagada*

# Treppen zum Himmel
# Die Reisterrassen des Hochlands

Wie die Scherben eines tausendfach zersplitterten riesigen Spiegels liegen die Reisterrassen im klaren Morgenlicht, funkeln in der Äquatorsonne wie Jade. Übereinandergelegt von Künstlerhand ziehen sie sich Hunderte von Metern die steilen Bergflanken hoch. Ein schimmerndes Mosaik aus wundervoll zusammengefügten ovalen oder halbkreisförmigen Glasscheiben. ›Stufen zum Himmel‹ nennt der Bergstamm der Ifugao seine in den Wolken hängenden Terrassenkulturen. Die Tourismuswerber in Manila haben die Terrassen zum ›Achten Wunder der Welt‹ erkoren.

Bedingt durch die Notwendigkeit, jeden Quadratmeter des kostbaren Landes zu nutzen, begannen vor rund 2000 Jahren die Ifugao ebenso wie die Bontok, die Apayao, die Kalinga und andere Igorot-Stämme, der Natur ihren Willen aufzuzwingen. Vom Talgrund hackten sie sich in die Bergflanken hinein, trotzten den Bergen Stufe für Stufe die Anbaufläche für ihr nur auf völlig ebenen Flächen wachsendes Grundnahrungsmittel ab und umrundeten die so gewonnenen Felder mit Stützmauern. Ganze Gebirgsstöcke wurden dabei von Menschenhand umstrukturiert, in waagerechte Borde, die sich dem Gelände, seinen Kurven, Falten und Neigungen anpassen. Die alt-malaiischen Stämme in den Bergen von Nord-Luzon haben sich zu den kühnsten Architekten des Ackerbaus aufgeschwungen und Werke errichtet, die den ägyptischen Pyramiden an Größe gleichkommen.

Terrassenfeldbau erfordert viel Erfahrung und Geschick sowie eine hochentwickelte Bewässerungstechnik. Die häufig nur wenige Quadratmeter großen Parzellen werden von 20 bis 30 cm starken und bis zu 6 bis 7 m hohen Wällen aus Stein und/oder Lehm gestützt; in der Gebirgsregion werden gefällestarke Bäche angezapft und durch ein ausgeklügeltes System kleiner Kanäle, Gräben und Bambusrohrleitungen in die oberste Etage der Terrassenlage geleitet. Sind die obersten Felder vollgelaufen, plätschert das lebensspendende Naß durch Öffnungen in den Stützmauern in die jeweils darunterliegenden. Bis zu 100 und mehr untereinander gestaffelte Terrassen können so bewässert werden. Dank der raffinierten Bewässerung bilden die Reisterrassen die Lebensgrundlage der Bergvölker, weshalb sie seit Urzeiten verehrt werden. Glaubt man alten Legenden, so liebten sich die Menschen früher in den Reisfeldern, um deren Fruchtbarkeit zu beschwören.

Nach alter Tradition wird beim Reisanbau Arbeitsteilung praktiziert: Männer legen die Terrassen an und halten sie instand, Frauen setzen die Reisschößlinge und jäten das Unkraut. Die Ernte wird von Frauen und Männern gemeinsam eingebracht. Der harten Arbeit in den Reisterrassen folgen meist farbenprächtige Erntefeste.

Es gibt keine andere von Menschen geformte Landschaft, bei der Funktion und Form, Nutzen und Ästhetik eine ähnlich harmonische Verbindung eingehen wie bei den Reisterrassen. Es ist eine überwältigende Kulturlandschaft, ein landwirtschaftliches sowie auch landschaftliches Meisterwerk. Doch die Idylle täuscht – viele der großartigen Reisterrassen auf den Philippinen sind vom Verfall bedroht.

Naßreiskultivierung im Terrassenfeldbau ist wohl die härteste Form aller bäuerlichen Arbeiten. Im Durchschnitt wird mit jährlich 1000 Arbeitsstunden pro Hektar gerechnet. Der Einsatz von Maschinen ist wegen der topographischen Gegebenheiten nicht möglich. Immer weniger Bergbewohner der jungen Generation sind bereit, die harte Knochenarbeit auf sich zu nehmen. Zunehmend wandern sie in die großen Städte des Tieflands ab, um anderweitig und leichter das Geld zum Leben zu verdienen.

Auch der Tourismus, dem die Reisterrassen wohl die größte Attraktion auf den Philippinen sind, hat nicht unwesentlich zu ihrem Niedergang beigetragen – indem er Arbeitsplätze geschaffen hat in Hotels und Restaurants, in der Produktion und im Verkauf von Souvenirs, beim Bau der für den Fremdenverkehr benötigten Straßen. Auf diese Weise sind die Pesos leichter zu verdienen als in den Reisterrassen. So liegen bereits viele der Terrassenfelder brach und trocknen aus, Stützmauern bröckeln und Bewässerungssysteme werden vernachlässigt.

Zusätzlich trug der Raubbau großer Holzkonzerne zur Zerstörung dieser einzigartigen Kulturlandschaft bei: Rigoroser Kahlschlag führte vielerorts zu Bodenerosion und in deren Folge zu verheerenden Erdrutschen, die ganze Terrassenanlagen unter sich begruben. Durch das Abholzen der Wälder verlor der Boden die Fähigkeit, Wasser zu speichern. Bäche und Flüsse versiegten, die vertrockneten Reisfelder mußten aufgegeben werden. Abwässer aus Gold- und Kupferminen verschmutzten Flußläufe, machten sie unbrauchbar für die Bewässerung von Reisterrassen.

Mit der Zerstörung der Reisterrassen versiegt für die Bergstämme eine zusätzliche Nahrungsquelle, denn ein proteinreiches Nebenprodukt des Reisanbaus ist die Fischzucht in den überfluteten Parzellen. Bis zu 400 kg Fisch können pro Hektar gezogen werden, ohne daß deshalb der Reisertrag sinkt.

Banaue, der Ort mit den bekanntesten und wohl (noch) fotogensten Reisterrassen, muß bereits Reis aus dem Tiefland importieren. Mit finanzieller Unterstützung der philippinischen Regierung versucht man hier derzeit, zumindest Teile der gewaltigen Terrassenanlagen für die Touristen museal zu konservieren. Ohne diese Hilfsaktion, so schätzt der Bürgermeister von Banaue, würde es das ›Weltwunder‹ in wenigen Jahren nicht mehr geben.

# In den Süden von Luzon

Bicol-Region oder Bicolandia, so nennt man landläufig die große Halbinsel, die ein schmaler, bergiger Isthmus mit dem südöstlichen Teil von Luzon verbindet. Vor allem im Osten ist die Bicol Peninsula von einer zerrissenen Küstenlinie mit weit ins Land reichenden Meeresarmen geprägt. Im Süden durchquert man eine Landschaft mit zahlreichen Vulkanen. Hier ragt auch der Mount Mayon in den Himmel, ein perfekter Kegelberg, der als einer der schönsten, aber auch gefährlichsten Vulkane der Erde gilt. Lucena, Daet, Naga, Iriga, Legazpi und Sorsogon sind die wichtigsten Wegmarken auf dieser etwa 600 km langen Route, für die man, ohne einen Abstecher auf die Insel Marinduque, vier Tage vorsehen sollte. Als Alternative zur Bus- oder Autofahrt bietet sich die Zugreise auf der letzten öffentlichen Eisenbahnstrecke der Philippinen an. Doch ist die anstrengende Fahrt in den betagten Waggons eher etwas für hartgesottene Nostalgiker.

Schon lange vor der spanischen Eroberung hatte sich in der geographischen Isolation der Halbinsel eine eigenständige Kultur entwickelt. Das hier ansässige, vermutlich Mitte des 13. Jh. von Borneo eingewanderte Stammesvolk nannte sein Land – nach dem Häuptling Datu Gat Ibal – Ibalon. Ibalon ist auch der Name eines der bekanntesten philippinischen Epen, das vom mythologischen Ursprung Bicolandias und seiner Bewohner berichtet. Die Spanier warfen schon im späten 16. Jh. ein Auge auf die Bicol-Halbinsel, vor allem wegen der hier entdeckten Goldadern. In späteren Jahren erlangte die Stadt Legazpi als Zwischenstation für die spanischen Galeonen des Manila-Acapulco-Handels eine große Bedeutung.

Dominierende Wirtschaftsfaktoren der Bicol-Region sind aufgrund der fruchtbaren Vulkanböden neben der Fischerei die Kopra- und Abaka-Produktion. Abaka oder Manila-Hanf war bis zur Erfindung von Kunstfasern einer der wichtigsten Exportartikel der Philippinen. Heute wird vor allem hochwertiges Schiffstauwerk immer noch aus Abaka hergestellt, da es sehr zugfest und salzwasserbeständig ist. Das Abaka-Mark dient auch

*Der Süden von Luzon*

zur Herstellung spezieller Papiersorten, etwa für Banknoten oder Teebeutel.

Die Nationalstraße 1, auch Maharlika Highway genannt, führt von Manila über Calamba und San Pablo zunächst nach **Lucena** 1 (S. 275). Die Hauptstadt der Provinz Quezon präsentiert sich als Mischung aus philippinischem Charme und unübersehbarer Vernachlässigung. Auch weisen die Strände an der halbmondförmigen Tayabas Bay nur mittelmäßige Qualität auf. Reizvoller ist ein Ausflug zu den durch eine Sandbank miteinander verbundenen Zwillingsinseln Pagbilao Grande und Pagbilao Chico, bei denen es sich gut schnorcheln läßt.

In den kleinen Häfen Dalahican und Cotta, wenige Kilometer südlich bzw. südöstlich von Lucena, legen die Fähren nach **Marinduque** 2 (S. 276) ab. Boac, die Hauptstadt der herzförmigen Insel vulkanischen Ursprungs, ist alljährlich zu Ostern Schauplatz des spektakulären Moriones Festival (vgl. S. 158). Abgesehen von der festungsartigen Boac-Kirche ist die Stadt arm an Sehenswürdigkeiten. Das Gotteshaus, dessen Ursprünge bis in das 17. Jh. zurückreichen, beherbergt den Reliquienschrein der als wundertätig geltenden Lady of Biglang-Awa (Madonna der Unvorhergesehenen Gnade), der Schutzheiligen von Marinduque.

Außer während der Karwoche, wenn die Flüge Manila– Boac schon lange vorher ausgebucht und die wenigen Unterkünfte auf der Insel meist überbelegt

# Moriones Festival
# Römer im Fernen Osten

Nur wenn das Blut spritzt, gehen die Touristen in Deckung. Ansonsten wollen sie die farbige Folklore möglichst hautnah miterleben und auf den Farbfilm bannen. Fasziniert nehmen sie Anteil am Volksfestival, das nur inhaltlich dem herkömmlichen Passionsspiel verwandt ist. Das Fest wurde nicht nur für Touristen aus der Taufe gehoben, die Einheimischen haben es schon zelebriert, als noch kaum ein Urlauber das Eiland besuchte.

Marinduque ist nicht Oberammergau. Die Bewohner der kleinen philippinischen Insel nehmen ihr Fest sicherlich ebenso wichtig wie die Oberbayern, aber nicht ganz so ernst. Die biblische Geschichte, ausgeschmückt mit Legenden, gibt den Marinduqueros alljährlich Gelegenheit zum Straßentheater. Unbedarfte Zuschauer aus Europa erinnert denn auch die Anfangsphase des Moriones Festivals, das als das farbenprächtigste Passionsspiel der Philippinen gilt, eher an die Basler Fasnacht als an Oberammergau.

*Morion* heißt die aus weichem Holz gefertigte Maske, mit der die Inselbewohner den Prototyp des römischen Legionärs als einen plumpen, dummen, brutalen Krieger karikieren. Schweinchenrosa der Teint, weitaufgerissene Glubschaugen, Hakennase, grimmig-stupider Gesichtsausdruck, schwarzer Vollbart und ein maliziös verzerrter Mund. Der Phantasie der Holzschnitzer sind keine Grenzen gesetzt.

Nicht Jesus, sondern der Römer Longinus steht im Mittelpunkt des farbenprächtigen Spektakels. Die Legende erzählt, daß er auf dem linken Auge blind war. Als er mit seinem Speer dem gekreuzigten Jesus die rechte Seite aufschlitzt, tropft Blut auf sein blindes Auge. Plötzlich kann er wieder beidäugig sehen, erlebt Christi Himmelfahrt und wird zum Christentum bekehrt. Entgegen der Anordnung der jüdischen Hohenpriester verkündet er öffentlich die Auferstehung, wird daraufhin als Abtrünniger von römischen Legionären verfolgt und schließlich hingerichtet. Soweit die Überlieferung, soweit die fast originale Darstellung.

Bereits Mitte der Karwoche ziehen die buntmaskierten *Moriones*, angetan mit Federhüten, Lederwämsen und Riemensandalen, musizierend und tanzend durch die Inselhauptstadt Boac. Dabei necken sie die Zuschauer, erschrecken mit ihren Schwertern und Speeren kleine Kinder und machen spielerisch Jagd auf Touristen.

Am Morgen des Karfreitag beginnt das *Kalbaryuhan,* der Passionszug. Die Trauerprozession geleitet Jesus, der ein schweres Holzkreuz geschultert hat, auf einen Hügel, wo er gekreuzigt werden soll. Dabei rezitieren die Mitspieler die Passionsgeschichte im poetischen Tagalog, der philippinischen Nationalsprache. Auf ›Golgatha‹ angekommen, werden dem Jesus-Darsteller mit schnellen Schlägen zwei große, ungefähr 10 cm lange Nägel durch die Handflächen getrieben. Sodann richten Helfer das Kreuz auf. Kurze Zeit steht es senkrecht, eine Minute vielleicht. Danach werden dem Gekreuzigten vorsichtig die Nägel aus den offenen Wunden gezogen. Ein bereitstehender Krankenwagen bringt ›Jesus‹, der keinen Wehlaut von sich gegeben hat, rasch zu einem Arzt.

Gegen Mittag wird ein Szenenwechsel anberaumt. Die Zuschauer eilen auf die Friedhöfe. Dort haben sich bereits die Flagellanten eingefunden, meist junge, nur mit Shorts bekleidete Filipinos. Gegenseitig ritzen sie sich mit Rasierklingen kleine Wunden in die Haut, um dann in ritueller Selbstgeißelung mit kurzen, locker zusammengebundenen Bambusrohren auf sich einzuschlagen. Die Zahl der Stöckchen entspricht dabei der Anzahl der Jahre, in denen sich der Betreffende an den alljährlichen, *Antipos* genannten Bußübungen beteiligen will; nach jeder vollzogenen Selbstkasteiung wird ein Stock entfernt. Die Peitschen schwingen nach links. Die Peitschen schwingen nach rechts. Die Touristen springen zur Seite. Manche sind entsetzt – das Blut ist echt, das die Rücken der jungen Männer rot färbt und dessen süßlicher Geruch die Hitze von 40° Celsius noch unerträglicher macht.

Einige Ausländer ziehen sich in den vollklimatisierten Kleinbus zurück. Andere harren mit der Kamera aus, um jeden Aspekt der Selbstgeißelung für die Daheimgebliebenen festzuhalten. Die blutigen Flagellanten lassen währenddessen munter die Whiskyflasche kreisen, um die Buße für das sündige Leben etwas erträglicher zu machen. Abschluß des masochistischen Spektakels ist das traditionelle Bad im Meer.

In der Nacht von Ostersamstag auf -sonntag erreicht das Fest seinen Höhepunkt. Das Schauspiel der Enthauptung, *Pugutan* genannt, steht an. In einem ausgetrockneten Flußbett außerhalb von Boac ist erhöht eine Bühne aufgebaut. Tausende von Zuschauern drängeln sich, um an der bombastischen Inszenierung teilzuhaben. Mucksmäuschenstill wird es im Tal, wenn Pontius Pilatus und seine Prälaten über Lautsprecher das Todesurteil verkünden. Dreimal gelingt es dem Römer Longinus zu entkommen. Doch vergeblich – die *Moriones* überwältigen ihn schließlich doch und schleppen ihn aufs Schafott. Das Hackebeil saust herab, rote Farbe spritzt, die Holzmaske poltert auf die Bühne, ein Legionär hebt sie auf und hält sie triumphierend in die Höhe.

Nun beginnt das große Stöhnen und Wehklagen. Schauspieler und Zuschauer formieren sich. Unter Jammern und Heulen wird der Körper des Märtyrers zur nahegelegenen Kirche getragen. Zehn Filme habe er verknipst, erzählt der Amerikaner aus Florida. Er trägt noch immer stolz das Safarihemd mit den Blutstropfen.

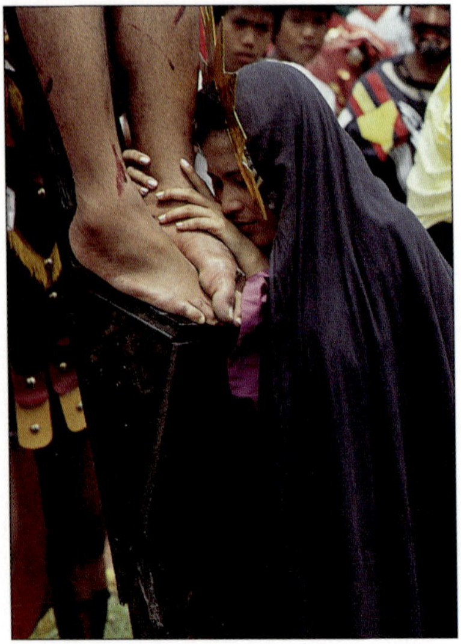

*Beim Moriones Festival*

sind, ›verirren‹ sich kaum Touristen nach Marinduque, obwohl es dort schöne Badestrände gibt und der Fischreichtum der vorgelagerten Korallenriffe für Taucher und Schnorchler eindrucksvoll ist.

Von Lucena windet sich die Straße durch den kleinen, bergigen und mit dichtem tropischem Regenwald bestandenen Quezon National Park. Die Strände zwischen Atimonan und Gumaca gehören vor allem wegen des häufig recht unbeständigen Wetters nicht zur ersten Kategorie. **Daet** 3 (S. 266), die unattraktive Hauptstadt der Provinz Camarines Norte, lädt zu keinem längeren Aufenthalt, bietet sich aber als Übernachtungsstopp an. Ein schöner Strand erstreckt sich bei Barrio Bagabas, etwa 5 km außerhalb. In den frühen Morgenstunden, wenn dort ein lebhafter Fischmarkt abgehalten wird, lohnt sich ein Besuch des nahegelegenen Fischerdorfs Mercedes. Ruhige Ferientage kann man auf der Insel Apuao Grande verbringen.

Auf der Fahrt durch die Landschaft südlich von Daet erhält man drastischen Anschauungsunterricht in Sachen Umweltzerstörung. Kahlgefressene Hügel und Bergrücken mit erodierten Hängen, in denen vereinzelt abgestorbene, von Schlingpflanzen überwucherte Bäume von der früher üppigen Vegetation zeugen, bestimmen das Bild. Einst erstreckte sich hier der Bicol National Park. Heute erinnern nur noch Hinweisschilder an das Naturschutzgebiet, dessen Bäume die Bewohner der nahe gelegenen Dörfer in Bau- und Brennholz oder Holzkohle verwandelten. Nur ein Beispiel für den Umweltfrevel auf den Philippinen – und noch nicht einmal das schlimmste.

**Naga** 4 (S. 283) als Nueva Carceres 1573 von den Spaniern gegründet, gehört zu den ältesten Städten der Philippinen. Daran, daß der Ort drei Jahrhunderte lang Sitz der Bicol-Diözese war, erinnert unter anderem der Glockenturm der San Francisco-Kirche. Das ursprüngliche Gotteshaus von 1578 wurde bei einem Erdbeben 1915 größtenteils zerstört und später durch einen Neubau ersetzt. Gegenüber der Kirche erinnert auf der Plaza de Quince Martires ein Denkmal an 15 philippinische Patrioten aus Naga, die 1896 von den Spaniern hingerichtet wurden. Die Naga Cathedral kann auf eine bewegte Vergangenheit zurückblicken: 1595 gebaut, 1768 durch Feuer zerstört, 1808 bis 1843 im ›spanisch-romanischen‹ Stil wiederaufgebaut, 1856 von einem Taifun beschädigt, 1862 bis 1879 restauriert, 1887 von Erdbeben teilweise zerstört, 1890 erneut aufgebaut.

Alljährlich am dritten Wochenende im September findet in Naga eine farbenprächtige Flußprozession zu Ehren der Jungfrau von Peñafrancia statt, der Schutzpatronin von Bicolandia. Acht Tage vor dem Fest wird das wundertätige Bildnis der Jungfrau von ihrem

*Die Kathedrale von Naga*

Schrein am Ufer des Naga River zur Kathedrale gebracht. Der *Translacion* folgt als zweiter, weitaus spektakulärerer Part der Rücktransport der Heiligenstatue in einem großen Bootskorso auf dem Naga-Fluß. Frauen sind übrigens nur als Zuschauer zugelassen, denn bei ihrer Teilnahme an der Prozession – so der Volksglaube – würde die Barke mit dem Jungfrauenbildnis sinken.

Tagesausflüge führen von Naga zu den Malacsay Waterfalls und den Nabontulan Springs, 20 km östlich von Naga bei Panicuason an den Ausläufern des erloschenen 1966 m hohen Vulkans Mount Isarog, sowie zu dem 20 ha großen Höhlenkomplex der Libmanan Caves in der Nähe von Barrio Bical bei Libmanan nordwestlich von Naga.

Die landschaftlichen Hauptattraktionen im Südteil von Camarines Sur sind von **Iriga** 5 (S. 272) erreichbar – der 1143 m hohe Mount Iriga und der malerische Lake Buhi. An den Hängen des aktiven, aber derzeit ruhenden Vulkans Mount Iriga leben negroide Agta, deren Vorfahren zur Urbevölkerung des philippinischen Archipels gezählt werden. Gewaltige, vorläufig letzte Eruptionen des Vulkans Mitte des 17. Jh. führten zur Entstehung des **Lake Buhi** 6. In dem von dschungelgrünen Berghängen umrahmten See lebt der kaum 1 cm große Sinarapan oder Tabios, der kleinste Speisefisch der Welt. Exemplare dieses Pygmäen-Fisches kann man in einem Aquarium in der Municipal Hall des Ortes Buhi sehen. Am Ufer des Sees schöpfen Buhi-Fischer mit V-förmigen Netzen die winzigen Fischlein. In Fischzuchtanlagen wird der Tilapia, ein wesentlich größerer ›Bruder‹ des Tabios, gezogen. Boote für Exkursionen kann man beim Buhi Market direkt am See mieten. Eine Rundfahrt sollte auch die Baybay Falls einschließen, die etwa 600 m vom Ufer entfernt bei Barangay Ipil in die Tiefe stürzen. Eine kleine Wanderung in Ortsnähe führt zu den 2,5 km entfernten Itbog Falls bei Barangay Santa Cruz.

*Blick auf den Mount Mayon*

Bei **Tiwi** 7 steht die Landschaft unter Dampf. In der Umgebung des Ortes quillt zwischen Reisfeldern und Palmenhainen heißer Dampf aus der Erde. Hin und wieder brodelt schwefelhaltiges Wasser in kleinen Tümpeln. Früher war Tiwi wegen seiner Thermalquellen ein beliebter Kurort. Heute wird hier Erdwärme in preiswerte elektrische Energie umgewandelt.

Vorbei an der Ostflanke des **Mount Mayon** 8 windet sich die Straße nach **Legazpi** 9 (S. 162/63), Hauptstadt der Provinz Albay und unumstrittenes Zentrum der Bicol-Region. Legazpi wurde 1639 von den Spaniern gegründet und nach dem ersten Generalgouverneur der Kolonie, Miguel Lopez de Legazpi, benannt. Während der spanischen Kolonialzeit war Legazpi eine blühende Hafenstadt mit repräsentativen Bauwerken. Heute vermißt man in der an Sehenswürdigkeiten armen Bicol-Metropole Charme und Flair. Über der Stadt hängt die Trägheit der Tropen und oft genug das finstere Grau eines Tiefdruckausläufers. Die austauschbare Mittelstadtatmosphäre resultiert aus der Häufigkeit der Taifune, die Süd-Luzon regelmäßig heimsuchen und oftmals schwer verwüsten.

Es lohnt sich ein Bummel über den Public Market, auf dem man Produkte aus Manila-Hanf und Pili-Nüsse, eine regionale Spezialität, kaufen kann, oder ein Spaziergang zum Hafen. Auf dem Weg dorthin passiert man das Postgebäude, vor dem das ›Kopflose Denkmal‹ steht. Gewidmet ist dieses Monument allen philippinischen Patrioten, die ihr Leben im Kampf gegen die japanischen Besatzer opferten. An der Peñaranda Street steht die 1834 erbaute San Raphael-Kirche, deren Hauptaltar aus einem tonnenschweren Stein vulkanischen Ursprungs gefertigt wurde. Vor allem am frühen Morgen, wenn sich der Mount Mayon noch nicht in Wolken gehüllt hat, ist der Aufstieg zum Kapuntukan Hill beim malerischen Fischerdorf Victory Village Pflicht für alle Foto-Amateure, denn von diesem Aussichtshügel bietet

sich ein großartiges Panorama der Stadt und des Hafens vor der Kulisse des majestätischen Vulkans.

Wegen seiner Ebenmäßigkeit und der beinahe perfekten Symmetrie seines Kegels wird der 2462 m hohe Mount Mayon oft mit dem japanischen Fuji verglichen. Sein Name kommt von dem Wort Magayon, was im Bicolano-Dialekt schön bedeutet. Allerdings erinnert eine dünne, weiße Rauchfahne, die sich ständig aus seinem Krater kräuselt, an seine Gefährlichkeit.

Der in Luftlinie gerade 12 km vom Zentrum von Legazpi entfernte Mayon ist einer der aktivsten und unberechenbarsten Vulkane der Philippinen. Seine Eruptionen forderten schon Tausende von Todesopfern. Seit dem ersten belegten Ausbruch im Jahre 1616 fanden bis heute über 40 Eruptionen statt, die verheerendste davon am 1. 2. 1814. Ansiedlungen im Umfeld des Mayon wurden damals teilweise dem Erdboden gleichgemacht, das Dorf Cagsawa unter Lava, Aschenregen und vulkanischem Schlamm begraben. Schätzungsweise 1200 Menschen kamen ums Leben. Neuestes Datum in der Chronologie der vulkanischen Gewalt des Mayon ist der 2. 2. 1993. Nach einer Serie von Eruptionen mußten über 65 000 Menschen aus rund 40 bedrohten Städten und Dörfern evakuiert werden. Trotz dieser Maßnahme verloren bei dem Ausbruch 75 Menschen ihr Leben.

Die strenge Symmetrie des Kompositkegels beweist, daß sich die Aktivitäten des Mayon bislang auf Ausstöße aus dem zentralen Krater konzentrierten mit feinen Aschenregen und sogenannten *Nuées Ardentes,* glühendheißen Wolken aus Gasen und Materie. Keiner der bisherigen Ausbrüche erreichte genügend Heftigkeit, um die ›klassische‹ Konusform zu zerstören. Das *Philippine Institute of Volcanology* (PHIVOLC) unterhält am Mayon zwei seismologische

*Strand bei Sorsogon*

Beobachtungsstationen – die Santa Misericordia Observatory Station bei Santo Domingo und das Mayon Resthouse Observatory mit kleinem Museum bei Buang.

Der Mayon gilt nicht nur wegen seiner vulkanischen Aktivität als schwieriger Berg, auch dessen Besteigung ist nicht ganz ungefährlich. Das Touristeninformationsbüro gibt Auskünfte über Aufstiegsmöglichkeiten und hilft bei der Vermittlung von geländekundigen Führern. Für weniger Ambitionierte ist bereits der Ausflug zum Mayon Resthouse an der Nordflanke des Vulkans recht eindrucksvoll.

Als ein stummes Mahnmal für die eruptive Gewalt des Mayon-Vulkans erhebt sich westlich von Legazpi, 1 km abseits des Maharlika Highway, eine Kirchturmruine – das einzige Bauwerk, das nach dem verheerenden Ausbruch von 1814 noch von dem Ort Cagsawa existiert. Die Kirche, in der während der Eruption mindestens 1000 Menschen Schutz gesucht hatten, sowie alle anderen Gebäude dieses philippinischen Pompeji wurden von Lavaströmen und Aschenregen völlig begraben. Die Überlebenden der Naturkatastrophe errichteten ihre neue Kirche im überschwenglichen Barockstil wenige Kilometer entfernt auf einem Hügel, um den herum sie ihr Dorf – das jetzige Daraga – wiederaufbauten. Heute ist der Ort ein Zentrum bicolanischen Kunsthandwerks.

In Barrio Cotmun, 8 km außerhalb des Städtchens Camalig, erstrecken sich die Hoyop-Hoyopan Caves, die ›Heulenden Höhlen‹, so benannt wegen der hier auftretenden Windgeräusche. In der Tropfsteinhöhle entdeckte man 1972 Knochen, Töpferwaren und primitiven Schmuck aus prähistorischer Zeit. Ausgestellt sind diese Funde in einem kleinen, nur sporadisch geöffneten Museum bei der katholischen Kirche von Camalig. Etwa 2,5 km von den Hoyop-Hoyopan-Höhlen entfernt befindet sich die große, von einem unterirdischen Strom durchflossene Calabidongan Cave mit eindrucksvollen Tropfsteinformationen.

Die ›Mayon-Riviera‹ nördlich von Legazpi besitzt schwarzsandige und teilweise recht steinige Lavastrände. Bessere, helle Strände gibt es südlich von Legazpi an der Sorsogon Bay.

Die bergige, landschaftlich sehr reizvolle Provinz Sorsogon, auch ›Schweiz des Orients‹ genannt, ist durch eine schmale Landbrücke mit der Bicol-Halbinsel verbunden. Über die unattraktive Provinzhauptstadt **Sorsogon** 10 (S. 293) erreicht man Gubat. Südlich dieses Fischerdorfes erstreckt sich der 3 km lange Rizal Beach, ein weißer, sauberer Sandstrand mit oft hoher Dünung. Der 1559 m hohe **Mount Bulusan** 11, der früher ein wichtiger Orientierungspunkt für Seefahrer war, ist im wahrsten Sinne des Wortes ein landschaftlicher Höhepunkt. Der letztmals 1978 und 1981 aktive Vulkan besitzt zwei Gipfel mit vier Hauptkratern. An seinen Ausläufern liegt in 600 m Höhe der kleine Lake Bulusan. Um den von dichter Urwaldvegetation umgebenen Kratersee führt ein 3 km langer Wanderpfad mit Picknickplätzen und einem Getränkekiosk.

Unweit der Überlandstraße, östlich des Ortes **Irosin** 12, sprudelt die Sodaquelle Masacrot Spring, die ein großes Schwimmbecken speist. Das Mateo Hot Spring Resort nördlich von Irosin besitzt Bassins mit unterschiedlich temperiertem Quellwasser. Endpunkt des Highway 1 auf Luzon ist **Matnog** 13, ein moderner Fährhafen mit Autoverladung nach San Isidro auf der Nachbarinsel Samar.

*Die Urlaubsinsel Boracay* ▷

# Die Visayas Inseln im Herzen des Archipels

Tief unter dem Jet der Philippine Airlines tanzt die Sonne auf tintenblauem, vom Schatten der Wolken betupftem Wasser. Kleine Inseln, die wie Smaragde auf dunklem Samt liegen, flirren in der Mittagshitze. Leuchtend weiße Sandstrände gehen in grüne Palmenhaine über, in denen winzige Fischerhütten zu erkennen sind. Dort, wo Dünung und Riff aufeinandertreffen, trennt ein Ring schaumgekrönter Wellen die verschiedenen Blautöne des umspülten Riffsockels vom Dunkel des Meeres.

Solche Reisebilder sind für die im Zentrum des philippinischen Archipels gelegene Inselwelt der Visayas nicht die Ausnahme, sondern die Regel. Weiße Traumstrände, die austauschbar sind, weil es dort so viele von ihnen gibt, kristallklares Meerwasser, Korallengärten sowie Sonnentage im Überfluß machen die Visayas zu einem Reiseziel für Urlauber, die Erholung am Strand und ungetrübte Badefreuden suchen oder gern in eine submarine Welt abtauchen.

Doch der Charme der Inseln zwischen Luzon und Mindanao beschränkt sich nicht auf das moderne Freizeitangebot der vielleicht schönsten Strandhotels der Philippinen, die Visayas haben auch kulturelle und landschaftliche Höhepunkte zu bieten. So lebt das spanische Erbe in barocken Kathedralen und wuchtigen Festungskirchen weiter, kon-

*Die Visayas*

kurriert die Farbigkeit der türkisschillernden Küstengewässer mit dem üppigen Tropengrün dschungelbewachsener Vulkangipfel.

Nachdem Ferdinand Magellan am 7. 4. 1521 hier landete und gute 40 Jahre später Miguel Lopez de Legazpi von hier aus den Archipel für die spanische Krone in Besitz nahm, ist Cebu mit der gleichnamigen Inselhauptstadt das politische, wirtschaftliche und kulturelle Zentrum der Visayas. Auf Bohol, der östlichen Nachbarinsel, wo das Leben noch langsamer pulsiert als im quirligen Cebu, setzen die legendenumrankten Chocolate Hills dramatische landschaftliche Akzente. Auf Negros im Westen – landläufig Sugar Island genannt – prägen ausgedehnte Zuckerrohrplantagen und qualmende Zuckerraffinerien das Bild der Landschaft.

Die Insel Panay im Nordwesten von Negros hat viel von ihrem kastilischen Erbe bewahrt. Darüber hinaus sind die Bewohner von Panay landesweit bekannt für ihre mit religiöser Inbrunst, aber auch überbordender Lebensfreude gefeierten Feste, etwa das Ati-Atihan Festival von Kalibo. Zur Gruppe der Visayas gehören auch die großen Inseln Samar und Leyte im Osten, die zu den am wenigsten entwickelten Regionen der Philippinen zählen und abseits der großen Touristenströme liegen.

*Boljoon auf Cebu*

# Cebu
# Die Wiege des spanischen Kolonialreiches

Karte S. 175

Zwischen Leyte, Negros und Bohol dehnt sich die neuntgrößte Insel der Philippinen bei einer maximalen Breite von nur 40 km in Nord-Süd-Richtung über etwas mehr als 200 km aus. Als geographisches Rückgrat der Insel erstreckt sich ein zerklüfteter Höhenzug mit Erhebungen zwischen 400 und 1000 m über die gesamte Länge. Zur Inselprovinz gehören neben Cebu noch 166 kleinere Inseln, die wichtigste davon Mactan Island mit internationalem Flughafen.

Cebu war die erste Insel der Philippinen, die von den Spaniern planmäßig kolonisiert und christianisiert wurde. Von dort dehnten sie ihren Machtbereich bis nach Manila und über fast den gesamten Archipel aus. Doch schon Jahrhunderte vor der Ankunft von Ferdinand Magellan unterhielten die Bewohner der damals Sugbu genannten Insel Handelsbeziehungen mit China, Siam und Arabien. Heute basiert die wirtschaftliche Bedeutung von Cebu auf der Vielfalt der Erwerbszweige. Die wichtigste Stütze der Volkswirtschaft ist der Bergbau, bei der Stadt Toledo baut man die größten Kupfervorkommen von Südost-Asien ab. Weitere Erwerbsquellen der rund 3 Mio. Cebuaños sind die Landwirtschaft, die Fischerei, das verarbeitende Gewerbe – insbesondere die Rattanmöbel-, Muschel- und Korallenschmuckindustrie – sowie der Fremdenverkehr. Entlang der Küste und auf Inseln gibt es zahlreiche Resorts für die unterschiedlichsten Ansprüche. Viele davon bieten Wassersportmöglichkeiten, vor allem Tauchkurse für Anfänger und Tauchsafaris für Fortgeschrittene.

## Cebu City

**1** S. 263

Mit annähernd 700 000 Einwohnern drittgrößte Stadt der Philippinen, nach Metro Manila das bedeutendste Wirtschaftszentrum der Nation, als älteste Niederlassung der Spanier ein historischer Kernraum des Archipels, mit neun Universitäten und mehreren Hochschulen der kulturelle Mittelpunkt der Visayas – das ist die Kurzcharakteristik der Inselhauptstadt. Die ›Königin der Städte des Südens‹, die Besuchern zahlreiche kunsthistorische Sehenswürdigkeiten bietet, beeindruckt durch ihre Kulturenvielfalt – hier lebt eine der größten chinesischen Gemeinden der Philippinen. Als Verkehrsknotenpunkt eignet sich Cebu City bestens für Reisen in den südphilippinischen Raum.

Trotz der Größe der Stadt fällt die Orientierung leicht. Der deutlich ausgeprägte alte Kern um die Colon Street, auf der sich die einachsigen Pferdedroschken, *Tartanillas,* durch den hektischen Verkehr schlängeln, ist durch den breiten Osmeña Boulevard mit den modernen Stadtgebieten im Nordwesten verbunden. Ärmere Viertel konzentrieren sich um die Hafenanlagen im Südosten, während sich in der hügeligen nordwestlichen Peripherie mondäne Vororte etabliert haben. Die meisten Sehens-

***Cebu City***
*1 Fort San Pedro 2 Basilica Minore del Santo Niño 3 Magellan's Cross 4 Casa Gorordo Museum 5 Carbon Market 6 San Carlos University 7 Taoist Temple 8 The Tops*

würdigkeiten liegen im Zentrum und lassen sich bequem zu Fuß erreichen.

Ausgangspunkt der Besichtigung von Cebu City ist das **Fort San Pedro,** die erste Verteidigungsanlage der iberischen Eroberer auf den Philippinen und damit Nukleus des spanischen Kolonialreiches in Südost-Asien. Bereits im Mai 1565 veranlaßte Miguel Lopez de Legazpi den Bau einer Palisadenfestung in Ufernähe, die er nach dem Flaggschiff seiner Philippinen-Expedition benannte. Die gegenwärtige Bastion aus Stein entstand allerdings erst 1738. Da die massivsten Attacken, meist von Moro-Piraten aus Mindanao ausgeführt, von See

her zu befürchten waren, sind zwei Seiten des dreieckigen Bollwerks dem Meer zugewandt. Den Innenhof der relativ kleinen Festung umgeben 3 m starke und 6 m hohe Mauern, von deren Geschützständen heute verrostete Kanonenrohre in den azurblauen Tropenhimmel zielen.

Im Verlauf seiner bewegten Geschichte fungierte das Fort als berüchtigtes Gefängnis für Cebuaño-Rebellen. Später diente es den Amerikanern als Kaserne sowie während der japanischen Besatzungszeit im Zweiten Weltkrieg als Lazarett. Während der Befreiungskämpfe im letzten Kriegsjahr sank die Bastion in Schutt und Asche, präsentiert sich nach aufwendigen Restaurierungsarbeiten aber heute in einem gepflegten musealen Zustand. Die ehemaligen Offiziersunterkünfte beherbergen eine Außenstelle des National Museum mit Fundstücken aus dem Wrack der 1642 in der Manila Bay gesunkenen spanischen Galeone »San Diego«.

Über die Plaza Independencia und den Osmeña Boulevard gelangt man zur **Basilica Minore del Santo Niño.** Deren Ursprünge gehen auf die Zeit von Legazpi zurück, verschiedene Holzkonstruktionen fielen Feuersbrünsten zum Opfer. Die heutige Steinkirche entstand zwischen 1735 und 1737. Die Basilika gilt als Urzelle des Christentums in Asien und stellt auch jetzt eine Art steinernes Symbol für die Stärke des Katholizismus auf den Philippinen dar. Das Gotteshaus beherbergt den Schrein der ältesten Reliquie des Landes, ein Bildnis des Santo Niño, des Jesuskindes. Magellan soll die puppengroße, kostbar gewandete Statuette der Königin Juana von Cebu, Gattin seines Blutsbruders Humabon, 1521 anläßlich ihrer Bekehrung zum Christentum überreicht haben. Wie die Legende weiter erzählt, wurde das Kleinod 44 Jahre später von einem Soldaten aus Legazpis Expeditionskorps wiederentdeckt. Seit jenem Zeitpunkt verehren die Cebuaños Santo Niño als Schutzpatron



*Magellan's Cross ist ein Wallfahrtsziel zahlreicher Pilger*

*Der Heavenly Temple of Charity*

und feiern ihm zu Ehren alljährlich am dritten Sonntag im Januar das ausgelassene Sinulog-Festival mit farbenprächtigen Umzügen. Im Kreuzgang mit Hunderten brennender Opferkerzen wartet tagtäglich eine endlose Schlange von Gläubigen, die vor der durch eine Glasvitrine geschützten Jesusfigur – links vom Hauptaltar – Fürbitte leisten wollen. Im benachbarten Konvent ausgestellte, großformatige Ölgemälde erzählen die Geschichte von Santo Niño. Gegenüber der Basilika präsentiert das Santo Niño Museum eine exquisite Sammlung liturgischer Kunstgegenstände.

Nur wenige Schritte sind es von hier zur Magellanes Street, wo sich mit dem **Magellan's Cross** ein weiteres Wallfahrtsziel unzähliger Pilger befindet. Ein kleiner Pavillon beherbergt ein Kreuz aus dunklem Tindalo-Holz, in dessen hohlem Innern sich die Überreste eines Holzkreuzes befinden sollen, das Magellan am 14. 4. 1521 aus Anlaß der ersten katholischen Messe auf Cebu sowie der Taufe von über 800 Insulanern errichten ließ. Die Deckengemälde stellen die denkwürdige Zeremonie vor über 450 Jahren dar.

Es lohnt sich ein Abstecher in das ehemalige Parian-Viertel, früher der Stadtteil der reichen Spanier und Chinesen sowie von Mestizen, die den Aufstieg in die ›bessere‹ Gesellschaft geschafft hatten. Hier zeigten sich vor Jahren Stolz und Reichtum der einstigen Kolonialmacht in Reinkultur. Im Zuge des wirtschaftlichen Aufschwungs von Cebu City bissen sich jedoch Baggerschaufeln durch die historischen Häuserzeilen, um Lücken für Neubauten zu schaffen. Eine gute Vorstellung vom Lebensstil wohlhabender Familien im kolonialen Cebu vermittelt das **Casa Gorordo Museum** in der Lopez Jaena Street, eines der wenigen noch erhaltenen alten Gebäude. Das sehr interessante Museum, das sich mit Geschichte, Kunst und Kultur von Cebu beschäftigt, ist in der perfekt restaurierten ehemali-

*Detail des Taoist Temple*



gen Residenz des ersten Erzbischofs der Philippinen, Monsignore Juan Gorordo, untergebracht. Neben Gemälden philippinischer Meister und kunstvoll geschnitzten Heiligenfiguren sind in den weitgehend original belassenen Zimmern historische Möbel ausgestellt.

Etwas abseits liegt der farbenprächtige, beinahe mexikanisch wirkende **Carbon Market.** Hier findet man eine reiche Auswahl an handwerklichen und landwirtschaftlichen Erzeugnissen von Cebu und benachbarter Visaya-Inseln. In der nach Christoph Kolumbus (Cristobal Colon) benannten Colon Street, dem ältesten Straßenzug des Landes, reihen sich Kaufhäuser und Supermärkte derart massiert aneinander wie in kaum einer anderen Stadt der Philippinen.

Folgt man dem Osmeña Boulevard – benannt nach Cebus berühmtestem Sohn, Sergio Osmeña, der von 1944 bis 1946 Präsident des *Commonwealth of the Philippines* war – und biegt in die P. del Rosario Street ein, gelangt man zur 1595 von spanischen Jesuiten als Colegio de San Ildefonso gegründeten **San Carlos University.** In der ältesten Hochschule der Philippinen befindet sich ein Museum mit einer historischen, ethnographischen und naturwissenschaftlichen Abteilung. Neben Schautafeln zur Geographie, Geologie, Kultur und Geschichte von Cebu sind Textilien und Haushaltsgeräte ausgestellt.

Etwa 5 km westlich des Zentrums erhebt sich im Millionärsviertel Beverly Hills als weithin sichtbares Symbol für Wohlstand und Macht der chinesischen Bevölkerungsminorität der **Taoist Temple,** ein prachtvoller Komplex verspielter Pagoden und Pavillons, von dem sich ein grandioses Panorama der Stadt bietet. Schon lange bevor die Spanier Cebu eroberten, hatten chinesische Einwanderer auf der Insel Handelsniederlassungen gegründet. Heute ist etwa ein Viertel der Bevölkerung von Cebu chinesischstämmig. Auf einem Hügel unterhalb des Tempels steht der taoistische Heavenly Temple of Charity (Himmlischer Tempel der Nächstenliebe). Dem Wasser der am Fuße der Anhöhe sprudelnden Quelle wird eine heilende Wirkung nachgesagt.

Von **The Tops**, einem Aussichtspunkt mit Picknickhütten auf dem Busay Hill 15 km nördlich des Zentrums, reicht der Blick weit über Cebu City und Mactan Island bis zur Nachbarinsel Bohol.

## Ausflüge auf Cebu

Vor den Pforten der Inselhauptstadt Cebu City liegt, durch die 865 m lange Mactan-Mandaue Bridge mit dem ›Festland‹ verbunden, die flache Koralleninsel **Mactan** 2 (S. 275), auf der einst für Ferdinand Magellan die erste Weltumsegelung der Geschichte vorzeitig zu Ende ging. Heute befinden sich dort Mactan Airport, der internationale Flughafen von Cebu, ein Teil der Anlagen

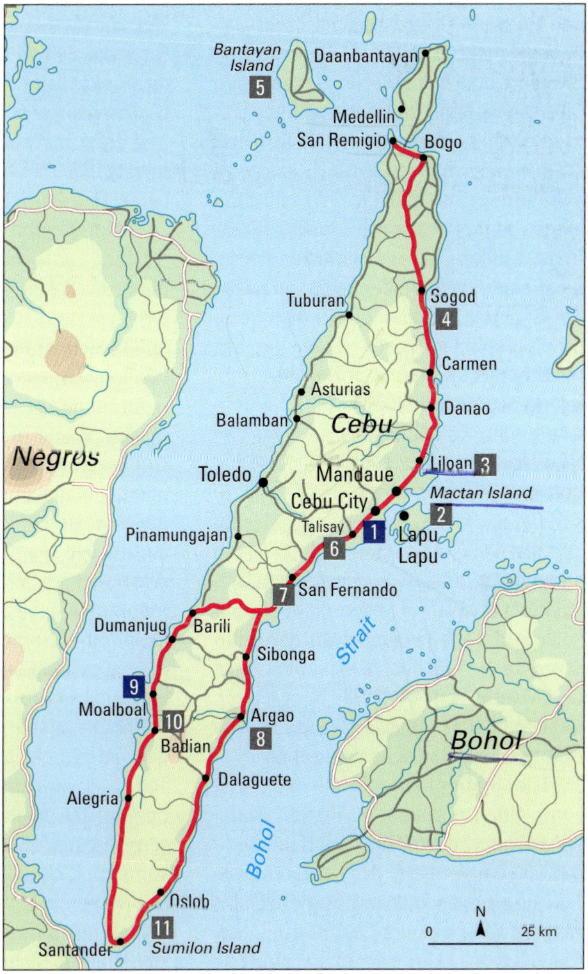


Ausflüge auf Cebu

des Seehafens von Cebu City und die Mactan Export Processing Zone, eine vorwiegend von ausländischen Investoren aufgebaute Freihandelszone mit Betrieben der verarbeitenden Industrie.

Schon vor einiger Zeit nahmen Tourismusplaner das von Korallenbänken und Mangrovenküsten gesäumte Eiland ins Visier – für den Bau von erstklassigen Strandhotels, die fast alle die gleichen Vorteile bieten: familiengerechte Anlage mit freundlichem Personal, gutes Preis-Leistungs-Verhältnis, vielfältige (Wasser-)Sportmöglichkeiten, Ausflugsgelegenheiten zu anderen Inseln, Shoping und Nightlife im nahen Cebu City. Die meisten Beach Resorts konzentrieren sich an der Ostküste der Insel mit ihren weißen Sandstränden.

Allerdings ist Mactan Island schon lange kein tropisches Inselparadies mehr, sondern Teil des Städtekonglomerats Cebu City–Mandaue mit verstopften Straßen und anderen Attributen hektischen Großstadtlebens. Auch hat das mittlerweile verbotene, früher aber jahrelang ausgiebig praktizierte Dynamitfischen die Korallenbänke um Mactan teilweise verwüstet, so daß die inselnahen Unterwasserreviere keinesfalls zu den besten Tauch- und Schnorchelgründen des Archipels zählen. Jedoch bieten Veranstalter erlebnisreiche Tauchsafaris an. Etwa zur Wall of Death, einer spektakulären Riffabbruchkante, an der unerschrockene Taucher gelegentlich Haie und Mantas sichten, sowie zum kleinen Cabilao Island, in dessen Gewässer sich Delphine und Barracudas tummeln.

Erste Station auf Mactan ist Lapu-Lapu, eine im frühen 18. Jh. von Augustinern gegründete Stadt mit heute rund 130 000 Einwohnern. Als einzige Attraktion findet man hier ein Standbild des Magellan-Bezwingers Lapu-Lapu. Bei Marigondon, 11 km südöstlich, erstreckt sich ein an Wochenenden von Ausflüglern aus Cebu City stark frequentierter Sandstrand, wo zwar keine Südseegefühle aufkommen, an dem man aber während der Woche ruhige und erholsame Urlaubstage verbringen kann.

Zwischen Maribago, etwas weiter nördlich, und Punta Engaño reihen sich an einem hellen Strand die besten Beach Resorts der Insel, die auch Tagesbesuchern gegen Eintrittsgebühr offen stehen. Maribago ist ein Zentrum für die Herstellung von Saiteninstrumenten. In kleinen Familienbetrieben werden hier Gitarren, Banjos und Mandolinen, aber auch exotische Musikinstrumente wie Ukulelen angefertigt, deren Klangkörper aus Kokosnußhälften bestehen. In den meisten Werkstätten der Instrumentenbauer sind Besucher willkommen.

In Marigondon und Maribago können Taucher und Schnorchler Auslegerboote für Fahrten zur Olango-Insel mieten. Auf dem idyllischen Tropeneiland finden sie blendend weiße Sandstrände und ein weit ausladendes Saumriff.

An der Magellan Bay im Norden von Mactan Island, dem Schauplatz des historischen Kampfes zwischen Magellan und Lapu-Lapu, gedenkt man mit Ehrenmalen sowohl des portugiesischen Seefahrers als auch seines eingeborenen Widersachers. Während das Magellan-Monument noch aus der spanischen Kolonialzeit stammt, entstand das Denkmal, das den ersten philippinischen Freiheitskämpfer Lapu-Lapu in hünenhafter Drohgebärde zeigt, erst vor einigen Jahren. Alljährlich am 27. 4., dem Todestag von Ferdinand Magellan, wird dort in den flachen Mangrovengewässern Historie lebendig, wenn stilecht kostümierte Schauspieler das dramatische Geschehen in Szene setzen.

Ziele eines Ausflugs auf holprigen Küstenstraßen Richtung Norden sind die

*Bei Badian auf Cebu*

Provinzstädtchen **Liloan** 3 (S. 275) und **Sogod** 4 (S. 293), deren Bewohner zwar stolz auf die langgestreckten Sandstrände in Ortsnähe sind, das Problem der Abfallbeseitigung aber ganz offensichtlich dennoch nicht allzu ernst nehmen. Noch weitgehend im touristischen Abseits liegen die kleinen Inseln vor der Nordspitze von Cebu, etwa das ruhige **Bantayan Island** 5 (S. 257), wo Besucher an manchen Sandstränden noch Robinson Crusoe Spuren hinterlassen können.

Ein Abstecher von Cebu City Richtung Süden führt über **Talisay** 6, einen bei Cebuaños beliebten Badeort mit grausandigem Strand, und **San Fernando** 7 (S. 292), in dessen Nähe sich ein luxuriöses Beach Resort an einem eigens aufgeschütteten Strandabschnitt befindet, zum kleinen Ort **Argao** 8 (S. 252), bei dem sich steinige, aber akzeptable Badestrände erstrecken.

Nördlich von Argao liegt das von spanischen Einflüssen geprägte Städtchen Carcar mit einer Barock-Kirche und anderen Gebäuden aus der Kolonialzeit. Von hier aus windet sich eine Straße durch das landschaftlich sehr reizvolle, bergig schroffe Inselinnere an die Westküste nach **Moalboal** 9 (S. 282). Etwa 3 km südlich des Ortes entstand im Dorf Bas Diot am Panagsama Beach eine gemütliche Ferienkolonie, die aber wegen des recht schmalen Strandes für einen reinen Bade-Urlaub weniger geeignet ist. Doch können Schnorchler am Riff eine von schillernden Fischen wimmelnde submarine Welt erkunden. Das mag erstaunen, denn das vorgelagerte Korallenriff wurde in den 80er Jahren von einem Taifun schwer verwüstet und hatte zudem eine Attacke von Dornenkronen-Seesternen zu überstehen. Die bis zu 60 cm großen Seesterne können die winzigen Korallenpolypen aus ihren Kalkgehäusen saugen, um sie zu fressen. Der Korallenstock stirbt dann ab. Doch das Hausriff von Moalboal wächst wieder und überrascht mit einer Vielfalt an Stein- und Weichkorallen. Von marinem Leben wimmelt auch das Saumriff des nahen, von dem wirbelnden Chaos und Dornenkronen verschonte Pescador Island, eines der großartigsten Tauchreviere der Philippinen. An den Abbruchkanten und in Riffhöhlen sieht man neben Snapper und Korallenfischen, Mantas und Barracudas auch Seeschlangen und Riffhaie.

Makellose Sandstrände erstrecken sich in der Nähe des Dorfes **Badian** 10 (S. 254), 10 km südlich von Moalboal. Ruhige Ferientage verspricht Badian Island, wo ein komfortables Beach Resort auf solvente Gäste wartet. Für Abwechslung zum Strand- und Wasserleben sorgt ein Tagesausflug zu den Kawasan Falls bei Matutinao in den Bergen. Badesachen nicht vergessen, denn in den beiden Felsenpools, die von den Wasserfällen gespeist werden, läßt es sich herrlich schwimmen. In der Nähe betreibt ein deutscher ›Aussteiger‹, der sich auch in Sachen Umweltschutz sehr engagiert, mit seiner philippinischen Ehefrau eine Kakaoplantage.

Das kleine, der Südspitze von Cebu vorgelagerte **Sumilon Island** 11 ist ein Naturschutzgebiet mit – trotz der dort einst praktizierten Dynamitfischerei – üppiger Unterwasserfauna und -flora. Die bei Tauchern und Schnorchlern beliebte Insel ist von Santander oder Oslob auf Süd-Cebu per gemietetem Auslegerboot erreichbar.

# Bohol
# Gottes kleines Paradies

Die zehntgrößte Insel des philippinischen Archipels liegt zwischen den Nachbarn Cebu im Westen und Leyte im Nordosten. Bohol besitzt eine in der Visayas-Gruppe einzigartige Topographie. Ein landwirtschaftlich intensiv genutztes Plateau, das im Norden sanft, im Südosten dagegen abrupt zum Meer hin abfällt, nimmt das Inselinnere ein. Der West-, Nord- und Nordostküste sind Dutzende kleiner Inseln sowie Hunderte von Sandbänken und Korallenriffen vorgelagert – ein Gebiet, das von der Schifffahrt gemieden wird, aber als Dorado für Wassersportler gilt. Darüber hinaus kann Bohol mit den sogenannten Chocolate Hills aufwarten, einem geologischen Kuriosum aus einer Vielzahl gleichmäßig geformter, über eine weite Ebene verstreuter Hügel.

Besucher betreten auf Bohol historischen Boden – mit dem Blutsbund zwischen dem spanischen Eroberer Miguel Lopez de Legazpi und dem Stammeshäuptling Sikatuna am 16. 3. 1565 begann hier die Kolonisierung der Philippinen. Von Bohol aus nahm Legazpi die Insel Cebu und später Manila für die spanische Krone in Besitz. Seinem Blutsbruder Sikatuna schreibt die Legende die Fähigkeit zu, im Kampfgetümmel plötzlich verschwinden zu können, nur um wenig später inmitten seiner Feinde um so vehementer zuzuschlagen. Er nahm damit eine Art von Guerillataktik vorweg, die später der boholanische Volksheld Francisco Dagohoy anwandte. Ihm gelang es 1744 mit einer Gruppe von Aufständischen, Bohol mehr als 80 Jahre lang von der spani-

Sandsteinformationen, die mit wasserundurchlässigem Schieferton durchsetzt sind. Eine dritte Theorie besagt, daß es sich bei den Hügeln um kleine, früher unter Wasser gelegene Vulkankegel handelt, die im Laufe der Zeit durch Meeresströmungen ihre Form erhielten.

Viel einleuchtender erklären die Boholaños die Naturerscheinung: Der Riese Arogo hatte sich leidenschaftlich in Aluya, die Tochter eines Eingeborenenhäuptlings, verliebt. Ihr Tod brach ihm das Herz, und er weinte bitterlich. Seine Tränen fielen auf den Boden ...

Auf einem Hügel 5 km außerhalb von Carmen wurde eine gemütliche Herberge errichtet, auf einem gegenüberliegenden Hügel befindet sich eine Aussichtsplattform. Besonders eindrucksvoll wirkt die bizarre Landschaft am frühen Morgen, wenn Schleier von Dunst und Rauch zwischen den Hügeln hängen.

# Negros
# Die Zuckerinsel

Zwischen Cebu und Panay im westlichen Teil der Visayas gelegen, steht Negros flächenmäßig an vierter Stelle im Archipel. Gebirgszüge im Zentrum teilen die Insel in die Westprovinz Negros Occidental mit der Hauptstadt Bacolod und die Ostprovinz Negros Oriental mit der Hauptstadt Dumaguete. Damit ist auch eine sprachliche und kulturelle Grenze gezogen: Während man auf West-Negros das Ilonggo der Nachbarinsel Panay spricht, von der viele der Bewohner von Negros ursprünglich stammen, überwiegt im Ostteil der Insel das Cebuano.

Geograpisch gliedert sich Negros in drei Landschaftsräume: Fast den gesamten Süden nimmt das Tablas-Plateau ein. Die nördliche Hälfte wird von den sehr mächtigen Massiven dreier Vulkane (Mount Silay, 1539 m und Mount Mandalagan, 1885 m, beide ruhend; Mount Kanlaon, 2465 m, aktiv) beherrscht, die durch ihre Eruptionen die landwirtschaftlichen Kernräume von Negros in den weiten, fruchtbaren Tiefebenen des Nordwestens und des äußersten Nordens geschaffen haben. Riesige Zuckerrohrplantagen prägen diese Landschaft.

Der ursprüngliche Name der Insel war Buglas. Erst die Spanier prägten im späten 16. Jh. die Bezeichnung Negros, vermutlich nach den dunkelhäutigen Insulanern, die sie hier vorfanden. Reste der Urbevölkerung leben heute noch in schwer zugänglichen Regionen des Binnenlandes. Während der spanischen Kolonialepoche führte Negros ein in jeder Beziehung kümmerliches Dasein im Schatten der bedeutenderen Inseln Cebu und Panay. Erst mit der Einführung des kommerziellen Zuckerrohranbaus Mitte des 19. Jh. wuchs nicht nur die Bevölkerung durch Zuwanderer von Cebu und Panay sprunghaft an, sondern stieg auch die ökonomische Bedeutung der Insel merklich.

Wie keine andere Region des Landes hat sich Negros über ein Jahrhundert lang auf einen Wirtschaftszweig konzentriert – die Zuckerindustrie. Auf der Zukkerinsel der Philippinen bedecken Plantagen über ein Drittel der Landfläche, erzeugen rund ein Dutzend große Raffinerien mehr als zwei Drittel der Landesproduktion an Rohzucker. Die ersten großen Plantagen legte man noch während der spanischen Kolonialzeit an. Zucker, das älteste Exportprodukt der Philippinen, wurde damals hauptsächlich nach China und Japan sowie in das spanische Mutterland ausgeführt. Eine Expansion erfuhr die philippinische Zuckerindustrie, als die Amerikaner die Spanier ablösten und zeitweise bis zu 60 % ihres Zuckerbedarfs aus den Philippinen importierten.

Die wenig technisierte Plantagenwirtschaft auf Negros ist auf ein Heer billiger Arbeitskräfte angewiesen. So wird ein Großteil der Zuckerrohrernte von *Sacadas* genannten Saisonarbeitern, die von Plantage zu Plantage ziehen, in schwerer Akkordarbeit eingebracht. Das Schlagen des Zuckerrohrs, der Transport zur Sammelstelle, das Verladen auf die Lastwagen – alles ist Handarbeit. Etwa 250 000 Menschen, auch Jugendliche und Kinder, schuften während der Erntesaison von Oktober bis April für Hungerlöhne auf den Feldern. Hat man das Zukkerrohr abgeerntet und die Felder neu bepflanzt, sind ganze Dörfer für die kommenden Monate ohne Arbeit.

Panay
6 Lakawon Island
Cadiz
Sagay
Victorias
5
Escalante
4
Silay
Mount Silay
1534 m
Toboso
1
Bacolod
Mount Mandalagan
1880 m
Iloilo
Murcia
Calatrava
Bago
2
Guimaras Island
Mambucal
7
San Carlos
Mount Kanlaon
2465 m
3
8
Toledo
Pontevedra
Kanlaon City
Hinigaran
Cebu
Binalbagan
Isabela
Himamaylan
La Libertad
Ilog
Cauayan
Kabankalan
Ayungon
Negros
Bindoy
Sipalay
Mabinay
Manjuyod
Hinobaan
Bais
Sumilon Island
Basey
Sibulan
Bayawan
Dumaguete
Valencia
9
Siquijor Island
Mount Cuernos de Negros
1904 m
Dauin
Zamboanguita
Apo Island
Siaton
N
0
25 km

Ausschließlich auf Zucker fixiert, geriet Negros in eine schwere Krise, als Mitte der 80er Jahre die Preise auf dem Weltmarkt einen Tiefstand erreichten. Die Plantagen und Raffinerien fuhren riesige Verluste ein, 250 000 Menschen verloren über Nacht ihre Erwerbsquelle. Als sich die wohlhabenden und traditionell auch politisch sehr einflußreichen Zuckerbarone weigerten, den hungernden Arbeitern einen Teil der Plantagenfläche für den Anbau von Nahrungsmitteln zur Verfügung zu stellen, schlossen sich diese scharenweise der *New People's Army* an. Als Hochburg der kommunistischen Guerilla wurde Negros jahrelang von blutigen Auseinandersetzungen zwischen Regierungseinheiten und Untergrundkämpfern heimgesucht. Die Lage entspannte sich erst etwas, als Ende der 80er Jahre die Baisse auf dem Weltmarkt überwunden war, und viele *Hacienderos* zudem die Monokultur des Zuckerrohranbaus aufgaben und die Wirtschaft der Insel durch Diversifizierung auf eine breitete Basis stellten. Doch noch immer sind auf Negros die sozialen Gegensätze krasser als auf jeder anderen Insel des Archipels, ist für die meisten der 3,8 Mio. Inselbewohner der Zucker bitter.

Zu den Massenzielen des Philippinen-Tourismus zählt Negros nicht, obwohl die Insel Naturfreunden genügend Raum für Abenteuer im wilden Bergland von Vulkanen oder für Entdeckungen entlang schöner Küstenstreifen läßt.

## Bacolod

1 S. 252

Bacolod, die von Mönchen des Rekollektenordens gegründete Hauptstadt der Zuckerprovinz Negros Occidental, gehört mit 380 000 Einwohnern zu den größten Städten der Philippinen, besitzt aber nur wenige Sehenswürdigkeiten. Das Erscheinungsbild des Ortes wird von gleichförmigen Straßenzügen und Ladenarkaden geprägt. Der markanteste und auch schönste Platz von Bacolod ist die mit Grünflächen, schattigen Bäumen und kleinen Bassins durchsetzte City Plaza. Vom späten Nachmittag an herrscht hier reges Treiben. Dann bieten mobile Frisöre und Fußpflegerinnen ebenso ihre Dienste an wie Schuhputzer, fliegende Händler und Fotografen mit altertümlich anmutenden, großformatigen Kameras.

Nachts, wenn sich hier oftmals leichte Mädchen und schwere Jungs ein Stelldichein geben, sollte man die City Plaza dagegen besser meiden. In einem Pavillon mit Freilichtbühne, der im Zentrum der Anlage steht, finden meist sonntags Konzerte und andere kulturelle Veranstaltungen statt. Gegenüber liegen die 1876 erbaute, schlichte San Sebastian Cathedral und die erzbischöfliche Residenz mit einer eklektischen Sammlung sakraler Kunst. Westlich davon erstreckt sich ein weitläufiges, durch Aufschüttung gewonnenes Neulandgebiet, auf dem einmal die *City of the Future* mit Einkaufszentren, Restaurants und Unterhaltungszentren Gestalt annehmen soll.

Eine andere Amüsiermeile entstand vor den südlichen Pforten der Stadt – der Goldenfield Commercial Complex mit Bars, Biergärten und Diskotheken sowie einigen guten Restaurants. Tagsüber wirkt der Stadtteil wie ausgestorben, doch nach Sonnenuntergang erwacht das Vergnügungsviertel zu neonbeleuchteter Geschäftigkeit.

Bacolod ist nicht nur die Zuckermetropole des Landes, sondern auch das Zentrum der philippinischen Keramikindustrie. Man stellt hier vorwiegend handbemaltes Porzellan her, das allerdings

*Die City Plaza in Bacolod*

den Makel der Serienfertigung trägt. Die meisten der kleinen Fabriken befinden sich etwas außerhalb. Zentral, an der Ecke Rosario/Araneta Streets liegt nur MDS Ceramics. Einen guten Ruf genießt Bacolod als Heimatstadt engagierter Kunst- und Antiquitätensammler, deren Ausstellungsräume Besuchern offenstehen. Sehenswert sind die Sar-Lee Antique Collection, die überwiegend Heiligenstatuen und -statuetten, sogenannte *Santos*, aus dem 17. bis 19. Jh. umfaßt, sowie die Casa Grande Antique Collection mit altspanischen Heiligenfiguren, chinesischer Exportkeramik und islamischer Kunst. Gemälde zeitgenössischer Filipino-Künstler zeigt das Negros-Museum im ehemaligen Provincial Capitol Building an der nördlichen Peripherie der Stadt. Hier informieren Dauerausstellungen über die Zuckerindustrie auf Negros sowie die Geschichte der Seefahrt in der Visayas-Region.

An jedem dritten Wochenende im Oktober erbebt die Stadt unter dem Trubel des mit Ausgelassenheit gefeierten MassKara Festival. Begleitet von lautstarken Blaskapellen und Trommlerbatterien ziehen während dieser philippinischen Version des Karnevals Tausende farbenprächtig kostümierte Bacoleños durch die Straßen der Stadt.

## Ausflüge auf Negros

Die beste Möglichkeit, der drückenden Hitze des Küstentieflands zu entfliehen, ist ein Ausflug zum Bergstädtchen **Mambucal** 2 (S. 276) 30 km östlich von Bacolod. Der in 400 m Höhe am Kanlaon-Vulkan gelegene Erholungsort bietet neben von kalten Quellen gespeisten Schwimmbecken, schwefelhaltigen Thermalquellen und mehreren Wasserfällen vor allem ein erfrischend kühles Klima. Dem Trubel, der an Wochenenden herrscht, wenn es Ausflügler aus der nahen Großstadt in Scharen hierher zieht, entgeht man bei Wanderungen im

Mount Kanlaon National Park, in dem sich das ganze Spektrum tropischer Regenwaldflora entfaltet. Hat man griffige Wanderschuhe sowie ein Zelt, Schlafsack und Kocher im Gepäck, kann man den **Mount Kanlaon** 3 besteigen. Mit 2465 m ist der aktive Vulkan, dessen wuchtiges Massiv mit den Monokulturen der riesigen Zuckerrohrplantagen kontrastiert, der höchste Berg der Visayas. Drei seismographische Stationen hören rund um die Uhr den Kanlaon ab, der sich – zum bislang letzten Mal 1992 – immer wieder in unregelmäßigen Abständen mit Asche- und Schwefelausstößen in Erinnerung ruft.

Es gibt verschiedene Aufstiegsmöglichkeiten zum Gipfel des Mount Kanlaon. Landschaftlich am eindrucksvollsten ist die beim Ferienort Mambucal beginnende nördliche Route, für die man drei Tage veranschlagen sollte. Kletterkünste sind für den Aufstieg nicht nötig, aber eine entsprechende Kondition und – da es keine Schutzhütten gibt – eine gute Ausrüstung. Es empfiehlt sich unbedingt, einen *Guide* zu engagieren, da der unmarkierte Weg im dichten Bergdschungel sowie in der von erkalteten Lavaströmen zerfurchten Gipfelregion nicht leicht zu finden ist.

Der Aufstieg führt zunächst durch Pinienwälder, die in üppigen Regenwald übergehen. Auf halbem Weg erreicht man Hardin Sang Balo (Witwengarten), ein kleines Tal mit interessanter endemischer Vegetation. In etwa 2200 m Höhe liegt im erloschenen Krater das Margaha Valley, in dem sich während der Regenzeit ein kleiner See bildet. Weiter südwestlich erhebt sich als Gipfel des Mount Kanlaon der neue, aktive Vulkankegel, dessen Caldera einen Durchmesser von etwa 300 m und eine Tiefe von 265 m besitzt. Die Cinemascope-Fernsicht über weite Teile von Negros bis zu den Inseln Panay und Guimaras im Westen und Cebu im Osten bildet das Finale dieses unvergeßlichen Naturerlebnisses – vorausgesetzt, der Kanlaon spielt nicht hinter einem Wolkenwattebausch Verstecken.

Nördlich der Inselmetropole prägen riesige Zuckerrohrplantagen, die sich bis zu den fruchtbaren Lavahängen des Mount Kanlaon erstrecken, das Bild der Landschaft. An die Zeit, als von Negros Zucker in alle Welt verschifft wurde, erinnern in **Silay** 4 (S. 293) rund drei Dutzend Villen im spanischen Kolonialstil. Diese teils noch gut erhaltenen *Balay Negrense* vermitteln einen hervorragenden Eindruck vom feudalen Lebensstil der Zuckerbarone und ihrer Familien im einstigen Paris von Negros.

Bestückt mit Originalmobiliar, präsentiert sich die 1898 erbaute Residenz von Don Victor Gaston y Fernandez, die als Museum der Öffentlichkeit zugänglich ist, als ein besonders schönes Beispiel kolonialer Architektur. Eine elegante Mahagoni-Treppe führt hinauf zum *Sala*. Der einstige Schauplatz rauschender Feste des damaligen Landadels ist mit exquisiten Holzschnitzereien chinesischer Handwerker prächtig geschmückt. Die *Silay Heritage Foundation*, die sich engagiert um den Erhalt der Kolonialgebäude bemüht, hat ihren Sitz im Bernardino Jalandoni House. Auch diese an der Durchgangsstraße gelegene Kolonialvilla aus dem Jahre 1902 besticht durch ein original belassenes Interieur.

Außerhalb der Stadt **Victorias** 5 (S. 296) steht inmitten ausgedehnter Zukkerrohrplantagen die *Victorias Milling Company* (VICMICO), die größte Zuckerraffinerie der Philippinen. Auf dem weitläufigen Komplex entstand eine kleine Stadt mit eigener Infrastruktur für VICMICO-Arbeiter. Während der Woche arrangiert das *Public Relation Office* Besichtigungen der Raffinerie sowie Fahrten auf alten Dampflokomotiven.

Während der Erntesaison mischt sich der schwere, süßliche Geruch von Melasse mit dem beißenden Qualm, der von der Plantage herüberweht. Um die scharfrandigen Blätter und Unkraut zu entfernen sowie Ratten und Schlangen zu vertreiben, fackelt man vor der Ernte die Felder ab. Beim Abbrennen bleiben nur die saftigen Stengel zurück, welche die *Sacadas* dann schlagen.

Ohne Brachzeit werden nach der Ernte auf den gepflügten Feldern kurz gehackte Stücke ausgereiften Zuckerrohrs gepflanzt, aus denen die Keimlinge treiben. Zuckerrohr ist eine Art Riesengras, das zum Gedeihen ein feuchtwarmes Klima mit jährlich mindestens 2000 mm Niederschlag benötigt – hierfür liefert die Zuckerinsel Negros optimale Bedingungen. Erntefähiges Zukkerrohr, das acht bis neun Monate braucht, um heranzureifen, ist zwischen 2 und 4 m hoch. Die Erntezeit fällt in die Monate Oktober bis April, wenn der Zukkergehalt im Mark der Stengel am höchsten ist.

Es lohnt sich unbedingt ein Blick in die auf dem Werksgelände stehende St. Joseph the Worker Chapel mit dem Altarbild des sogenannten ›zornigen Christus‹ *(The angry Christ)*. Das farbenprächtige Wandgemälde der belgi-

*Das koloniale Gaston Fernandez House in Silay*

# Dampflokomotiven auf Negros
# Die Eiserne Lady aus dem Zuckerland



Wenn Maggie loslegt, stieben die Funken. Die Eiserne Lady zischt und dampft, speit dichte Wolken schwarzen Qualms aus. Der Boden bebt unter den Füßen, einen Augenblick lang drehen die Räder leer durch, greifen schließlich, und die alte Lady setzt den mit Zuckerrohr schwerbeladenen Zug ruckartig in Bewegung. Von einer Dampflokomotive ist hier die Rede – um es ganz exakt auszudrücken von einer Henschel 0-8-0 T aus dem Jahre 1926. Für Eduardo Vasquez, den Maschinisten im Führerhaus, handelt es sich jedoch nicht um eine simple Lok, nein – sie ist seine Maggie, seine Eiserne Lady, deren Launen er in langen Jahren harter Arbeit bestens kennengelernt, zu der er ein fast liebevolles Verhältnis entwickelt hat.

Immer wenn das Jahr zur Neige geht, erwachen die eisernen Dinosaurier, die musealen Dampflokomotiven der Zuckerinsel Negros, zu fauchendem Leben. Von Mitte Oktober bis Mitte April, während der sogenannten *milling season,* müssen Zehntausende Tonnen von Zuckerrohr zur Verarbeitung in die riesigen Raffinerien gebracht werden. Alte Dampflokomotiven – von Henschel, Mallet, Baldwin, Bagnall, Alco und anderen Herstellern –, die meisten davon aus den 20er Jahren, leisten den Löwenanteil der Transportarbeit. Bislang haben es die dieselgetriebenen Konkurrenten noch nicht geschafft, die Steamer aus dem Rennen zu werfen. Zuverlässig, einfach zu warten, billig – das sind die Hauptargumente für die Dampfloks.

Die Lokomotiven werden mit Begasse betrieben, Strohballen aus getrockneten Resten des ausgepreßten Zuckerrohrs, also mit einem natürlichen Abfallprodukt der Zuckerherstellung. Wegen des geringen Heizwerts der Begasse haben zwei Arbeiter alle Hände voll zu tun, um die Kessel auf der richtigen Temperatur zu halten. Aber die menschliche Arbeitskraft ist billig auf den Philippinen, viel billiger als importiertes Öl. Außerdem werden Ersatzteile für die Dampflokomotiven von heimischen Handwerkern hergestellt und müssen nicht wie bei der dieselnden Konkurrenz in den USA oder Japan für viel Geld gekauft werden.

Die meisten der Dampfrösser kamen auf Umwegen nach Negros. Die deutschen Henschel 0-6-0 und die amerikanischen Baldwin 0-6-0 der Hawaiian-Philippine Sugar Company in Silay etwa aus Hawaii, nachdem die dortigen Plantagen auf Dieselbetrieb umgestellt hatten. Die Bagnall-Lokomotiven der Victorias Milling Company (VICMICO) wurden 1924 im englischen Catfort gebaut und zunächst viele Jahre von der Ling-Shau Ta Kok-Eisenbahngesellschaft für den Personentransport zwischen Kowloon und Kanton eingesetzt, bevor die größte Zuckermühle auf Negros sie erwarb. Neben den beiden Bagnall arbeiten in Victorias auch acht bestens erhaltene Henschel 0-8-0 T aus den Jahren 1926 bis 1928.

Mit 365 km besitzt die VICMICO das längste Schienennetz auf Negros. Die einzelnen Lokmannschaften erhalten ihre Einsatzbefehle von zentraler Stelle per Funk. Auch in den Zuckerrohrfeldern, die rings um das kleine Städtchen Maao bis in die Ausläufer des Kanlaon-Vulkans reichen, wird während der *Milling Season* die Ernte rund um die Uhr von alten Dampflokomotiven eingefahren. Zum Fuhrpark gehören hier vier gelblackierte Alco (American Locomotive Company) 2-6-0 aus dem Jahre 1921.

Mittlerweile hat sich die Zuckerinsel Negros zu einem Dorado für Eisenbahnfreunde, zu einem Traumziel für die Schatzgräber einer bizarren Technikarchäologie entwickelt. Aus aller Herren Länder pilgern sie herbei, um die eisernen Ungetüme zu sehen, zu fotografieren oder mitzufahren.

»Die Dampflokomotiven sind um einiges zuverlässiger als die dieselgetriebenen«, bemerkt Ben Aplaon, Leiter der Transportabteilung in der Central Azucarera de La Carlota, »unsere alten Loks werden ständig überholt und bestens gepflegt.« Doch nicht in allen Zuckerraffinerien teilt man die Meinung von Mr. Aplaon. Viele Lokhallen gleichen eher Schrotthalden, in denen unübersehbar der Zahn der Zeit an den alten Steamers nagt.

Maggie, die Eiserne Lady, wird allerdings nicht vernachlässigt. Selbst außerhalb der Erntezeit, wenn in der Zuckerraffinerie sämtliche Räder stillstehen, sorgt Eduardo mit einem ölgetränkten Lappen tagtäglich dafür, daß seine alte Liebe keinen Rost ansetzt. Sanft wischt er über eisernes Gestänge, das von solider Handwerkskunst zeugt, zärtlich gibt er seiner Maggie ihre täglichen Streicheleinheiten.

schen Malerin Ade de Bethune stellt den Gottessohn mit befremdlich anmutenden, geradezu grimmigen Gesichtszügen dar. Wie die ihn flankierenden Heiligen zeigt auch er eine unverkennbar philippinische Physiognomie. Zu sehen ist hier auch die philippinische Version des hl. Joseph, der einen *Barong Tagalog* trägt, die Nationaltracht philippinischer Männer. Manche der modernistisch wirkenden Mosaiken in der Kapelle hat man aus zerbrochenen Flaschen hergestellt.

Abwechslung zum Landleben verspricht die kleine, traumhaft schöne Insel **Lakawon** 6 (S. 273), die vor der Nordküste von Negros im azurblauen Meer liegt. **San Carlos** 7 an der Ostküste ist der wichtigste Fährhafen für Schiffe von und nach Cebu, besitzt aber keine Sehenswürdigkeiten. Landschaftlich reizvoll ist die Fahrt nach **Kanlaon**

*Darstellung des ›zornigen Christus‹ in der St. Joseph the Worker Chapel von Victorias*

**City** 8. Die 914 m über dem Meeresspiegel gelegene Stadt trägt den Beinamen Little Baguio, wirkt aber aufgrund ihrer lockeren Bebauung eher wie ein großes Dorf. Zu den Attraktionen der Umgebung gehören die Quipot Falls, die Iniawan Enchanted Falls und die Bucalan Hot Springs. Darüber hinaus ist Kanlaon City ein möglicher Ausgangspunkt für Wanderungen auf den Mount Kanlaon.

Beschauliche Lebensart und Charme kennzeichnen **Dumaguete** 9 (S. 268) an der Südostküste. Die etwa 70 000 Einwohner zählende Hauptstadt der Provinz Negros Oriental ist eine Hochburg des Protestantismus, der 1898 mit den Amerikanern auf die Philippinen kam. Bereits 1901 wurde hier als Stiftung von Horace B. Silliman ein Lehrinstitut gegründet, aus dem die einzige protestantische Universität des Landes hervorging, die renommierte Silliman University mit rund 20 000 Studenten. Auf dem Campus befindet sich ein kleines, aber sehenswertes anthropologisches Museum. Ein stimmungsvoller Platz, um den Tag ausklingen zu lassen, ist die Uferpromenade mit gepflegten Restaurants und Cafés.

Ausflüge führen ins malerische Hinterland, etwa zum Camp Lookout oberhalb des Städtchens Valencia in den Ausläufern des erloschenen, 1904 m hohen Vulkans Cuernos de Negros. Vom Aussichtspunkt bietet sich ein weiter Blick bis zu den Inseln Cebu, Sumilon und Siquijor. Bei Valencia sprudeln heiße Quellen, die im Banica Valley Resort einen Swimmingpool speisen. Nordwestlich von Dumaguete liegen inmitten üppiger Dschungellandschaft mit den Twin Lakes zwei tiefe Kraterseen.

Grausandige Lavastrände mit Beach Resorts erstrecken sich bei Sibulan nördlich von Dumaguete sowie um das Städtchen Zamboanguita an der Südspitze von Negros. Mit einem gemieteten Auslegerboot erreicht man von Zamboanguita die kleine, unter Naturschutz gestellte Apo-Insel, deren Lagune und Saumriff ein Paradies für Taucher und Schnorchler sind.

# Panay – Die Reisinsel

Die westlichste und gleichzeitig größte Insel der Visayas teilt sich in die Provinzen Aklan, Antique, Capiz und Iloilo. Geographisch ist Panay in drei Landschaftsräume gegliedert: die kaum erschlossene, von Senken durchbrochene Gebirgskette im Westen, die landwirtschaftlich intensiv genutzte Tiefebene im Zentrum sowie das mittelhohe Bergland im Nordosten.

Auf Panay ließen sich Anfang des 13. Jh. die ersten malaiischen Siedler aus Borneo nieder. Im Jahre 1569 gründeten die Spanier an der Stelle der heutigen Stadt Roxas ihren ersten Stützpunkt auf der Insel. Schon während der spanischen Kolonialepoche war Panay ein wichtiger Reislieferant. In den letzten Jahren haben die vier Inselprovinzen wesentlich dazu beigetragen, daß die

*Panay*

Philippinen sich mit Reis selbst versorgen können.

Die 3,7 Mio. Inselbewohner sind bekannt für ihre Unbeschwertheit und Lebensfreude, die in überschwenglich gefeierten (religiösen) Festen, etwa dem ausgelassenen Ati-Atihan Festival von Kalibo oder dem farbenprächtigen Dinagyang Festival von Iloilo, zum Ausdruck kommen.

Die schönen Sandstrände, die man auf der Insel sowie auf vielen vorgelagerten Eilanden findet, machen Panay zu einem beliebten Urlaubsziel – über Wasser wie geschaffen für all jene, die Strand- und Badefreuden suchen, unter Wasser ideal für Taucher und Schnorchler. Die meisten Urlauber zieht es zur kleinen Insel Boracay, die vor der Nordwestspitze von Panay liegt. Liebhaber alt-spanischer Kunst kommen in der Iloilo-Provinz auf ihre Kosten, denn die dortigen Kirchen im reinsten ›Erdbeben-Barock‹ gehören zu den bedeutendsten Sakralbauten der Philippinen.

## Iloilo

1 S. 271

Die an der Südostküste gelegene, rund 370 000 Einwohner zählende Hauptstadt der gleichnamigen Provinz ist die wichtigste Hafen- und Handelsstadt der westlichen Visayas sowie das Zentrum der regionalen Textilindustrie. Einen guten Ruf genießen die traditionellen Handwebstoffe *Piña* (aus Ananasfaser) und *Jusi* (aus Abakafaser), aus denen qualitativ hochwertige, mit kunstvollen Stickereien versehene Kleidungsstücke, etwa der *Barong Tagalog,* die philippinische Nationaltracht, sowie Tisch- und Taschentücher hergestellt werden.

Der in sich geschlossen wirkende Stadtkern von Iloilo entstand großenteils im 18. und 19. Jh., als die Zuckerindustrie in voller Blüte stand. Typisch für die Hauptgeschäftsstraßen sind Ladenarkaden, unter denen man, geschützt vor Regen oder Sonne, bummeln kann. Ausgangspunkt eines Stadtrundgangs ist das Museo Iloilo am Bonifacio Drive neben dem Provincial Capitol Building. Das archäologische und ethnologische Museum birgt in seiner übersichtlich arrangierten Sammlung eine erlesene Auswahl an Exponaten, die von einfachen steinzeitlichen Werkzeugen und Klingen über kunstvolle Kleinplastiken aus Ton und Bronze bis zu Gegenständen des täglichen Lebens reichen. Zu den Prunkstücken zählen die goldene Totenmaske Oton Gold Mask aus präspanischer Zeit, sowie mehrere koloniale, teilweise aus dem 17. Jh. stammende Heiligenfiguren *(Santos)* aus einer Molave genannten philippinischen Hartholzart.

Die pulsierende Lebensarterie von Iloilo bildet die J. M. Basa Street. Nur ein Stückchen weiter nördlich erstreckt sich am Iloilo River der taifungeschützte Flußhafen Muelle Loney, benannt nach dem britischen Konsul und Kaufmann Nicolas Loney, dem ›Vater der philippinischen Zuckerindustrie‹. Über die General Hughes Street gelangt man, vorbei an der Plaza Libertad mit dem Rathaus und der San José-Kirche, zum Fort San Pedro Drive. Hier erhob sich einst eine zwischen 1603 und 1616 erbaute spanische Festung zur Verteidigung der Stadt gegen Angriffe von *Moro*-Piraten. Heute befindet sich an der Stelle des Bollwerks ein großes Gartenrestaurant mit Blick auf Guimaras Island.

Als historisches Wahrzeichen steht im nördlich des Iloilo River gelegenen Vorort Jaro (gesprochen Haro) die gleichnamige, 1874 erbaute Kathedrale mit üppig barock wirkenden Haupt- und Sei-

*Pfahlbauten in Iloilo auf Panay*



tenaltären, kunstvollen Fresken im Kuppelgewölbe sowie sehenswerten Buntglasfenstern in den Seitenschiffen. Vom feudalen Lebensstil der *Hacienderos* im 19. Jh. zeugen elegante Villen im spanischen Kolonialstil.

Molo heißt ein Stadtteil 3 km westlich der City. Dort beten die Gläubigen in einer 1831 aus Korallengestein errichteten Kirche, die Elemente der Gotik und der Renaissance aufweist. An der Hauptstraße Richtung Oton liegt das 1912 gegründete Waisenhaus Asilo de Molo, dessen Zöglinge kunstvolle Handstickarbeiten auf *Piña*- und *Jusi*-Stoffen anfertigen. Der angrenzende Vorort Arevalo, heute als ›Dorf der Blumen‹ bekannt, war im späten 16. Jh. das politische, militärische und religiöse Zentrum der West-Visayas und diente den Spaniern als Versorgungsbasis auf ihren Strafexpeditionen gegen die *Moros.* Es lohnt sich ein Blick in die traditionelle *Sinamay*-Webstube in der Osmeña Street, die in einem Kolonialhaus mit prächtigem Interieur untergebracht ist. Am alten Handwebstuhl wird allerdings nur noch sporadisch gearbeitet.

## Ausflüge auf Panay

Eine Viertelstunde Bootsfahrt trennt Iloilo von der Insel **Guimaras** **2** (S. 270). Obwohl es hier bereits rund zwei Dutzend Beach Resorts aller Kategorien gibt, liegt Guimaras immer noch im Schatten der bekannten Ferieninsel Boracay. Während letztere in den vergangenen Jahren vom Strandtourismus überrollt und ›überentwickelt‹ wurde, ist Guimaras auf angenehme Art rückständig geblieben. So leben denn die Insulaner neben den noch neuen Einkünften aus dem Tourismus hauptsächlich vom Fischfang vom Ertrag ihrer Kokospalmen und von der bescheidenen Aufzucht magerer Rinder. Ausflüge führen Besucher ins hügelige Binnenland der Insel. Dort wachsen die – nach Meinung von Kennern – süßesten Mangos der Philippinen, die Guimaras den Beinamen Mango Island eingebracht haben.

Am Bundolan Point, einer Landzunge westlich der Inselhauptstadt Jordan, befindet sich mit Balaan Bukit eine bekannte Wallfahrtsstätte mit einem riesigen, weithin sichtbaren Kreuz. Touristen kommen dorthin, um den herrlichen Panoramablick über die Iloilo Strait zu genießen. Am Karfreitag ist Jordan (gesprochen Hordan) ein Magnet für in- und ausländische Besucher, wenn sich dort fromme Büßer wie Christus ans Kreuz schlagen lassen. Das einzige Trappistenkloster der Philippinen liegt bei Barrio San Miguel, zwischen Jordan und Nueva Valencia.

Auch auf einigen vorgelagerten Inseln findet man einsame Strände, kleine Fischerdörfer und unberührte Natur. Auf vielen von ihnen – Nagarao Island, Inampulugan Island, Pulang Pasayan und Isla Naburot – verstecken sich die Bambusbungalows von stilvollen Beach Resorts inmitten lauschiger Palmenwäldchen.

Die Strände entlang der Südküste von Panay können kaum einem Vergleich mit denen von Guimaras Island standhalten. Dorthin zieht es auch eher Kulturbeflissene als Sonnenanbeter, denn westlich von Iloilo erstreckt sich eine der ›klassischen‹ spanischen Regionen der Philippinen, in der das kastilische Erbe vorwiegend in wuchtigen Kirchenbauten überlebt hat.

Bereits 1566 von den Spaniern gegründet, ist **Oton** 3 eine der ältesten Städte des Landes. Ereignisse aus der philippinischen Geschichte zeigt ein Wandrelief im kleinen Stadtpark von Oton. Interessante alt-spanische Kirchen, zu deren Bau gelber Sandstein und Korallenblöcke verwendet wurden, stehen in **Tigbauan** 4 (S. 295) und **Guimbal** 5 (S. 270). Die alt-spanische Fassade der Tigbauan Church, deren Ursprünge auf das Jahr 1575 zurückgehen, kontrastiert mit dem modernen Innern dieses Gotteshauses, vor allem mit dem farbenfrohen Mosaik hinter dem Hauptaltar, einer Darstellung des letzten Abendmahls. Von den fünf Ende des 16. Jh. errichteten Wachtürmen am Strand von Guimbal hielt man einst Ausschau nach angreifenden *Moro*-Piraten. Die Strände beider Orte sind an Wochenenden Ziel zahlreicher Ausflügler aus dem nahen Iloilo. Weniger die graue Farbe der mit Steinen durchsetzten Sandstrände trüben die Badefreuden als vielmehr die Tatsache, daß es die meisten Einheimischen mit der Abfallbeseitigung nicht so genau nehmen.

Ein Beispiel für ›Erdbeben-Barock‹ ist die wuchtig-gedrungene, 1797 vollendete Kirche von **Miagao** 6 (S. 282), deren mächtiges Mittelschiff von zwei massiven Türmen flankiert wird. Ungewöhnlich ist das Portalrelief, das den hl. Christophorus als Träger des Christuskindes zwischen tropischer Vegetation – Kokospalmen sowie Papaya- und Guavabäumen – darstellt und durch handwerkliche Virtuosität besticht. Der Christusträger – so interpretieren Kunsthistoriker das Relief – steht als Symbol für die frühen spanischen Missionare, die den katholischen Glauben (das Jesuskind) über die Weltmeere (den biblischen Fluß) auf den philippinischen Archipel (die Tropenpflanzen) gebracht haben. Die ovale Höhlung im Zentrum der Fassade enthält die Statue von St. Thomas Villanueva, des Schutzpatrons von Miagao. Im Kontrast zur barock ausufernden Ornamentik der Fassade steht das schlichte, beinahe schmucklose Innere des Gotteshauses. Wegen ihrer kunstgeschichtlichen Bedeutung wurde die Miagao-Kirche von der UNESCO auf die Liste der Weltkulturgüter gesetzt.

Eine weitere Trutzburg des Katholizismus auf den Philippinen ist die Kirche von **San Joaquin** 7 aus dem Jahre 1869. Wieder fällt an der Hauptfassade ein außergewöhnliches Relief auf, doch zeigt es kein Motiv christlicher Nächstenliebe, sondern die Schlacht von Tetuan in Marokko, in der die Spanier 1860 einen Sieg über die Mauren, ihre Erzfeinde, davontrugen. Das Kircheninnere erfüllt das Fiepen Hunderter Fledermäuse, die in den heiligen Gemäuern ungestört nisten. Am zweiten Samstag im Januar, wenn das alljährliche Dorffest stattfindet, herrscht im sonst verschlafenen San Joaquin ausgelassener Frohsinn. Hauptattraktion sind die genannten Stierkämpfe, bei denen anders als in Spanien zwei Bullen gegeneinander kämpfen.

Auch das Städtchen **Anini-y** 8 besitzt eine sehenswerte Barock-Kirche, die Augustiner-Mönche von 1875 bis 1880 aus weißem Korallengestein erbauten. Die vorgelagerte winzige Nogas-Insel gilt mit ihren Korallenbänken als gutes Schnorchel- und Tauchrevier.

Von der Südküste führen drei Reiserouten in den Norden von Panay. Ganz gleich, ob man auf direktem Weg mit dem Bus von Iloilo durch das Tiefland nach Roxas fährt, der westlichen Kü-

stenstraße durch die gebirgige Provinz Antique folgt oder entlang der Ostküste nach Estancia reist, längere Aufenthalte unterwegs lohnen sich nur für Reisende, die philippinisches Provinzleben kennenlernen möchten und dabei auf den klimatisierten Komfort von Touristenhotels verzichten können.

Eine Gruppe paradiesischer Eilande, die zum *Island Hopping* in einem gecharterten Auslegerboot einlädt, liegt vor der Nordostküste von Panay. Am markantesten ist das kleine Pan de Azucar Island, auf dem ein knapp 600 m hoher Berg in den Tropenhimmel ragt. Ein lohnendes Ausflugsziel sind auch

*Strand auf Boracay*

die beiden Gigantes-Inseln, deren Felsmassive von zahlreichen Höhlen zerklüftet sind, die früher teilweise als Grabstätten dienten. Auf Sicogon Island, einst Urlaubsziel betuchter Jetsetter, pulsiert das Leben heute wieder in ruhigem Takt, nachdem das exklusive Strandhotel seine Pforten schließen mußte. Ausgangspunkte für Inselexkursionen sind die Stadt **Estancia** 9 (S. 269) sowie die Fischerdörfer Concepcion und San Dionisio.

An 300 Tagen im Jahr fällt **Kalibo** 10 (S. 272) an der Nordküste in die Katego-

Richtig Reisen
Thema

# Datus, Trommeln und das Jesuskind
# Das Ati-Atihan Festival



Hala Bira! – Vieltausendfach erschallt dieser Schlachtruf durch die Straßen. Gleich darauf folgt die getrommelte Antwort: »Du-dumm, du-dumm, bumm, bumm, bumm«! Immer wieder im gleichen harten, monotonen Rhythmus. Heute ist die Hölle los in Kalibo, heute wird gefeiert, daß die Fetzen fliegen, heute ist der Tag von *Ati-Atihan.*

Kohlrabenschwarze Gestalten stekken in farbenprächtigem Glitzerdekor phantasievoller Kostüme, mit üppigen Federbüschen auf dem Kopf. Die ausgelassene Menge jauchzt und wogt, jedermann in Kalibo ist auf den Beinen, alles stampft, trippelt und tanzt im geradezu magischen Takt der wuchtigen Trommelschläge. Über die Stadt hat sich eine gewaltige Lärmglocke gestülpt. Getrommelt wird auf allem, was Krach macht: auf Blechbüchsen und Kochtöpfen, auf kleinen Tamburinen und riesengroßen Baßtrommeln. Aber immer im gleichen Takt. Die Tänzer und Trommler geben in totaler Selbstvergessenheit alles, was ihre Lungen, Hände und Füße zu bieten haben – bis zur völligen Erschöpfung.

Kalibo, normalerweise ein verschlafenes Provinznest auf der Insel Panay, erwacht alljährlich am dritten Wochenende im Januar zu tosendem Leben. Die Wurzeln des berühmt-berüchtigten *Ati-Atihan*-Festes liegen mehr als sieben Jahrhunderte zurück. Im 13. Jh. landeten zwölf sogenannte *Datus,* Stammeshäuptlinge von Borneo, mit ihren Gefolgsleuten an der Küste der Insel Panay und erwarben im Tauschhandel Land von den dort ansässigen Eingeborenen, den Negritos. Um sich den negroiden Ureinwohnern anzupassen und das anfängliche Mißtrauen abzubauen, färbten die hellhäutigen Ankömmlinge ihre Gesichter schwarz. Perlen, Halsketten und andere Geschenke taten das ihrige, um die schwarzen Ureinwohner – die Atis – zum Tauschhandel zu überreden. Sie zogen sich ins unzugängliche Hochland zurück. Die Datus und ihre falschen Atis – die Atihans – konnten nun im Küstengebiet siedeln.

Das ist der eine Anlaß des ausgelassenen Festes. Es gibt jedoch auch noch einen zweiten: Vier oder fünf Jahrhunderte später lebte das mittlerweile von den Spaniern christianisierte Panay in ständiger Furcht vor marodierenden muslimischen Seeräubern und Sklavenjägern von der südlich gelegenen Insel Mindanao. Just während eines dieser Überfälle soll das Christuskind erschienen sein und die Piraten vertrieben haben. Deshalb steht heute Santo Niño ebenfalls im Mittelpunkt des Festivals. Hunderte von Figuren des Jesuskindes werden durch die festlich geschmückten Straßen zur Segnung in die Kirche getragen. Und immer wieder mischt sich das frenetische »Hala Bira!« mit »Viva el Señor Santo Niño«-Rufen.

Das Ati-Atihan ist keine puritanische Heiligenverehrung, sondern eine bizarre Mischung aus lebendiger Frömmigkeit und ausgelassenem Fastnachtstreiben, ein janusköpfiges Fest. *Datus,* Trommeln und das Jesuskind sind, als nicht ganz heilige Dreieinigkeit, die Quintessenz des *Ati-Atihan*-Festes. Das Glockengeläut der Kirchen mischt sich mit Trommel-Tamm-Tamm, Weihrauch mit Barbecue-Düften, die Heilige Messe mit Karneval – die Grenzen sind fließend.

Bereits am Donnerstag wimmelt Kalibo von Menschen. Über die Straßen sind Papiergirlanden und farbenprächtige Wimpel gespannt, die im Wind flattern. Die Einstimmung auf das große Fest beginnt. Die ersten Trommlerbatterien proben und bescheren den Anwohnern schlaflose Nächte. Einzelne Tänzergruppen formieren sich, die Menge schmilzt im ekstatischen Rhythmus der Trommeln dahin. Am Donnerstag und Freitag werde nur geübt für die Gala am Wochenende, sagen die Einheimischen. Probelauf? Was soll, so fragt man sich als unwissender Tourist, denn da noch kommen? Doch es kommt und steigert sich ständig zu neuen Höhepunkten.

Zuschauer gibt es nicht beim *Ati-Atihan,* keiner entrinnt der temperamentvollen Ausgelassenheit. Eine rußgeschwärzte Hand fährt dem Touristen übers Gesicht, eine andere zieht ihn am T-Shirt, ein sanfter Stoß von hinten und schon ist er mittendrin in der brodelnden Menschenmenge, hat gleich darauf eine Schnapsflasche in der Hand und brüllt mit: »Hala Bira! Hala Bira!«

Im bunten Treiben, das mittlerweile seinen eigenen dramaturgischen Regeln folgt, mischen auch Transvestiten und andere Paradiesvögel mit. Mag dem *Ati-Atihan* auch ein Hauch von Verruchtheit anhaften, die freizügige, sinnliche Komponente des karibischen Karnevals fehlt ihm ganz und gar.

Der Sonntag ist der wichtigste Teil des Festivals. Frühmorgens, nachdem die Stadt aus ihrem Rausch erwacht ist, gehen alle Bewohner in die Kirche: der *Tricycle*-Fahrer und die Marktfrau, der Bankangestellte im *Barong* und der Reisbauer im T-Shirt, die Ordensschwester und der Taschendieb, dem das große Fest zu einer willkommenen Hochkonjunktur verholfen hat. Sie alle kommen, teilweise noch rußgeschwärzt oder mit tiefen Ringen unter den Augen, um das *Patapak* zu zelebrieren: ein Ritual, bei dem ein Priester Kopf und Körper der Gläubigen mit einer Santo-Niño-Figur berührt, was auf magische Weise Leib und Seele heilen soll.

Bald aber ertönen die ersten ›Viva Santo Niño‹-Rufe, schon legt sich wieder rhythmisches Tamm-Tamm über die fromme Kirchenmusik. Das *Ati-Atihan* treibt seinem Höhepunkt entgegen – dem Auftritt der Tanzgruppen, deren schönste, wildeste und lauteste einen Geldpreis erhält.

Der Tag ist heiß. In der Schwüle der dichtgedrängten Leiber läuft der Schweiß in Sturzbächen den Körper hinunter. Die Luft vibriert noch einmal unter den Trommelklängen, die sich zu einem panischen Crescendo steigern. Eine sinnenverwirrende Vielfalt buntkostümierter Gestalten defiliert kreisend und wippend, tanzend und stampfend zum zigsten Mal durch die Stadt. Die Ekstase hat ihre Grenzen nur noch in der Kondition des einzelnen. Erschöpfung macht sich aber erst gegen Abend breit. Knieweich und völlig ermüdet lassen sich Zuschauer, Musikanten und Tänzer im Park vor der Kirche zu Dodon sinken. Nur noch in der Ferne hört man ein leises »Hala Bira!«

*Beim Ati-Atihan Festival tragen die rußgeschwärzten Teilnehmer ...*

rie ›wenig interessante Provinzstadt‹. Das ändert sich schlagartig am dritten Januarwochenende, wenn sich die Hauptstadt der Provinz Aklan während des Ati Atihan Festival in ein Tollhaus verwandelt. Sämtliche Hotelzimmer der Stadt sind dann – bei um das Drei- bis Vierfache erhöhten Preisen – ausgebucht. Sobald das farbenprächtige Spektakel vorüber ist, legt sich wieder tropisch-verschlafene Lethargie über den Ort. Die Reize von Kalibo beschränken sich dann auf das kleine Regionalmuseum Museo it Akean mit einem Sammelsurium an Kuriositäten.

Einst unter Weltenbummlern als ›Geheimtip‹ gehandelt, hat die der Nordwestspitze von Panay vorgelagerte kleine Insel **Boracay** 11 (S. 258) in den vergangenen Jahrzehnten eine nahezu unkontrollierte Entwicklung zu einem der beliebtesten Badeziele von Südost-Asien durchlaufen. Auf nur wenigen Quadratkilometern vereint das Eiland vieles von dem, was Europäer unter einem ›exotischen Traum‹ verstehen: hellsandige Badestrände, an denen Kokospalmen Spalier stehen; die türkisschillernden Gewässer weitgeschwungener Buchten, in denen sich kleine Auslegerboote mit bunten Segeln tummeln; dichtbewachsene, üppig-grüne Hügel im Inselinnern; und über allem ein blauer Himmel mit zuverlässig strahlender Sonne und Schönwetterwölkchen.

Reisende, meist Rucksacktouristen, die Boracay in den 60er Jahren besuchten, fanden dort nur eine Handvoll Fischerhütten vor, die zwar idyllisch unter Kokospalmen angelegt, doch eher ärmlich waren. Die Inselbewohner reagierten schnell auf die Nachfrage und bauten einfache, aber gemütliche Bungalowkolonien aus Bambus, Kokospalmen und anderen Naturmaterialien. Längst schon wurden die meisten dieser schlichten Ferienanlagen aus den Pioniertagen des Boracay-Tourismus von den soliden Steinbauten teils exklusiver Beach Resorts verdrängt.

Mittlerweile gibt es auf Boracay über 200 Touristenunterkünfte aller Klassen für die jährlich bis zu 200 000 Übernachtungsgäste. Vor allem an der Westküste des von Korallenbänken gesäumten Eilands, am knapp 4 km langen, feinsandigen White Beach zwischen den Dörfern Angol und Diniwid, reiht sich ein Beach Resort an das andere, schießen in den wenigen verbliebenen Lücken Restaurants, Surf- und Tauchschulen, Bars und Diskotheken wie Pilze aus dem Boden. Hier plärren Stereo-Anlagen ohrenbetäubend durch die lauen Tropennächte und übertönen – wenn die Stromversorgung vom ›Festland‹ wieder einmal zusammengebrochen ist – knatternde Dieselgeneratoren das Meeresrauschen.

Doch haben der Bauboom und die rücksichtslose Ausbeutung der Natur gerade am White Beach, der einst keinen Vergleich mit den schönsten Malediven-Stränden scheuen mußte, bereits tiefe Spuren hinterlassen. Den milchpulverfeinen, früher blendendweißen Sandstrand überzieht inzwischen ein fahler Grauschleier, wenn ihn nicht gar – in der Regel während der Hauptsaison zwischen Januar und April – ein schleimiger Algenteppich bedeckt. Problematisch ist auch der Abfall der Badegäste, der nicht entsorgt, sondern teilweise verbrannt oder einfach in die Landschaft gekippt wird. So türmen sich im Inselinnern an manchen Stellen bizarre Berge aus alten Plastikflaschen. Und ernsten Anlaß zur Sorge gibt schließlich die Tatsache, daß es auf Boracay bislang noch keine Kläranlagen, sondern nur einfache Sickergruben gibt.

Der Tourismus konzentriert sich vorwiegend am White Beach, wo es auch die besten Möglichkeiten zum (Sonnen-) Baden gibt. Tauch- und Schnorchelreviere befinden sich nahe der größeren

... *bunte Phantasiekostüme*

Dörfer Manoc-Manoc im Süden und Yapak im Norden. Obwohl die dortigen Korallenriffe arg unter der einst ausgiebig betriebenen Dynamit- und Giftfischerei gelitten haben, findet man noch manche schöne Stellen. Während Boracay früher als reine Fußgängerzone ein ideales Terrain für ausgedehnte Spaziergänge war, knattern heute auf teils zementierten Straßen und Wegen Mopeds und *Tricycles.* Einen Großteil der Insel nimmt ein 18-Loch-Golfplatz ein. Weichen mußte ein ehedem zurückgezogen lebender, ein gutes Dutzend Köpfe zählender Stamm negroider Ati, die zu den Ureinwohnern der Philippinen gehören.

Obwohl Boracay viel von seinem ursprünglichen Charme verloren hat und sich heute als ein Paradies mit Schattenseiten präsentiert, ist die Insel für viele Philippinen-Urlauber immer noch ein Highlight ihrer Reise.

*Blick auf den Mount Apo* ▷

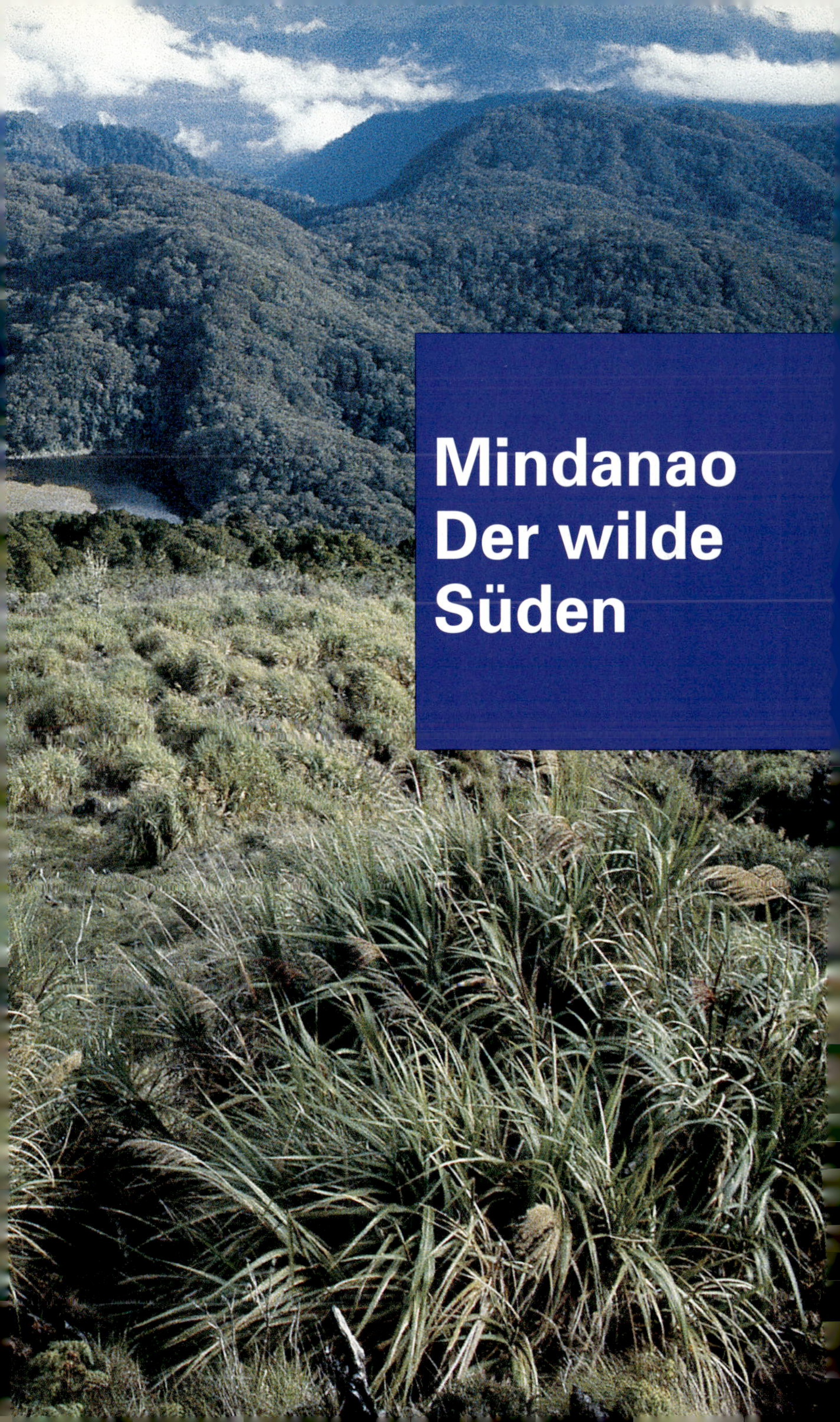

# Mindanao Der wilde Süden

Die geographische Struktur der zweitgrößten Insel des philippinischen Archipels ist ausgesprochen vielfältig. In Nord-Süd-Richtung verlaufende Gebirgszüge, deren wichtigste die Pazifische Kordillere und die Zentralkordillere sowie das gebirgige Rückgrat der Zamboanga-Halbinsel sind, prägen die Landschaft. Unweit der Stadt Davao im Südosten ragt der Mount Apo in den Tropenhimmel, mit 2956 m der höchste Berg der Philippinen.

Ihre Gestalt erhält die Insel durch mehrere Halbinseln, die weite Buchten einschließen und für die große Küstenlänge verantwortlich sind. Zu den größten Meerestiefen der Erde gehört der bis zu 10 540 m tiefe Philippinen-Graben nordöstlich von Mindanao. Der mächtige Pulangi River – von den Spaniern Rio Grande de Mindanao genannt – gab mit alljährlichen Überschwemmungen im Tiefland von Cotabato der Insel ihren ursprünglichen Namen Maguindanao – Land der Überflutungen.



Mit einer Bevölkerung von 15 Mio. ist Mindanao im Vergleich zur Fläche relativ dünn besiedelt. Die Inselbevölkerung setzt sich aus etwa 70 % Christen, 25 % Muslimen und 5 % Angehörigen anderer Religionen sowie Animisten zusammen. Die einzelnen Volks- bzw. Religionsgruppen zerfallen in eine Vielzahl von Ethnien, die sich hinsichtlich Kultur und Lebensweise erheblich voneinander unterscheiden. Bei den Christen von Mindanao handelt es sich meist um Einwanderer aus den Visayas und Luzon. Die bedeutendsten Muslim-Völker sind die Maranao und die Maguindanao, die Yakan auf der Insel Basilan sowie die Tausug, Samal und Badjao, die vorwiegend auf dem Sulu-Archipel leben. Zu den oft animistischen Bergstämmen gehören die Manobo, Mandaya und Mansaka, die T'boli am Lake Sebu in der Provinz Süd-Cotabato und die erst 1971 entdeckten Tasaday, an denen aufgrund ihrer geographischen Isolation einige zehntausend Jahre Menschheitsentwicklung spurlos vorübergegangen zu sein scheinen (vgl. S. 64f.).

In wirtschaftlicher Hinsicht zählt Mindanao zu den am weitesten entwickelten Gebieten des Landes. Die Insel ist reich an Bodenschätzen. Auf Nonoc Island befindet sich eines der weltgrößten Nickelerzlager, in anderen Provinzen werden Eisenerz, Kupfer, Kobalt, Bauxit, Silber und Gold abgebaut. Eine große Bedeutung hatte lange Zeit die Forstwirtschaft. Allerdings führte der in den 50er Jahren begonnene Holzraubbau zu irreparablen ökologischen Schäden. In Broschüren regionaler Fremdenverkehrsämter liest man immer noch von der ›riesigen, wilden Bergwelt von Mindanao mit Tierreservaten und unendlichen Wäldern‹. Tatsache aber ist, daß die ursprünglichen Regenwälder von Mindanao, die noch vor drei bis vier Jahrzehnten zwei Drittel der Insel bedeckten, bis auf einige teils ausgedünnte Hochwälder an den Flanken der Berge weitgehend verschwunden sind.

Ein nicht unerheblicher Teil des Kahlschlags geht auf das Konto multinationaler Agrarkonzerne, die auf Mindanao ideale Bedingungen für eine großflächige, exportorientierte Plantagenwirtschaft fanden: fruchtbare Vulkanböden, gleichmäßig über das ganze Jahr verteilte Niederschläge, Lage außerhalb des Taifungürtels, ›freundliches Investitionsklima‹ sowie billige Arbeitskräfte. Bereits 1926, als die Philippinen noch US-Kolonie waren, legte eine Vorläufergesellschaft des amerikanischen Del Monte-Konzerns erste Ananasplantagen in der Provinz Bukidnon an. Vier Jahre später nahm die Tochtergesellschaft Philippine Packing Corporation

*Das Muslim Fishing Village bei Davao*

(Philpak) in Bugo bei Cagayan de Oro die erste Ananaskonservenfabrik in Betrieb. 1962 kam Dole, der weltweit größte Ananasproduzent, auf die Philippinen. Beide Agrarkonzerne unterhalten auf Mindanao Ananas- und Bananenplantagen, die mit mehr als 100 000 ha Nutzfläche zu den größten der Welt gehören.

Für Besucher ist Mindanao eine der interessantesten Inseln der Philippinen, weniger wegen kunstgeschichtlicher Sehenswürdigkeiten als vielmehr aufgrund landschaftlicher Attraktionen und vor allem der ethnischen und kulturellen Vielfalt der Bevölkerung. Immer wieder aufflackernde Unruhen sowie Kämpfe zwischen Regierungstruppen und aufständischen Separatisten, die einen autonomen Muslim-Staat fordern, schrekken jedoch schon seit Jahren viele Touristen ab (vgl. S. 38f.). Zwar hat sich mit dem Friedensabkommen, das Präsident Fidel Ramos und der muslimische Rebellenführer Nur Misuari im September 1996 schlossen, die Situation merklich entspannt, jedoch schüren islamistische Splittergruppen, die sich nicht an den Vertrag gebunden fühlen, weiterhin den Konflikt. Von Unruhen betroffen sind vor allem Gebiete mit hohem muslimischen Bevölkerungsanteil, etwa die Provinzen Cotabato, Maguindanao und Sultan Kudarat sowie Teile der Zamboanga-Halbinsel. Meiden sollte man zumindest vorläufig auch die Gegend um den Lake Lanao mit der Muslim-Hochburg Marawi, wo Touristen zwecks Lösegelderpressung entführt wurden. Riskant können auch Abstecher auf den Sulu-Archipel sein. Abzuraten ist von Besuchen der Inseln Basilan, Jolo und Siasi. Generell ist es ratsam, vor Reisen nach Mindanao und auf andere süd-philippinische Inseln aktuelle Informationen über bestehende Krisengebiete einzuholen.

# Der Norden von Mindanao

Einer riesigen Pfeilspitze gleich ragt im Nordosten von Mindanao eine gebirgige Halbinsel in Richtung der Visayas. Nur 60 km südlich der Insel Leyte liegt **Surigao City** 1 (S. 293), die Hauptstadt der Provinz Surigao del Norte und Ausgangspunkt für Abstecher in die vorgelagerte, zersplitterte Inselwelt. Mit seiner noch weitgehend intakten Natur lockt **Dinagat Island** 2 vor allem Wanderer. Das benachbarte **Siargao Island** 3 wartet mit Bilderbuchstränden auf. In den Mangrovenwäldern an der Ostküste dieser Insel können unerschrockene Ausflügler mit Glück und Geduld immer noch Krokodile sichten.

Eine ›terra incognita‹ für Speläologen sind verschiedene, teils noch völlig unerforschte Tropfsteinhöhlen in der Karstlandschaft um Surigao City, etwa die Buenavista Cave und die Mapawa Cave. Weit weniger aufregend ist ein

*Schon die Kleinsten lernen, wie man Trockenfisch zubereitet*

Aufenthalt in der Provinzhauptstadt, die außer dem lebhaften Treiben auf dem Markt und im Hafen kaum etwas zu bieten hat. Die meisten Reisenden sind sich einig – das Schönste an Surigao City ist der nach Süden führende Highway 1, die Fortsetzung des von Laoag im Norden der Insel Luzon bis Davao auf Süd-Mindanao führenden Pan Philippine Highway. Wegen der reizvollen Landschaft lohnt sich ein Stopp am großen Binnensee Lake Mainit.

**Butuan** 4 (S. 261), Hauptstadt der Provinz Agusan del Norte und vor gar nicht langer Zeit ein Ort mit ländlichem Charakter, gehört heute zu den wichtigsten Hafen- und Industriestädten von Nord-Mindanao. Bereits in prä-spanischer Zeit befand sich hier am Mündungstrichter des Agusan River eine bedeutende Handelsniederlassung. Bei Ausgrabungen unweit von Butuan entdeckte man Ende der 70er Jahre die Überreste mehrerer teils über 1500 Jahre alter *Balanghai.* Mit so bezeichneten Booten, dem bislang ältesten bekannten seetüchtigen Bootstyp der Philippinen, kamen einst die malaiischen Einwanderer auf den Archipel.

Weitere Funde im Tal des Agusan scheinen die Theorie einiger Wissenschaftler zu bestätigen, wonach Butuan die älteste städtische Ansiedlung des philippinischen Archipels sein könnte. Ein halbwegs restauriertes, 15 m langes und 3 m breites *Balanghai* kann man im Balanghai Shrine Museum 5 km außerhalb des Stadtzentrums besichtigen. Weitere Funde birgt das Butuan Regional Museum nahe der City Hall. Die wertvollsten Ausgrabungsstücke sind jedoch im Museum der Xavier-Universität in Cagayan de Oro ausgestellt.

Vom kleinen Hafen **Balingoan** 5, 120 km westlich von Butuan, legen mehrmals täglich Fähren zum nahen **Camiguin Island** 6 (S. 263) ab. Der beinahe kreisrunde Inselwinzling gilt als eines der landschaftlich reizvollsten Eilande des Archipels. Ein Tag genügt, um fast allen Erscheinungsformen zu begegnen, derer die Natur fähig ist: palmengesäumte Badestrände und blendendweiße Koralleninseln, tropische Wälder und sattgrüne Kulturlandschaften sowie das dramatisch zerklüftete Inselinnere, das aus einem einzigen Vulkangebirge besteht. Mit 1332 m ist der noch nicht erloschene Mount Hibok-Hibok der höchste und bekannteste der sieben Inselvulkane, von denen zwei als erloschen, zwei als ruhend und drei als aktiv gelten.

Die wirtschaftlich wenig bedeutende Insel lag in den vergangenen Jahrhunderten an der Peripherie großer historischer Ereignisse. Zwar behaupten Chroniken, daß sowohl Ferdinand Magellan als auch Miguel Lopez de Legazpi vor Camiguin ankorten, um ihre Trinkwasservorräte zu ergänzen, doch errichteten die Spanier hier, beim heutigen Catarman, erst gegen Ende des 17. Jh. eine größere Ansiedlung.

Spätestens seit Camiguin Anfang der 90er Jahre in das nationale Flugnetz einbezogen wurde, hat ›die Moderne‹ Einzug gehalten, ohne jedoch das langsam pulsierende Inselleben aus dem Takt zu bringen. Wegen der fruchtbaren Vulkanböden bildet die Landwirtschaft den Haupterwerbszweig. Bekannt ist Camiguin für seine köstlichen Lanzones-Früchte, denen zu Ehren man alljährlich Ende Oktober ein Lanzones Festival mit farbenprächtigen Paraden und Umzügen, ausgelassenem Tanz und lauter Musik feiert.

Wegen der vielen Naturschönheiten erscheint Camiguin geradezu prädestiniert für den Fremdenverkehr. Derzeit ist der Tourismus allerdings noch viel zu unbedeutend, um die Bauern, Fischer, Handwerker und Händler aus der Ruhe zu bringen. Beinahe schon legendären Ruf genießt die herzliche Gastfreundschaft und Hilfsbereitschaft der Camigueños Besuchern gegenüber. Einem lokalen Bonmot zufolge, soll der Inselname Camiguin eine Verballhornung von *come again* sein.

Der kleine Ort Mambajao, der keine Sehenswürdigkeiten zu bieten hat, ist die Hauptstadt der Provinz und Ausgangspunkt für Inselerkundungen. Ein Ausflug führt zu den 4 km entfernten Katibawasan Falls. Die 50 m hohen Wasserfälle stürzen in einen natürlichen, von üppiger tropischer Flora umgebenen Pool. Man kann dort herrlich baden und picknicken oder ganz einfach dem endlosen Rauschen der Wasserfälle lauschen.

Von Mambajao erreicht man problemlos die Esperanza Ardent Spring, eine heiße Quelle an den nördlichen Ausläufern des Hibok-Hibok-Vulkans. Das von der schwefelhaltigen Thermalquelle gespeiste natürliche Bassin inmitten einer malerischen Landschaftskulisse verspricht einen heilsamen Badespaß, den Einheimische wie Touristen gleichermaßen zu schätzen wissen.

Schöne Badestrände, etwa Cabuanan Beach, Mahayahay Beach und Agohay Beach, findet man wenige Kilometer westlich von Mambajao zwischen Kuguita und Agoho. Ein Boot muß man chartern, um zum 2 km vor der Nordküste von Camiguin gelegenen White Island zu gelangen. Das aus Sand und Korallen bestehende Eiland bietet gute Bade- und Schnorchelmöglichkeiten, aber kaum ein schattiges Plätzchen.

Man könnte die Insel auf der knapp 65 km langen, immer in Küstennähe verlaufenden Ringstraße in wenigen Stun-

Leyte
Bontoc
Maasin
0
N
50 km
Santa Cruz
Dinagat Island
2
Libjo
Dinagat
Santa Monica
Del Carmen
Siargao Island
3
General Luna
Nonoc Island
1
Surigao City
Placer
Bucas Grande Island
Claver
Lake Mainit
Carrascal
Madrid
Cortes
Mambajao
Camiguin Island
1713 m
6
Cabadbaran
Tandag
Balingoan
5
Buenavista
Nasipit
4
Butuan
Medina
San Miguel
Gingoog
Bayugan
Balingasag
San Agustin
Lianga
Claveria
Prosperidad
Tagoloan
Agusan River
Barobo
San Francisco
Manolo Fortich
Hinatuan
Camp Phillips
8
Bislig
Mount Kaatoan
2938 m
Malaybalay
Lantapan
Mindanao
Valencia
San Fernando
Monkayo
Quezon
Maramag

den umrunden, doch lohnen sich längere Stopps. Etwa bei den Tangub Hot Springs außerhalb des am Fuße des inaktiven, nur 457 m hohen Mount Vulcan gelegenen Dorfes Naasag. Die heißen Quellen sprudeln in Strandnähe und erwärmen das Meerwasser auf therapeutische Badetemperaturen.

Weiter südlich wird die Küstenstraße abschnittsweise sehr schlecht. Beim Städtchen Catarman donnern die Tuasan Falls in tosenden Kaskaden in einen Felsenpool. In der Nähe speist die Santo Niño Spring, eine kalte Quelle, ein Naturbassin. Guinsiliban im Süden der Insel besitzt einen etwa 300 Jahre alten Wachturm, von dem einst spanische Soldaten nach *Moro*-Piraten Ausschau hielten. Von Binone, dem Hafen von Camiguin, oder dem Nachbarort Mahinog kann man sich zum Magsaysay Island, auch bekannt unter dem Namen Mantique Island, übersetzen lassen. Beim Baden und Schnorcheln vor dem Tropeneiland mit puderzuckerfeinen Sandstränden kann man Kräfte schöpfen für eine Besteigung des Mount Hibok-Hibok.

Der aktivste unter den Inselvulkanen erhebt sich im Süden von Mambajao. Bei den bisherigen Eruptionen des als sehr unberechenbar geltenden Berges entluden sich explosionsartig glühende Gase. Beim bislang verheerendsten Ausbruch, der sich ohne merkliche Vorwarnung am 5. 12. 1951 ereignete, verbrannten und erstickten über 2000 Menschen in einer Glutwolke. Mambajao entging damals nur knapp der Zerstörung. Längst ist üppiges Tropengrün über die Katastrophenhänge gewuchert, bauen die zurückgekehrten Einheimischen hier zwischen hohen Kokospalmen wieder Bananen und Papaya, Mangos und Lanzones an.

Einmal zum Vulkankrater und zurück bedeutet, früh am Morgen aufzubrechen, mindestens vier Stunden lang mehr oder weniger in der Direttissima hinaufzusteigen und, je nach Kondition, ebenso lange zurückzulaufen. Geländekundige Führer, denen man sich unbedingt anvertrauen sollte, bieten sich im Bergdorf Itum südwestlich von Mambajao an. Über aktuelle Risiken einer Besteigung informiert die seismologische Beobachtungsstation *Philvolc,* die in etwa 400 m Höhe an der Nordostflanke des Vulkans liegt.

Zurück auf dem ›Festland‹, führt die Fahrt weiter nach **Cagayan de Oro** 7 (S. 261). Die rund 430 000 Einwohner zählende Hauptstadt der Provinz Misamis Oriental ist mit großen Industrie-Ansiedlungen und einem Ausfuhrhafen für die landwirtschaftlichen Produkte der Binnenlandprovinz Bukidnon das wirtschaftliche Powerhouse von Nord-Mindanao, als Standort der bedeutenden Xavier University auch das kulturelle Zentrum der Region. Der Name Cagayan rührt angeblich von dem Manobo-Wort *Kagayha-an* her, was Platz der Schande bedeutet, da hier einer Legende zufolge einst ein Manobo-Häuptling sein eigenes Volk verraten hat. Die Spanier vereinfachten den Ortsnamen auf Cagayan und fügten, nachdem sie hier Gold gefunden hatten, de Oro hinzu.

Die Stadt der goldenen Freundschaft, wie der Ort von Einheimischen auch genannt wird, besitzt mit dem Xavier University Folklife Museum nur eine nennenswerte Sehenswürdigkeit. Das gutbestückte Volkskunstmuseum auf dem Gelände der jesuitischen Xavier-Universität präsentiert neben den Balanghai-Fundstücken von Butuan auch neolithische Funde der Grabungen in den nahen Huluga-Höhlen. Über Kunst und Kultur der regionalen ethnischen Minoritäten informieren Schautafeln sowie eine interessante Sammlung von Arte-

*Am Strand von Camiguin Island*

fakten und traditionellen Gegenständen des täglichen Gebrauchs.

Ein erholsamer Tagesausflug führt zu den 6 km östlich gelegenen Catanico Falls. Dort laden von Wasserfällen gespeiste, natürliche Schwimmbecken zu einem erfrischenden Bad, bilden tosende Stromschnellen natürliche *Whirlpools.* Auf Höhlenerkundung kann man in der Macahambus Cave gehen. Das weit verzweigte Höhlensystem erstreckt sich bei dem Dorf Lumbia 14 km südöstlich der City. Vor allem an Wochenenden zieht der bei Opol 8 km westlich gelegene Badestrand San Pedro Beach Scharen von Großstädtern an.

Vom Küstentiefland windet sich eine gut ausgebaute Straße hinauf zum Bukidnon-Plateau. Weite Teile dieses sanfthügeligen Hochlands sind von den ausgedehnten Ananasplantagen des amerikanischen Del Monte-Konzerns geprägt. In einer Höhe von etwa 700 m über dem Meeresspiegel liegt 35 km südöstlich von Cagayan de Oro **Camp Phillips** 8, eine auf dem Reißbrett entstandene Siedlung für Del Monte-Arbeiter und -Angestellte. Während die riesigen Ananasfelder noch hin und wieder Besucher anlocken, ist die wilde Bergregion um den majestätischen, 2938 m hohen Mount Kaatoan praktisch touristisches Niemandsland.

**Iligan** 9 (S. 271), die an der gleichnamigen Bucht gelegene, gesichtslose Hauptstadt der Provinz Lanao del Norte, zählt zu den bedeutendsten Industriezentren des Südens. An der Peripherie der Hafenstadt haben sich Stahl-, Zement- und Kunstdüngerfabriken sowie Betriebe der verarbeitenden Industrie angesiedelt. Katalysator des Wirtschaftswachstums, das wie ein Magnet Tausende von Zuwanderern von den Visayas anzog, sind die 9 km südlich der Stadt gelegenen Maria Cristina Falls, knapp 60 m hohe, senkrecht abstürzende Wasserfälle, gebildet von dem reißenden Agus River. Das hier vor Jahren erbaute mächtige Wasserkraftwerk hat eine herausragende Bedeutung für die Energieversorgung der Industrieregionen von Nord-Mindanao.

Nur wenige Kilometer südlich von Iligan überschreiten Reisende mit der Grenze zwischen den beiden Lanao-Provinzen zugleich auch eine imaginäre Trennungslinie zwischen zwei Kulturkreisen – die Bevölkerung von Lanao del Norte ist zu 70 % christlich, die der südlichen Nachbarprovinz zu 98 % muslimisch. Zahlreiche kleine Moscheen, die den von der Küste heraufführenden Highway säumen, signalisieren den Übergang in die andere Kultur. So reizvoll dieser Abstecher auch ist, eines sollten vor allem Individualreisende nicht vergessen – die Gegend um den Lake Lanao ist immer noch Krisengebiet. Es ist daher unbedingt ratsam, bei kompetenten Stellen Informationen über die aktuelle politische Situation einzuholen.

Umrahmt von majestätischen Bergen – darunter der 2815 m hohe Mount Ragang, der höchste tätige Vulkan der Philippinen – breitet sich der **Lake Lanao** 10 780 m über dem Meeresspiegel auf einem Hochplateau aus. Die herrliche Gebirgslandschaft hat der Region einen treffenden Beinamen eingebracht – Schweiz von Mindanao. An den Ufern des Sees leben die Maranao (Menschen des Sees), das drittgrößte Muslim-Volk des Landes (vgl. S. 65). Aufgrund der geographischen Gegebenheiten und vor allem wegen der kämpferischen Haltung der Maranao, die sämtliche Kolonisationsversuche – seitens der Spanier wie der Amerikaner – abwehrten, konnte sich hier bis in die Gegenwart eine reiche islamische Kultur in ihrer ganzen Vielfalt erhalten.

**Marawi** (gesprochen: Marau-i) 11 (S. 276) am Nordufer des Lake Lanao gilt als Zentrum islamischer Kultur auf den Philippinen, präsentiert sich aber Besuchern wegen anhaltender Auseinandersetzungen zwischen Muslim-Rebellen und Regierungseinheiten vor allem als ein Ort starker Garnisonen. Sehenswert in der früher Dansalan genannten Stadt, die heute wegen des angenehmen Klimas den Beinamen Baguio des Südens trägt, sind einige Moscheen sowie der farbenprächtige Markt, der sich von der Hauptstraße Quezon Avenue bis zum Ufer des Sees erstreckt. Islamisches Kunsthandwerk – vor allem sogenanntes *Moro Brass,* Messingwaren wie ziselierte Kessel, Platten oder Betelnußbehälter, kann man in kleinen Läden in der Perez Street erwerben.

Einige Kilometer außerhalb von Marawi befindet sich die 1962 gegründete Mindanao State University (MSU), die zweite Staatsuniversität der Philippinen. Freitags versammeln sich Tausende gläubiger Muslime in der King Feisal Mosque auf dem parkähnlichen Campus zum gemeinsamen Gebet. Das Minarett dieser Andachtsstätte ist das höchste aller philippinischen Moscheen. Das Aga Khan Museum of Islamic Art, ebenfalls auf dem Universitätsgelände, besitzt eine Sammlung von Maranao-Kunstwerken und informiert anschaulich über die Kultur der Muslime von Mindanao.

# Der Süden von Mindanao

Karte S. 216

**Davao** 1 (S. 266), das politische, wirtschaftliche und kulturelle Zentrum von Süd-Mindanao ist mit rund 1 Mio. Einwohnern die zweitgrößte Stadt der Philippinen. Als bedeutende Industrie- und Handelsmetropole hat man die Hafenstadt am Davao Gulf weiträumig angelegt – mit einer Fläche von 2440 $km^2$ zählt Davao zu den ausgedehntesten Städten der Welt. Die rasch expandierende Boomtown, die in den letzten Jahren viele Zuwanderer aus dem Archipel angelockt hat, gilt mit ihrem bunten Potpourri zahlreicher zumeist christlicher Volksgruppen heute als ein Schmelztiegel der Süd-Philippinen. Zu den Minoritäten der Stadt gehören Angehörige verschiedener Muslim-Völker.

Erst Mitte des 19. Jh. gelang es den Spaniern, die muslimischen Datus im Südosten von Mindanao zu unterwerfen und am Golf von Davao an der Stelle der heutigen Großstadt eine Siedlung mit dem Namen Nueva Vergara zu gründen. Vor gar nicht allzu langer Zeit hatte Davao mit einer der höchsten Kriminalitätsraten des Landes noch einen denkbar schlechten Ruf. In den frühen 80er Jahren entluden sich in einigen sehr dicht besiedelten Stadtteilen, etwa Agdao und Matang – damals Hochburgen der kommunistischen NPA – soziale Spannungen in blutigen Unruhen.

Nach dem Regierungsantritt von Corazon Aquino machten paramilitärische Schwadronen und rechtsextreme, militante Bürgerwehren wie die berüchtigte *Alsa Masa* mit Feuerwaffen und Hackmessern sowie dem Segen der katholischen Kirche in den ›roten Zonen‹ gnadenlos Jagd auf tatsächliche und ver-



*Die St. Peter's Cathedral in Davao*

*Der Süden von Mindanao*

meintliche Kommunisten. Der Spuk ist jetzt jedoch vorbei, Recht und Ordnung sind wieder eingekehrt.

Die wenigen Attraktionen von Davao sind weit verstreut und kaum zu Fuß erschließbar. Im Stadtkern, der sich zwischen Davao River und Davao Gulf erstreckt, erregt ein Bauwerk Aufmerksamkeit – die St. Peter's Cathedral in modernistisch-funktioneller Architektur, die trotz einiger islamischer Stilelemente eine unverkennbare Ähnlichkeit mit Le Corbusiers Kapelle von Ronchamp aufweist. Wahre Heerscharen von Verkäufern, die Kerzen und Heiligenbildchen feilbieten, warten vor dem Portal auf Kundschaft.

Auf der schräg gegenüberliegenden Plaza Rizal steht das womöglich weltweit einzige Denkmal, das man zu Ehren einer Frucht errichtet hat – das Durian Monument. Gewidmet ist es einer stacheligen, tropischen Baumfrucht, an der sich die Geister scheiden. Für die einen stinkt sie höllisch, für die anderen schmeckt sie himmlisch. Wie dem auch sei, der Durian hat Davao seinen Beinamen zu verdanken – City of Durian. Einen eigenen Eindruck von Geruch und Geschmack dieser Frucht erhält man bei einem Bummel über den lebhaften Obstmarkt Madrazo Fruit Center an der Kreuzung von Bangoy und Mabini Street, wo die Spezialität frisch, konserviert oder als Duriankonfekt erhältlich ist. Das Gegenteil zum Markt lernt man gegenüber mit dem modernen Aldevinco Shopping Center, einem modernen, klimatisierten Einkaufszentrum, kennen.

Am nördlichen Ende des Quezon Boulevard liegt der nach Ramón Magsaysay, dem dritten Präsidenten der Philippinen, benannten Magsaysay Park, eine Oase der Ruhe im hektischen Großstadtgetriebe. Am Rande der Grünanlage, von der sich ein schönes Panorama des Hafens von Davao bietet, befindet sich das regionale Fremdenverkehrsamt. Nur einen Steinwurf entfernt, präsentiert sich ein Muslim Fishing Village in pittoresker, geradezu herzerfrischender Unordentlichkeit. Im seichten Wasser stehen Stelzenhäuser, die durch ein labyrinthisches Netz aus wackeligen Holzstegen miteinander verbunden sind.

Etwa 3 km nördlich der City liegt der 1965 errichtete Lon Hua Temple, das größte buddhistische Heiligtum auf Mindanao. Besucher sind willkommen, sollten jedoch nicht vergessen, vor dem Betreten der Innenräume dieser Gebetsstätte die Schuhe auszuziehen. Gartenfreunde und Blumenliebhaber zieht es zum benachbarten Puentespina's Orchid Garden, wo Orchideen und andere tropische Blumen einen wahren Farbenrausch entfesseln.

Der Kunst und Kultur der Manobo, Mandaya, Mansaka, T'boli, B'laan und anderer ethnischer Minderheiten des südlichen Mindanao ist das Davao Museum im Stadtteil Lanang gewidmet. Neben kunsthandwerklichen Produkten und traditionellen Trachten wird eine umfangreiche Sammlung alter Musikinstrumente, vor allem *Kulintang* genannte Kesselgongs, gezeigt.

Auf dem weitläufigen Gelände des luxuriösen Davao Insular Century-Hotels kündigt das monotone Schlagen von Holz auf Holz schon von weitem das T'boli Weaving Center an. In der Webstube können Besucher Frauen vom Volksstamm der T'boli beobachten, wie sie hochwertige Handwebarbeiten aus Abakafasern fertigen. Vom Pier der Nobelherberge legen Boote zum zehn Minuten entfernten **Samal Island** 2 (S. 291) ab. Die Attraktionen der Insel sind schöne Sandstrände mit stilvollen Beach Resorts. Das benachbarte Talikud Island zeichnet sich durch ein zum Schnorcheln und Tauchen einladendes Riff aus. Auf ihre Kosten kommen Taucher auch bei der winzigen Isla Malipano, wo die Wracks zweier Kriegsschiffe aus dem Zweiten Weltkrieg erlebnisreiche Unterwasser-Safaris garantieren.

Etwa 6 km südlich von Davaos Zentrum thront hoch über der Stadt der Shrine of the Holy Infant Jesus of Prague, ein kleiner Park mit Seminargebäuden und zwei halboffenen Kapellen, die Repliken der Statuen des Jesuskindes von Prag sowie der Madonna von Fatima beherbergen. Überwältigend ist der Blick auf Davao und die große Meeresbucht des Davao Gulf. Vor allem einheimische Ausflügler zieht es zum GAP Farming Resort, einem weitläufigen Freizeitpark mit Swimmingpool, Picknickhütten und Orchideengarten. Hunderte von Süß- und Salzwasserkrokodilen werden in den Bassins und Gehegen des Davao Crocodile Park gehalten. In den Schaufenstern feiner Boutiquen in Davao sieht man, welches Schicksal die Tiere erwartet.

Eine ganz andere Behandlung erfahren Tiere im Philippine Eagle Nature Center bei Malagos in der Nähe des 35 km nordwestlich von Davao gelegenen Ortes **Calinan** 3 (S. 202). Dort bemüht sich die *Philippine Eagle Conservation Foundation* um den Erhalt des vom Aussterben bedrohten Philippinischen Adlers. Durch weiträumige Abholzung der tropischen Regenwälder ihres natürlichen Lebensraumes beraubt, ist die Zahl der noch freilebenden Exemplare dieses auf den Philippinen endemischen, größten Adlers der Welt auf wenige Dutzend geschrumpft. Weil er vorzugsweise kleine Affen jagt, trägt der philippinische König der Lüfte den Beinamen affenfressender Adler. Große Freude unter den Tierschützern rief im Januar 1992 die Geburt von Pag-Asa (Hoffnung) hervor, des ersten in ihrer

Richtig Reisen *Tip*

# Die Besteigung des Mount Apo Der ›Großvater‹ der philippinischen Berge



Nur wo du zu Fuß warst, bist du auch wirklich gewesen, sagt ein Sprichwort. Wer's denn glaubt, wird seine Seligkeit bei der Besteigung des im Grenzgebiet zwischen den Provinzen Davao del Sur und North Cotabato gelegenen Mount Apo finden. Mit seinen 2954 m ist der von Einheimischen Sandawa (Schwefelberg) genannte Berg der höchste Gipfel der Philippinen. Das majestätische Apo-Massiv, ein Ensemble mehrerer Gipfel, dominiert einen knapp 770 $km^2$ großen Nationalpark.

In dieser Schutzzone ist das Abholzen der Bäume offiziell strikt untersagt, um die Funktion des Berges als Wasserspeicher zu erhalten. Wie es darum bestellt ist, kann man beim Aufstieg selbst aus eigener Anschauung erleben. Vor allem die unteren, einst von dichten Primärwäldern bedeckten Lagen des Mount Apo wurden durch illegalen Baumschlag und die hier übliche Brandrodung merklich gelichtet. Viele hundert Hektar wertvollen Bergurwalds fielen einem geothermischen Kraftwerk, das man trotz massiver internationaler Proteste Mitte der 90er Jahre im Nationalpark errichtete, zum Opfer.

Trotz der unübersehbaren Wunden, die menschlicher Unverstand und Profitgier am Mount Apo geschlagen haben, zählt eine Besteigung des ›Großvaters der philippinischen Berge‹ zu den interessantesten Wandertouren im Archipel. Zu den faszinierenden Naturschönheiten des Gebietes gehören reißende Wildbäche, in Kaskaden herabstürzende Wasserfälle, eine zumindest in den höheren Lagen über weite Abschnitte der Wanderung geradezu urzeitlich anmutende Vegetation aus Baumfarnen und bemoosten Urwaldriesen sowie der Bergsee Lake Venado, in dem sich der Gipfel des Mount Apo spiegelt.

Nach Schätzungen von Geologen liegt der letzte Ausbruch des heute untätigen Vulkans Jahrmillionen zurück. Aufzeichnungen über Eruptionen in der jüngeren Vergangenheit existieren zwar nicht, doch geben heiße Quellen und mächtige Schwefelablagerungen deutliche Hinweise auf seine frühere vulkanische Aktivität.

Bereits im 17. und 18. Jh. unternahm man mehrere Versuche, den Gipfel des Mount Apo zu erreichen, im Oktober 1880 gelang dem Spanier Don Joaquin Rajal die Erstbesteigung. Heute gibt es drei populäre Aufstiegsrouten, für die man zwischen drei und fünf Tage ansetzen sollte.

Ausgangspunkt ist in jedem Fall Davao. Von Apo-Kennern wird die Besteigung des Berges über die Nord-Cotabato-Route als landschaftlich am reizvollsten bezeichnet. Der Aufstieg erfordert zwar eine gute Kondition, kann aber auch ohne größere bergsteigerische Erfahrung durchgeführt werden. Beste, weil trockenste Klettermonate sind März, April und Mai. In der Karwoche veranstalten das Tourist Office in Davao und die Mount Apo Climbers Association eine organisierte Wanderung auf den Apo, der sich auch ausländische Touristen anschließen können. Will man eine Apo-Tour selbst organisieren, sollte man sich bereits in Davao mit allem Notwendigen versorgen. Bei der Ausrüstung muß man unbedingt an ausreichenden Nässe- und Kälteschutz – Regenjacke, Schlafsack und Zelt – denken. Wegen aktueller Informationen über die Sicherheitslage in der Bergregion empfiehlt es sich, Rücksprache mit dem Touristeninformationsbüro in Davao zu nehmen. Dort kann auch ein ortskundiger Bergführer vermittelt werden.

Mit dem Bus geht es von Davao in Richtung Cotabato nach Digos, wo man in einen *Jeepney* mit dem Fahrziel Kidapawan umsteigen muß. Nach drei Stunden erreicht man Kidapawan, die an der Westflanke des Mount Apo gelegene Hauptstadt der Provinz North Cotabato. Dort besteht die Möglichkeit, am Markt den Proviant zu ergänzen sowie *Guide* und Träger anzuheuern. Nach dem Mittagessen fährt man mit einem regulären *Jeepney* in etwa anderthalb Stunden nach Barrio Ilomavis, von wo es dann per pedes weitergeht. Es folgt ein zwei- bis dreistündiger Aufstieg durch offenes Gelände – vorbei an Hütten der Manobo, kleinen Kaffeeplantagen und Camote-Feldern – zum 1200 m hoch gelegenen Lake Agco, wo die meisten Bergwanderer ihr erstes Camp aufschlagen. In der Nähe des auch Blue Lake genannten Bergsees verspricht ein von einer Thermalquelle gespeistes und von üppiger tropischer Vegetation umrahmtes Bassin ein entspannendes Bad.

Am frühen Morgen des zweiten Tages Aufbruch zum Marble River, den man nach gut zwei Stunden erreicht. Der Pfad folgt später dem Flußlauf, wechselt aber mehrmals von einer Seite auf die andere. Ein idyllischer Platz für die Mittagspause ist der kleine, von heißen Quellen gespeiste Mainit Lake. Bald danach geht der Weg fast in die Direttissima über, und man kann als tolpatschiger Westler nur noch staunen, wie behende die einheimischen Führer und Träger in ihren Plastik-Badeschlappen auf dem glitschigen Lehmpfad gipfelwärts stürmen.

Für die Strapazen des etwa vierstündigen, recht steilen Aufstiegs entschädigen die herrliche Regenwaldkulisse und zwei tosende Wasserfälle. Hier könnte das mitgebrachte Regenzeug zum Einsatz kommen, denn auch in der Trockenzeit hängen in dieser Höhe Wolken- oder Nebelfetzen im tropischen Bergdschungel, oder ein unerwarteter Wolkenbruch ergießt sich über die in Schweiß gebadeten Wanderer. Am späten Nachmittag ist das Ziel dieser Tagesetappe erreicht – der knappe 2300 m hoch gelegene Lake Venado, an dessen Ufer ein schöner Campingplatz liegt.

Der dritte Tag beginnt früh mit dem rund dreistündigen Aufstieg zum Gipfel des Mount Apo, von dem sich ein phantastischer Cinemascope-Blick über weite Teile von Süd-Mindanao bietet. Danach erfolgt der Abstieg zum Lake Agco, der nach einem kräftigen Schauer aber eher einer Rutschpartie gleichkommt. Die müden Knochen kann man im schwefelhaltigen Wasser des dortigen Pool wiederbeleben. Nur sehr konditionsstarke Wanderer schaffen noch am gleichen Tag den Abstieg nach Ilomavis sowie die Rückfahrt nach Kidapawan und Davao. Wer es gemütlicher liebt, übernachtet am Lake Agco ein weiteres Mal.

*Blick auf den Hibok-Hibok-Vulkan*



Obhut aus einem künstlich befruchteten Ei geschlüpften Philippine Eagle.

Die Umgebung von Davao bietet viel Spielraum für abenteuerliche Unternehmungen. Nur sehr hartgesottene Traveller zieht es zu den Goldminen von Diwalwal bei dem Städtchen **Tagum** 4, 55 km nordöstlich von Davao. Zeitungsmeldungen über sensationelle Goldfunde in den Bergen östlich von Tagum lösten Mitte der 80er Jahre einen regelrechten Goldrausch aus. Zeitweise schufteten hier über 20 000 Abenteurer in primitiven Stollen oder ließen an den Flußläufen die Goldpfannen kreisen. Über Nacht schoß eine windschiefe Bretterbudensiedlung, eine kleine Goldgräberstadt mit Wildwest-Charakter, aus dem Boden.

Einige wenige Glücksritter schafften es, in Diwalwal reich zu werden, Hunderte von Goldgräbern dagegen starben im ›Ort der Verheißung‹ – lebendig begraben bei Stolleneinbrüchen und Erdrutschen, erschlagen, erstochen oder erschossen bei den Streitigkeiten, die an der Tagesordnung waren, dahingerafft von Malaria und anderen Krankheiten. Jahrelang herrschte hier, weit entfernt von jeglicher staatlicher Kontrolle, das Faustrecht, war Diwalwal ein Synonym für Anarchie und brutale Gewalt.

Mittlerweile führte eine staatliche Gesellschaft erfolgreiche Tiefbohrungen durch. Vermutlich wird der Abbau des goldträchtigen Gesteins bald mit Hilfe moderner Technologie erfolgen, doch suchen heute immer noch Tausende mit primitiven Mitteln in den Bergen von Diwalwal ihr Glück. Und obwohl es mittlerweile eine Polizeistation gibt, ist die Operationsbasis der Goldschürfer noch lange kein friedlicher Ort.

Nicht ganz ohne Risiken war auch das Reisen in der Region südlich von Davao. Vor allem in den Berggebieten der Provinz Davao del Sur liefen Touristen immer wieder Gefahr, in die Schußlinie zwischen Rebellen und Regierungssoldaten zu geraten. So entführten Ende der 80er Jahre NPA-Guerillas Bergsteiger am Mount Apo. Heute aber gilt die Region als ›befriedet‹, ist der majestätische **Mount Apo** 5 wieder eines der beliebtesten Ziele des Landes für Bergwanderer aus aller Welt (vgl. S. 218f.).

An der Stelle der heutigen Großstadt **General Santos City** 6 (S. 269) befand sich Anfang dieses Jahrhunderts eine unbedeutende Siedlung, in der vorwiegend muslimische Maguindanao lebten. Eine urbane Entwicklung des damals noch Dadiangas (Dornenbusch) genannten Ortes setzte erst Ende der 30er Jahre unter General Paulino Santos ein, dem charismatischen Führer christlicher Siedler von den Visayas und Luzon, zu dessen Ehren die Stadt 1968 umgetauft wurde. Besondere Bedeutung hat die Hafenstadt an der Sarangani Bay heute als Umschlagplatz für die Ananas- und Bananenplantagen des Hinterlands.

Die Route führt Richtung Nordwesten über Polomolok, den Sitz des Dole-Konzerns, nach **Koronadal** 7 (S. 273) und durchschneidet dabei riesige Ananasfelder, die sich bis zu den Ausläufern des mächtigen, 2295 m hohen Mount Matutum erstrecken. Koronadal ist nur als Ausgangsort für einen Abstecher zum Lake Sebu im Tiruray-Bergland interessant. Auf einer sehr gut ausgebauten Straße, Indikator für den relativ hohen Lebensstandard in der Gegend, kommt man nach Surallah und von dort mit einem *Jeepney* weiter zum 900 m hoch gelegenen **Lake Sebu** 8 (S. 273).

In der sanfthügeligen Landschaft um den 1000 ha großen Hochlandsee leben die 70 000 Mitglieder des Stammes der T'boli (gesprochen: Tiboli; vgl. S. 63), die jedoch von christlichen Zuwanderern immer mehr von ihrem angestammten, fruchtbaren Land verdrängt werden. Am meisten lohnt sich ein Besuch samstags, wenn im kleinen, am See gelegenen Hauptort, der ebenfalls den Namen Lake Sebu trägt, ein Markt abgehalten wird. Aus den umliegenden Dörfern strömen dann – durchweg noch in traditioneller, farbenprächtiger Festtagstracht – T'boli-Frauen und -Männer herbei, um hier landwirtschaftliche Produkte zu verkaufen und Gebrauchsartikel zu erwerben. Die von Pfaden und Fahrwegen durchzogene Gegend zwischen dem Lake Sebu und den kleineren Nachbarseen Lake Seloton und Lake Lahit ist ein ideales Terrain für kurze Wanderungen, auf denen einfühlsame Besucher manches über die Lebens- und Arbeitsweise der Hochlandbewohner erfahren können. Westlich des Lake Sebu, in den durchweg unzugänglichen Bergdschungeln des Tiruray-Hochlandes, wurde 1971 der urzeitliche Stamm der Tasaday entdeckt (vgl. S. 64f.).

Die Weiterfahrt von Surallah über Isulan nach Cotabato City führt durch Krisengebiet und muß von der aktuellen Sicherheitslage abhängig gemacht werden. In den Provinzen von Zentral-Mindanao mit einem hohen Muslim-Anteil haben blutige Erhebungen gegen jede Art von Fremdherrschaft lange Tradition. So erhielt die Provinz Sultan Kudarat ihren Namen von Sultan Muhammad Dipatuan Kudarat, der Anfang des 17. Jh. die zersplitterten Muslim-Völker der Mindanao-Regionen gegen die spanischen Eroberer vereinte. Auch heute noch gilt diese Provinz ebenso wie die Nachbarprovinzen Cotabato und Maguindanao als Unruheherd.

**Cotabato City** 9 (S. 266), die rund 100 000 Einwohner zählende Hauptstadt der Provinz Maguindanao, zeigt ein deutlich muslimisch geprägtes Erscheinungsbild. Die im sumpfigen Delta des Rio Grande de Mindanao gelegene

Stadt, deren Name sich vom Maguindanao-Begriff *Kuta-wato* (Steinfestung) ableitet, wurde gegen 1475 von aus Borneo eingewanderten Muslimen gegründet. Heute ist Cotabato City eine wichtige Universitäts- und Handelsstadt. An politischer Bedeutung gewann der Ort, als 1992 die Regierung der *Autonomous Region of Muslim Mindanao,* die weite Gebiete von West- und Zentral-Mindanao umfaßt, ihren Sitz von Zamboanga hierher verlegte.

Sehenswert sind das Rathaus mit eigenwilliger Dachkonstruktion sowie die pittoreske Ansiedlung von Pfahlbauten im Brackwasser des Hafens. Vom Einfluß der etwa 1000 in Cotabato City lebenden chinesischstämmigen Filipinos zeugt der taoistische Tempel in der Magellanes Street unweit der City Plaza.



## Der Westen von Mindanao

Der Westen von Mindanao umfaßt die große, hakenförmige Zamboanga Peninsula, die östlich der Stadt Pagadian durch einen nur 15 km breiten Isthmus mit der Hauptinsel verbunden ist. Größere Städte konzentrieren sich im Küstentiefland sowie in den Flußebenen, während das unwegsame gebirgige Rückgrat der Zamboanga Peninsula nahezu unbewohnt ist. In den Schluchten und Bergwäldern fanden vor noch nicht allzu langer Zeit Muslim-Separatisten und NPA-Guerillas ideale Schlupfwinkel. Zwar haben die Rebellenaktivitäten merklich nachgelassen, doch gilt der Überlandweg von Zentral- nach West-Mindanao immer noch als sehr unsicher. Die meisten Reisenden benutzen daher die mehrmals wöchentlich zwischen Cotabato City und **Pagadian** 1 pendelnde Fähre. Die reizlose Hauptstadt der Provinz Zamboanga del Sur animiert kaum zu einem längeren Aufenthalt und dient den meisten Touristen lediglich als Durchgangsstation.

Auch die Hafenstadt **Ozamiz** 2 an der Panguil Bay vermag Reisende kaum in ihren Bann zu ziehen. Aufgrund ihrer Funktion als Provinzhauptstadt prägen moderne Verwaltungsgebäude, Banken und Firmensitze das Erscheinungsbild von **Oroquieta** 3. In der Nähe des Städtchens **Dapitan** 4 (S. 266) wartet das luxuriöse Dakak Beach Resort auf Gäste mit prall gefüllter Brieftasche. An einer idyllischen, von Dschungel überwucherten Bucht mit weißem Sandstrand gelegen, verkörpert es für viele Urlauber den Realität gewordenen Südseetraum. In Dapitan schrieb der philippinische Nationalheld José Rizal (vgl. S. 29f.) zwischen 1892 und 1896 zahlreiche Gedichte und Essays. Die Spanier verbannten ihn dorthin, nachdem er in Manila die *Liga Filipina* gegründet hatte, eine Vereinigung philippinischer Intellektueller, die politische, soziale und religiöse Reformen forderten. An die Exiljahre des Patrioten erinnert heute eine José Rizal-Gedächtnisstätte mit historischen Dokumenten.

**Zamboanga** 5 (S. 296) im äußersten Südwesten der Halbinsel ist mit rund 500 000 Einwohnern die größte und touristisch interessanteste Stadt von West-Mindanao. Ihre Geschichte wurde von dem vergeblichen Bemühen der Spanier geprägt, den philippinischen Archipel unter ihre Herrschaft zu bringen. Bereits 1593 fielen die iberischen Eroberer in die hier schon seit Jahrhunderten existierende, damals noch Samboangan genannte Handelsniederlassung der muslimischen Tausug und Subanon ein. Ende des 16. Jh. errichteten sie eine primitive Palisadenfestung, aus der 1635, unter Leitung des Jesuitenpaters Melchor de Vera, das Fort Pilar entstand.

Drei Jahrhunderte lang war Zamboanga wichtigster Außenposten und Speerspitze der Spanier im Land der *Moros.* Allerdings sahen sich die Konquistadoren, umgeben von muslimisch dominierten Gebieten, meist in die Rolle der Verteidiger gedrängt. Im Schutzbereich des Fort Pilar wurde zwar das Christentum heimisch – Zamboanga ist heute zu etwa 75 % katholisch –, den Spaniern gelang es aber nie, ihren Machtbereich deutlich zu erweitern. So stand das 20 km entfernte Dorf Taluksangay nie unter kolonialer Herrschaft.

Heute ist Zamboanga, das neben diversen Beinamen, wie ›Stadt der Blumen‹ und ›Exotische Perle des Südens‹, auch mit dem Attribut ›Spanische Stadt unter orientalischem Himmel‹ bedacht wurde, ein Schmelztiegel verschiedener Kulturen. Araber, Chinesen, Malaien, Spanier und Amerikaner haben hier ihre Spuren hinterlassen. Das kastilische Erbe lebt weniger in architektonischen

*Der Westen von Mindanao*

Relikten weiter als vielmehr im *Chavacano,* einem grammatikalisch sehr einfachen Dialekt, der zu etwa 50 % auf das Spanische zurückgeht.

Ausgangspunkt des Stadtrundgangs ist die Plaza Pershing, benannt nach Brigadegeneral John ›Black Jack‹ Pershing, dem ersten amerikanischen Gouverneur auf Mindanao. Im Südosten der sehr südeuropäisch wirkenden kleinen Parkanlage, gegenüber dem 1907 im spanischen Kolonialstil erbauten Rathaus, steht ein Denkmal des Nationalhelden José Rizal, dessen Sockel flankiert wird von allegorischen Darstellungen der Begriffe Gerechtigkeit, Kunst, Wissenschaft, Vaterland, Liebe und Schuld – letztere übrigens die einzige Männerfigur des Ensembles.

Nur wenige hundert Meter sind es Richtung Osten zum traditionsreichen Lantaka Hotel By the Sea. An der Kaimauer nahe der Hotelterrasse versuchen Badjao – die ›Seezigeuner‹ des Sulu-Archipels (vgl. S. 66) – von ihren Booten den Touristen Muscheln und Korallen zu verkaufen. Nur noch bei besonderen Anlässen – etwa dem ausgelasse-

nen Zamboanga Hermosa Festival, das alljährlich am zweiten Wochenende im Oktober mit Paraden, Tanz und Musik gefeiert wird – setzen die Badjao die farbenprächtigen Segel ihrer *Vintas.* Gegen ein kleines Entgeld kann man sich in einem dieser Auslegerboote nach Great Santa Cruz Island fahren lassen.

Gerade 20 Minuten dauert die Passage zu der Koralleninsel, die mit dem besten Badestrand in Ortsnähe das ideale Ambiente zum Ausspannen und Sonnenbaden bietet. Das Abtauchen in die dortige Unterwasserwelt lohnt sich jedoch kaum mehr, da Fischer die früher farbenprächtigen Korallenbänke mit reichlich Dynamit in eine submarine Wüstenei verwandelt haben. Unweit des Strandes liegen hinter Buschwerk verborgen zwei kleine Badjao-Friedhöfe. Vom ersten führt ein Fußweg zu einer Salzwasserlagune im Inselinnern. In einem 15 Fußminuten vom Hauptstrand entfernten Pfahldorf leben 200 muslimische Samal.

Östlich des Lantaka Hotel, in dem sich auch das regionale Fremdenverkehrsamt befindet, liegt in einer Seitenstraße der Zamboanga Multi Trade Market. Hier werden Waren zum Verkauf angeboten, die meist auf dem Weg des direkten Tauschhandels, ohne staatliche Zoll- und Einfuhrformalitäten, meist aus Malaysia und Indonesien importiert wurden.

Zamboangas wichtigstes Kulturdenkmal, das strategisch günstig gelegene Fort Pilar, war über die Jahrhunderte stark umkämpft. Die wuchtige, 1635 errichtete Steinfestung hatte nicht nur schwere Muslim-Angriffe zu überstehen, etwa 1719, als Rajah Dalasi mit einem 3000 Mann starken *Moro* Heer das Bollwerk teilweise zerstörte, sondern wurde auch von Holländern (1646) und Engländern (1798) attackiert. Heute beherbergen die historischen Gemäuer eine Außenstelle des National Museum mit archäologischen und naturhistorischen Sammlungen sowie einer informativen Ausstellung zur Unterwasserwelt. An der Ostmauer der Festung bitten zahllose Gläubige an einem Marienschrein die Señora del Pilar de Zaragoza mit Kerzenopfern um Beistand. Eine Legende schreibt der Schutzheiligen von Zamboanga wundertätige Kräfte zu.

In Sichtweite des christlichen Bollwerks erhebt sich eine Moschee mit silbrig glänzender Kuppel. Einige hundert Meter weiter östlich führt eine Brücke hinüber in das Samal-Dorf Rio Hondo (Tiefer Fluß). Die Gebäude der Muslim-Siedlung stehen fast ausnahmslos auf Hartholzpfählen im seichten Meerwasser. Ein dichtes Netz aus wackeligen Holzstegen verbindet sie. Faszinierend sind die Eindrücke in diesem Stelzendorf mit malaysisch anmutender Atmosphäre, wo zahlreiche Männer den *Kepiah* genannten schwarzen Fes tragen, das Erkennungszeichen der Mekka-Pilger. Während man sich in den christlichen Vierteln der Stadt gern mit Jeans und T-Shirt bekleidet, bevorzugen Frauen und Männer in Rio Hondo den *Malong,* ein meist buntgemustertes Hüfttuch.

Warnungen, Rio Hondo zu besuchen, sind sicherlich übertrieben. Zwar mag die aufdringliche Bettelei vieler Kinder recht lästig sein, doch gehören die dort lebenden Samal, die in den 70er und 80er Jahren wegen des Bürgerkriegs ihre Heimat auf Jolo und anderen Inseln des Sulu-Archipels verlassen mußten, zu den freundlichsten Menschen der Philippinen. Mit etwas Glück werden Reisende von Dorfbewohnern in eines der Stelzenhäuser eingeladen und können das Alltagsleben der Menschen hautnah erfahren. Eine andere Möglichkeit wäre, beim Lantaka Hotel ein *Pumpboat* zu mieten und Rio Hondo auf dem Wasserweg kennenzulernen.

Mit einem *Jeepney,* den man in der Campaner Street stoppen kann, gelangt man zum weitläufigen Pasonanca Park an der nördlichen Peripherie von Zamboanga. Hauptattraktion der früher sehr hübschen, heute aber etwas vernachlässigten Parkanlage ist ein 1960 errichte-

*Im T'boli Weaving Village*

tes, komfortabel ausgestattetes Baumhaus, in dem Flitterwöchler, aber auch gewöhnliche Touristen nach Anmeldung im Büro des Bürgermeisters kostenlos ein oder zwei Nächte verbringen können. Nur wenige Fußminuten sind es von hier zum Climaco Freedom Park mit dem Grab von Cesar Climaco, der von 1970 bis 1984 Bürgermeister von Zamboanga war. Während seiner Amtszeit hatte sich der vor allem bei ›einfachen‹ Leuten äußerst beliebte Lokalpolitiker für ein friedliches Zusammenleben von Christen und Muslimen in seiner vom Bürgerkrieg heimgesuchten Heimat eingesetzt. Im Oktober 1984 fiel der Volksliebling, der gern auf dem Moped ohne Leibwächter durch die Straßen der Stadt fuhr, einem Mordanschlag zum Opfer. Da Climaco ein erklärter Marcos-Gegner war, vermutet man die Drahtzieher des Attentats im Dunstkreis des früheren Präsidenten.

*Jeepneys* zum Yakan Weaving Village findet man nahe des Public Market an der Gov. Lim Avenue (Hinweisschild Upper Calarian). Vor Fahrtantritt lohnt sich ein Bummel über den Markt, zu dem auch eine geruchsintensive Abteilung für Fisch und Meeresfrüchte gehört. Dort plagen sich kräftige Männer mit Fisch und Eis. Gefrorene Blöcke werden in Schredder gelegt, die sie in schneeballgroße Blöcke zerhäckseln. Damit kühlt man den Frischfisch aus den reichen Fanggründen der Sulu-See, der bis nach Manila transportiert wird.

Etwa 7 km westlich der City liegt das Yakan Weaving Village, eine Ansammlung kleiner Webstuben, in denen Yakan-Frauen von der Insel Basilan Handwebartikel mit traditionellen, oft recht komplizierten Mustern herstellen und zum Verkauf anbieten.

Im 22 km westlich gelegenen San Ramon befindet sich die von den Spaniern 1870 ursprünglich für politische Gefangene erbaute San Ramon Prison and Penal Farm, wo man heute eine Art offenen Strafvollzug praktiziert. Häftlinge dürfen außerhalb des Gefängnisses mit ihren Familien siedeln und Ackerbau betreiben. In einem kleinen Laden kann man von Gefangenen hergestellte Holzschnitzereien kaufen.

Nahe dem Public Market starten *Jeepneys* zum 19 km nordöstlich gelegenen Taluksangay, einem pittoresken Muslim-Wasserdorf auf einer durch einen Damm mit dem ›Festland‹ verbundenen Sandbank. Die dort lebenden Samal und Badjao verdienen ihren kargen Lebensunterhalt überwiegend mit Fischfang, Bootsbau und Holzhandel.

Einen Ausflug auf die Insel **Basilan** 6 sollte man auf die beiden größeren Städte Isabela und Lamitan an der Nordküste beschränken. Basilan ist seit den frühen 70er Jahren, als sich dort aufständische Muslim-Separatisten mit Regierungstruppen blutige Gefechte lieferten, ein unsicheres Terrain. Vor allem das unwegsame und noch relativ unerschlossene Inselinnere gilt als Rebellengebiet. Ein Drittel der etwas über 200 000 Inselbewohner sind Yakan, eine ethnische Minorität möglicherweise polynesischer Abstammung, die nur auf Basilan und einigen kleinen Nachbarinseln siedelt. Die Insulaner leben von der Forstwirtschaft, Fischerei und Kopraproduktion vor allem von der Gewinnung von Latex, aus dem Kautschuk und Gummi hergestellt werden.

Von der Inselhauptstadt Isabela lohnt sich die Überfahrt in einem Auslegerboot zum Malamawi Island, wo man ein Samal-Dorf mit vielen für die muslimischen Regionen typischen kleinen Holzhäusern auf Stelzen sowie den White Beach, den schönsten Badestrand der Inselprovinz, findet. Außerhalb von Isa-

bela liegt die Menzi-Farm mit Kaffee-, Palmöl- und Gummipflanzungen. Ein Besuch von Lamitan, 30 km südöstlich von Isabela, lohnt sich nur donnerstags und sonntags, wenn traditionell gekleidete Yakan aus dem Umland zusammenströmen, um im Rahmen eines farbenprächtigen Marktes Waren und Informationen auszutauschen.

Zamboanga ist auch Ausgangsort für Schiffs- oder Flugreisen in den Sulu-Archipel, ein Name, in dem ein Hauch von Abenteuer anklingt. Die Sulu-Inseln erstrecken sich über 350 km zwischen der Südwestspitze der Zamboanga-Halbinsel und Borneo. Der wie eine Barriere zwischen Sulu-See und Celebes-See gelegene Archipel besteht aus 958 Inseln, von denen nur 67 größer sind als eine Quadratmeile. Bei den meisten handelt es sich um winzige, unfruchtbare Korallen- und Felseninseln, die noch nicht einmal einen eigenen Namen haben. Fischerei und Bootsbau sind die wichtigsten Einkommensquellen der rund 500 000 Sulu-Insulaner. Auch betreiben die Einheimischen mancherorts eine besondere Form von Aquakultur – sie legen unter Wasser Felder von Seetang *(Agar-agar)* an, der in getrockneter Form zur Weiterverarbeitung an die chemische Industrie verkauft wird.

Die Sulu-Inseln liegen weitab der gängigen Reiserouten und werden auch von den meisten christlichen Filipinos tunlichst gemieden. Dabei gehört diese Region zu den historisch bedeutsamsten des Landes. Über den Sulu-Archipel erfolgte seit 1380 von Borneo die Islamisierung der Süd-Philippinen. Bereits im frühen 15. Jh. existierte auf den Sulu-Inseln ein mächtiges muslimisches Sultanat, das die Spanier während ihrer Kolonialherrschaft nicht in die Knie zwingen konnten. Im Jahre 1876 errichteten sie zwar auf Jolo eine Festung, eine weitere Ausdehnung ihres Machtbereiches gelang ihnen allerdings nicht. Das unabhängige Sultanat Sulu wurde erst unter den Amerikanern 1940 in den Philippinischen Commonwealth und später in die Republik der Philippinen eingegliedert. Auch heute noch sind die Sulu-Inseln vom kulturellen Erbe der Araber geprägt, bestimmt der Koran das Alltagsleben von 90 % der Inselbewohner.

In den 70er Jahren konzentrierten sich auf dem Sulu-Archipel, vor allem auf der Insel Jolo, die Kämpfe zwischen separatistischen Muslim-Guerillas und Regierungstruppen. Wegen der Spannungen war die Region bis Anfang 1982 für Ausländer gesperrt. Das Verbot gilt heute zwar nicht mehr, so daß man theoretisch den Archipel bereisen kann, jedoch ist ein Ende der immer wieder aufflakkernden Kämpfe nicht abzusehen. Zudem sollte die Gefahr, die von Piraten in der Sulu-See ausgeht, nicht unterschätzt werden. Während die Inseln der Tawi-Tawi-Gruppe in der südlichen Sulu-See als sicher eingestuft werden, rät das

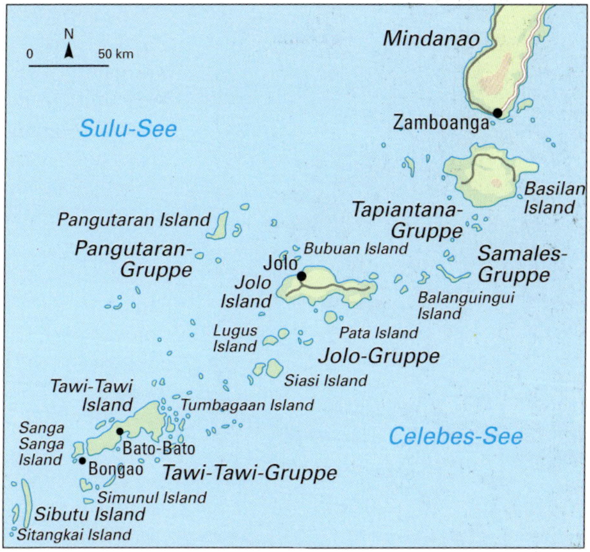


*Der Sulu-Archipel*

Fremdenverkehrsamt in Zamboanga nach spektakulären Entführungen ausländischer Touristen von Besuchen der Inseln Siasi und Jolo ab.

Alten Berichten zufolge muß Jolo, die Hauptstadt der gleichnamigen Insel, früher eine schöne Stadt gewesen sein. Von den Spaniern mit Verteidigungswällen und Wehrtürmen versehen, galt sie als ›die kleinste befestigte Stadt der Welt‹. Ein Großteil des Ortes fiel 1974 bei Gefechten zwischen aufständigen Muslimen und Regierungstruppen in Schutt und Asche. Heute sind weder Relikte der alten spanischen Bastion noch Spuren des legendären Palastes von Sultan Jamalul Kiram zu sehen.

Bongao auf der kleinen Insel gleichen Namens ist Hauptstadt sowie bedeutendster Hafen und kommerzielles Zentrum der Tawi-Tawi-Gruppe. Frühe malaiische Seehändler hatten diese Insel Jauijaui genannt, was soviel bedeutet wie weit entfernt. Im Laufe der Jahrhunderte entwickelte sich daraus die heutige Bezeichnung. Zur Provinz gehört neben der Hauptinsel Tawi-Tawi ein Mosaik aus 307 kleineren Eilanden, von denen Turtle Island bereits in Sichtweite des malaysischen Sabah liegt. Interessant sind in Bongao der Markt, ein pittoreskes Badjao-Pfahldorf und die kurze Wanderung auf den 314 m hohen Mount Bongao, auf dessen Gipfel ein altes muslimisches Grabmal steht.

Von Bongao fahren kleine Auslegerboote zur Insel Simunul, der Wiege des Islam auf den Philippinen. Hier baute Scheich Karim al Makdum 1380 die erste Moschee des Archipels, deren vier Eckpfeiler heute noch in dem kleinen Ort Tubig Indangan zu sehen sind.

Sitangkai im äußersten Süden der Tawi-Tawi-Gruppe, das den Beinamen Venedig des Fernen Ostens trägt, ist eine große Pfahlbautensiedlung auf einem weit ausladenden Korallenriff. Im Seegebiet um Sitangkai und die nördlichere Insel Tumindao stehen vereinzelt Pfahldörfer der Samal und Badjao auf Riffen mitten im Meer, kilometerweit von der nächsten Insel entfernt.

# Palawan Die Dschungelinsel

Wie ein Riegel schiebt sich im Südwesten der Philippinen die über 400 km lange, aber nur maximal 40 km breite Insel zwischen das Süd-chinesische Meer und die Sulu-See. Zur Palawan-Gruppe, die von Mindoro bis Borneo reicht, gehören neben der Hauptinsel weitere 1768 kleinere Inseln. Wegen der Naturvielfalt bezeichnen Philippinen-Kenner Palawan als die schönste Insel des Archipels. Dort begegnet man einer Urlandschaft, die sich um das gebirgige, bis zu über 2000 m hohe Inselrückgrat drapiert, überwiegend in Form von Regenwäldern mit einer großen Palette botanischer Besonderheiten. Reichlich hat die Natur ihr Füllhorn über den Norden von Palawan ausgeschüttet, ein Labyrinth aus Hunderten von kleinen und kleinsten Inseln, Buchten und Fjorden, das an landschaftlicher Schönheit kaum zu überbieten ist.



Innerhalb des philippinischen Archipels nimmt die trotz zunehmenden Bevölkerungsdrucks in den Küstenebenen immer noch sehr dünn besiedelte Insel eine geologische und biologische Sonderstellung ein. Zahlreiche Hinweise stützen die Theorie, daß Palawan im Pleistozän durch eine Landbrücke mit Borneo verbunden war. Wichtigster Indikator dafür sind Flora und Fauna von Palawan, die sich stark von denen der übrigen philippinischen Inseln unterscheiden und eher Ähnlichkeit mit der Pflanzen- und Tierwelt von Borneo aufweisen.

Zu den philippinischen Tierarten, die ausschließlich auf Palawan vorkommen, gehören das ameisenfressende Gürteltier Pangolin, der Zwerghirsch Pilandok – die kleinste Rotwildart der Welt – und die Palawan-Bärenkatze, eine Marderart. Ebenfalls zahlreich vertreten sind Süß- und Salzwasserkrokodile, Warane, Schlangen und andere Reptilien sowie Papageien, Nashornvögel und farbenprächtige Schmetterlinge. Zu den weniger seltenen Tierarten gehören leider auch die *Nik Niks,* stecknadelkopfgroße Blutsauger, die manche Strände zu Myriaden bevölkern, meist zwischen Dezember und Februar auftretende Würfelquallen, deren ein starkes Gift absondernde Nesselzellen schmerzhafte Verätzungen der Haut hervorrufen können, sowie die Anopheles-Mücken, eine Malaria übertragende Moskitoart. Doch Moskitos hin, Malaria her – Palawan ist ein einzigartiges Naturerlebnis, das durch die schillernde Vielfalt der submarinen Flora und Fauna noch eine Steigerung erfährt.

Die Sonderstellung der Inselgruppe belegen zudem archäologische Funde wie steinzeitliche Werkzeuge und fossile menschliche Knochenfragmente, die Wissenschaftler Anfang der 60er Jahre in den Tabon-Höhlen im Süden von Palawan zutage förderten. Die vermutlich 30 000 Jahre alten Funde brachten Palawan den Beinamen ›Wiege der philippinischen Zivilisation‹ ein. Die Ähnlichkeit der frühmenschlichen Lebensformen der Tabon-Kultur mit der Niah-Kultur im ost-malaysischen Sarawak auf Borneo bekräftigen die These, daß der erste philippinische Homo sapiens von der großen Nachbarinsel eingewandert ist. Seine Nachfahren – ethnische Minderheiten wie die Batak, Pala'wan und Tagbanua – leben heute, zurückgedrängt von christlichen Siedlern, im zerklüfteten, unwegsamen Inselinnern.

Bereits Jahrhunderte vor der spanischen Kolonisation existierten auf Palawan Handelsstützpunkte chinesischer Kaufleute, die der Insel den Namen Pa-Lao-Yu gegeben hatten – Land mit schönem und sicherem Hafen. Für die Chinesen war Palawan vor allem wegen sei-

*Auslegerboote am Strand von Sabang auf Palawan*

ner Nähe zu den damals mächtigen Sultanaten von Brunei und Jolo interessant. Wichtige Handelsgüter jener Zeit waren eßbare Vogelnester, die Seegurkenart Trepang sowie das Baumharz Almaciga. Für die Spanier hatte Paragua, wie sie Palawan nannten, als Bindeglied zwischen den Philippinen und Borneo große strategische Bedeutung. Bereits im späten 17. Jh. errichteten sie auf der Insel befestigte Forts, etwa in Taytay, ihrer damaligen Hauptstadt.

Den herrlichen Regenwäldern konnte die wechselvolle Geschichte der Insel kaum etwas anhaben. Das änderte sich erst in der zweiten Hälfte unseres Jahrhunderts, als rücksichtslos expandierende Holzfirmen und Bergwerkskonzerne ihr Auge auf Palawan warfen und anfingen, die natürlichen Reichtümer der Insel zu plündern. Obwohl weite Regionen der Inselprovinz noch von Ex-Präsident Marcos per Dekret unter Naturschutz gestellt wurden, betrieben die Trupps einflußreicher Holzbarone in manchen Urwaldgebieten schlimmen Raubbau. Mit den Wäldern starben zudem deren Bewohner. Mittlerweile stehen nicht nur alle der auf Palawan endemischen Vögel und Säugetiere auf der Liste der bedrohten Arten, in höchstem Maße gefährdet sind auch als Seminomaden im Dschungel lebende Menschen wie etwa die Batak (vgl. S. 62).

Der Umweltvandalismus machte auch vor vielen der prächtigen Korallenriffe in den Gewässern um Palawan nicht halt. Wie in anderen Gebieten der Philippinen hat die Praxis des Fischens mit Dynamit und Zyanid auch der dortigen submarinen Flora und Fauna schwere Schäden zugefügt. Eine weitere große Bedrohung für die sensible Inselökonomie ist das rapide Bevölkerungswachstum, ausgelöst hauptsächlich von Zuwanderern aus verarmten Regionen der Visayas, die sich auf der ›Insel der Verheißung‹ ihr Glück versprechen. Spätestens seitdem der Palawan-Tourismus enorme Zuwachsraten verzeichnen kann, hat ein entscheidender Umdenkungsprozeß eingesetzt. Endlich scheint sich die Erkenntnis durchzusetzen, daß die recht zahlreichen ausländischen Besucher nur dann nach Palawan kommen und Geld in die Kassen fließen lassen, wenn ›The Last Frontier‹, wie die Insel in Broschüren der nationalen Tourismusbehörde gern genannt wird, auch weiterhin ›wilde‹ und ›unberührte‹ Gebiete vorweisen kann. Für die Inselprovinz gilt nun ein striktes Abholzverbot, dessen Einhaltung von den Behörden weitaus besser überwacht wird als in manchen anderen Regionen der Philippinen. Mit großer Entschlossenheit gehen jetzt auch Polizei und Küstenwache gegen das nationale Übel der Dynamit- und Giftfischerei vor.

*Palawan*

## Puerto Princesa und Umgebung

**Puerto Princesa** 1 (S. 288), die an der Ostküste von Zentral-Palawan an einer geschützten Bucht gleichen Namens gelegene Hauptstadt der Inselprovinz, geizt mit visuellen Reizen. Die erst 1872 von 300 Siedlern aus Luzon gegründete, heute rund 100 000 Einwohner zählende Stadt besitzt vor allem in den ländlich wirkenden Randgebieten immer noch viel Pioniercharakter. Im geometrisch klaren Stadtbild der für philippinische Verhältnisse bemerkenswert sauberen Inselmetropole fällt nur ein Bauwerk aus der Reihe der uniformen Geschäfts- und Verwaltungsgebäude – die blendendweiß gestrichene, neogotische Kathedrale am Rizal Park.

Im nur wenige hundert Meter entfernten quirligen Hafen gehen täglich Passa-

gier- und Frachtschiffe vor Anker. Vom Pier bietet sich ein schöner Blick auf eine pittoreske Pfahlbausiedlung im seichten Meerwasser, Heimat zahlreicher Fischer, die mit ihren kleinen Auslegerbooten in die reichen Fischgründe der Puerto Princesa Bay ausschwärmen. Voll prallen Lebens präsentiert sich der Public Market an der Malvar Street. Dort gibt es mehrere einfache, aber stets gut besuchte Nudelküchen. Sie wurden von vietnamesischen *Boat People* gegründet, die einst etwas außerhalb der City in Little Saigon lebten. Das 1979 von der UNO errichtete Flüchtlingslager wurde 1995 geschlossen, den vietnamesischen Männern, Frauen und Kindern aber ein permanentes Bleiberecht gewährt.

Mit dem Palawan Museum steht am Mendoza Park im Ortskern ein sehenswertes natur- und völkerkundliches Museum, in dem die vielfältige Muschelsammlung und die exquisite Kollektion alter Keramiken Aufmerksamkeit verdienen. Ethnologisch Interessierte nehmen auch gern die 5 km lange *Tricycle*-Fahrt zum südlich des Zentrums, im Vorort Tiniguiban gelegenen Campus des Palawan State College in Kauf, denn das dortige Museum informiert anschaulich über Kunst und Kultur der ethnischen Minderheiten von Palawan.

Etwas länger dauert die Fahrt zum Crocodile Farming Institute im Westen der Stadt. In den Bassins und Gehegen der Krokodilfarm werden etwa 4000 Süß- und Salzwasserkrokodile in allen Wachstumsstadien gehalten. Anliegen der Einrichtung ist nach offizieller Darstellung, den auf den Philippinen fast ausgerotteten, unter strengem Artenschutz stehenden Riesenechsen eine Überlebenschance zu geben. Die Eier, die man den Krokodilnestern entnimmt,

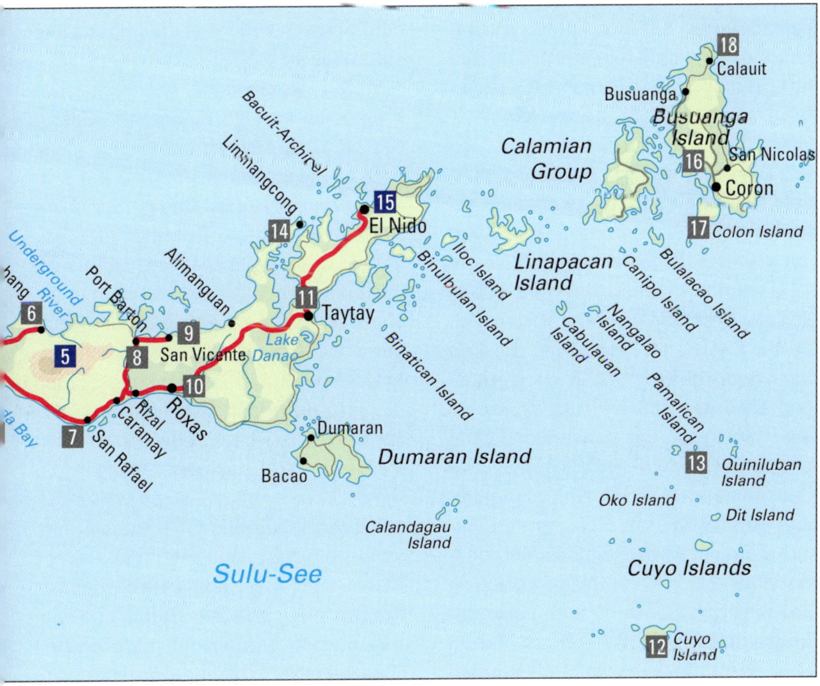

werden in Brutkästen bei konstanter Temperatur und Luftfeuchtigkeit ausgebrütet, an eine spätere Auswilderung ist jedoch nicht gedacht. Noch werden die Krokodile in der Aufzuchtstation gehegt und gepflegt, aber es ist wohl nur eine Frage der Zeit, bis man ihnen auf die wertvolle Lederhaut rückt.

Rund 25 km südlich von Puerto Princesa erstreckt sich das fast 40 000 ha große Gelände der 1904 von der amerikanischen Kolonialverwaltung gegründeten **Iwahig Prison and Penal Farm** 2. In dem ›Gefängnis ohne Mauern‹, das als Paradebeispiel liberalen, humanen Strafvollzugs gilt, leben rund 1500 ›Kolonisten‹ genannte Häftlinge, die in drei ›Sicherheitskategorien‹ eingeteilt sind: 60 % werden der Gruppe A zugeordnet (minimale Sicherheitsrisiken), sie unterstehen keinerlei Bewachung; 30 % gehören zur Gruppe B (mittlere Sicherheitsrisiken), meist Neuankömmlinge, die noch unter Aufsicht stehen, erkennbar an der orangefarbenen Anstaltskleidung; lediglich 10 % zählen zur Kategorie C (maximale Sicherheitsrisiken).

Nur die Strafgefangenen der letzten Kategorie sind im Sicherheitstrakt interniert. Die anderen Häftlinge arbeiten auf der Gefängnisfarm. Jede Sektion wird von einem *Supervisor,* einem Strafvollzugsbeamten, geleitet. Ihm stehen *Petty Officers,* Gruppenleiter oder Vorarbeiter, zur Seite. Das sind Häftlinge, die sich durch gute Führung eine Vertrauensstellung erworben haben. *Trustees,* gleichfalls Gefangene mit einem Sonderstatus, fungieren als Hilfspolizisten. Als Kennzeichen tragen sie eine orangefarbene Armbinde. Unter bestimmten Voraussetzungen wird es ›Kolonisten‹ sogar gestattet, mit ihren Familien im Barrio Libertad, einem Dorf innerhalb der Strafkolonie, in eigenen Häuschen zu leben. Nach Auskunft der Gefängnisleitung ist die Fluchtgefahr gering. Zudem soll die Rückfallquote der Entlassenen wesentlich geringer sein als im herkömmlichen Strafvollzug.

Besucher sind willkommen. Sie werden in der Regel auf dem weitläufigen Gelände von *Trustees* begleitet. Von Häftlingen hergestellte kunsthandwerkliche Artikel kann man in einem kleinen Laden erwerben. Innerhalb der Strafkolonie liegen zwei beliebte Ausflugsziele – das Balsahan Resort, ein natürlicher Badepool mit Picknickhütten, und die Mainit Hot Spring in der Subkolonie Santa Lucia, eine schwefelhaltige Thermalquelle.

Auch das Ausflugsangebot für Urlauber, die am Strand Erholung suchen, kann sich sehen lassen. Zwar wird der zentrumsnahe White Beach südlich des Flughafens hochgeschraubten Erwartungen kaum gerecht, doch taugt er allemal zum Ausspannen und Sonnenbaden. Schwimmen ist allerdings nur bei Flut möglich.

Weiße Sandstrände, wiegende Kokospalmen und ein blaugrünes Meer – das sind die Markenzeichen der meist unbewohnten ›Südsee-Inseln‹, die sich über die weite **Honda Bay** 3 (S. 270) im Norden von Puerto Princesa verteilen. Perfekt wäre das Szenarium, wenn auch noch die dortige Unterwasserwelt intakt wäre, allerdings haben die Dynamitstangen von Fischern und gedankenlos ausgeworfene Anker von Ausflugsbooten die einst herrlichen Korallenriffe an vielen Stellen regelrecht pulverisiert. Dem ›Festland‹ am nächsten gelegen ist Cañon Island. Pandan Island weiter östlich besitzt hübsche Badestrände. Obwohl sie längst nicht mehr die einstige Pracht aufweisen, läßt es sich bei den Korallenriffen zwischen Cañon und Pandan ebenso wie an den verbliebenen Korallengärten beim langgestreckten

*Die neogotische Kathedrale von Puerto Princesa*

Snake Island immer noch ganz passabel schnorcheln und tauchen. Tausende von Fledermäusen gibt es auf Bats Island.

Für Freunde rauher Verkehrswege empfiehlt sich ein ›Motorradritt‹ oder *Jeepney*-Trip zum **Nagtabon Beach** 4 (S. 283) 40 km nordwestlich von Puerto Princesa. Der paradiesisch schöne, fast 1 km lange Badestrand ist bislang kaum vom Tourismus berührt. Hen and Chicken Island bieten gute Schnorchelmöglichkeiten. Ein großes Manko stört jedoch die Tropenidylle. Myriaden von *Nik Niks,* blutsaugenden Sandfliegen, tauchen bei Windstille auf.

Ein gemietetes Fahrzeug und einen frühen Aufbruch vorausgesetzt, liegt auch die landschaftliche Hauptattraktion von Zentral-Palawan, der berühmte **Underground River** 5, im Bereich eines Tagesausflugs von Puerto Princesa. Der unterirdische Fluß mäandert über eine Länge von über 8 km unter dem St. Paul Subterranean River National Park. Der von dem Fluß gebildete, noch nicht in seiner gesamten Länge erforschte Höhlenkomplex hat gigantische Ausmaße. Er präsentiert sich als Märchenwelt aus Tropfsteinhöhlen mit Konzerthallendimension, verästelten Gängen sowie riesigen Stalaktiten und Stalagmiten.

Eine Höhlenexkursion ist nur per Paddelboot und in Begleitung staatlicher Park Ranger möglich. Um das ökologische Gleichgewicht der Region nicht zu stören, werden pro Tag nur 80 Besucher zugelassen. Erste Stationen sind die riesige ›Kathedrale‹ und der glattwandige ›Eisenbahntunnel‹. Nach 2 km kommt man zu einem gewaltigen Tropfstein, dem ›Regenschirm‹. Etwa 400 m weiter liegt die 60 m hohe ›Zweite Kathedrale‹. Endpunkt der Bootsfahrt ist km 4,3, wo Geröllmassen das Flußbett blockieren. Die St. Paul's Cave endet erst 4 km weiter in einer großen Grotte mit einfallendem Tageslicht, der Daylight Hall. Der Unterground River mündet in eine von Tropengrün eingerahmte Lagune, die in allen Blau- und Grüntönen schimmert –

das perfekte Ambiente für ein erfrischendes Bad nach der Höhlentour.

Während der Trockenzeit verkehren von Puerto Princesa reguläre *Jeepneys* zum 80 km nördlich gelegenen Fischerdorf **Sabang** 6 (S. 290) unweit des Eingangs zum Nationalpark – eine zwar staubige, aber in rund drei Stunden zu bewältigende Anreise. Landschaftlich reizvoller, aber langwieriger ist die *Jeepney*-Fahrt von Puerto Princesa nach Baheli, von wo man sich von Fischern in gemieteten Auslegerbooten über die malerische, von Mangrovenwäldern gesäumte Ulugan Bay nach Sabang oder zum Underground River bringen lassen kann. Diese Anreise ist allerdings während der Regenzeit von etwa Juni bis November wegen des dann sehr hohen Seegangs nicht möglich. Das gleiche gilt für die vierstündige, bei ruhiger See sehr schöne Bootsfahrt von Port Barton auf Nord-Palawan entlang der zerklüfteten Küste zum Underground River.

Besucher, die ein paar Tage verweilen wollen, finden im hübschen Dorf Sabang an der St. Paul Bay einfache, aber gemütliche Unterkünfte sowie einen der schönsten Sandstrände von Palawan. Etwa 2 km sind es von Sabang, teils entlang des Strandes, teils durch herrlichen Regenwald, zur bereits im Nationalpark gelegenen Parkwächterstation. Von der Ranger Station führen zwei Wege zum Höhleneingang. Der einfachere, eine Stunde dauernde verläuft am Strand, bevor er sich auf Holztreppen und -brücken über hohe Klippen schwingt. Alles andere als ein Spaziergang ist allerdings der Jungle Trail, ein durch den dichten Urwald des Nationalparks mäandernder Pfad, für den man etwa zwei Stunden ansetzen sollte. Kurz vor dem Underground River treffen beide Wanderwege auf den Monkey Trail, einen mit Brücken, Holztreppen und Geländern sehr gut präparierten Dschungelpfad.

*Bootsfahrt auf dem Underground River*

# Im Norden von Palawan

Karte S. 234/35

Nachdem man sich in Puerto Princesa mit ein paar Handvoll Pesos versorgt hat – weiter im Norden gibt es keine Wechselmöglichkeiten mehr, und ›Plastikgeld‹ ist dort auch weitgehend unbekannt – steht dem ›Abenteuer‹ Nord-Palawan nichts mehr im Wege. Abenteuerlich ist zunächst die Fahrt in einem der meist hoffnungslos überladenen *Jeepneys* entlang der ausgefransten Ostküste gen Norden. Schon wenige Kilometer nördlich von Puerto Princesa geht das Asphaltband in eine während der Trockenzeit zwischen Dezember und Mai extrem staubige Piste über. Zur Regenzeit erleben Reisende auf dem Trans-Palawan-›Highway‹ das genaue Gegenteil – viele Abschnitte versinken dann in schlammige Wegelosigkeit oder werden durch Erdrutsche blockiert.

Das kleine Dorf **San Rafael** 7 (S. 293) ist Ausgangsort für Urwaldwanderungen in das gebirgige Inselinnere, wo der markante, 1593 m hohe Gipfel der Cleopatra Needle in den Tropenhimmel ragt. An den mit jungfräulichem Dschungel bedeckten Ausläufern dieses Berges, einer der urwüchsigsten Regionen der Philippinen, lebt in kleinen Streusiedlungen entlang des Tanabag River und Langogan River das seminomadische Naturvolk der Batak (vgl. S. 62). Arg bedrängt von Holzfällern und brandrodenden Neusiedlern flüchteten sich die nur noch 200 bis 300 Batak immer tiefer in die Bergdschungel. Wanderer, die sich auf den beschwerlichen Weg zu ihren schlichten Schutzhütten machen, empfangen sie freundlich, aber sehr reserviert. Besucher hinterlassen einen guten Eindruck, wenn sie dem Dorfvorsteher Gastgeschenke überreichen, etwa Salz, Zucker, Reis, Trockenfisch oder Tabak.

**Port Barton** 8 (S. 286), ein hübsches Fischerdorf an der Westküste von Palawan, lockt mit goldgelben Sandstränden, die sich entlang der Pagdanan-Bucht hinziehen. Einst von Travellern aus dem Dornröschenschlaf gerissen, hat sich Port Barton mit einer recht ordentlichen touristischen Infrastruktur zu einem beliebten Erholungsort entwikkelt. Ein Refugium fanden in Port Barton europäische ›Aussteiger‹.

Die mit Eilanden gesprenkelte Pagdanan Bay ist ein ideales Revier für ›Inselhüpfer‹. Mit einem gemieteten Auslegerboot kann man sich zu Tomas Tan Island, Exotica Island und Albaguin Island übersetzen lassen, die alle eines gemeinsam haben – herrliche, weißsandige Badestrände. Die Unterwasserlandschaft mit üppigen Korallenkulturen finden Taucher und Schnorchler vor der Nordküste der winzigen Exotica-Insel. Abwechslung zum Strand- und Inselleben versprechen Ausflüge in das Hinterland, etwa zum 4 km entfernten kleinen Pamuayan-Wasserfall, der sich inmitten dichter tropischer Vegetation in ein natürliches Bassin ergießt. Von Port Barton bestehen Bootsverbindungen zum Underground River oder nach El Nido. Von Juni bis November verbieten jedoch hohe Wellen die Fahrten in kleinen Auslegerbooten.

Knapp 20 km nordöstlich von Port Barton liegt das vom Tourismus bislang kaum berührte Dorf **San Vicente** 9 (S. 293). Nördlich davon erstreckt sich entlang der Imuruan-Bucht über 15 km einer der längsten Strände der Philippinen, der Alimanguan Beach. Der 1021 m hohe Mount Copoas auf der gleichnamigen Halbinsel ist ein Kletterziel für Abenteuerlustige.

Dem Städtchen **Roxas** 10 (S. 290) an der Ostküste, das viele Reisende nur als Zwischenstation auf dem Weg in den äußersten Norden von Palawan nutzen, ist eine Gruppe kleiner Eilande mit blendendweißen Sandstränden vorgelagert. Fernab von Hektik und Lärm wird dort für viele Urlauber der Traum vom Tropenparadies wahr. Zu Robinsonaden laden Flat Island und Green Island ein, ein gemütliches Beach Resort befindet sich auf Coco Loco Island. Auf das größere Dumaran Island ›verirrt‹ sich bislang noch kaum ein Tourist, obwohl sich beim Inselhauptort Araceli Sandstrände der Sternekategorie erstrecken.

Von Roxas fahren in der Trockenzeit regelmäßig *Jeepneys* nach **Taytay** 11 (S. 295). Das an einer Bucht gleichen Namens gelegene Fischerdorf war während der spanischen Kolonialzeit vorübergehend die Hauptstadt von Palawan. Als imposantes architektonisches Relikt erinnert heute noch die Ruine des 1622 erbauten mächtigen Steinforts an die glorreiche Epoche. Gute Schnorchelmöglichkeiten bieten die beiden Pabellones-Inseln, reizvoll ist der Ausflug zum malerischen Binnensee Lake Danao.

Nördlich von Taytay erstreckt sich ein Dutzend Eilande, deren Bilderbuchstrände von noch weitgehend intakten Korallenriffen umgeben sind. Einen Inselurlaub der exklusiven Art garantiert ein Beach Resort auf Apulit Island – mit weißem Traumstrand und wildzerklüftetem Inselinnern. Auf den anderen Inseln leben außer ein paar Fischerfamilien, die dort ihrem harten Broterwerb nachgehen, kaum Menschen in dieser einsamen, wenig erschlossenen Region.

Zur Provinz Palawan gehören auch die weiter östlich gelegenen Eilande des Cuyo-Archipels, die sich in der Sulu-See zwischen Palawan und Panay um die Hauptinsel **Cuyo** 12 gruppieren. Zwar locken die Cuyo-Inseln mit ihrer Unterwasserwelt, doch hält die schlechte (touristische) Infrastruktur bislang noch Urlauberscharen ab. Auf dem kleinen **Pamalican Island** 13 (S. 285) können sich betuchte Reisende im wahrscheinlich luxuriösesten Beach Resort der Philippinen einen Inseltraum erfüllen.

Nur während der Trockenzeit bewältigen *Jeepneys* die rauhe Piste zwischen Taytay und El Nido. Die Rüttelfahrt ist jedoch eine arge Strapaze. Falls der Seegang es zuläßt, sollte man der Bootsreise gen Norden den Vorzug geben. Reguläre oder gemietete Auslegerboote für Fahrten nach Liminangcong und El Nido verkehren vom kleinen Flußhafen Embarcadero, 6 km westlich von Taytay. Auf dem Abongan River, der sich durch Mangrovendschungel windet, geht es zum Malampaya Sound, eine an einen norwegischen Fjord erinnernde Bucht. Am nördlichen Ende des fischreichen Sunds, aus dem Manila einen Großteil seines Frischfisches bezieht, liegt **Liminangcong** 14, das Zentrum des regionalen Fischereiwesens.

Vielen gilt **El Nido** 15 (S. 269) an der Nordwestspitze von Palawan als das schönste Dorf der Philippinen. Erstaunlich gut hat El Nido, hinter dem sich steile Kalksteinfelsen zu imposanten Landschaftskulissen türmen, seine Entwicklung vom ruhigen Fischerdorf zu einem immer beliebter werdenden Urlauberziel verkraftet. Noch träumt der kleine Ort ohne große Hotelbauten vor sich hin, noch mangelt es ihm glücklicherweise an Touristenscharen à la Boracay. Allem Anschein nach wirken hier die beschwerliche Anreise von Puerto Princesa oder der teuere Flug von Manila wie ein Filter.

*Das Fischerdorf Taytay auf Palawan*

El Nido ist Ausgangspunkt für Ausflüge in die bizarre, labyrinthartige Inselwelt des Bacuit-Archipels, einer der faszinierendsten Meereslandschaften der Philippinen. In dem aquatischen Wunderland steigen schroffe Klippen teilweise lotrecht aus dem kristallklaren Wasser, blenden makellose, weiße Sandstrände die Augen, locken romantische, von tropisch überwucherten Felsen gesäumte Lagunen zum Baden. Land und Meer bilden in der ›See-Landschaft‹ des Bacuit-Archipels eine Nachbarschaft von unnachahmlicher Harmonie. Taucher und Schnorchler finden dort eine bunte Unterwasserwelt, die zu den besten Tauchrevieren der Philippinen zählt. Einige Strandhotels und Tauchzentren, im Ort El Nido wie auch auf verschiedenen Inseln, haben sich auf die schnorchelnde und tauchende Klientel eingestellt.

Das Meeresgebiet zwischen der Nordspitze von Palawan und der Südwestküste von Mindoro sprenkeln die geographisch isoliert gelegenen Inseln der Calamian-Gruppe. Obwohl zwischen Taytay und Coron auf **Busuanga Island** 16 (S. 260), der ›Hauptstadt‹ des Archipels, sowie zwischen Batangas auf Zentral-Luzon und Coron mehr oder weniger regelmäßige Schiffsverbindungen bestehen, ist die Anreise sehr mühsam und langwierig. Wer es sich leisten kann, bucht einen Platz in einer der kleinen Propellermaschinen, die zwischen Manila und Coron, der ›Pforte zu Nord-Palawan‹, pendeln. Busuanga, die größte Insel der Calamianen, liegt nur rund 350 km südwestlich der Philippinen-Metropole. Zwar erstreckt sich im Innern

El Nido ▷

Richtig Reisen *Tip*

## Eine Delikatesse aus Vogelnestern

Nomen est omen – *El Nido* (span. das Nest) ist einer der Hauptlieferanten der von Gourmets im ganzen Lande hochgeschätzten eßbaren Vogelnester. Die porösen Kalksteinklippen, die das Dorf säumen, bieten mit einem Labyrinth aus Felsen und Höhlen den Weißnest-Salanganen, eine Art Mauersegler, optimale Niststätten. Zum Bau ihrer Nester benutzen diese schwalbenartigen Vögel ihren Speichel, der als zähflüssiges Sekret aus einer Drüse in der Kehle abgesondert wird und sich unter Lufteinfluß zu einer gummiartigen Masse verfestigt. Mit Moos oder Federn vermischt, manchmal aber auch aus reinem Speichel, kleben die im Durchmesser 10 bis 12 cm großen Nester an den Felsen.

Im Dezember beginnt für die *Busiadores,* die Vogelnestsammler, ihre lukrative, aber nicht ungefährliche Arbeit. Auf waghalsigen Kletterpartien steigen sie in Grotten und Kavernen ein (hier finden sich die Salanganen auch bei völliger Dunkelheit mit ihrem Echo-Orientierungssystem zurecht), um mit Hilfe rechenähnlicher Geräte an meterlangen Stangen die begehrten Vogelnester von den Felswänden zu ›pflücken‹.

Die von Chinesen seit Jahrhunderten als Delikatesse geschätzten Vogelnester sind Hauptingredienz der traditionellen, angeblich aphrodisierenden Nido-Suppe (auch *Bird's Nest Soup* genannt). Für erstklassige, weiße und saubere Nester werden Spitzenpreise bis zu 1000 Mark pro Pfund bezahlt.



der Insel mit der King Ranch die angeblich größte Rinderfarm von Asien, doch verteilen sich im hügeligen Binnenland immer noch inselartig tropische Regenwälder mit großer Artenvielfalt. Wanderern bieten heiße und kalte Quellen Erholung.

Wie ein Magnet zieht die Unterwasserwelt um Busuanga Wassersportler aus aller Welt an. Ein Dorado für Taucher ist vor allem die mit kleinen und kleinsten Inseln gespickte Meeresenge zwischen Busuanga und der Nachbarinsel Culion. Mit einer besonderen Attraktion lockt Tangat Island – hier bilden neben bunten Korallenbänken die über ein Dutzend japanischen Schiffswracks aus dem Zweiten Weltkrieg einen Unterwasser-Abenteuerspielplatz. Herrliche Korallenriffe und sieben türkisfarbene Süßwasserseen inmitten zerklüfteter Kalksteinformationen hat das nahe **Colon Island** 17 zu bieten. Mit einer ganz besonderen Überraschung wartet der relativ leicht zugängliche Cangayan Lake auf – in etwa 20 m Tiefe sprudelnde Thermalquellen, die das Wasser an manchen Stellen bis auf etwa 40° Celsius erwärmen.

Afrikanisch mutet die Insel **Calauit** 18 im Nordwesten von Busuanga an. Dort leben Giraffen, Zebras, Antilopen, Gazellen und andere Tiere, die es freilebend nur in den Savannen des schwarzen Kontinents gibt. Es sind die Nachkommen von etwa zwei Dutzend Tieren, die Ex-Präsident Marcos Ende der 70er Jahre dort aussetzen ließ, um einen privaten Safaripark zu gründen. Gegen ihren Willen evakuierte man die etwa 250 Menschen, die damals auf dem Eiland lebten. Mittlerweile setzt man in dem Naturreservat auch einheimische, vom Aussterben bedrohte Tiere aus.

# Im Süden von Palawan

Karte S. 234/35

Nur wenige Palawan-Besucher zieht es in den Süden der Insel. Was nicht weiter verwundert, denn die Landschaft kann kaum einem Vergleich mit den Naturkulissen von Zentral- und Nord-Palawan standhalten. Aber auch der Inselsüden hat einiges zu bieten. So kann man in den Beach Resorts an dem 2 km langen Sandstrand, der sich beim Dorf **Tigman** 19 (S. 295) 50 km südlich von Puerto Princesa erstreckt, ruhige Ferientage verbringen. Ziel eines Bootsausflugs von Tigman ist das von Schnorchelrevieren umgebene Sombrero Island. Ein Tagesausflug in einem *Tricycle* führt zu den Estrella Falls am Fuße des 1709 m hohen Victoria Peak 10 km nordwestlich des Städtchens Narra. Bei den Wasserfällen, die in Kaskaden eine Felswand hinunterrauschen und einen natürlichen Badepool speisen, vergnügen sich an Wochenenden einheimische Ausflügler.

**Quezon** 20 (S. 290) an der Ostküste ist ein gesichtsloses Provinznest, das in keinem Reiseführer Erwähnung fände, würden nicht in seiner Nähe die berühmten Tabon Caves liegen. Der riesige, nur per Boot zu erreichende Höhlenkomplex besteht aus etwa 200 Grotten, von denen erst 29 erforscht sind. Dort machte 1962 der Wissenschaftler Robert Fox bei Ausgrabungen Funde, die eine kontinuierliche Besiedlung des Gebiets seit etwa 30 000 Jahren belegen. Zu den ältesten Spuren des Homo sapiens auf den Philippinen (Tabon-Mensch) gehören neben steinzeitlichen Werkzeugen auch fossile menschliche Knochen. Die meisten dieser wichtigen archäologischen Funde sind zwar im Nationalmuseum in Manila zu sehen, das kleine Museum von Quezon informiert aber anschaulich über die Geschichte der Tabon-Höhlen, zudem vermittelt man dort sach- und ortskundige Führer.

Für die meisten ist auf dem Weg nach Süden Quezon Endstation. Wer noch weiter südlich reist, dringt in eine von Touristen kaum besuchte Region der Philippinen vor, in der die Nähe zum muslimischen Ost-Malaysia spürbar wird. In den kleinen Städten und Dörfern südlich von **Brooke's Point** 21 (S. 260) sowie auf den Inseln **Bugsuk** 22 und **Balabac** 23 ertönt fünfmal am Tag die Stimme des Muezzin von den Minaretten kleiner Moscheen. Die sonst auf den Philippinen so beliebten Jeans sind hier verpönt, statt dessen tragen Männer und Frauen den *Malong* genannten luftigen Wickelrock. Und nach der Begrüßung mit Händedruck führt jeder seine Hand an sein Herz, um damit die Herzlichkeit des Grußes zu betonen.

*Der Strand von Tigman auf Palawan* ▷

| | |
|---|---|
| Information | Unterkunft |
| Restaurants | Einkaufen |
| Unterhaltung | Sehenswert |
| Aktivitäten | Bus |
| Fährverbindung | Flugverbindung |

# Serviceteil

# So nutzen Sie den Serviceteil richtig

▼ Das erste Kapitel, **Adressen und Tips von Ort zu Ort**, listet die im Reiseteil beschriebenen Orte in alphabetischer Reihenfolge auf. Zu jedem Ort finden Sie hier Empfehlungen für Unterkünfte und Restaurants sowie Hinweise zu den Öffnungszeiten von Museen und anderen Sehenswürdigkeiten, zu Festen, Unterhaltungsangeboten etc. Piktogramme helfen Ihnen bei der raschen Orientierung.

▼ Die **Reiseinformationen von A bis Z** bieten von A wie ›Anreise‹ bis Z wie ›Zeitungen‹ eine Fülle an nützlichen Hinweisen – Antworten auf Fragen, die sich vor und während der Reise stellen.

**Bitte schreiben Sie uns, wenn sich etwas geändert hat!**
Alle in diesem Buch enthaltenen Angaben wurden vom Autor nach bestem Wissen erstellt und von ihm und dem Verlag mit größtmöglicher Sorgfalt überprüft. Gleichwohl sind – wie wir im Sinne des Produkthaftungsrechts betonen müssen – inhaltliche Fehler nicht vollständig auszuschließen. Daher erfolgen die Angaben ohne jegliche Verpflichtung oder Garantie des Verlages oder des Autors. Beide übernehmen keinerlei Verantwortung und Haftung für etwaige inhaltliche Unstimmigkeiten. Wir bitten daher um Verständnis und werden Korrekturhinweise gerne aufgreifen:
DuMont Buchverlag, Mittelstraße 12–14,
50672 Köln.

# Inhalt

# Adressen und Tips von Ort zu Ort



**Vorbemerkungen**
In entlegenen Gebieten, die noch nicht an das nationale Telefonnetz angeschlossen sind, benutzt man häufig Mobiltelefone oder ›Handies‹. Da diese Telefondienste von unterschiedlichen Gesellschaften angeboten werden, gibt es auch jeweils unterschiedliche Vorwahlnummern.

Die in Klammern hinter den Ortsnamen stehenden Abkürzungen bezeichnen philippinische Inseln: B – Bohol, C – Cebu, Ca – Camiguin, L – Luzon, M – Mindanao, Mi – Mindoro, N – Negros, P – Panay, Pa – Palawan

Preiskategorien: Hotels wurden folgendermaßen eingestuft: * bis 20 DM, ** bis 50 DM, *** bis 100 DM, **** bis 200 DM, ***** über 200 DM für Doppelzimmer (Einzelzimmer sind nur wenig preiswerter als Doppelzimmer); für Restaurants gelten: * bis 20 DM, ** bis 40 DM, *** über 40 DM.

## Agoo (L)

**Unterkunft: Agoo Playa Beach Resort,** San Nicolas West, ✆ 09 12-3 08 26 14, Strandhotel mit klimatisierten Zimmern, Pool, ***, Buchung: Manila Office, ✆ u. Fax 02-6 31 28 61

**Museum: Museo Iloco,** heimat- und völkerkundliches Museum in einem Holzhaus tägl. 9–12, 13–17 Uhr

## Alaminos (L)

**Information: Tourist Information Office,** Lucap, ✆ 0 75-5 51 25 05, am Pier, hier auch Buchung von Booten für Ausflüge zum Hundred Islands National Park

**Unterkunft: Vista del Mar,** Lucap, ✆ 0 75-5 51 24 92, Fax 0 75-5 42 61 41, beste Unterkunft im Ort mit komfortablen, klimatisierten Zimmern und schönem Dachrestaurant, ***
**Maxine by the Sea,** Lucap, ✆ 0 75-5 51 25 37, stilvolles Haus in schöner Lage, Zimmer mit Ventilator oder Klima-Anlage, mit Terrassenrestaurant, **
**The Last Resort,** Lucap, ✆ 0 75-5 51 24 40, solides Ferienhotel mit Restaurant, Zimmer mit Ventilator oder Klima-Anlage, **
**Hundred Islands View Lodge,** Lucap, ✆ 0 75-5 51 24 65, einfach ausgestattete, klimatisierte Zimmer, mit Restaurant, *–**
**Gloria's Cottages,** Lucap, einfache Pension, *

## Angeles (L)

**Unterkunft: Holiday Inn,** Mimosa Leisure Estate, Mimosa Dr., Clark Field, ✆ 0 45-5 99 80 00, Fax 0 45-8 43 13 63, komfortables Hotel für gehobene Ansprüche auf dem Areal der ehemaligen Airbase, zwei Restaurants, großer Pool, ****
**Clarkton,** 620 Don Juico Ave., Clarkview, Balibago, ✆ 0 45-6 02 34 24, Fax 09 73-6 02 07 84, gut geführtes Haus mit klimatisierten, stilvoll möblierten Zimmern sowie Restaurant, Pool und Fitneß-Center, ***
**Oasis,** Clarkville Compound, Clark Perimeter Rd., Balibago, ✆ 0 45-6 02 33 01, Fax 0 45-6 02 31 64, gepflegtes Hotel in ruhiger Lage mit klimatisierten Zimmern, Restaurant und Pool, ***

**Premiere,** Malabañas Rd., Clarkview, Balibago, ✆ 0 45-8 88 27 56, Fax 0 45-8 88 23 10, gut geführte Unterkunft in ruhiger Lage, solide Zimmer mit Ventilator oder Klima-Anlage, mit Restaurant und Pool, **

**Sunset Garden Inn,** Malabañas Rd., Clarkview, Balibago, ✆ 0 45-8 88 23 12, Fax 0 45-8 88 23 10, beliebtes und daher häufig ausgebuchtes Hotel unter philippinisch-schweizerischem Management, Zimmer mit Ventilator oder Klima-Anlage, mit Restaurant und Pool, Organisation von Touren zum Mount Pinatubo, **

**Aquarius Lodge,** 19 Plaridel St., Balibago, ✆ 0 45-8 88 21 82, einfache Familienpension mit kimatisierten Zimmern, *

**Restaurants: Mandarin,** MacArthur Hwy, Balibago, ✆ 0 45-6 02 35 29, chinesische Gerichte und hervorragendes Seafood, **

**Maranao Grill Restaurant,** Oasis Hotel, Clarkville Compound, Clark Perimeter Rd., Balibago, ✆ 0 45-6 02 33 01, beste Adresse für Steaks und andere Grillgerichte, **

**Peking House,** MacArthur Hwy, Balibago, ✆ 0 45-6 02 75 73, bester ›Chinese‹ im Ort, *–**

**Sunset Garden,** Malabañas Rd., Clarkview, Balibago, ✆ 0 45-8 88 23 12, Gartenrestaurant mit hervorragender internationaler Küche, *–**

**Wok,** MacArthur Hwy, Balibago, ✆ 0 45-8 88 25 41, philippinische und chinesische Gerichte, *–**

**Edelweiss,** Don Juico Ave., Clarkview, Balibago, ✆ 0 45-7 85 13 68, man speist wie bei Muttern, mit ordentlichen Portionen zu reellen Preisen, *

**Einkaufen: Rosas Philippine Handicraft,** MacArthur Hwy, Balibago, ✆ 0 45-6 02 28 68, kunsthandwerkliche Souvenirs, teils aus Pinatubo-Eruptionsmaterial hergestellt

**Unterhaltung: Sax,** MacArthur Hwy, Balibago, ✆ 0 45-8 88 37 95, Jazz-Bar mit Live-Musik

**The Cottage Kitchen,** Don Juico Ave., Clarkview, Balibago, ✆ 09 73-74 43 52, Kneipen-Restaurant mit Live-Jazz und internationalen Gerichten

**Aktivitäten: Angeles City Flying Club,** Woodland Park Resort, Lizares St., Dau, ✆ 0 45-8 45 18 88, Rundflüge über den Mount Pinatubo

**Trend Transport & Travel Agency,** 222 Fields Ave., Balibago, ✆ 0 45-7 85 17 12, geführte Wanderungen in den Lahar-Schluchten des Pinatubo-Vulkans

**RJ Pinatubo Trek,** Clark Perimeter Rd., Balibago, ✆ 0 45-7 81 25 82, Fax 0 45-8 88 27 08, zwei- oder dreitägige Wanderungen zum Pinatubo-Krater

**Busverbindungen: Zwischen Manila und Angeles** pendeln mehrmals tägl. klimatisierte Busse folgender Gesellschaften: Fly the Bus, Abfahrt in Manila (Ermita) Swagman Hotel, 411 A. Flores St., ✆ 02-5 23 85 41, Abholung in Angeles von jedem Hotel, Auskunft ✆ 054-6 02 52 31; The Blue Bus, Abfahrt in Manila (Ermita) Centrepoint Hotel, 1430 A. Mabini St, ✆ 09 12-3 35 90 04, Abfahrt in Angeles Sunset Garden Inn, Malabañas Rd., Clarkview, Balibago, ✆ 0 45-8 88 23 12

## Anilao (L)

**Unterkunft: Aqua Tropical Resort,** etwas außerhalb gelegenes Strand-Resort mit gut ausgestatteten, teils klimatisierten Zimmern sowie Restaurant, Pool und Tauchbasis, ****, Buchung: Manila Office, ✆ 02-59 25 36, Fax 02-8 18 97 20

**Vistamar Beach Resort,** komfortables Resorthotel mit teils klimatisierten Zimmern sowie Restaurant, Pool und Tauch-

basis, ****, Buchung: Manila Office, ✆ und Fax 02-8 27 46 84
**Anilao Seasport Centre,** versteckt gelegenes, gemütliches Strandhotel mit Terrassenrestaurant, gute Wassersportmöglichkeiten, ***–****, Buchung: Manila Office, ✆ 02-8 07 45 70, Fax 02-8 07 45 74

## Argao (C)

**Unterkunft: Bamboo Paradise Beach Resort,** ✆ 0 32-3 02 71, familiäre Pension mit einfachen, aber sauberen und ruhigen Zimmern, Restaurant mit deutsch-philippinischer Küche, **

**Schiffsverbindung:** Von Argao ein- oder zweimal tägl. Autofähre nach Loon auf Bohol

## Bacolod (N)

**Information: Department of Tourism,** City Plaza, ✆ 0 34-2 90 21, hier auch Informationen über Klettertouren auf den Mount Kanlaon und Vermittlung von Bergführern sowie Auskunft über Fahrten auf Dampflokomotiven von Zukkerraffinerien, Mo–Fr 9–17 Uhr

**Unterkunft: Bacolod Convention Plaza,** Magsaysay Ave./Lacson St., ✆ 0 34-8 35 51 58, Fax 0 34-4 33 37 57, das Hotel-Flaggschiff der Stadt mit allem Komfort und klassischem Design, mit Top-Restaurant und Pool, ****
**Goldenfield Garden,** Goldenfield Commercial Complex, Singcang, ✆ 0 34-4 33 31 11, Fax 0 34-4 33 12 34, modernes Komforthotel mit bestens ausgestatteten, klimatisierten Zimmern sowie Pool und japanischem Restaurant, ***–****
**Sugarland,** Araneta St., Singcang, ✆ 0 34-4 35 26 90, Fax 0 34-4 35 26 44, komfortables Hotel nahe dem Flughafen, mit klimatisierten Zimmern und Restaurant, ***
**Bacolod Pension Plaza,** Cuadra St., ✆ 0 34-2 70 76, Fax 0 34-4 33 22 03, modernes Stadthotel mit gut ausgestatteten, klimatisierten Zimmern und kleinem Restaurant, **
**Bascon,** Gonzaga St., ✆ 0 34-2 31 41, Fax 0 34-4 33 13 93, etwas ältliches, aber gut geführtes Stadthotel mit klimatisierten Zimmern und Restaurant, **
**Palm Inn,** Locsin/San Sebastian Sts, ✆ 0 34-4 35 05 43, ruhiges Haus abseits vom Zentrum, die meisten Zimmer mit Klima-Anlage und privatem Bad/WC, *–**
**Star Plus Pension House,** Lacson/Rosario Sts, ✆ 0 34-4 33 29 48, zweckmäßige, saubere Unterkunft, Zimmer mit Ventilator oder Klima-Anlage, die preiswerteren mit Gemeinschaftsbad, am südlichen Stadtrand, aber gute Verkehrsanbindung, *–**

**Restaurants: Seafood Market,** Goldenfield Commercial Complex, Singcang, ✆ 0 34-4 33 10 00, marktfrische Meeresfrüchte raffiniert zubereitet; Hummer, Krebse, Krabben und Fische werden auf Eis präsentiert; man trifft seine Wahl nach Augenschein und zahlt nach Gewicht, **–***
**Casablanca,** Lacson/15th Sts, Mandalagan, ✆ 0 34-8 18 80, vorzügliche thailändische Gerichte, **
**Ang Sinugba,** San Sebastian St., ✆ 0 34-2 05 47, sehr gutes Seafood sowie *Chicken Binakol,* die Spezialität von Negros – in Kokosmilch gekochtes Huhn mit Knoblauch, Zwiebeln und Karotten, serviert in einer halbierten Kokosnuß, dazu gibt's gelegentlich Live-Folk Music, *–**
**Time Out,** Lacson/Galo Sts, ✆ 0 34-8 41 37, stilvolles, halboffenes Restaurant mit ausgezeichneten Grillgerichten, Szene-Treff, *–**
**Balabala Fishmarket,** Capitol Rd., Fischmarkt gegenüber dem ehemaligen Provin-

cial Capitol Building, auf dem man sich einen Fisch aussucht und an einem der dortigen Grillstände zubereiten läßt, über die Abfälle am Boden sehe man hinweg, *
**Manokan Country,** Reclamation Area, preiswert speisen wie die Einheimischen auf einem Essensmarkt, wo kleine Restaurants und Garküchen mit ausgezeichneten Gerichten aller Geschmacksrichtungen locken, vor allem ausgezeichnetes *Chicken Bar-B-Q,* *
**Reming's and Sons',** City Plaza, San Juan St., ✆ 0 34-2 07 83, Filipino-Fastfood at its best, *
**Super Batchoy House,** Locsin St., ✆ 0 34-2 27 90, hier gibt es *Batchoy,* eine Spezialität der westlichen Visayas – eine Nudelsuppe mit Einlage aus Fleisch und Leber von Rind und Schwein, *

**Einkaufen: Anaware Ceramics,** 33 Camia St., Capitolville, ✆ 0 34-4 33 07 04, handbemaltes Porzellan
**ANP Negros Showroom,** Lacson St., ✆ 0 34-4 35 13 71, das ganze Spektrum des auf Negros produzierten Kunsthandwerks
**Casa Grande Antique Collection,** 17th St., Mandalagan, ✆ 0 34-4 35 04 20, Antiquitäten-Verkaufsausstellung
**MDS Ceramics,** Rosario/Araneta Sts, ✆ 0 34-2 94 21, handbemaltes Porzellan
**Recuerdos de Bacolod,** Lacson St.,/ North Dr., ✆ 0 34-2 06 22, Antiquitäten
**Sar-Lee Antique Collection,** Mayfair Plaza Bldg., Lacson/19th Sts, Mandalagan, ✆ 0 34-4 35 09 35, Antiquitäten-Verkaufsausstellung

**Unterhaltung: Bar 21,** Lacson/21st Sts, Mandalagan, ✆ 0 34-4 33 13 93, In-Treff der schicken Stadtjugend mit kleinen philippinischen und internationalen Gerichten
**Bacolod Pavilion Resort,** Reclamation Area, ✆ 0 34-8 26 26, stilvolles Restaurant mit Live-Musik am Abend
**Quorum Disco,** Goldenfield Garden Hotel, Goldenfield Commercial Complex, Singcang, ✆ 0 34-8 20 63, Edeldiskothek mit strenger Kleiderordnung

**Museum: The Negros Museum,** Former Provincial Capitol Bldg., Capitol Rd., ✆ 0 34-2 33 95, Gemäldegalerie, Zucker- und Seefahrtsmuseum, Di–Sa 10–18 Uhr

**Aktivitäten:** Während der Erntezeit von Oktober bis April besteht die Gelegenheit, einige Zuckerraffinerien zu besichtigen oder auf alten Dampflokomotiven durch die ausgedehnten Zuckerrohrplantagen zu fahren. Nähere Informationen erhälz man beim Public Relation bzw. das Transportation Department der jeweiligen Zuckermühle: Central Azucarera de La Carlota, La Carlota, ✆ 0 34-60 08 13; Danao Sugar Central, Toboso, ✆ 0 34-2 53 35; Hawaiian-Philippine Sugar Company, Silay, ✆ 0 34-5 10 11; Victorias Milling Company, Victorias, ✆ u. Fax 09 12-5 03 15 10

**Busverbindungen: Stadt- und Vorortverkehr:** Nahverkehrsmittel sind Taxis (oft ohne Taxameter) und *Jeepneys*
**Überlandbusse:** Es gibt drei große Busbahnhöfe: Northern Bus Terminal, North Dr./Lopez Jaena Ext. St. (Busse und *Jeepneys* nach Silay, Victorias, San Carlos, Dumaguete u. a.) und Southern Bus Terminal, Lopez Jaena St., (Busse und *Jeepneys* nach Bago, Ma-ao, La Carlota u. a.) sowie Ceres Liner Terminal, North Dr., ✆ 0 34-2 61 47. Von letzterem Ceres Liner-Busse Richtung Norden, z. B. nach San Carlos und Dumaguete sowie mehrmals tägl. – am frühen Vormittag – Direktbusse nach Cebu City, mit Fahrzeugverladung zwischen Port Danao bei Escalante und Tuburan auf Cebu, Fahrzeit insgesamt ca. 8 Std.

**Flugverbindungen: Bacolod Airport,** 4 km südl.; Philippine Airlines, Bacolod Airport, Singcang, ✆ 0 34-4 33 30 45; Cebu Pacific, Summit World, Victoria Arcade, Rizal St., ✆ 0 34-4 34 20 20; Pacific Air, Bacolod Airport, Singcang, ✆ 0 34-2 42 58

**Schiffsverbindungen:** Fähren nach Iloilo auf der Nachbarinsel Panay bis zu zehnmal tägl. ab Banago-Hafen, 7 km nördl., Fahrzeit 2 Std., mehrmals tägl. Schnellboote der Negros Navigation ab Banago-Hafen nach Iloilo, Fahrzeit 1 Std., Auskunft: ✆ 0 34-8 35 41, mehrmals tägl. Schnellboote der Gesellschaft Bullit Express von der Reclamation Area nach Iloilo, Fahrzeit 1 Std., Auskunft: ✆ 0 34-8 38 31, zwischen Banago-Hafen und der City verkehren klimatisierte Shuttle-Busse der Gesellschaft Negros Navigation



## Badian (C)

**Unterkunft: Badian Island Beach Hotel,** exklusives Inselresort in traumhafter Lage, Bungalows mit allen Annehmlichkeiten, ›Panorama-Restaurant‹ mit philippinischen und internationalen Gerichten, Pool und weitgefächertes Freizeitangebot, Tauchbasis, *****, Buchung: Cebu City Office, ✆ 0 32-2 53 64 52, Fax 0 32-2 53 33 85
**Stockli Beachhouses,** Lambug Beach, kleines Ferienhotel aus Naturmaterialien, sehr ruhig an einem makellosen Strand gelegen, geräumige Bungalows mit zwei Schlaf- und einem Wohnzimmer sowie Terrasse, Zimmer im Hauptgebäude mit Ventilator oder Klima-Anlage, gutes Restaurant mit europäischer Küche, schöner Garten, *–**, Buchung nur per Post: Stockli Beachhauses, Lambug Beach, Badian 6031, Cebu, Philippines

## Baguio (L)

**Information: Department of Tourism,** DOT Complex, Gov. Pack Rd., ✆ 0 74-4 42 70 14

**Unterkunft: Baguio Vacation,** 45 Leonard Wood Rd., ✆ 0 74-4 42 45 45, Fax 0 74-4 42 31 44, komfortables Ferienhotel gegenüber dem Botanischen Garten mit stilvoll möblierten Zimmern und elegantem Restaurant, ***–****
**Benguet Prime,** Session Rd./Calderon St., ✆ 0 74-4 42 70 66, Fax 0 74–4 42 81 32, funktionelles Stadthotel mit gut ausgestatteten Zimmern und Restaurant, ***
**Burnham,** 20 Calderon St., ✆ 0 74-4 42 23 31, Fax 0 74-4 42 84 15, zentral gelegen, mit dem Charme alter Zeiten und freundlichem Service, mit China-Restaurant, ***
**New Belfranlt,** Gen. Luna St., ✆ 0 74-4 42 42 98, modernes Hotel, zentral, mit geräumigen, gut ausgestatteten Zimmern und Restaurant, ***
**Mountain Lodge,** 27 Leonard Wood Rd., ✆ 0 74-4 42 45 44, Fax 0 74-4 42 61 75, rustikales Haus, ruhig, nahe dem Botanischen Garten, gute Verkehrsanbindung, mit Restaurant, **–***
**New Plaza,** 2 Assumption Rd., ✆ 0 74-4 42 40 38, einfaches Haus in zentraler Lage, **
**Baden Powell International Inn,** Gov. Pack/Session Rds, ✆ 0 74-4 42 58 36, Fax 0 74-4 42 81 77, ordentlich geführtes Gästehaus mit Zimmern unterschiedlicher Qualität, *–**
**Baguio Goodwill Lodge,** 58 Session Rd., ✆ 0 74-4 42 66 34, Einfachunterkunft mit Außendusche und -toilette, *
**Diamond Inn,** Gen. Luna Rd., ✆ 0 74-4 42 23 39, einfache Unterkunft für bescheidene Ansprüche, *

**Restaurants: Barrio Fiesta,** Session Rd., ✆ 0 74–4 42 60 49, gute Filipino-Standardgerichte, *–**

**Don Henrico's Restaurant,** Session Rd., ✆ 0 74-4 42 42 41, das beste italienische Restaurant weit und breit, *–**
**Sizzling Plate,** Session Rd., ✆ 0 74-4 42 42 19, gute Adresse für Steaks und andere Grillgerichte, *–**
**Café by the Ruins,** 25 Chuntug St., ✆ 0 74-4 42 40 10, originelles Café-Restaurant mit kleinen authentischen Gerichten der Kordillere, *
**Mido,** Malcolm Square, ✆ 0 74-4 42 25 75, gutbesuchtes Lokal, vor allem chinesische Gerichte, *
**Sunshine Lunch,** Malcolm Square, ✆ 0 74-4 42 31 34, Filipino-Restaurant, hier ißt, wer's preiswert und trotzdem gut mag, *

**Einkaufen: Baguio City Market,** Magsaysay Ave., lebhafter und farbenfroher Markt
**Easter School Weaving Room,** Easter School Compound, Guisad, ✆ 0 74-4 42 49 72, traditionelle Webstube, Verkauf hochwertiger Webwaren, Mo–Fr 9–17 Uhr
**Ifugao Woodcarvers Cooperative,** Km 4 Asin Rd., Holzschnitzarbeiten der Ifugao
**Maharlika Livelihood Center,** Magasaysay Ave./Abanao Rd., gute kunstgewerbliche Souvenirs
**St. Louis Filigree Shop,** St. Louis University, Assumption Rd., ✆ 0 74-4 42 21 39, Filigranarbeiten aus Silber, Mo–Sa 8–12, 13–17 Uhr

**Unterhaltung: Café Teria,** Maharlika Livlihood Center, Magsaysay Ave., ✆ 0 74-4 42 66 92, oft überfüllte Jazz-Kneipe mit Live-Musik
**Cozy Nook,** 5 Assumption Rd., ✆ 0 74-4 42 47 46, gemütliches Lokal mit Live-Musik und kleinen Gerichten der Filipino-Küche
**Genesis Folkden,** Harrison Rd., ✆ 0 74-4 42 54 45, Mischung aus Kneipe und Restaurant mit Live-Folk-Musik
**Spirits,** Otek St., ✆ 0 74-4 42 64 06, Diskothek mit großer Tanzfläche und Live-Band

**Museen: Benguet Museum,** La Trinidad, kleines heimatkundliches Regionalmuseum mit Mumien aus den Begräbnishöhlen von Kabayan, Mo–Sa 9–12, 13–17 Uhr
**Museum of the Mountain Provinces,** Camp John Hay, Kunst- und Völkerkundemuseum, vermittelt einen guten Überblick über die Kulturgeschichte der Bergstämme, Di–So 9–17 Uhr

**Busverbindungen: Stadt- und Nahverkehr:** Es gibt keine Stadtbusse, statt dessen *Jeepneys* und Taxis
**Überlandbusse:** Jede Gesellschaft besitzt ihren eigenen Terminal. Die wichtigsten Busgesellschaften und deren Fahrziele: Dagupan Bus Lines, Gov. Pack Rd., ✆ 0 74-4 42 53 91 (Dagupan, von dort Anschluß nach Alaminos/Lucap und Hundred Islands National Park); Dangwa Tranco, Lapu-Lapu St. (gegenüber dem Baguio City Market), ✆ 0 74-4 42 41 50 (Manila, Bontoc, Banaue, Sagada, Kabayan; Busse nach Bontoc tägl. 5, 6, 7, 8, 9, 10 Uhr, Fahrzeit 7–8 Std.); Marcitas Liner, Otek St., ✆ 0 74-4 42 39 61 (San Fernando, La Union); Philippine Rabbit Bus Lines, Gov. Pack Rd., ✆ 0 74-4 42 59 45 (Manila, Laoag); Times Transit, Magsaysay Ave., ✆ 0 74-4 42 30 63 (Vigan, Laoag); Victory Bus Lines, Gov. Pack Rd., ✆ 0 74-4 42 66 54 (Manila, Olongapo)

**Flugverbindungen: Loakan Airport,** 8 km südl., ✆ 0 74-4 42 27 34; Philippine Airlines, Harrison St., ✆ 0 74-4 42 26 28

## Balicasag Island (B)

**Unterkunft: Balicasag Island Dive Resort,** ✆ 09 12-5 16 26 75, Tauchbasis mit gemütlichen Strandbungalows aus Naturmaterialien und gutem Restaurant auf einer 10 km südwestl. von

Panglao Island gelegenen kleinen Insel mit Korallenriff, Tauchkurse für Anfänger und anspruchsvolle Tauchexkursionen für Fortgeschrittene, ***–****, Buchung: Tagbilaran Office, ✆ u. Fax 0 38-4 11 21 92, Manila Office, ✆ 02-8 12 19 84, Fax 02-8 12 11 64

## Banaue (L)

**Information: Tourist Office** bei Sanafe Lodge, ✆ 0 73-3 86 40 84, vor allem Informationen über Wandermöglichkeiten und Vermittlung von *Guides*

**Unterkunft: Banaue Hotel,** ✆ 0 73-3 86 40 87, Fax 0 73-3 86 40 48, bestes Haus im Ort, mit Restaurant und Pool, ***–****

**Sanafe Lodge,** ✆ 0 73-3 86 40 85, komfortabel, Zimmer mit Bad/WC, schönes Terrassenrestaurant, **, Buchung: Manila Office, ✆ 02-7 22 21 10

**Banaue View Inn,** ✆ 0 73-3 86 40 78, in herrlicher Lage oberhalb des Ortes, gemütliche Zimmer und Restaurant, *–**

**Green View Lodge,** ✆ 0 73-3 86 40 21, zentral, ordentliche Zimmer, schöner Blick, *–**

**Spring Village Inn,** ✆ 0 73-3 86 40 37, freundliche Unterkunft etwas abseits vom Zentrum mit sauberen, gemütlichen Zimmern, die preiswerten mit Gemeinschaftsbad, die etwas teureren mit eigenem Bad/WC, mit warmem Wasser, *–**

**Terraceville Inn,** ✆ 0 73-3 86 40 69, rustikales Hotel, gemütliche Zimmer mit Bad/WC und kleinem Balkon, am nördlichen Ortsrand gelegen, *–**

**Fairview Inn,** ✆ 0 73-3 86 40 02, außerhalb am südlichen Ortsrand, schöner Blick auf Banaue, ordentliche Zimmer mit Bad/WC, *

**People's Lodge,** ✆ 0 73-3 86 40 14, einfache Bleibe im Zentrum mit familiärer Atmosphäre und schönem Blick, beliebtes Restaurant, *

**Stairway Lodge,** ✆ 0 73-3 86 40 53, einfach und gemütlich, mit Restaurant, *

**Restaurants: Cool Winds,** einfaches Filipino-Lokal am Markt mit Gerichten der Kordillere, *

**Las Vegas,** ✆ 0 73-3 86 40 21, sehr beliebtes Restaurant in der Green View Lodge mit vorwiegend philippinischen Gerichten, *

**Einkaufen: Banaue Antiques & Artcrafts,** echte und nachgemachte Antiquitäten sowie Ifugao-Holzskulpturen und Korbwaren

**Cordillera Handicraft Center,** kunsthandwerkliche Ifugao-Souvenirs

**Joseph Blas Traditional Woodcraft,** Ifugao-Holzschnitzarbeiten

**Nacida Cottage Industry,** Holzschnitzereien der Ifugao

**Unterhaltung: Banaue Hotel,** mehrmals wöchentl. Dinner mit Vorführungen von Ifugao-Tänzen

**Museum:** Regionalmuseum zur Kunst und Kultur der Ifugao, nicht weit vom Banaue View Inn, tägl. 8–12, 13–17 Uhr

**Busverbindungen: Busse** nach Manila tägl. 7 Uhr, Fahrzeit 8 Std.; *Jeepneys* nach Bontoc tägl. 7.30 Uhr, Fahrzeit 2 Std.

## Banga-an (L)

**Unterkunft: Family Inn,** kleine Pension in ruhiger Lage oberhalb des Ifugao-Dorfes Banga-an mit einfach ausgestatteten, aber gemütlichen Zimmern sowie Restaurant, *

## Bantayan Island (C)

**Unterkunft: Santa Fe Beach Resort,** Santa Fe, Barrio Talisay, gut geführte Strandanlage mit Restaurant, Bungalows mit Ventilator oder Klima-Anlage, **–***, Buchung: Cebu City Office, ✆ 0 32-2 53 13 39, Fax 0 32-2 54 47 65
**Budyong Beach Resort,** Santa Fe, kleine romantische Strandhütten, freundlicher Service, *–**

**Schiffsverbindungen:** Tägl. ein oder zwei Fähren von Hagnaya auf Cebu nach Santa Fe

## Batad (L)

**Unterkunft:** Es gibt nur einfache, aber teils sehr stilvolle Pensionen, durchweg mit Gemeinschaftsbädern und – da es keine Elektrizität gibt – Kerzenlichtromantik; die Betreiber sorgen auch für die Verpflegung der Gäste. Zu den beliebtesten Unterkünften gehören Christina's Guest House, Foreigner's Inn, Hillside Inn, Rita's Inn, Simon's View Point Inn, Summer Inn und Waterfall Side Lodge

## Bauang (L)

**Unterkunft: Villa Estrella Resort Hotel,** Paringao, ✆ 0 72-41 37 94, Fax 0 72-41 50 60, komfortable, klimatisierte Zimmer in einem modernen Strandhotel mit altspanischem Flair, gutes Restaurant mit Filipino-Live-Musik am Abend, ***–****
**Bali Hai Beach Resort,** Paringao, ✆ 0 72-41 25 04, Fax 0 72-41 54 80, ruhige Ferienanlage in einem üppigen Tropengarten mit geräumigen Doppelbungalows sowie Restaurant, Pool und Sportmöglichkeiten, ***
**Cabaña Beach Resort,** Paringao, ✆ 0 72-41 28 24, Fax 0 72-41 44 96, landestypisches, komfortables Bungalowhotel am Strand mit Pool und Restaurant, ***
**Coconut Grove Resort,** Paringao, ✆ 0 72-41 42 76, Fax 0 72-41 53 81, familienfreundliches Ferienhotel mit klimatisierten Zimmern sowie Terrassenrestaurant und Pool, ***
**Cresta del Mar,** Paringao, ✆ 0 72-2 42 07 93, Fax 0 72-2 42 09 87, größeres Strandhotel mit klimatisierten Zimmern sowie Restaurant, Tennisplatz und Pool, ***
**Leomar Beach Resort,** Baccuit, ✆ 0 72-2 42 05 98, einfaches, aber gut geführtes und gemütliches Hotel am Strand, mit Restaurant, Zimmer im Obergeschoß verlangen, *

**Restaurants: Cabaña,** Cabaña Beach Resort, Paringao, ✆ 0 72-41 28 24, auf Meeresfrüchte und Steaks spezialisiertes, gemütliches Terrassenrestaurant, am Freitagabend Mongolian Barbecue, **
**Patio del Sol,** California Ave., Pagudpud, ✆ 0 72-41 33 17, beste Fischküche, abseits vom Touristenrummel, *–**
**Seabreeze,** Paringao, ✆ 0 72-41 32 30, nahe dem Bali Hai Beach Resort gelegenes, stimmungsvolles Strandrestaurant mit philippinischen Gerichten und Seafood, *–**
**Tunuan ti Bauang,** National Hwy, Paringao, ✆ 0 72-41 29 95, Filipino-Restaurant mit regionalen Gerichten, *

## Bauko (L)

**Unterkunft: Mount Data Lodge,** rustikales Berghotel inmitten einer herrlichen Landschaft, ***, Buchung: Manila Office, ✆ 02-8 12 19 84, Fax 02-8 12 11 64

## Bolinao (L)

**Museum: Bolinao Regional Museum,** kleines archäologisches Museum, Mo–Fr 8–12, 13–17 Uhr

## Bontoc (L)

**Unterkunft: Lynda's Guest House,** Pension mit familiärer Atmosphäre, ruhig, abseits der Hauptstraße, Zimmer teils mit Bad/WC, *–**
**Pines Kitchenette & Inn,** etwas betagt, aber immer noch die beste Adresse im Ort, Zimmer teils mit Bad/WC, *–**
**Vista Pensione,** Familienpension, manche Zimmer mit Bad/WC, *–**
**Bontoc Hotel,** einfache Bleibe für Anspruchslose, mit Restaurant, *
**Chico Terrace,** schlichtes Haus an der Hauptstraße, einfache, aber große Zimmer mit Bad/WC, Restaurant, *
**Mountain Hotel,** Einfachunterkunft an der Hauptstraße, Zimmer mit Gemeinschaftsbad, Restaurant, *
**Village Inn,** einfache Bleibe abseits der Hauptstraße, schlichte Zimmer mit Gemeinschaftsbad, *

**Restaurants: Chayapan,** kleines Lokal hinter dem Mountain Hotel mit Gerichten der Kordillere, *
**Pines Kitchenette,** im Hotel Pines Kitchenette and Inn, chinesische und philippinische Gerichte, *
**Zanders,** Golden Dawn Hotel, Gerichte der Regionalküche, *

**Museum: Bontoc Museum,** liebevoll gestaltetes, den Bergstämmen gewidmetes ethnologisches Museum, tägl. 8–12, 13–17 Uhr

**Aktivitäten:** Ein zuverlässiger, ortskundiger, deutsch und englisch sprechender *Guide,* der anspruchsvolle Wanderungen in der Mountain Province und auch in der Provinz Kalinga-Apayao organisiert, ist Raynaldo Wai-Tan, c/o Tourist Information Center, Bontoc, Mountain Province, Philippines 2616

**Busverbindungen:** Busse nach Baguio tägl. 6, 7, 8, 9, 9.30, 10, 10.30, 11, 11.30 u. 12 Uhr; Busse und *Jeepneys* nach Sagada tägl. stündl. von 8–17 Uhr, Fahrzeit 1 Std.; *Jeepneys* nach Banaue mehrmals tägl.

## Boracay Island (P)

**Information: Tourist Office,** Boat Station Two, Balabag, ✆ 0 36-2 88 36 89; Boracay Tourist Center, 2nd Floor, Suite 203, RS Bldg., 1190 Vito Cruz Ext., Makati, Metro Manila, ✆ 02-8 90 89 02, Fax 02-8 90 89 04, tägl. 8–22 Uhr, Zimmervermittlung auf Boracay und Flugbuchung; Boracay Office, Mangayad, ✆ 0 36-2 88 37 04, Fax 0 36-2 88 30 23

**Unterkunft: Club Panoly,** Punta Bunga Beach, luxuriöses Resort an einem feinsandigen Privatstrand mit klimatisierten Bungalows, die sich der Landschaft anpassen, mit Gourmet-Restaurant und Pool, unter all dem gebotenen Komfort schmilzt hier die Reisekasse schneller als die Eiswürfel im ›Sundowner‹, *****, Buchung: Manila Office, ✆ 02-5 26 06 82, Fax 02-5 25 53 96
**Paradise Garden Resort,** Mangayad, ✆ 0 36-2 88 34 11, luxuriöse, interessant gestaltete Ferienanlage mit Terrassenrestaurant, Pool und Tropengarten, 500 m vom Strand, ****–*****, Buchung: Deutschland-Büro, ✆ u. Fax 0 26 01-30 09
**Friday's Resort,** Balabag, ✆ 0 36-2 88 34 27, alteingesessenes, gut geführtes Strandhotel mit komfortablen, klimatisier-

ten Zimmern, Restaurant und Pool, ****, Buchung: Manila Office, ✆ 02-8 92 74 43, Fax 02-8 19 02 81

**Cocomangas Beach Resort,** Balabag, ✆ 0 36-2 88 34 09, Fax 0 36-2 88 30 61, kleine, idyllische Gartenanlage mit gemütlichen, klimatisierten Bungalows, Restaurant mit philippinischen und internationalen Gerichten, ***–****, Buchung: Manila Office, ✆ 02-8 13 65 96, Fax 02-8 13 65 98

**Lorenzo's South Beach Resort,** Angol, größeres, komfortables Strandresort mit palmblattgedeckten, stilvoll ausgestatteten Bambusbungalows (klimatisiert oder mit Deckenventilator) und Restaurant, ***–****, Buchung: Manila Office, ✆ 02-9 28 07 19, Fax 02-9 26 17 26

**Mila's Boracay Beach Resort,** ✆ 0 36-2 88 35 36, Fax 0 36-2 88 36 37, Balabag, sehr komfortables Strandhotel im spanischen Stil mit tropischem Ambiente, Restaurant mit spanischen und einheimischen Gerichten, ***–****, Buchung: Manila Office, ✆ 02-5 26 99 76, Fax 02-5 26 99 77

**Nigi Nigi Nu Noos,** Mangayad, ✆ 0 36-2 88 31 01, Fax 0 36-2 88 31 12, gepflegtes Strandresort mit Bungalows im polynesischen Stil (mit Deckenventilator), sowie Restaurant und Bar, ***–****

**Angol Point Beach Resort,** Angol, Strandresort mit geräumigen Bungalows, nur ein paar Schritte zum Strand, ***, Buchung: Manila Office, ✆ 02-5 22 00 12

**Lingau Beach Resort,** Balabag, ✆ 0 36 2 88 33 94, Fax 0 36-2 88 31 50, familiär geführte Bungalowanlage am Strand, mit tollem Blick, speziell bei Sonnenuntergang, Restaurant mit deutschen und philippinischen Gerichten, ***

**Red Coconut,** Balabag, ✆ 0 36-2 88 35 07, Fax 0 36-2 88 37 70, bodenständiges Strandhotel mit Restaurant, Zimmer mit Ventilator oder Klima-Anlage, **–***, Buchung: Manila Office, ✆ 02-5 22 14 05, Fax 02-5 22 47 95

**The Orchids,** Angol, ✆ 0 36-2 88 33 13, Ferienhotel aus Naturmaterialien, Zimmer oder Bungalows mit Ventilator oder Klima-Anlage, ruhig, abseits vom Strand, **–***, Buchung: Manila Office, Fax 02-9 24 70 52

**Green Paradise Inn,** Balabag, ✆ u. Fax 0 36-2 88 31 14, gut geführtes, modernes Ferienhotel an einem Hang mit schönem Blick aufs Meer, familienfreundliche Ausstattung, einfache, aber gemütliche Zimmer mit Deckenventilator, gutes Restaurant, 300 m zum Strand, **, Buchung: Deutschland-Büro, ✆ u. Fax 0 84 41-1 84 06

**La Isla Bonita,** Mangayad, ✆ 0 36-2 88 35 01, ruhiges kleines Strandhotel mit Restaurant, Zimmer mit Ventilator, **, Buchung: Manila Office, ✆ u. Fax 02-8 25 74 70

**Lea Homes,** Mangayad, einfache Bambushütten wie aus den Pioniertagen des Boracay-Tourismus, 500 m zum Strand, *

**Moreno's Place,** Angol, Bambusbungalows, familiäre Atmosphäre, abseits vom Strand, *

**Restaurants: El Toro,** Balabag, Seafood und spanische Spezialitäten, *–**

**Melinda's** Garden Restaurant, Angol, ✆ 0 36-2 88 30 21, Gartenrestaurant mit fangfrischen Fischgerichten, *–**

**Swiss Inn,** Angol, der schweizerische Beitrag zur Gastronomie-Szene, *–**

**Jolly Sailor,** Angol, hübsches Strandrestaurant mit Standard-Travellerfood und lokalen Gerichten, *

**La Capannina,** Angol, Pastas und Pizzas in einem Strandlokal, *

**Tito's Place,** Mangayad, nüchterne Einrichtung, aber vielfältig variierte Gerichte der Filipino-Küche, *

**True Food,** Balabag, ✆ 0 36-2 88 31 42, vegetarische indische Gerichte, *

**Unterhaltung: Bazura,** Balabag, Mix aus Bar und Diskothek

**Beachcomber,** Balabag, Open Air-Diskothek am Strand
**Coco Loco,** Angol, ✆ 0 36-2 88 30 28, Mischung aus Bar und Restaurant mit kleinen Gerichten

**Aktivitäten: Calypso Diving,** Mangayad, ✆ 0 36-2 88 32 06, Fax 0 36-2 88 34 78, Tauchkurse und Unterwasser-Safaris
**Lapu-Lapu Diving Center,** Mangayad, ✆ 0 36-2 88 33 02, Fax 0 36-2 88 30 15, Schnupperkurse für Anfänger und Tauchsafaris für Könner
**Victory Divers,** Mangayad, ✆ u. Fax 0 36-2 88 32 09, Tauchkurse und Tauchexkursionen, auch Wracktauchen

**Flug-, Bus- und Schiffsverbindungen:** Philippine Airlines und Air Philippines fliegen tägl. von Manila nach Kalibo, von dort mit *Jeepneys* oder klimatisierten Bussen nach Caticlan (2 Std.), dort Bootsverbindung nach Boracay (20 Min.); Asian Spirit, Pacific Air, Sea Air, Star Asia und andere kleine Fluglinien fliegen z. T. mehrmals tägl. mit Propellermaschinen von Manila oder Clark Airport bei Angeles nach Caticlan. Buchungen und Flugrückbestätigungen für Philippine Airlines, Pacific Air, Star Asia u. a. im Boracay Tourist Center in Mangayad

## Brooke's Point (Pa)

**Unterkunft: King's Paradise,** Palo-palo, elegantes Strand-Resort, geräumige und komfortabel ausgestattete Bambusbungalows mit Klima-Anlage, gutes Restaurant und viele Sportmöglichkeiten, ****, Buchung: Manila Office, ✆ 02-2 82 88 84, Fax 02-5 23 55 03; Puerto Princesa Office, ✆ 0 48-4 33 65 11, Fax 0 48-4 33 65 14

**Sunset Garden Lodge,** einfache Unterkunft an einem weitläufigen Strand, Zimmer mit Ventilator oder Klima-Anlage, Restaurant, *–**, Buchung: Puerto Princesa Office, ✆ 0 48-4 33 22 39

## Busuanga Island (Pa)

**Unterkunft: Club Paradise,** Dimakya Island, luxuriöse Ferienanlage auf einer kleinen, nördlich vor Busuanga gelegenen Insel, Bambusbungalows mit Klima-Anlage oder Ventilator, vorzügliches Restaurant, Garten mit Pool, vielfältiges Sport- und Freizeitangebot, Tauchbasis, Ausflüge zum Safaripark auf der Nachbarinsel Calauit, ****–*****, Buchung: Manila Office, ✆ 02-8 16 68 71, Fax 02-8 17 84 74
**Las Hamacas Beach Resort,** Salvacion, abgeschieden im Nordwesten der Insel gelegenes Strand-Resort mit gut ausgestatteten Bungalows im landestypischen Stil und Restaurant, ***, Buchung: Manila Office, ✆ 02-8 33 22 64, Fax 02-8 31 49 39
**KokosNuss Garden Resort,** Coron, außerhalb der Inselhauptstadt gelegene Bungalowanlage in einem hübschen Tropengarten, Restaurant mit philippinischen und deutschen Gerichten, Organisation von Ausflügen, unter philippinisch-deutscher Leitung, **, Buchung: Manila Office, ✆ 02-9 22 97 50, Fax 02-8 04 03 31
**Bayside Divers Lodge,** Coron, einfach und gemütlich, Zimmer teilweise mit Gemeinschaftsbad, beliebt bei Tauchern, Restaurant, *–**
**Seabreeze Lodging House,** Coron, schlichte, aber gemütliche Unterkunft in einem im Meer stehenden Stelzenhaus, Zimmer teils mit Gemeinschaftsbad, Restaurant, *

**Aktivitäten: Discovery Divers,** Coron, Tauchkurse und Tauchexpeditionen, unter deutscher Leitung, Auskunft: Manila Office, ✆ 02-9 22 32 33, Fax 02-9 22 97 50

**MV Lagoon Explorer,** mehrtägige Kreuzfahrten in einem luxuriösen Katamaran durch die Inselwelt der Calamianen, Buchung: Cruise and Hotel Center, 109 Perea St., Makati, Metro Manila, ✆ 02-8 15 30 08, Fax 02-8 19 02 89

**Flugverbindungen:** Tägl. Flüge der Gesellschaften Pacific Air und Air Ads von und nach Manila

**Schiffsverbindungen:** Einmal wöchentl. Passagierschiffe zwischen Manila und Coron sowie zwischen Batangas (Zentral-Luzon) und Coron; sporadisch große Auslegerboote zwischen El Nido und Coron

## Butuan (M)

**Information: Tourism Assistance Center,** City Hall Compound, ✆ 0 85 21-4 15 20 41

**Unterkunft: Almont,** San José St., ✆ 0 85 21-4 15 33 32, komfortables Stadthotel mit klimatisierten Zimmern und Restaurant, **–***

**Embassy,** Montilla Blvd., ✆ 0 85 21-4 15 37 37, gut geführtes Haus mit klimatisierten Zimmern und Restaurant, **

**Fortune Inn,** Concepcion St., ✆ 0 85 21-4 15 34 55, einfache Bleibe, Zimmer mit Ventilator, *

**Restaurants: Golden Dragon,** Concepcion St., ✆ 0 85 21-4 15 23 35, China-Restaurant mit umfangreicher Speisekarte, *–**

**Jet's Restaurant,** Villanueva St., ✆ 0 85 21-4 15 21 48, Meeresfrüchte und Regionalküche, *–**

**Einkaufen: Ethnica,** M. Calo St., ✆ 0 85 21–4 15 21 57, kunsthandwerkliche Produkte der Manobo

**Museen: Balanghai Shrine Museum,** 5 km westl. des Zentrums, Pavillon mit teils restauriertem, vermutlich rund 1650 Jahre altem Boot, tägl. 9–17 Uhr

**Butuan Regional Museum,** Doonaan Rd., ✆ 0 85 21-4 15 75 12, archäologisches Museum nahe dem Rathaus mit Balanghai-Bootsplanken und anderen Ausgrabungsstücken, Mo–Fr 8.30–12, 13.30–17 Uhr

**Flugverbindungen: Butuan Airport,** 8 km westl., Philippine Airlines, Butuan Airport, ✆ 0 85 21-41 51 44

## Cabilao Island (B)

**Unterkunft: La Estrella Beach Resort,** Strandhotel im landestypischen Stil mit gemütlichen Bungalows und Zimmern, herrliche Lage in einem Palmenhain an einem weißsandigen Strand, gutes Restaurant mit philippinischen und deutschen Gerichten, Tauchbasis und Tauchschule, **

## Cagayan de Oro (M)

**Information: Department of Tourism,** Gregorio Pelaez Sports Center, A. Velez St., ✆ 0 88 22-72 63 94

**Unterkunft: Vacation Hotel de Oro,** Ramon Chavez St., ✆ 0 88 22-72 33 00, Fax 0 88 22-72 77 15, komfortables Ferienhotel mit stilvoll möblierten Zimmern und elegantem Restaurant, ***–****

**VIP,** A. Velez St. ✆ 0 88 22-72 60 80, Fax 0 88 22-72 65 90, Stadthotel für gehobene Ansprüche mit klimatisierten Zimmern und Restaurant, ***

**Nature's Pensionne,** Toribio Chavez St., ✆ 0 88 22-72 35 98, Fax 0 88 22-72 37 18, gepflegte Unterkunft mit geräumigen, klimatisierten Zimmern und Restaurant, **–***

**Park View Lodge,** Tirso Neri St., ✆ 0 88 22-72 32 23, Fax 0 88 22-72 66 56, gut geführt, zentral, aber ruhig, Zimmer mit Ventilator oder Klima-Anlage, **

**Restaurants: Consuelo's,** Tiano Brothers/Gaerlan Sts, ✆ 0 88 22-72 57 36, philippinische und internationale Gerichte, spezialisiert auf Steaks, *–**

**Silangan,** Lapasan, ✆ 0 88 22-72 28 98, gut besuchtes Seafood-Restaurant, nordöstl. vom Zentrum, *–**

**Tia Nanang's,** Corrales Ave., ✆ 0 88 22-72 50 33, gute Adresse für authentische Regionalgerichte, *–**

**Museum: University Folklife Museum,** Corrales Ave., ✆ 0 88 22-72 63 40, Regionalmuseum mit archäologischer und ethnographischer Sammlung, Mo–Fr 8–12, 14–18, Sa 9–12 Uhr

**Busverbindungen:** Terminal für Busse verschiedener Gesellschaften in alle Hauptrichtungen nahe Agora Market, 3 km nordöstl.

**Flugverbindungen:** Lumbia Airport, 10 km westl. Philippine Airlines, Tirso Neri St., ✆ 0 88 22-72 67 95; Cebu Pacific, 204 A. Velez St., ✆ 0 88 22-72 74 90; Grand Air, Wet Adventure Park, Kauswagan, ✆ 0 88 22-72 74 87; Pacific Air, Lumbia Airport, ✆ 0 88 22–72 27 12

**Schiffsverbindungen:** Tägl. bequeme, klimatisierte Schnellboote nach Tagbilaran (Bohol; 3 Std.) und Cebu City (5 Std.), oft mit Zwischenstopp in Dumaguete (Negros). Waterjet, ✆ 0 88 22-72 35 01

## Calamba (L)

**Unterkunft: Monte Vista Hot Springs Resort,** Pansol, ✆ 0 49-5 45 12 59, Filipino-Resorthotel mit mehreren Restaurants und Pools sowie einem großen Vergnügungspark, ****, Buchung: Manila Office, ✆ 02-8 99 84 88, Fax 02-8 99 86 32

**Crystal Springs Resort,** Bagong Kalsaga, ✆ 0 49-5 45 24 96, komfortables Resort mit mehreren von Thermalquellen gespeisten Pools, gutes Restaurant mit philippinischen und chinesischen Gerichten, ***

**Museum: Rizal House,** Gedächtnisstätte für Losé Rizal mit historischen Dokumenten und persönlichen Memorabilien des Nationalhelden, tägl. 8-12, 13-17 Uhr

## Calatagan (L)

**Unterkunft: Punta Baluarte Inter-Continental Resort,** exklusives Bungalowhotel für Sportfans, in einem ausgedehnten Tropenpark wenige Schritte vom Strand entfernt gelegen, Restaurant mit internationalen Gerichten, Pool, Tennisplätze und Golfparcours, *****, Buchung: Manila Office, ✆ 02-8 94 14 66, Fax 02-8 94 57 93

## Calinan (M)

**Aktivität: Philippine Eagle Nature Center,** Malagos, Calinan, Aufzucht- und Auswilderungsstation für den akut vom Aussterben bedrohten Philippinischen Adler, informatives Besucherzentrum mit Videovorführungen, tägl. 8–17 Uhr, Auskunft: Davao Office, ✆ 0 82-2 21 20 30

## Camiguin Island (M)

**Information: Provincial Tourism Office,** Capitol Compound, Mambajao, ✆ 0 88-87 10 14

**Unterkunft: J. M. Paras Beach Resort,** Yumbing, ✆ 0 88-87 90 08, 10 km südwestl. von Mambajao, komfortables Resort für gehobene Ansprüche mit geräumigen, klimatisierten Bungalows und Zimmern, gutes Restaurant und attraktiver Pool, ***–****
**Jasmin by the Sea Cottages,** Bug-ong, ✆ 0 88-87 90 15, 6 km westl. von Mambajao, geräumige Bambusbungalows mit Ventilator, freundlich-familiärer Service, gutes Restaurant mit philippinischen und europäischen Gerichten, **
**Caves Beach Resort,** Agoho, ✆ 0 88-87 10 44, 8 km westl. von Mambajao, Bambusbungalows mit Meeresblick, gutes Restaurant und vielfältiges Sportangebot, *–**
**Morning Glory Cottages,** Agoho, ✆ 0 88-87 90 17, 8 km westl. von Mambajao, einfach möblierte, aber gemütliche Strandbungalows mit Ventilator, gute Küche, *–**
**Tia's Beach Cottages,** Tapon, ✆ 0 88-87 10 45, außerhalb von Mambajao gelegene, einfache Strandbungalows mit Ventilator, gutes Restaurant, *–**
**Travel Lodge Lagoon,** Taguines Lagoon, Bononi, ✆ 0 88 87 00 81, 20 km südl. von Mambajao, gemütliche, teils klimatisierte Bungalows auf Pfählen in einem See, ausgezeichnetes Seafood-Restaurant, *–**
**Turtle's Nest Beach Cottages,** Kuguita, 4 km westl. von Mambajao, gemütliche Bungalowanlage mit Restaurant und Garten, *–**
**Tia's Pension House,** Mambajao, ✆ 0 88-87 01 03, einfach und familiär, Zimmer mit Ventilator und Gemeinschaftsbad, *

**Flugverbindungen:** Philippine Airlines, ✆ 0 88-87 00 77

**Schiffsverbindungen:** Mehrmals tägl. Fähren zwischen Balingoan auf Nord-Mindanao und Benoni an der Südostküste von Camiguin, Fahrzeit 1 Std., tägl. ein Schiff zwischen Cagayan de Oro auf Nord-Mindanao und Guinsiliban an der Südostküste von Camiguin, Fahrzeit 3 Std., einmal wöchentl. ein Schiff zwischen Cebu City und Benoni

## Cebu City (C)

**Information: Department of Tourism,** 3rd Floor GMC Plaza Bldg., Legazpi St., ✆ 0 32-2 54 28 11 u. 0 32-2 54 60 77, Mo–Sa 8–18 Uhr
**Visitor Information Service,** Mactan-Cebu International Airport, ✆ 0 32-3 40 82 29, hier auch Zimmerreservierung, tägl. 8–20 Uhr

**Unterkunft: Cebu Plaza,** Nivel Hills, Lahug, ✆ 0 32-2 31 12 31, Fax 0 32-2 13 20 71, beste Adresse der Inselmetropole mit großem Pool, exzellentem Service und mehreren Gourmet-Restaurants, westl. des Zentrums in den Hügeln von Beverly Hills, ****–*****
**Cebu Midtown,** Fuente Osmeña Rotunda, ✆ 0 32-2 53 97 11, Fax 0 32-2 53 97 65, in bester Lage in Uptown, mit sehr gut ausgestatteten, klimatisierten Zimmern sowie Restaurant, Pool und Fitneß-Centre, ****
**Centrepoint,** Plaridel St./Osmeña Blvd., ✆ 0 32-2 54 71 11, Fax 0 32-2 53 06 95, zentral gelegen, mit modernen, klimatisierten Zimmern, Restaurant und Pool, **–***
**Golden Valley Inn,** 155-A Pelaez St., ✆ 0 32-2 53 86 60, Fax 0 32-2 53 84 82, gut geführtes Haus mit komfortablen, klimatisierten Zimmern und Restaurant, **–***
**Kan-Iraq,** F. Ramos St., ✆ 0 32-2 53 11 51, Fax 0 32-2 53 69 35, ordentliches Haus in guter Lage mit klimatisierten Zimmern und

Restaurant, Zimmer im ruhigen, straßenabgewandten Trakt verlangen, **–***
**Shamrock Pension House,** Fuente Osmeña Rotunda, ✆ 0 32-5 29 99, Fax 0 32-2 53 52 39, gepflegte Pension in guter Lage mit Hotelstandard, alle Zimmer klimatisiert und mit Bad/WC, **–***
**Fuente Pension House,** 13 Don Julio Llorente St., ✆ 0 32-2 53 41 33, Fax 0 32-2 54 43 65, familiäre Pension am Rande der Innenstadt, nahe Fuente Osmeña Rotunda, mit klimatisierten Zimmern und Restaurant, **
**Arbels Pension House,** 57 Osmeña Blvd., ✆ 0 32-2 53 53 03, einfach und familiär, ruhig, abseits der Hauptstraße, Zimmer mit Ventilator oder Klima-Anlage, *–**
**Jovel Pension House,** 24 K Uytengsu St., ✆ 0 32-2 53 52 42, nette, kleine Pension in einer ruhigen Seitenstraße abseits vom Osmeña Blvd., passable Zimmer mit Ventilator oder Klima-Anlage, zum Teil mit Gemeinschaftsbad, *–**
**McSherry Pension House,** Pelaez St., ✆ 0 32-5 27 49, beliebte Traveller-Bleibe in zentraler, aber ruhiger Lage, Zimmer mit Ventilator oder Klima-Anlage, *–**

**Restaurants: Alavar's Seafood House,** 46 Gorordo Ave., ✆ 0 32-9 61 20, eine Institution der Stadt für Fisch und Meeresfrüchte, **–***
**Neues Vienna Kaffeehaus,** A. S. Fortuna St./Banilad Rd., Banilad, ✆ 0 32-3 46 14 59, der österreichische Beitrag zur lokalen Gastronomie-Szene, im Hotel Wayne's Inn, **–***
**Café Baden Baden,** 121 Raintree Mall, 528 Gen. Maxilom Ave., ✆ 0 32-2 54 96 21, ›Beef Roladen‹, ›Schwarswalder Gulash‹ und vieles mehr, **
**Abuhan,** Kan-Iraq Hotel, F. Ramos St., ✆ 0 32-2 53 11 51, beliebtes, häufig volles Hotelrestaurant, spezialisiert auf *Pochero,* eine kräftige Suppe mit Schweine- oder Rinderhaxen und Gemüse, *–**
**Boulevard,** Osmeña Blvd., ✆ 0 32-2 53 78 06, Gartenrestaurant nahe Provincial Capitol Bldg., zugleich In-Treff der schicken Stadtjugend, mit einem Hauch Nouvelle Cuisine, *–**
**Eddie's Log Cabin,** Briones St., ✆ 0 32-7 23 40, uriges Steak-Restaurant, *-**
**Lighthouse,** General Maxilom Ave., ✆ 0 32- 7 81 26, philippinische Gerichte phantasievoll variiert, hier ißt man im Filipino-Stil – mit den Fingern der rechten Hand, *–**
**Fuente Food Street,** Osmeña Blvd., die Kochkunst der philippinischen Inselwelt zu brieftaschenschonenden Preisen in mehreren kleinen Lokalen am nördlichen Ende des Boulevards, *
**Pete's Kitchen,** 6–1 Pelaez St., ✆ 0 32-9 42 34, einfach, aber mit der ganzen Bandbreite der philippinischen Küche, *
**Sammy's,** Osmeña Blvd., ✆ 0 32-2 17 03 36, kleines, auf *Pochero* spezialisiertes Filipino-Lokal, nahe Fuente Osmeña Rotunda, *
**Snow Sheen,** Osmeña Blvd., ✆ 0 32-7 11 71, alteingesessenes, einfaches, aber gutes China-Lokal in Downtown, *

**Einkaufen: Cebu Display Centre,** Magellanes/Lapu-Lapu Sts, ✆ 0 32-5 22 23, alle Arten von Kunsthandwerk
**Heritage,** Juan Luna/Archbishop Reyes Aves, ✆ 0 32-2 32 27 96, gut bestücktes Antiquitätengeschäft
**Inver Treasure House Arts & Antiques,** Mari-Joy Bldg., F. Ramos St., ✆ 0 32-9 98 79, Kunsthandwerk und Antiquitäten
**Jewel of the Sea,** St. Theresa's College, General Maxilom Ave., ✆ 0 32-7 84 31, kunsthandwerkliche Produkte aus Muscheln und Korallen, Schalen und Teller aus Capiz-Muscheln, der Gewinn kommt dem St. Theresa's Social Center zugute

**Unterhaltung: Ado's Music Junction,** Escario St., ✆ 0 32-2 53 03 22, Live-Musik von Jazz bis Rock

**Alibi Piano Bar,** Park Place Hotel, Fuente Osmeña Rotunda, ✆ 0 32-2 53 11 31, elegante Bar mit Live-Musik
**Bai Disco,** Cebu Plaza Hotel, Nivel Hills, Lahug, ✆ 0 32-2 31 12 31, moderne und mondäne Diskothek mit strenger Kleiderordnung – ›No Shorts and T-Shirts, please!‹
**Our Place,** Pelaez St., ✆ 0 32-2 53 13 12, Mischung aus Pub und Restaurant, mit kleinen philippinischen und internationalen Gerichten
**Prince Williams,** Juana Osmeña St., ✆ 0 32-2 53 79 43, Restaurant und Bar, sporadisch Live-Musik

**Museen und andere Sehenswürdigkeiten: Casa Gorordo Museum,** 35 Lopez Jaena St., ✆ 0 32-9 45 76, Regionalmuseum mit umfangreicher Antiquitäten- und Kunstsammlung, Mo–Sa 9–17.30 Uhr
**Fort San Pedro,** MacArthur Blvd., spanische Festung mit historischem Museum, tägl. 9–18 Uhr
**Santo Niño Museum,** Magallanes St., ✆ 0 32-9 76 68, Santo Niño-Statuetten und andere liturgische Kunstobjekte, Fr u. So 8.30–11.30, 14–18 Uhr
**University of San Carlos Museum,** P. del Rosaro St., ✆ 0 32-8 50 23, historisches, naturwissenschaftliches und ethnographisches Museum, Mo–Fr 9–12, 13.30–17.30, Sa 8–12 Uhr

**Busverbindungen: Stadt- und Vorortverkehr:** Es gibt keine Stadtbusse, Nahverkehrsmittel sind Taxis und *Jeepneys*
**Überlandbusse:** Es gibt zwei große Busbahnhöfe – Northern Bus Terminal, Soriano St., Mabolo (Busse in den nördlich von Cebu City gelegenen Teil der Insel) und Southern Bus Terminal, Bacalso Ave. (Busse in den südlichen Inselteil sowie nach Toledo, dem Fährhafen nach Negros)

**Flugverbindungen: Mactan-Cebu International Airport,** 15 km östl., zwischen dem Flughafen und Cebu City (Endstation Park Place Hotel, Fuente Osmeña Rotunda) verkehren Shuttle-Busse; Abfahrt der Busse zum Flughafen vom Park Place Hotel alle 30 Min. von 6–18 Uhr, Fahrzeit 45 Min.
**Fluglinien** Philippine Airlines, ✆ 0 32-3 40 01 91, Reservierungen und 24-Stunden-Info-Service; Capitol Ticket Office, Capitol Commercial Complex, Escario St., ✆ 0 32-2 54 40 36; Mactan Ticket Office, Mactan International Airport, ✆ 0 32-3 40 04 22; Plaridel Ticket Office, Plaridel St., ✆ 0 32-2 54 41 36, Cebu Pacific, Capitol Commercial Complex, Escario St., ✆ 0 32-2 55 02 01; Grand Air, Capitol Commercial Complex, Escario St., ✆ 0 32-2 53 16 70; Pacific Air, Sanson Rd., Lahug, ✆ 0 32-3 40 35 00

**Schiffsverbindungen:** Schiffe nach Metro Manila sowie zu anderen Visayas-Inseln und Hafenstädten auf Mindanao legen von den Piers im Südosten der Innenstadt ab. Informationen über den Passagierschiffverkehr in der Tagespresse. Viele kleine Kioske in der Stadtmitte verkaufen Tickets für verschiedene Gesellschaften. Fähren zur Nachbarinsel Bohol (Tagbilaran und Tubigon) mehrmals tägl. ab Pier 1, 3 u. 4, Fahrzeit 3–4 Std. Sehr bequem sind die klimatisierten Schnellboote, die zwischen Cebu City und Tagbilaran (Bohol; 1,5 Std.), Ormoc (Leyte; 2 Std.) sowie Surigao/Cagayan de Oro (Mindanao; 4 bzw. 5 Std.) verkehren. Bullet Express, ✆ 0 32-2 53 62 66; Fastcraft Aznar, ✆ 0 32-2 53 89 22; Supercat, ✆ 0 32-9 56 61; Waterjet, ✆ 0 32-2 32 38 88

## Chocolate Hills (B)

**Unterkunft: Chocolate Hills Complex,** ✆ 01 98-82 23, gemütliche, wenn auch etwas betagte Herberge mit Schlafsaal und einfach ausgestatteten Doppelzimmern mit Ventilator oder Klima-Anlage sowie passablem Restaurant, Pool und einem schönen Panorama der ›Schokoladenhügel‹, *–**

## Cotabato City (M)

**Information: Department of Tourism,** Elizabeth Tan Bldg., De Mazenod Ave., ✆ 0 64-21 11 10

**Unterkunft: New Imperial,** Magellanes St., ✆ 0 64-21 20 75, Stadthotel mit klimatisierten Zimmern und Restaurant, **–***
**Filipino,** Sinusat/Pendatun Aves, ✆ 0 64-21 23 07, schlichtes Hotel, zentral, Zimmer mit Ventilator oder Klima-Anlage, *–**
**Sariling Atin Lodging House,** Don Ramon Vilo/Makakua Sts, ✆ 0 64-21 23 59, einfache Pension, Zimmer mit Ventilator und Gemeinschaftsbad, *

## Daet (L)

**Unterkunft: Apuao Grande Island Resort,** Strandresort auf einer Insel mit vielfältigem Sportangebot, **–***, Buchung: Manila Office, ✆ 02-5 23 85 41, Fax 02-5 21 97 31
**Dolor,** Vinzons Ave., ✆ 0 54-7 21 21 67, Fax 0 54-51 26 03, gepflegtes Stadthotel mit klimatisierten Zimmern und Restaurant, **–***
**Mega Star,** National Diversion Rd., Tausay, ✆ 0 54-5 11 23 22, Fax 0 54-7 21 16 00, 2 km nördl. gelegen, zweckmäßig ausgestattet, mit klimatisierten Zimmern und Restaurant, **–***

**Restaurant: Golden House,** Zabala St., ✆ 0 54-5 11 29 92, einfaches China-Restaurant mit guten preiswerten Gerichten, *

## Dapitan (M)

**Unterkunft: Dakak Park and Beach Resort,** Taguilon, ✆ 0 32-2 54 00 52, Fax 0 32-2 54 00 20, Ferienanlage inmitten eines üppigen Tropenparks an einem 1 km langen hellsandigen Privatstrand, komfortable, klimatisierte Bungalows, mehrere Restaurants und Bars, Pool, vielfältiges Sport- und Freizeitangebot, ****–*****, Buchung: Manila Office, ✆ 02-7 21 81 64, Fax 02-7 22 24 63

## Davao (M)

**Information: Department of Tourism,** Magsaysay Park Complex, Sta. Ana District, ✆ 0 82-2 21 67 98, Fax 0 82-2 21 00 70, hier auch Informationen über Wanderungen auf den Mount Apo sowie Vermittlung von Bergführern, Mo–Fr 8–12, 13–17 Uhr

**Unterkunft: Davao Insular Century,** Lanang, ✆ 0 82-2 34 30 50, Fax 0 82-2 35 09 01, großes Resort in einem Tropenpark am Meer, ****–*****
**The Apo View,** J. Camus St., ✆ 0 82-2 21 64 30, Fax 0 82-2 21 07 48, stilvolles Stadthotel, mit Restaurant und Fitneß-Center, ***–****
**Maguindanao,** 86 C.M. Recto St., ✆ 0 82-2 27 84 01, Fax 0 82-2 21 81 21, Stadthotel mit komfortablen, klimatisierten Zimmern und freundlichem Service, Coffee Shop mit gutem Frühstücksbuffet und Grillrestaurant auf der Dachterrasse, ***
**Aljem's Inn,** 49 Rizal St., ✆ 0 82-2 21 61 62, Fax 0 82-2 21 72 83, Stadthotel mit klimatisierten Zimmern und Restaurant, **–***

**Marina Azul Resort,** Times Beach, Matina, 5 km südl. gelegenes stilvolles Strandhotel mit klimatisierten Bungalows und Zimmern sowie Restaurant, für den schlechten Strand entschädigt ein Pool, **–***

**Midland Inn,** F. Iñigo St., ✆ 0 82-2 21 17 75, Fax 0 82-2 24 04 44, Familienpension mit gut ausgestatteten, klimatisierten Zimmern, zentral, aber ruhig in einer Seitengasse gelegen, **

**My Home-Your Home,** Wohnen in Privatunterkünften bei philippinischen Familien, Vermittlung: Department of Tourism (s. o)

**The Manor Pension House,** Magellanes St. (Pichon St.), ✆ 0 82-2 21 25 11, Fax 0 82- 2 21 25 14, familiäre Atmosphäre, alle Zimmer klimatisiert und mit Bad/WC, zentral, gutes Restaurant, **

**The Royale House,** 34 C.M. Recto St., ✆ 0 82-2 21 12 52, Fax 0 82-2 21 81 06, zentral, passable Zimmer mit Ventilator oder Klima-Anlage, die billigen mit Gemeinschaftsbad, Restaurant, *–**

**Restaurants: Fiesta Dabaw,** Tionko Ave./Arellano St., ✆ 0 82-2 24 00 06, philippinische Gerichte und lokale Spezialitäten, **

**Kanaway sa Magsaysay,** Magsaysay Park, ✆ 0 82-2 21 85 94, Seafood und philippinische Gerichte, man kann drinnen sitzen (klimatisiert) oder auf der Terrasse mit Blick auf ein muslimisches Fischerdorf, **

**Colasa's,** Bolton St., ✆ 0 82 2 44 05 72, gut besuchtes, landestypisches Grillrestaurant, *

**Jaltan Food Centrum,** Magellanes St. (Pichon St.), ✆ 0 82-7 34 77, Filipino-Fastfood at its best, *

**Kusina Dabaw,** San Pedro St., ✆ 0 82-5 35 09, einfache Ausstattung, aber sehr gute Regionalgerichte, *

**Kuya Ed,** Magellanes St. (Pichon St.), ✆ 0 82-2 24 21 62, originelles Filipino-Lokal mit regionalen Gerichten, *

**Men Seng,** San Pedro St., ✆ 0 82-7 47 75, alteingesessenes, einfaches, aber gutes China-Restauant, *

**Einkaufen: Aldevinco Shopping Center,** C.M. Recto Ave., klimatisiertes Einkaufszentrum mit großer Auswahl an für Mindanao typischen Souvenirs, etwa Messingwaren und Handwebstoffen

**Madrazo Fruit Center,** Ponciano Reyes (Bangoy)/Mabini Sts, Obstmarkt mit tropischen Früchten, vor allem Durian

**T'boli Weaving Center,** Davao Insular Century Hotel, Lanang, hochwertige Webwaren der T'boli und andere kunstgewerbliche Souvenirs, tägl. 8–12, 13–17 Uhr

**Unterhaltung: Acropolis,** Ponciano Reyes St. (Bangoy St.), ✆ 0 82-6 38 27, vor allem bei einheimischen Jugendlichen beliebte Diskothek

**Museum und andere Sehenswürdigkeiten: Davao Museum,** Insular Village Compound, Lanang, Kunst- und Völkerkundemuseum, Mo–Sa 9–12, 13–17 Uhr

**Lon Hua Temple,** J. P. Cabaguio Ave., 3 km nördl., größter buddhistischer Tempel von Mindanao, tägl. 8–11, 14–16 Uhr

**Puentespina's Orchid Garden,** J. P. Cabaguio Ave., ✆ 0 82-7 99 44, 3 km nördl., Orchideengarten, tägl. 9–17 Uhr

**Aktivitäten: Davao Crocodile Park,** Diversion Rd., Ma-a, Krokodilfarm und kleiner Privatzoo, tägl. 8–17 Uhr, Fütterung tägl. 15 Uhr

**GAP Farming Resort,** Diversion Rd., Ma-a, Freizeitpark im Filipino-Stil mit Pool, tägl. 7.30–17 Uhr

**Busverbindungen: Stadt- und Vorortverkehr:** Es gibt keine Stadtbusse, Nahverkehrsmittel sind Taxis und *Jeepneys;* **Überlandbusse:** Ab Ecoland Subdivision Terminal (Quimpo Blvd., Matina) am südlichen Stadtrand Busse verschiedener Gesellschaften in alle Hauptrichtungen

**Flugverbindungen: Bangoy Airport,** 10 km nordöstl., Philippine Airlines, Ponciano Reyes St. (Bangoy St.), ✆ 0 82-2 21 55 01; Cebu Pacific, Summit World, Victoria Plaza Mall, J. P. Laurel St., ✆ 0 82-2 24 09 60; Grand Air, ✆ 0 82-2 21 81 01; Pacific Air, Bangoy Airport, ✆ 0 82-2 34 00 70. Die indonesische Fluggesellschaft Bourag bedient zweimal wöchentlich die Route Davao-Manado (Sulawesi); Bouraq, ✆ 0 82-2 34 06 02





## Dumaguete (N)

**Information: Tourist Office,** Provincial Capitol Bldg., Capitol Area, ✆ 0 35-2 25 18 25

**Unterkunft: The Habitat,** Hibbard Ave., ✆ 0 35-2 25 08 33, Fax 0 35-2 25 24 83, charmantes Haus auf dem Campus der Silliman-Universität, gut ausgestattete Zimmer mit Ventilator oder Klima-Anlage, Restaurant, ***
**El Oriente,** Real St., ✆ u. Fax 0 35-2 25 48 50, angenehmes Stadthotel, Zimmer mit Ventilator oder Klima-Anlage, gutes Restaurant, **–***
**South Sea Resort,** Bantayan, ✆ 0 35-2 25 24 09, Fax 0 35-2 25 57 02, 2 km nördl., komfortables Strandhotel mit klimatisierten Zimmern und Bungalows unterschiedlicher Qualität sowie Restaurant und Pool, **–***
**El Dorado Beach Resort,** Dauin, ✆ 0 35-2 25 77 25, Fax 0 35-2 25 44 88, 15 km südl. gelegenes Strandhotel mit komfortablen, teils klimatisierten Zimmern und Restaurant sowie Pool und Tauchbasis, **
**Paseo Rovira Guest House,** Rovira Rd., ✆ u. Fax 0 35-2 25 21 95, gemütliche Familienpension, ruhig, Zimmer mit Ventilator oder Klima-Anlage, **
**Al Mar,** Rizal Blvd./San Juan St., ✆ 0 35-2 25 47 19, Fax 0 35-2 25 45 67, Standardhotel in schöner Lage an der Uferpromenade, Zimmer mit Ventilator oder Klima-Anlage, mit Restaurant, *–**
**O. K. Pensionne,** Sta. Rosa St., ✆ 0 35-2 25 46 36, akzeptable Traveller-Bleibe, Zimmer mit Ventilator oder Klima-Anlage, teils mit Gemeinschaftsbädern, *–**
**Panorama Haus & Beach Resort,** Cangmating Beach, Sibulan, ✆ 09 12-5 75 02 75, 5 km nördl. gelegenes Strandhotel unter philipipinisch-schweizerischem Management, einfache, aber gemütliche Zimmer mit Ventilator, *–**

**Restaurants: Lab-as,** Looc/E. J. Blanco Rds, Piapi, ✆ 0 35-2 25 32 99, stimmungsvolles Lokal, Fisch und Meeresfrüchte in phantasievollen Variationen, *–**
**Chin Loong,** Rizal Blvd., ✆ 0 35-2 25 35 36, chinesische Gerichte und Seafood, *
**Lutong Bahay,** Noble Franca St., ✆ 0 35-2 25 16 51, typisches Filipino-Lokal mit herzhaften Regionalgerichten, *
**Rosante,** Perdices St., ✆ 0 35-2 25 49 09, beliebtes Restaurant mit etwas dem westlichen Geschmack angepaßter philippinischer und chinesischer Küche, *

**Unterhaltung: Music Box,** Rizal Blvd., ›Szenetreff‹ mit Live-Musik sowie kleinen philippinischen und europäischen Gerichten

**Aktivitäten: Dive Apo,** Salawaki Beach Resort, Zamboanguita, ✆ 0 35-2 25 13 19 u. 09 18-7 40 12 96, 30 km südl. gelegene Tauchbasis, Tauchkurse und Tauchexpeditionen zum nahen Apo Island

**International Dive Center,** Cangmating Beach, Sibulan, ✆ 09 12-5 75 02 75, Tauchkurse für Anfänger und Tauchsafaris für Fortgeschrittene
**Seaexplorers,** El Dorado Beach Resort, Dauin, ✆ 0 35-2 25 77 25, Tauchen für Anfänger, Unterwasser-Safaris für Fortgeschrittene

**Flugverbindungen: Sibulan Airport,** 3 km nordwestl., Philippine Airlines, Sibulan Airport, ✆ 0 35-2 25 13 52; Pacific Air, Sibulan Airport, ✆ 0 35-2 25 33 93

## El Nido (Pa)

**Unterkunft: El Nido Resort,** Miniloc Island, Bacuit, durchgestyltes Ferienparadies, Luxus vom Feinsten sowie ein Sport- und Freizeitangebot, das kaum Wünsche offen läßt, *****, Buchung: Manila Office, ✆ 02-8 94 56 44, Fax 02-8 10 36 20
**Pangalusian Island Resort,** Pangalusian Island, Bacuit, komfortable Anlage mit klimatisierten Bungalows an einem Traumstrand, sehr gutes Restaurant und vielfältiges Wassersportangebot, ****, Buchung: Manila Office, ✆ 02-8 94 56 44, Fax 02-8 10 36 20
**Malapacao Island Retreat,** Malapacao Island, Bacuit, vorwiegend aus Naturmaterialien gebautes Resort, gemütliche Zimmer und Bungalows, sehr ruhig, umweltbewußtes Management, **–***, Buchung: Manila Office, Fax 02-6 32 68 16
**Lally and Abet Beach Cottages,** Ferienanlage etwas abseits vom Strand mit geräumigen Bungalows und gutem Restaurant, **, Buchung: Manila Office, ✆ 02-7 13 40 19
**Bayview Inn,** einfache, gemütliche Unterkunft in der Ortsmitte, Zimmer teilweise mit Gemeinschaftsbad, Restaurant, *
**El Nido Cliffside Cottages,** Bambusbungalows mit einfacher Ausstattung, *
**Marco Polo Cottages,** einfache Bungalows, *
**Marina Garden Cottages,** einfache, aber gut geführte Bungalowanlage am Meer, *

**Restaurants: Austria's Restaurant,** einfache Ausstattung, aber vorzügliches Seafood und gute internationale Küche, *
**Shipwreck,** vielfältige Speisekarte und gute Musik, beliebter Traveller-Treff, *

**Aktivitäten: Bacuit Divers,** Tauchkurse für Anfänger und anspruchsvolle Tauchgänge für Fortgeschrittene, unter deutscher Leitung

## Estancia (P)

**Unterkunft: Coral Cay Beach Resort,** Balbagon Island, komfortables Strandresort auf einer Insel vor Panay, Strandbungalows im landestypischen Stil mit Klima-Anlage, gutes Restaurant und großes Angebot an Sportmöglichkeiten, ****, Buchung: Iloilo Office, ✆ u. Fax 0 33-3 38 28 67; Manila Office, ✆ 02-8 90 85 93, Fax 02-8 96 09 29
**Pa-on Beach Club,** Barangay Pa-on, ✆ 0 36-7 32 20, kleines, außerhalb gelegenes Strandhotel, Zimmer mit Ventilator oder Klima-Anlage, *–**
**Fuentes Lodging House,** Inventor St., sauber, zentral, ruhig, alle Zimmer mit Bad/WC und Ventilator, *

## General Santos City (M)

**Unterkunft: Oscar's Country Inn,** National Highway, ✆ 0 83-5 52 23 13, gut ausgestattete Zimmer mit Klima-Anlage, Restaurant, am Stadtrand, ***

**Anchor II,** Santiago Blvd., ✆ 0 83-5 52 45 75, Stadthotel mit klimatisierten Zimmern und Restaurant, **–***
**Pietro's Hotel,** National Highway, ✆ 0 83-5 52 43 33, Zimmer mit Ventilator oder Klima-Anlage, Restaurant, **
**South Sea Lodge II,** Salazar/Magsaysay Sts, ✆ 0 83-5 52 51 46, Familienpension mit teils klimatisierten Zimmern, *–**

## Guimaras Island (P)

**Unterkunft: Costa Aguada Island Resort,** Inampulugan Island, Strandhotel mit geräumigen Bungalows aus Naturmaterialien in einem Tropenpark, mit Restaurant, Pool und großem Sportangebot, ****, Buchung: Bacolod Office, ✆ 0 34-2 86 65, Fax 0 34-2 48 58; Manila Office: ✆ 02-8 31 84 20, Fax 02-8 33 03 57
**Isla Naburot Resort,** Isla Naburot, vor der Südwestküste von Guimaras gelegenes Inselresort mit gemütlichen Bungalows im einheimischen Stil, klein, fein und – da es keine Elektrizität gibt – sehr romantisch, **** (mit Vollpension), Buchung: Philippine Airlines Office, Iloilo, ✆ 0 33-7 59 25, 3 20 31 31
**Nagarao Island Resort,** Nagarao Island, ein Dutzend Bungalows für maximal 40 Gäste auf einer Paradiesinsel im Südosten von Guimaras, alle Gebäude sind aus Bambus und Kokospalmen errichtet und mit Palmwedeln gedeckt, mit Restaurant und Pool, unter philippinisch-deutschem Management, **** (mit Vollpension), Buchung: Nagarao Island Office, 113 Seminario St., Jaro, Iloilo, ✆ 0 33-3 20 62 90, Fax 0 33-3 29 21 39 oder Reisebüro Marianne Klingsöhr, Cosimastr. 117, 81925 München, ✆ 0 89-9 57 00 01, Fax 0 89-9 57 99 00
**Puerto del Mar,** Nueva Valencia, abgelegenes Versteck für Romantiker, schlicht und schön, ein Dutzend Bungalows an einem hellen Sandstrand, mit Restaurant, **–***, Buchung: John B. Lacson Colleges Foundation, M. H. del Pilar St., Iloilo, ✆ 0 33-7 80 74
**Colmenares Hotel & Beach Resort,** Barangay Hoskyn, ✆ 09 18-7 60 19 43, 2 km westl. von Jordan, Strandhotel mit teils klimatisierten Zimmern, Restaurant und Pool, **

## Guimbal (P)

**Unterkunft: Bantayan Beach Resort,** Barangay Tuguisan, ✆ 09 73-20 09 11, familienfreundliches Strandhotel mit klimatisierten Zimmern in Doppelbungalows und einem Restaurant, **–***
**Shamrock Beach Resort,** Barangay Nanga, ✆ 09 12-5 20 05 01, gepflegtes Bungalowhotel, Zimmer mit Ventilator oder Klima-Anlage, mit Restaurant und Bar, an einem passablen Strand gelegen, **–***

## Honda Bay (Pa)

**Unterkunft: Meara Marina,** Meara Island, gemütliches Inselresort mit Bungalows im landestypischen Stil, Restaurant und Tauchbasis, vielfältiges Sport- und Freizeitangebot, **, Buchung: Puerto Princesa Office, ✆ 0 48-4 33 32 81, Fax 0 48-4 33 68 31

## Iba (L)

**Unterkunft: La Playa del Norte,** gepflegtes, ruhiges Resorthotel an einem weiten Sandstrand mit Bungalows unterschiedlicher Ausstattung sowie Terrassenrestaurant, **–***, Buchung: Manila Office, ✆ 02-8 18 33 33, Fax 02-7 42 44 95

## Iligan (M)

**Unterkunft: Iligan Village,** Palao, ✆ 0 63-2 17 52, erste Adresse im Ort, komfortable, klimatisierte Zimmer, Restaurant, außerhalb, ***
**Maria Cristina,** Mabini/Aguinaldo Sts, ✆ 0 63-2 06 45, Stadthotel mit klimatisierten Zimmern und Restaurant, **–***

## Iloilo (P)

**Information: Department of Tourism,** Provincial Capitol Ground, Bonifacio Dr., ✆ 0 33-3 35 01 45, Mo–Fr 8–12, 13–17 Uhr

**Unterkunft: Hotel del Rio,** M. H. del Pilar St., Molo, ✆ 0 33-3 35 11 71, Fax 0 33-7 07 36, erstes Haus am Platz in schöner Lage am Iloilo River 3 km westl. des Zentrums, geschmackvolle Zimmer und ausgezeichneter Service, mehrere Restaurants und Pool, ****
**Amigo Terrace,** Iznart/Delgado Sts, ✆ 0 33-3 35 09 08, Fax 0 33-3 35 06 10, Stadthotel für gehobene Ansprüche mit klimatisierten Zimmern, Restaurant und Pool auf der Dachterrasse, ***–****
**Iloilo Midtown,** 888 Yulo St., ✆ 0 33-3 36 88 88, Fax 0 33-3 38 08 88, modernes Stadthotel mit gut ausgestatteten, klimatisierten Zimmern und Restaurant, **–***
**Pension del Carmen,** General Luna St., ✆ 0 33-8 16 26, ruhige, gemütliche Familienpension am Flußufer mit klimatisierten Zimmern, **
**The Castle,** Bonifacio Dr., ✆ 0 33-8 10 21, Standardhotel in einem imposanten neoklassizistischen Gebäude aus den 20er Jahren mit wenig geräumigen, aber ordentlichen, klimatisierten Zimmern und Restaurant, **
**Villa Rosa by the Sea,** Calaparan, ✆ 0 33-3 36 73 46, 7 km westl. der City am Meer, gut geführtes Hotel mit klimatisierten Zimmern und Restaurant, für den schlechten Strand entschädigt der Pool, **
**Family Pension House,** 12 General Luna St., ✆ 0 33-3 35 00 70, beliebte Familienpension, Zimmer mit Ventilator oder Klima-Anlage, mit gutem Restaurant, *–**
**River Queen,** Bonifacio Dr., ✆ 033- 66 67, Fax 0 33-3 35 01 76, nicht mehr ganz taufrisches Traditionshotel in schöner Flußlage, Zimmer mit Ventilator oder Klima-Anlage, mit Terrassenrestaurant, *–**

**Restaurants: Ang Kamalig,** Marymart Mall, Valeria St., ✆ 0 33-7 68 49, hervorragende philippinische und chinesische Gerichte sowie Seafood, *–**
**Breakthrough Sa Baybay,** Santo Niño Norte, Arevalo, ✆ 0 33-7 30 27, ausgezeichnete Fischgerichte, schöner Blick übers Meer, 7 km westl. des Zentrums, *–**
**Joey's Diner,** Sarabia Manor Bldg., 101 General Luna St., ✆ 0 33-8 11 81, landes- und inseltypische Gerichte, *–**
**The Tavern,** Quezon/Delgado Sts, ✆ 0 33-7 72 02, Mischung aus gepflegtem Pub und Restaurant, auf Steaks spezialisiert, *–**
**Mansion House,** J. M. Basa St., ✆ 0 33-7 13 04, philippinische und chinesische Gerichte, Probiertip: *Pancit Molo* – eine Suppe mit gefüllten Teigtaschen, *
**Tatoy's Manokan & Seafoods,** Santo Niño Sur, Arevalo, ✆ 0 33-7 13 60, 8 km westl. der City, gutbesuchtes, landestypisches Grillrestaurant, in dem man im Filippino-Stil – mit den Fingern – ißt, *
**Ted's Old Timer La Paz Batchoy,** La Salette Bldg., Valeria St., ✆ 0 33-7 08 04, eine Institution der Stadt zum Thema *Batchoy* – eine kräftige Fleischnudelsuppe, immer voll, *

**Einkaufen: Asilo de Molo,** Molo, ✆ 0 33-7 47 17, hochwertige Handstickarbeiten auf Textilien aus Abaka- und Ananasfasern, Mo–Sa 8–17 Uhr

**Ilonggo Producers Association,** J. M. Basa St./Peralta Ave., ✆ 0 33-7 68 93, kunsthandwerkliche Souvenirs

**Sinamay Dealer,** 136 Osmeña St., Arevalo, ✆ 0 33-7 42 21, Barong Tagalog-Hemden, Blusen, Tischdecken und Taschentücher aus Naturfasern

**Unterhaltung: Buddy's Piano Bar,** Residence Hotel, General Luna St., ✆ 0 33-8 10 91, Live-Musik

**Ihawan Garden,** Delgado St., ✆ 0 33-7 68 34, Gartenlokal mit philippinischen Gerichten und Live-Musik

**River Queen,** Bonifacio Dr., ✆ 0 33-7 66 67, Hotelrestaurant am Fluß, abends Live-Bands

**Sugbahan Plaza,** Delgado St., ✆ 0 33-7 71 31, Filipino-Lokal mit abendlicher Live-Unterhaltung

**Tivoli,** Amigo Terrace Hotel, Iznart/Delgado Sts, ✆ 0 33-3 35 09 08, bei einheimischen Jugendlichen beliebte Diskothek



**Museum: Museo Iloilo,** Bonifacio Dr., ✆ 0 33-7 89 91, Museum für Archäologie und Volkskunst, tägl. 8–12, 13–17 Uhr

**Busverbindungen: Stadt- und Vorortverkehr:** Nahverkehrsmittel sind Taxis (meist ohne Taxameter) sowie *Jeepneys* und *Tricycles*

**Überlandbusse** in alle Hauptrichtungen ab Terminal Tanza, Rizal/Ledesma Sts, von dort auch tägl. um 9 u. 12 Uhr zwei Direktbusse der Ceres Liner Co. nach Caticlan/Boracay

**Flugverbindungen: Iloilo Airport,** 7 km nördl., Philippine Airlines, Iloilo Airport, ✆ 0 33-3 20 31 31 u. General Luna St./Bonifacio Dr., ✆ 0 33-7 59 25; Cebu Pacific, Marymart Mall, Valeria St., ✆ 0 33-7 54 40; Grand Air, ✆ 0 33-3 37 96 37

**Schiffsverbindungen: Fähren** nach Bacolod auf der Nachbarinsel Negros bis zu zehnmal tägl. ab Flußhafen Muelle Loney, Fahrzeit 2 Std. Mehrmals tägl. Schnellboote der Gesellschaften Negros Navigation (Auskunft: ✆ 0 33-7 98 82) und Bullit Express (Auskunft: ✆ 0 33-3 38 06 18) ab Muelle Loney, Fahrzeit 1 Std. Zwischen Muelle Loney und verschiedenen großen Hotels verkehren klimatisierte Shuttle-Busse der Gesellschaft Negros Navigation

**Boote** nach Jordan auf Guimaras Island vom Flußhafen Muelle Loney, Boote nach Buenavista auf Guimaras Island ab Rotary Park an der Mündung des Iloilo River in die Iloilo Strait

## Iriga (L)

**Unterkunft: Ibalon,** San Francisco St., ✆ 0 54-2 99 29 52, stilvolles Hotel mit dem Flair alter Zeiten, etwas in die Jahre gekommen, aber immer noch bestes Haus im Ort, mit klimatisierten Zimmern und Restaurant, ***

**Parkview,** San Roque St., ✆ 0 54-2 99 24 05, Stadthotel mit zum Teil klimatisierten Zimmern, mit Restaurant, *–**

**Restaurant: MCM,** Rotary Rd., ✆ 0 54-2 99 25 92, Restaurant am Stadtpark mit einfachen philippinischen und chinesischen Gerichten, *

## Kalibo (P)

**Unterkunft: Tomari Inn,** 647 A. Mabini St., ✆ 0 36-2 68 49 91, Fax 0 36-2 68 39 31, kleines Stadthotel mit geräumigen, gut ausgestatteten, klimatisierten Zimmern, ***

**Beachcomber Inn,** 476 N. Roldan St., ✆ 0 36-2 62 48 46, Fax 0 36-2 68 47 65, kleines, familiäres Hotel mit klimatisierten Zimmern, **–***

**Garcia Legaspi Mansion,** 159 Roxas Ave., ✆ 0 36-2 62 32 51, passables Stadthotel mit geräumigen, teils klimatisierten Zimmern und einem kleinen Restaurant, **–***

**Hibiscus Garden Club,** Andagao, ✆ 0 36-2 68 40 93, Fax 0 36-2 68 44 88, 3 km südöstl. von Kalibo, tadellos geführtes Ferienhotel unter philippinisch-deutsch-schweizerischer Leitung mit vorzüglichem Gartenrestaurant und Pool, gemütliche Zimmer mit Ventilator oder Klima-Anlage, **–***

**Casa Felicidad,** Martelino St., ✆ 0 36-8 68 43 20, schlichtes Stadthotel, manche Zimmer mit Klima-Anlage, mit Restaurant, *–**

**Glowmoon,** Martelino St., ✆ 0 36-2 62 30 73, kleines Stadthotel mit zum Teil klimatisierten Zimmern, mit Restaurant, *–**

**RB Lodge,** Pastrana St., ✆ 0 36-2 62 41 55, einfache Bleibe für bescheidene Ansprüche, Zimmer mit Ventilator oder Klima-Anlage, *–**

**Restaurants: Kalibo Peking House,** Martyrs St., ✆ 0 36-2 68 51 32, der beste ›Chinese‹ weit und breit, *

**Mardi Gras,** Martelino St., einfaches Filipino-Lokal, *

**MM Italian Pizza House,** 200 Burgos St., ✆ 0 36-6 62 49 42, akzeptable Pastas und Pizzas, *

**Museum: Museo it Akean,** Martelino St., ✆ 0 36-2 62 37 59, kleines heimatkundliches Museum, Mo–Fr 8.30 bis 12, 13.30–17 Uhr

**Flugverbindungen: Kalibo Airport,** 3 km östl., Philippine Airlines, Kalibo Airport, ✆ 0 36-6 62 32 60

## Koronadal (M)

**Unterkunft: Marvella Plaza,** Gen. Santos Dr., ✆ 0 83-82 38 11, zweckmäßig ausgestattetes Hotel mit klimatisierten Zimmern und Restaurant, **–***

**Alabado's Home,** Alunan/Rizal Sts, schlichte Pension, Zimmer mit Ventilator oder Klima-Anlage, *–**

**Casa Gemma,** Gen. Santos Dr./Aquino St., Familienpension mit teils klimatisierten Zimmern und kleinem Restaurant, *–**

**Restaurants: D'Breeze,** Roxas St., philippinische und chinesische Gerichte, *

**New Capitol,** Roxas St., gutes China-Lokal, *

## Lakawon Island (N)

**Unterkunft: Lakawon Island Resort,** einfache, sehr ruhige Bungalowanlage an einem herrlichen Strand, mit Restaurant, *, Buchung: Bacolod Office, ✆ 0 34-4 33 08 08

## Lake Sebu (M)

**Unterkunft: Hillside View Park & Lodge,** Purok Pagasa, einfache Zimmer und Bungalows, Essen auf Vorbestellung, *

**Lakeview Lodge,** Roxas St., schlichte Bleibe nahe dem Markt, Essen auf Vorbestellung, *

## Laoag (L)

**Information: Department of Tourism,** Ilocano Heroes Hall, ✆ 0 77-7 12 04 67

**Unterkunft: Fort Ilocandia Resort Hotel,** Barrio Calayab, ✆ 0 77-7 72 11 66, Fax 0 77-7 72 14 11, bestes Haus im Ort in schöner Lage am Suba Beach, mit mehreren Restaurants sowie Kasino, Diskothek und Pool, 1983 von Ex-Präsident Marcos anläßlich der Hochzeit seiner Tochter Imee gebaut, *****

**Northview,** Airport Rd., Barangay Nalbo, ✆ 0 77-7 73 16 89, 1,5 km südl. der Stadt, funktionelles Hotel mit Restaurant, Zimmer mit Ventilator oder Klima-Anlage, **_***

**Pichay Lodging House,** Primo Lazaro St., ✆ 0 77-22 12 67, gut geführte familiäre Pension, Zimmer mit Bad/WC sowie mit Ventilator oder Klima-Anlage, *–**

**Restaurants: Fiesta Ilocana,** Isabel Bldg., Rizal St., ✆ 0 77-22 06 06, Filipino-Restaurant mit Ilocano-Gerichten, Probiertip: *Pinakbet* – ein Gemüsegericht mit Shrimpspaste und Reis, *–**

**Concorde,** Paco Roman St., einfaches Lokal mit philippinischen und chinesischen Gerichten, *

**Museen und andere Sehenswürdigkeiten: Ilocandia Museum of Traditional Costumes,** General Luna St., völkerkundliches Museum, Mo–Fr 8–12, 13–17 Uhr

**Marcos-Museum,** Marcos St., Batac, Familienmuseum und Mausoleum, tägl. 8–12, 13–17 Uhr

**Flugverbindungen: Philippine Airlines,** Laoag Airport, ✆ 0 77-7 72 05 37, 0 77-7 72 06 92

## Las Piñas (L)

**Sehenswürdigkeiten: St. Joseph Church,** Manila-Cavite Hwy, ✆ 02-8 28 18 56, altspanische Kirche mit der weltweit einzigartigen Bambusorgel, Mo–Fr 9.30–11.30, 13.30–15, So 8–12 Uhr

**Sarao Jeepney Factory,** Manila-Cavite Hwy, ✆ 02-8 28 16 66, Fabrik, in der man die poppigen Sammeltaxis herstellt, Mo–Sa 8–16 Uhr

## Legazpi (L)

**Information: Department of Tourism,** 3rd Floor Meliton Dy Bldg., Rizal St., ✆ 0 52-24 32 15, Informationen über Klettertouren auf den Mount Mayon, Mo–Fr 8–12, 13–17 Uhr

**Unterkunft: Albay,** 88 Peñaranda St., ✆ 0 52-24 36 40, Fax 0 52-24 33 64, elegantes Stadthotel mit Restaurant und Pool, alle Zimmer gut ausgestattet und mit Klima-Anlage, ***_****

**Casablanca,** Peñaranda St., ✆ u. Fax 0 52-4 80 83 38, gepflegtes Stadthotel mit klimatisierten Zimmern, Restaurant und Bar, ***

**Victoria,** Rizal St., ✆ 0 52-24 34 76, Fax 0 52-24 32 46, zentral, gut eingerichtete und klimatisierte Zimmer, Restaurant, Flughafen-Shuttle Bus, ***

**Executive Tourist Inn,** 3rd Floor J & O Bldg., Lapu-Lapu St., ✆ 0 52-2 35 33, zweckmäßige, saubere Unterkunft gegenüber dem Postamt, Zimmer mit Dusche/WC sowie Ventilator oder Klima-Anlage, *–**

**Restaurants: Waways,** Peñaranda St. Extension, ✆ 0 52-24 17 43 stilvolles Restaurant, hervorragendes Seafood und regionale Gerichte, Probiertip: *Sinigang* – eine säuerliche, nach spezieller Art des Hauses zubereitete Fischsuppe, **

**Intensity Garden,** Rizal St., ✆ 0 52-24 67 53, halboffenes Gartenrestaurant, spezialisiert auf Steaks und Seafood, etwas außerhalb an der Straße nach Daraga, *–**

**Paayahayan Garden,** Peñaranda St., ✆ 0 52-24 99 61 originelles, aus Bambuspavillons bestehendes Filipino-Restaurant, auf Fisch und Meeresfrüchte spezialisiert, Probiertip: *Lapu-Lapu Sweet and Sour* *–**

**Terraza Café,** Daraga, Terrassenlokal nahe der Daraga-Kirche, philippinische Gerichte, schöner Blick auf den Mount Mayon, *

**Flugverbindungen: Legazpi Airport,** 3 km nordwestl., Philippine Airlines, Airport, ✆ 0 52-45 50 24

## Liloan (C)

**Unterkunft: Stakili Beach Garden Resort,** Compostela, ✆ 09 12-5 01 20 05, Strandhotel im landestypischen Stil mit teils klimatisierten Bungalows sowie Restaurant und Pool, **–***, Buchung: Cebu City Office, ✆ 0 32-2 53 87 76, Fax 0 32-9 37 61

**Franzika's Beach Resort,** Jubay, ✆ 09 12-5 01 04 63, familiäre Anlage mit teils klimatisierten, sauberen und ruhigen Strandbungalows sowie gutem Restaurant, Pool und hübschem Tropengarten, unter philippinisch-schweizerischem Management, **, Buchung: Cebu City Office, Fax 0 32-21 12 61

## Los Baños (L)

**Unterkunft: City of Springs Resort Hotel,** 147 N. Villegas St., ✆ 0 94-5 36 07 31, Fax 0 94-5 36 01 37, größere Hotelanlage mit mehreren von Thermalquellen gespeisten Pools, Zimmer mit Ventilator oder Klima-Anlage, teilweise mit Whirlpool, gutes Restaurant, ***–****

**Lakeview Resort Hotel,** 728 Lopez St., ✆ 0 94-5 36 01 01, Fax 0 94-5 36 01 19, etwas betagtes, aber immer noch sehr charmantes und gut geführtes Haus mit mehreren Thermal-Pools und Restaurant, Zimmer mit Ventilator oder Klima-Anlage, **–***

**Los Baños Lodge & Hot Springs,** N. Villegas St., einfaches, etwas vernachlässigtes Hotel mit Thermal-Pool, Zimmer mit Ventilator oder Klima-Anlage, *–**

## Lucena (L)

**Unterkunft: Lucena Fresh Air Hotel & Resort,** Isabang District, ✆ 0 42-71 24 24, Fax 0 42-71 30 31, am westl. Stadtrand gelegen, gut ausgestattete, ruhige Zimmer mit Ventilator oder Klima-Anlage, mit Restaurant und Pool, *–**

**Travel Lodge Chain Motel,** Isabang District, ✆ 0 42-71 44 89, Zimmer mit Ventilator oder Klima-Anlage, mit Restaurant und Pool, *–**

## Mactan Island (C)

**Unterkunft: Maribago Blue Water Beach Resort,** Maribago, ✆ 0 32-2 53 16 20, Fax 0 32-4 92 01 28, luxuriöses, interessant gestaltetes Strandhotel in einem Tropengarten, mit Gourmet-Restaurant, Pool-Landschaft, privater Badebucht und großem (Wasser-)Sportangebot, *****

**Plantation Bay,** Marigondon, ✆ 0 32-3 40 59 00, Fax 0 32-3 40 59 88, weitläufiges Luxusresort um eine künstliche Lagune, mehrere Restaurants und Pool, *****

**Costabella Tropical Beach Hotel,** Maribago, Buyong Beach, ✆ 0 32-2 53 08 28, Fax 0 32-2 53 05 63, familienfreundliches Bungalowhotel im landestypischen Stil, mit Restaurant, Pool und vielfältigem Freizeitangebot, *****

**Mar y Cielo Beach Resort,** Punta Engaño, ✆ 0 32-21 22 32, Fax 0 32-5 01 12 68, sehr komfortable, palmwedelgedeckte Strandhäuser mit viel tropischem Ambiente, mehrere Restaurants, Pool und zahlreichen Sportmöglichkeiten, ****
**Tambuli Beach Resort,** Maribago, Buyong Beach, ✆ 0 32-2 53 79 01, Fax 0 32-2 53 15 45, Bungalows aus Bambus, Rattan, Palmwedel und anderen Naturmaterialien mit Klima-Anlage und guter Ausstattung, mit Seafood-Restaurant, Pool und vielfältigen Wassersportmöglichkeiten, ***–****
**Hadsan Beach Resort,** Maribago, Buyong Beach, ✆ 0 32-7 26 79, alteingesessenes Strandhotel mit klimatisierten Zimmern unterschiedlicher Qualität sowie Restaurant, Pool und Tauchbasis, ***, Buchung: Cebu City Office, ✆ 0 32-7 26 79
**Club Kontiki,** Maribago, ✆ 09 12-5 01 04 25, kleines, vorwiegend auf die Bedürfnisse von Tauchern eingestelltes Strandhotel mit Restaurant, einfach ausgestattete Zimmer mit Ventilator, **–***, Buchung: Cebu City Office, ✆ 0 32-3 40 02 92, Fax 0 32-3 40 02 94

**Einkaufen: Lilang's Guitars,** Maribago, Abuno, ✆ 0 32-2 31 75 98, Gitarrenfabrik, beim Gitarrenkauf auf Exportqualität achten
**Susing's Guitars,** Maribago, Abuno, ✆ 0 32-2 31 29 79

**Unterhaltung: Delta Philippine Dream,** Cebu Yacht Club, Lapu-Lapu City, ✆ 0 32-3 40 38 88, Fax 0 32-3 40 30 83, schwimmendes Unterhaltungszentrum mit Spielkasino, Nachtklub, Bars und Restaurants sowie einem Hotel

## Magsingal (L)

**Museum: Magsingal Museum,** National Hwy, Regionalmuseum zu Kunst und Kultur der Ilocandia-Region, Mo–Fr 8.30–11.30, 13.30–16.30 Uhr

## Mambucal (N)

**Unterkunft: Mambucal Tourist Lodge,** weitläufiges Resorthotel in einem herrlichen Park mit gut ausgestatteten, geräumigen Bungalows und komfortablen Zimmern im Hauptgebäude sowie Restaurant und mehreren Pools, **–***, Buchung: Bacolod Office, ✆ u. Fax 0 34-2 28 38

## Marawi (M)

**Museum: Aga Khan Museum of Islamic Art,** Mindanao State University (MSU), völkerkundliches Museum zu Kunst und Kultur der Maranao und anderer Muslim-Völker von Mindanao, Mo–Do 9–11.30, 13.30–17, Fr 9–10.30, 13.30–17 Uhr

## Marinduque Island

**Unterkunft: Fantasy Elephant Club Island Resort,** luxuriöses Resort-Hotel auf einer kleinen Insel vor der Südspitze von Marinduque mit allem Komfort und vielfältigem Freizeitangebot, *****, Buchung: Manila Office, ✆ 02-8 94 57 14, Fax 02-8 94 57 25
**Marinduque Marine Sports Resort,** Balaring, gepflegte Bungalowanlage mit Restaurant und Garten, südlich von Boac nahe dem Masiga Airport, **, Buchung: Manila Office, ✆ 02-59 39 03
**Sunset Garden Resort,** Pangi, Gasan, ✆ 09 73-1 79 57 45, Ferienhotel mit Restaurant 20 km südl. von Boac, stilvolle Bungalows mit Ventilator und Bad/WC, **, Buchung: Manila Office, ✆ 02-8 01 63 69

**Boac Hotel,** Nepomuceno St., Boac, ✆ 0 42-21 11 21, einfaches Haus mit zum Teil klimatisierten Zimmern in der Ortsmitte, *

**Cely's Lodging House,** 10 de Octobre St., Boac, ✆ 0 42-21 15 19, schlichte Bleibe für Anspruchslose in der Ortsmitte, mit Restaurant, *

**Flugverbindungen: Masiga Airport,** 12 km südl. von Boac Philippine Airlines, ✆ 0 42-3 32 11 36

**Schiffsverbindungen:** Tägl. Fähren zwischen Dalahican und Cotta, zwei kleine Hafenorte südl. von Lucena, und Balanacan an der Nordwestspitze von Marinduque, Fahrzeit 4 Std.

## Matabungkay (L)

**Unterkunft: Matabungkay Beach Hotel,** bei philippinischen Touristen beliebtes Strandhotel mit klimatisierten Zimmern, Restaurant und Pool, ***–****, Buchung: Manila Office, ✆ 02-8 18 00 51

**Coral Beach Club,** ✆ 09 12-3 18 48 68, Fax 09 12-3 24 31 83, sympathisches Strandhotel mit im landestypischen Stil gestalteten, teils klimatisierte Bungalows und Pool, Restaurant mit philippinischer und internationaler Speisekarte, ***

**Twins Beach Club,** ✆ 09 12-3 22 81 63, familiäres Strandhotel unter deutsch-philippinischem Management mit gemütlichen, klimatisierten Zimmern und gutem Restaurant, Seewasser-Pool und Privatstrand, **–***

## Metro Manila (L)

**Information: Department of Tourism** (DOT), Teodoro Valencia Circle, Rizal Park, Ermita, ✆ 02-5 23 84 11, 02-5 23 84 30, Fax 02-5 24 83 21, Mo–Sa 8–18 Uhr

**Visitor Information Service,** Ninoy Aquino International Airport, Pasay, ✆ 02-8 32 29 64, hier auch Zimmerreservierung, tägl. 8–20 Uhr

**Tourist Assistance Hotlines,** ✆ 02-5 24 17 28, 02-5 24 16 60, rund um die Uhr erreichbarer Auskunftsdienst

**Unterkunft: The Manila Hotel,** Roxas Blvd., Rizal Park, Ermita, ✆ 02-5 27 00 11, Fax 02-5 27 00 22, legendäres, geschmackvoll modernisiertes Luxushotel mit kolonialer Atmosphäre, edel in Service und Ausstattung, *****

**The Peninsula Manila,** Ayala/Makati Aves, Makati, ✆ 02-8 10 34 56, Fax 02-8 15 48 25, eines der Hotel-Flaggschiffe der Stadt mit allem Komfort, mehreren Restaurants und Bars, *****

**Holiday Inn Manila Pavilon,** United Nations Ave., Ermita, ✆ 02-5 26 12 12, Fax 02-5 26 55 66, vornehmes Hotelhochhaus in zentraler Lage, mit Pool im fünften Stock und einem weiten Blick über Manila von der Dachterrasse, ****–*****

**Admiral,** 2138 Roxas Blvd., Malate, ✆ 02-5 21 09 05, Fax 02-5 22 20 18, an der ›Goldenen Meile‹ gelegenes Kolonialhotel mit dem Charme aller Zeiten, mit Restaurant, Pool und schönem Blick auf die Manila Bay, ****

**Ambassador,** 2021 A. Mabini St., Malate, ✆ 02-5 24 60 11, Fax 02-5 21 55 57, komfortables Hotel in günstiger Lage mit geräumigen Zimmern, Pool und Restaurant, ***–****

**City Garden,** 1158 A. Mabini St., Ermita, ✆ 02-5 36 14 51, Fax 02-50 48 44, Stadthotel mit komfortablen, klimatisierten Zimmern, Restaurant und Bar, ***–****

**Park Hotel,** 1032 Belen St., Paco, ✆ 02-5 21 23 71, Fax 02-5 21 23 93, familiäres Haus, ruhig, mit freundlichem Service,

Restaurant und Pool, 10 Min. bis zum Rizal Park, ***–****

**Centrepoint,** 1430 A. Mabini St., Ermita, ✆ 02-5 21 27 51, Fax 02-5 21 53 31, modernes Hotel mit großzügiger Lobby und komfortablen, aber kleinen, klimatisierten Zimmern, australisches Management, ***

**Lai-Lai Garden,** Gandara/Ongpin Sts, Santa Cruz, ✆ 02-7 33 80 01, Fax 02-7 33 95 52, beliebtes Haus in Chinatown mit ordentlich ausgestatteten, klimatisierten Zimmern und Restaurant, ***

**Kanumayan Tourist Inn,** 2317 Leon Guinto St., Malate, ✆ 02-5 21 11 61, Fax 02-5 21 73 23, abseits vom Getriebe des lebhaften Touristenviertels, aber mit guter Verkehrsanbindung, mit Restaurant, Pool und Tropengarten, **–***

**Soriente,** A. Flores/J. Bocobo Sts, Ermita, ✆ 02-5 23 94 80, funktionelles Haus mit geräumigen, klimatisierten Zimmern in zentraler, aber ruhiger Lage, **

**Malate Pensionne,** 1771 M. Adriatico St., Malate, ✆ 02-5 23 83 04, Fax 02-5 22 23 89, freundliche Familienpension mit Restaurant, Zimmer mit Dusche/WC und Klima-Anlage oder Ventilator sowie Schlafsaal, beliebt bei jugendlichen Reisenden, *–**

**Pension Natividad,** 1690 M. H. del Pilar St., Malate, ✆ 02-5 21 05 24, Fax 02-5 22 37 59, beliebte, gemütliche Traveller-Unterkunft in zentraler, aber ruhiger Lage, Zimmer mit und ohne Dusche/WC sowie Klima-Anlage oder Ventilator, auch Schlafsaal, *–**

**Restaurants: Ihaw-Ihaw, Kalde-Kaldero at Kawa-Kawali,** Makati Ave./J. P. Rizal St., Makati, ✆ 02-8 18 36 79, elegantes Lokal mit landestypischen Gerichten zu den Klängen originaler Filipino-Musik, ***

**Mandarin Villa Seafoods Village,** 789–793 Ongpin St., Santa Cruz, ✆ 02-7 33 12 86, fangfrische Meeresfische und -früchte, nach kantonesischer Art zubereitet, **–***

**Seafood Market,** 1190 J. Bocobo St., Ermita, ✆ 02-5 21 67 66, alles, was das Meer bietet, kreativ – nach Wunsch des Gastes, der seine Wahl nach Augenschein trifft – zubereitet, **–***

**Zamboanga,** 1619 M. Adriatico St., Ermita, ✆ 02-5 21 73 45, philippinische Küche, nach westlichem Geschmack angereichert, spezialisiert auf Seafood, dazu abends Live-Vorführungen philippinischer und polynesischer Volkstänze **–***

**Bistro sa Remedios,** M. Adriatico/Remedios Sts, Malate, ✆ 02-5 21 80 97, kleines, feines Lokal mit philippinischen Regionalgerichten, **

**Kamayan,** Padre Faura/M. Adriatico Sts, Ermita, ✆ 02-5 21 94 90, philippinische Spezialitäten aus allen Landesteilen, die man trotz gediegener Atmosphäre im Filipino-Stil essen darf – mit den Fingern, **

**Quan Yin Chay,** 1145–1147 Soler St., Binondo, ✆ 02-7 33 24 43, für Chinatown typisches Restaurant mit kantonesischer Küche, spezialisiert auf vegetarische Gerichte, **

**Barrio Fiesta,** M. Orosa/Reyes Sts, Ermita, ✆ 02-5 21 27 16, Filiale einer in allen größeren Städten vertretenen Restaurantkette; standardisiertes, aber gemütliches Interieur und traditionelle philippinische Gerichte, *–**

**Harbour View,** South Blvd, Rizal Park, Ermita, ✆ 02-5 24 15 32, philippinische Gerichte vor dem Panorama der Manila Bay, bei Sonnenuntergang häufig voll, daher Reservierung empfohlen, *–**

**Haus München,** 1316 A. Mabini St., ✆ 02-5 26 12 23, gepflegte deutsche Gastlichkeit für Heimwehkranke, *–**

**Joward's Hot Pot,** 1726 M. Adriatico St., Malate, ✆ 02-5 21 48 45, Seafood und Suki Yaki, das asiatische Fondue, *–**

**Sala Thai,** 866 J. Nakpil St., Malate, ✆ 02-5 22 46 94, beliebtes und deshalb oft überfülltes Thai-Restaurant, Probiertip: als kalte Vorspeise *Yam Nüa,* ein scharfer Rind-

fleischsalat mit Limonensauce, danach *Gäng Phet Ped Yang,* Entenfleisch mit rotem Thai-Curry und Gemüse, *–**
**Rizal Park Cafeteria,** Rizal Park, Ermita, von Taubstummen geführtes Gartenrestaurant, gut für einen kleinen Imbiß, der Erlös kommt der *Philippine Association of the Deaf* zugute, *
**Sealicious,** 484 Romero Salas St., Ermita, ✆ 02-5 26 46 71, nüchterne Einrichtung, aber vorzügliches Seafood, *

**Einkaufen: Casa Tesoro,** 1335 A. Mabini St., Ermita, ✆ 02-5 22 14 09, Antiquitäten, Kunsthandwerk und Kuriositäten
**Central Market,** Quezon Blvd., Santa Cruz, traditionelles Einkaufszentrum mit Marktcharakter, vor allem Textilien und Schuhe
**Divisoria Market,** Santo Cristo St., San Nicolas, volkstümlicher Markt
**Lina Vizcarra-Oandasan,** 1680 A. Mabini St., Malate, ✆ 02-5 24 67 53, große Auswahl kunsthandwerklicher Souvenirs
**Pistang Pilipino,** 1644 A. Mabini St., Ermita, großer Souvenir-›Supermarkt‹ philippinischen Kunsthandwerks, manche Läden bis 22 Uhr geöffnet
**Sarimanok,** Padre Faura Center, 472 Padre Faura St., Ermita, ✆ 02-5 24 87 64, Antiquitäten und hochwertiges Kunsthandwerk
**Silahis,** El Almanecer Bldg., 744 General Luna St., Intramuros, ✆ 02-5 27 21 11, gutsortiertes Kunsthandwerks- und Souvenirgeschäft, tägl. 9–19 Uhr
**Solidaridad Book Shop,** Padre Faura St., Ermita, mit Werken philippinischer Autoren gutbestückte Buchhandlung
**Tutuban Center,** Claro M. Recto St., San Nicolas, stilvolle Shopping Mall in einem kolonialen Bahnhofsgebäude

**Kultur und Unterhaltung: Cultural Center of the Philippines,** Roxas Blvd., Malate, ✆ 02-8 32 11 25, Kulturzentrum
**Concert at the Park,** Rizal Park, Ermita, ✆ 02-58 74 11, Konzerte des Metro Manila Symphony Orchestra u. a., So 17 Uhr
**Nayong Pilipino,** NAIA Rd., Pasay, ✆ 02-8 32 37 60, Volkstänze und -musik von Stammesvölkern, Sa, So 14–16 Uhr
**Philippine Women's University** (PWU), Conrado Benitez Hall, Taft Ave., Ermita, ✆ 02-58 31 87, sporadisch sehenswerte Volkstanzveranstaltungen der bekannten Bayanihan Philippine Dance Company
**Puerta Real Evenings,** Puerta Real Gardens, General Luna St., Intramuros, ✆ 02-58 74 11, Konzert, Ballett, experimentelles Theater etc., Sa 18 Uhr
**Rajah Sulayman Theatre,** Fort Santiago, Intramuros, ✆ 02-78 61 42, Freilichtbühne der Philippine Educational Theatre Association (PETA)
**Hobbit House,** 1801 Mabini St., Malate, ✆ 02-5 21 76 04, etwas in die Jahre gekommener Folk Pub, in dem die Gäste von kleinwüchsigen Kellnern bedient werden, sporadisch Auftritte des bekannten philippinischen Sängers und Gitarristen Freddie Aguilar, Kleinigkeiten zum Essen
**Remember When,** 1787 A. Mabini St., Malate, ✆ 02-5 24 91 33, Bistro-Café im Stil der ›alten‹ Zeit
**Grand Café Juri's,** 1320-A M. H. del Pilar St., Ermita, ✆ 02-5 23 43 44, Mischung aus Café, Bistro und Restaurant, internationale Gerichte, interessantes Publikum
**Cable Car,** 924 Pasay Rd., Makati, ✆ 02-8 43 82 13, Mix aus Restaurant und Bar, kleine Gerichte und gute Long Drinks
**Ten Years After,** 1786 M. Adriatico St., Malate, ✆ 02-5 23 49 75, Rock-Videos, In-Treff der schicken Stadtjugend
**Hard Rock Café,** Ayala Center, Ayala Ave./North Dr., Makati, ✆ 02-8 93 46 61, Nomen est omen, Live-Bands ab 23 Uhr
**Jazz Box,** Adriatico/Remedios Sts, Malate, ✆ 02-50 55 26, Live-Jazz

**Faces,** Makati Ave./De la Rosa St., Makati, ✆ 02-86 28 92, Diskothek mit neuester Technik, In-Treff der Schrillen und Schönen
**Mars,** Pasay Rd./Makati Ave., Makati, ✆ 02-96 81 49, Mammut-Diskothek mit Stroboskop-Blitzen und überdimensionalen Video-Projektionen

**Museen und andere Sehenswürdigkeiten: Ayala Museum,** Makati Ave., Makati, ✆ 02-8 12 11 91, 30 000 Jahre Philippinen in Dioramen und Gemälden, Di–So 9–12, 12.30–17.30 Uhr
**Casa Manila,** Barrio San Luis Complex, General Luna St., Intramuros, altspanisches Herrenhaus mit original belassenen Räumen, Di–So 9–18 Uhr
**City Planetarium,** Padre Burgos St., Rizal Park, Ermita, audiovisuelle Vorführungen, tägl. 9, 10.30, 13.30, 15.30 Uhr
**Contemporary Art Museum of the Philippines,** Cultural Center of the Philippines, Roxas Blvd., Malate, ✆ 02-8 32 37 02, Museum für zeitgenössische Kunst, tägl. 9–18 Uhr
**Cultural Center of the Philippines,** Roxas Blvd., Malate, ✆ 02-8 32 11 25, bedeutendstes Kulturzentrum des Landes, tägl. 9–18 Uhr
**Fort Santiago,** Intramuros, ✆ 02-5 27 29 61, wichtigste kolonialspanische Festungsanlage der ›Stadt in den Mauern‹, tägl. 8–21 Uhr
**Metropolitan Museum of Manila,** Roxas Blvd., Malate, ✆ 02-5 23 78 55, anspruchsvolle, temporäre Ausstellungen von klassischen und modernen Meistern, Mo–Sa 10–18 Uhr
**Museo ng Kalinangang Pilipino,** Cultural Center of the Philippines, Roxas Blvd., Malate, ✆ 02-8 32 37 04, hervorragende Sammlung zur Kunst und Kultur der philippinischen Stammesvölker, Di–So 10–18 Uhr
**Museo ng Malacañang,** J. P. Laurel St., San Miguel, ✆ 02-7 33 37 21, dem Amtssitz des philippinischen Präsidenten angegliedertes Museum, Di u. Mi 9–15.30 (Führungen in Kleingruppen), Do 9–12 (Führungen in Kleingruppen) u. 13–15 (Besichtigung ohne Begleitung), Fr u. Sa 9–15 Uhr (Besichtigung ohne Begleitung), Mo u. So geschlossen
**Museum Pambata,** Roxas Blvd., Ermita, ✆ 02-5 23 17 97, Wechselausstellungen zu den Themen Wissenschaft/Technik und Umwelt/Ökologie, Di–Sa 9–17, So 13 bis18 Uhr
**National Museum,** Padre Burgos St., Ermita, ✆ 02-5 27 12 07, vor- und frühgeschichtliche Fundstücke, ethnographische Objekte, Gemäldekollektion und naturkundliche Sammlung, Mo–Sa 9–17 Uhr
**Nayong Pilipino,** NAIA Rd., Pasay, ✆ 02-8 32 37 60, nachgebautes philippinisches ›Dorf‹ mit Ausstellungen über Alltagsleben und Kunsthandwerk, Mo–Fr 9–18, Sa u. So 9–19 Uhr, Aufführung von Volkstänzen, Sa u. So 15–16 Uhr, Anfahrt von Ermita mit Bus ab Taft Ave. (Hinweisschild ›NAIA‹ oder ›Domestic‹)
**Puerta de Isabel II.-Museum,** Magellanes Dr., Intramuros, ✆ 02-48 11 12, kleines historisches Museum, tägl. 9–12, 13–18 Uhr
**Rizal Shrine,** Fort Santiago, Intramuros, ✆ 02-47 39 30, Museum und Gedächtnisstätte zu Ehren des philippinischen Nationalhelden José Rizal, tägl. 8–12, 13–17 Uhr
**San Agustin Museum,** General Luna St., Intramuros, ✆ 02-47 09 17, Museum im St. Augustin-Konvent mit einer der erlesensten Kunstsammlungen des Landes, tägl. 9–12, 13–17 Uhr

**Aktivitäten: Intramuros Walking Tours,** Intramuros Visitors Center, Fort Santiago, Intramuros, ✆ 02-5 27 29 61, geführte Rundgänge durch den historischen Stadtkern
**Golden Horizon Cruises,** Gate A, South Blvd., Rizal Park, Ermita, ✆ 02-5 25 56 98,

Hafenrundfahrten, Mo–Fr 17.30, Sa u. So mehrmals tägl. 7–17.30 Uhr

**Sun Cruises,** PTA Bay Cruise Terminal, CCP Complex, Roxas Blvd., Malate, ✆ 02-8 31 81 40, Fahrt in einem komfortablen Ausflugsboot zur Festungsinsel Corregidor an der Öffnung der Manila Bay ins Südchinesische Meer, Mo–Fr 8, Sa u. So 8 u. 10.30, Rückfahrt gegen 17 Uhr

**Busverbindungen: Stadtbusse,** die z. T. klimatisiert sind, pendeln auf den Hauptrouten zwischen den Stadtteilen, in der Regel dichte Folge ohne feste Abfahrtszeiten. Außer in den ›feinen‹ Bezirken wie Makati gibt es keine festen Haltestellen. Schilder an der Frontscheibe mit dem Namen einer Straße oder eines Stadtteils zeigen das Fahrziel an.

**Jeepneys** sind wichtige Nahverkehrsmittel, deren Benutzung sehr kompliziert erscheint, aber ganz einfach ist, wenn man sich erst einmal in groben Zügen mit dem Stadtplan vertraut gemacht hat. Die Route ist jeweils oberhalb der Windschutzscheibe angegeben, und zwar mit Namen von Straßen, Stadtteilen oder markanten Punkten, etwa Divisoria (Markt) oder Monumento (Andres-Bonifacio-Denkmal am Ende der Rizal Ave. Ext. in Caloocan City). *Jeepneys* halten praktisch überall, um Fahrgäste ein- und aussteigen zu lassen. Genügend Kleingeld bereithalten und auf Wertgegenstände achten! Komfortabler, aber weniger originell sind die klimatisierten Sammeltaxis, die den *Jeepneys* auf den Hauptrouten Konkurrenz machen.

**Überlandbusse:** In Manila gibt es keinen zentralen Busbahnhof, jede größere Gesellschaft besitzt ihren eigenen Terminal. Einige wichtige Busgesellschaften und deren Fahrziele: BLTB, Epifanio de los Santos Ave., Pasay, ✆ 02-8 33 55 01 (Batangas, Lucena, Naga, Legazpi u. a.); Dangwa Tranco, 1600 Dimasalang St., Sampaloc, ✆ 02-7 31 28 59 (Baguio, Banaue, u. a.); Fariñas Liner, Nicanor Roxas/De la Fuente Sts, Sampaloc, ✆ 02-7 31 45 07 (San Fernando [La Union], Vigan, Laoag u. a.); Philippine Rabbit, 819 Oroquieta St., Santa Cruz, ✆ 02-7 11 58 19 (Angeles, Baguio, Laoag u. a.); Philtranco, Epifanio de los Santos Ave., Pasay, ✆ 02-8 33 50 61 (Lucena, Daet, Naga, Legazpi, Sorsogon u. a.); Times Transit, 79 Halcon St., Quezon City, ✆ 02-7 41 41 46 (San Fernando [La Union], Vigan, Laoag u. a.); Victory Liner, 713 Rizal Ave. Ext., Caloocan, ✆ 02-3 61 15 06 und 6 51 Epifanio de los Santos Ave., Pasay City, ✆ 02-8 33 02 93 (Olongapo, Dagupan, Baguio u. a.)

**Zugverbindungen:** Von Manilas Hauptbahnhof (Paco Station) verkehren nach Stillegung der Eisenbahnlinie auf Nord-Luzon nur noch Züge der Philippine National Railways (PNR) Richtung Süden über Calamba, San Pablo, Lucena, Naga und Iriga nach Camalig (nördl. von Legazpi), Auskunft ✆ 02-5 21 11 21; die Route der innerstädtischen Light Rail Transit (LRT) oder Metrorail verläuft auf einer Hochbahntrasse von Caloocan im Norden (North Terminal/Monumento) über die Rizal Ave. und Taft Ave. bis Pasay (South Terminal/Baclaran). Die Züge verkehren im Fünf-Minuten-Takt. Zwischen den Endhaltepunkten gibt es 15 Haltestellen. Anstelle von Fahrkarten werden spezielle Münzen *(token coins)* verkauft, mit denen man die automatischen Drehkreuze vor den Bahnsteigen öffnen kann.

**Flugverbindungen:** Der internationale Flughafen Ninoy Aquino International Airport, NAIA, liegt in Pasay City, 8 km südöstl. des Zentrums von Manila. Zwischen NAIA und dem 2 km entfernten Inlandsflughafen (Domestic Airport) pendeln Taxis und Shuttle-Busse der Philippine Airlines. Der Domestic Airport besitzt zwei Abfertigungshallen: Terminal 1 für alle Inlandsflüge außer nach Cebu, Davao, Puerto Princesa und General Santos; Terminal 2 für Flüge nach Cebu, Davao, Puerto Princesa und General Santos. Zwischen NAIA und verschiedenen Stadtteilen von Manila verkehren Shuttle-Busse der Philippine Airlines, die für Passagiere dieser Fluglinie gratis sind. Für offiziell zugelassene, klimatisierte Airport-Taxis kann man an einem Schalter in der Ankunftshalle Coupons kaufen. Preiswertere, normale Taxis findet man ein Stockwerk höher vor der Abflughalle, allerdings weigern sich die Fahrer oft die Taxameter einzuschalten und verlangen bisweilen stark überhöhte Pauschalpreise.

**Fluglinien:** Philippine Airlines, PAL Bldg., Legazpi St., Makati, ✆ 02-8 17 14 40 (Reservierungen und 24-Stunden-Informationsservice: ✆ 02-8 16 66 91); PAL-Filialen u. a. NAIA Terminal Office, Pasay, ✆ 02-8 31 06 22; Domestic Airport Terminal Office, Pasay, ✆ 02-8 32 55 29; S & L Ticket Office, 1500 Roxas Blvd., Ermita, ✆ 02-5 21 88 21; Central Bank Ticket Office, Central Bank Bldg., A. Mabini St., Malate, ✆ 02-5 23 70 46; Taft Ticket Office, Philippine Women's University, Taft Ave., Malate, ✆ 02-59 84 01; Air Philippines, Magsaysay Center, 1680 Roxas Blvd., Malate, ✆ 02-5 26 47 41; Asian Spirit, G/F LPL Tower, 112 Legazpi St., Makati, ✆ 02-8 40 38 11; Cebu Pacific, Manila Midtown Hotel Ticket Sales Office, Pedro Gil St., Ermita, ✆ 02-5 28 51 71; Grand Air, Roxas Blvd., Ermita, ✆ 02-5 26 85 88; Pacific Air, Domestic Airport Rd., Pasay, ✆ 02-8 91 62 52

**Schiffsverbindungen:** Der innerphilippinische Schiffsverkehr wird über den North Harbour abgewickelt. Informationen über den Passagierschiffverkehr findet man in der Tagespresse. Tickets für die WG & A-Superferries: Malate Office, M. H. del Pilar/San Andres Sts, ✆ 02-5 21 90 70

## Miagao (P)

**Unterkunft: Villa Marina Beach Resort,** Barangay Sapa, ✆ 0 33-3 15 80 16, einfaches Strandhotel mit Restaurant, schlicht ausgestattete Zimmer mit Ventilator, *

## Moalboal (C)

**Unterkunft: Cabana Beach Club Resort,** Panagsama Beach, ✆ 09 18-7 70 75 99, komfortables Strandhotel mit gut ausgestatteten, klimatisierten Zimmern, ***–****, Buchung: Cebu City Office, ✆ u. Fax 0 32-2 53 76 61

**Hannah's Lodge,** Panagsama Beach, ✆ 09 18-7 71 34 39, stilvolles, kleines Strandhotel, gut ausgestattete Zimmer mit Klima-Anlage, **–***, Buchung: Cebu City Office, Fax 0 32-3 46 05 92

**Sumisid Lodge,** Panagsama Beach, Strandhotel im landesüblichen Stil mit teils klimatisierten Zimmern sowie Restaurant und Tauchbasis, **–***, Buchung: Cebu City Office, Fax 0 32-3 46 05 92

**Eve's Kiosk,** Panagsama Beach, ✆ 09 18-7 70 81 80, Hotel etwas abseits vom Strand, einfache Bambusbungalows mit Ventilator und klimatisierte Zimmer im Hauptgebäude, gutes Terrassenrestaurant, *–**, Buchung: Cebu City Office, ✆ 0 32-2 53 99 38

**Kukuk's Nest,** Panagsama Beach, einfache Bleibe am Strand, Zimmer mit Ventilator und eigener Dusche/WC, *, Buchung: Cebu City Office, ✆ 0 32-2 31 51 80

**Pacita's Cottages,** Panagsama Beach, Strandhütten aus Naturmaterialien mit Ventilator und Dusche/WC, *

**Restaurants: Hannah's Place,** Panagsama Beach, beliebtes Terrassenrestaurant am Strand mit ausgezeichneten internationalen Gerichten, nur für Gäste, die Knoblauch mögen, *–**

**Marina,** Panagsama Beach, vorwiegend europäische Gerichte, *–**
**Sunset View,** Panagsama Beach, gemütliches Strandlokal, das neben Traveller-Food auch gute philippinische Gerichte bietet, *
**Visaya,** Panagsama Beach, Restaurant am Strand mit philippinischen und internationalen Gerichten, *

**Sehenswürdigkeit: Orchid Gallery,** Poblacion Paranayon, Orchideenfarm mit Swimmingpool, tägl. 8–17 Uhr

**Aktivitäten: Nelson's Scuba Diving School** Panagsama Beach, Tauchkurse und Tauchexpeditionen, Informationen: Cebu City Office, ✆ 0 32-2 53 99 38, Fax 0 32-46 09 26
**Neptune Diving Unlimited,** Panagsama Beach, Tauchkurse und Tauchexpeditionen, Informationen: Cebu City Office, Fax 0 32-2 53 55 31
**Seaquest Dive Center,** Panagsama Beach, Tauchkurse und Tauchexpeditionen, Informationen: Cebu City Office, ✆ 032-3 46 96 29, Fax 0 32-3 46 05 92

## Naga (L)

**Unterkunft: Crown,** P. Burgos St., ✆ 05 42-73 18 45, Fax 05 42-73 92 56, im Herzen der Stadt, gut ausgestattete, klimatisierte Zimmer und Restaurant, ***
**Aristocrat,** E. Angeles St., ✆ 05 42-73 88 32, Fax 05 42-73 88 36, zentral, Zimmer mit Ventilator oder Klima-Anlage, Restaurant, **–***
**Midtown Travellers Pension,** 31 General Luna St., ✆ 05 42-73 82 55, einfache Bleibe im Zentrum, Zimmer mit Ventilator oder Klima-Anlage, *–**

**Restaurants: Naga Garden,** Panganiban Ave., ✆ 05 42-73 86 67, nettes Gartenrestaurant nahe Plaza Rizal mit hervorragenden Bicol-Gerichten, Probiertip: *Bicol Express* – in Kokosmilch gegartes Schweinefleisch mit Chilis, *–**
**Hongkong House,** 60 E. Angeles St., ✆ 05 42-73 76 28, einfach, aber vielfältige Speisekarte mit chinesischen Gerichten, *

**Busverbindungen:** Die Terminals großer Buslinien befinden sich an der Umgehungsstraße im Süden der Stadt

**Flugverbindungen:** Pili Airport, 12 km südöstl., Philippine Airlines, ✆ 05 42-73 22 77

## Nagtabon Beach (Pa)

**Unterkunft: Georg's Place,** ✆ 0 48-4 33 57 73, Strandresort mit Bungalows im landestypischen Stil, Restaurant mit philippinischen und deutschen Gerichten, *–**
**Pablico's Nagtabon Beach Cottages,** ✆ 0 48-4 33 22 67, einfache Strandbungalows, familiäre Atmosphäre, *

## Nasugbu (L)

**Unterkunft: Maya-Maya Reef Club,** Balaytigue, ✆ 0 43-9 31 19 47, Bungalowhotel im landestypischen Stil mit Restaurant und Pool sowie einem großen Wassersportangebot, ****, Buchung: Manila Office, ✆ 02-8 10 81 18, Fax 02-8 15 92 88
**Johndel Beach Resort,** Apacible Blvd., ✆ 0 43-9 31 13 87, stilvolles Strandhotel mit klimatisierten Bungalows und Zimmern, Restaurant, ***–****
**Freddie Reyes Beach Resort,** Apacible Blvd., ✆ 0 43-9 31 14 03, landestypisches Strandresort mit klimatisierten Zimmern und Pool, freundlicher Service, ***

**Maryland Beach Resort,** Apacible Blvd., ✆ 0 43-9 31 96 27, Strandhotel mit Restaurant und Pool, Bungalows und Zimmer mit Ventilator oder Klima-Anlage, ***

## Olongapo (L)

**Information: Department of Tourism,** Subic Bay Metropolitan Authority, Bldg. 229, Waterfront Rd., Subic Bay Freeport, ✆ 0 47-3 84 62 42

**Unterkunft: Subic International,** Labitan/Sta. Rita Rds, Freeport Zone, ✆ 0 47-8 88 22 88, Fax 0 47-8 94 55 79, komfortables Hotel für gehobene Ansprüche auf dem Areal des ehemaligen Marinehafens mit mehreren Restaurants und großem Pool, ****
**White Rock Resort Hotel,** Matain, ✆ 0 47-2 22 23 78, Fax 0 47-2 22 23 79, komfortables Strandhotel mit Restaurant und Pool, ***–****
**By the Sea Inn,** 99 National Hwy, Barrio Barretto, ✆ 0 47-2 22 45 60, Fax 0 47-2 22 45 58, Strandhotel mit klimatisierten Zimmern unterschiedlicher Qualität, mit gutem Restaurant, **–***
**Subic Bay Garden, Inn,** National Hwy/ Montelibano St., Barrio Barretto, ✆ 0 47-2 22 45 50, Fax 0 47-2 22 27 18, einfache Unterkunft mit klimatisierten Zimmern und Restaurant, abseits vom Strand, **

**Restaurants: By the Sea Restaurant,** 99 National Hwy, Barrio Barretto, ✆ 0 47-2 22 45 60, Terrassenlokal für Fisch und andere Meeresfrüchte, *–**
**Vasco's,** Magsaysay Ave., ✆ 0 47-2 23 29 17, philippinische und internationale Gerichte, Do, Fr u. Sa abends Live-Rock und -Country Music, *–**
**Joenica Beachside Café,** 146 National Hwy, Barrio Barretto, ✆ 0 47-2 22 95 56, gute Pastas und Pizzas, *

**Aktivitäten: By the Sea Travel & Tours,** 99 National Hwy, Barrio Barretto, ✆ 0 47-2 22 45 58, Bootsfahrten in der Subic Bay und Touren zum Pinatubo Lake
**Subic Bay Aqua Sports,** Bldg. 249, Waterfront Rd., Subic Bay Freeport, ✆ 0 47-3 84 23 42, Tauchkurse für Anfänger und Fortgeschrittene, Tauchsafaris und Wracktauchen sowie Buchung von Helikopter-Flügen zum Mount Pinatubo

## Pagsanjan (L)

**Unterkunft: La Corona de Pagsanjan,** Barrio Pinagsanghan, ✆ 09 12-3 22 41 23, Fax 09 12-3 22 31 98, etwas außerhalb am Fluß, gepflegtes und ruhiges Resort-Hotel mit klimatisierten Zimmern, Restaurant und kindergerechtem Pool, ***–****
**Magdapio Hotel,** ✆ 06 54-21 28, in der Ortsmitte am Fluß, mit Restaurant, klimatisierte Zimmer mit Balkon, ***
**Pagsanjan Falls Lodge,** Barrio Pinagsanghan, ✆ 06 54-12-51, außerhalb am Fluß, mit Terrassenrestaurant und Pool, Zimmer mit Ventilator oder Klima-Anlage, etwas in die Jahre gekommen, **–***
**Casa Camino Real,** 39 Rizal St., ✆ 06 54-20 86, Touristenhotel mit Restaurant, **
**Riverside Bungalow,** 792 Garcia St., ✆ 06 54-24 65, freundliche Familienpension mit kleinem Restaurant in schöner Lage, Zimmer mit Ventilator oder Klima-Anlage, *–**

**Aktivitäten: Shooting the Rapids,** Bootstour zu den Magdapio-Wasserfällen, am besten in einem der oben genannten Hotels buchen, da dort Festpreise bestehen. Ansonsten stellen Bootsleute oft stark überzogene Forderungen oder drohen, die Tour auf halbem Weg abzubrechen, wenn nicht eine Extrazahlung geleistet wird.

## Pagudpud (L)

**Unterkunft: Villa del Mar Ivory Beach Resort,** ✆ 01 98-12 45 46, Ferienhotel an einem herrlichen Strand, Zimmer mit Ventilator oder Klima-Anlage, Restaurant, ***, Buchung: Manila Office, ✆ u. Fax 02-9 28 82 96
**Arinaya White Beach Resort,** kleines Strandhotel mit klimatisierten Zimmern unterschiedlicher Qualität, **–***

## Pamalican Island (Pa)

**Unterkunft: Amanpulo,** das Nonplusultra der philippinischen Inselresorts mit allen erdenklichen Annehmlichkeiten, *****, Buchung: Manila Office, ✆ 02-5 32 40 40, Fax 02-5 32 40 44

## Panglao Island (B)

**Unterkunft: Bohol Beach Club,** Bolod, Alona Beach, ✆ 0 38-4 11 52 22, Fax 0 38-4 11 52 25, komfortable Ferienanlage am Meer, klimatisierte Zimmer in Doppelbungalows, mit Restaurant, Pool, großem Sportangebot und Privatstrand, ***–****, Buchung: Cebu City Office, ✆ 0 32-2 54 06 40, Fax 0 32-5 30 97
**Jul Beach Resort,** Bingag, ✆ u. Fax 0 38-4 11 26 97, komfortables Strandresort mit sehr gut ausgestatteten, klimatisierten Bungalows, freundlicher Service und gutes Restaurant, ruhige Lage an der Nordostküste oberhalb einer entlegenen Badebucht mit hellem Sandstrand, nicht geeignet für Nachtschwärmer und Taucher, ***–****
**Alona Kew White Beach Resort,** Tawala, Alona Beach, ✆ 0 38-4 11 26 15, Fax 0 38 4 11 21 71, ruhiges Strandhotel im inseltypischen Stil mit gutem Restaurant und vielen Sportmöglichkeiten, Bungalows und Zimmer mit Ventilator oder Klima-Anlage, **–***
**Aquatica Beach Resort,** Tawala, Alona Beach, ✆ 09 18-81 12, kleines Ferienhotel mit familiärer Atmosphäre, einfache, aber gemütliche Zimmer und Doppelbungalows mit Ventilator, **
**Casa Nova Garden,** Tawala, Alona Beach, ✆ 09 18-81 09, geschmackvolles, teils klimatisiertes Bungalowhotel im landestypischen Stil, 400 m vom Strand inmitten eines Tropengartens, mit Restaurant und Pool, **
**Bohol Divers Lodge,** Tawala, Alona Beach, alteingesessenes Strandhotel, solide ausgestattete Bungalows mit Ventilator oder Klima-Anlage, mit Terrassenrestaurant und Tauchbasis, *–**, Buchung: Tagbilaran Office, ✆ u. Fax 0 38-4 11 49 83
**Alonaville Beach Resort,** Tawala, Alona Beach, einfache Zimmer und Bungalows mit Ventilator, teils mit Gemeinschaftsbad, inmitten eines Palmenhains am Meer, gutes Restaurant, *, Buchung: Tagbilaran Office, ✆ 0 38-4 11 32 54
**Peter's House,** Tawala, Alona Beach, ✆ 09 18-7 70 84 34, vor allem bei Tauchern beliebte, familiäre Herberge am Strand, geräumige Zimmer mit Ventilator und Gemeinschaftsbad, gutes Pizza-Restaurant, Tauchbasis, *, Buchung: Tagbilaran Office, Fax 0 38-2 35 30 07

**Aktivitäten: Alona Divers,** Tawala, Alona Beach, ✆ 09 18-6 00 05 76, Fax 0 38-2 35 30 07, Tauchkurse und mehrtägige Tauchexpeditionen mit eigenem Boot, teils bis zur Insel Camiguin vor der Nordküste von Mindanao, unter deutscher Leitung
**Atlantis Dive Center,** Tawala, Alona Beach, ✆ 09 18-6 00 07 38, ›Schnupper‹-Tauchen für Anfänger, Unterwasser-Safaris für Fortgeschrittene
**Seaquest Dive Center,** Tawala, Alona Beach, ✆ 0 38-4 11 26 15, Fax 0 38-

4 11 24 71, Tauchkurse für Anfänger und Tauchsafaris für Fortgeschrittene

## Port Barton (Pa)

**Unterkunft: Swissippini Lodge & Resort,** Strandresort mit Bambus-Nipa-Bungalows, gutes Restaurant mit philippinischen und schweizerischen Gerichten, Tauchbasis, **, Buchung: Puerto Princesa Office, ✆ 0 48-4 33 47 57, Fax 0 48-4 33 25 40
**Coconut Garden Island Resort,** Leisi Beach, Cacnipa Island, ruhiges Strandresort mit gemütlichen Zimmern in einem Hauptgebäude und Nipa-Hütten auf einer ca. 45 Bootsminuten entfernten Insel, *–**
**El Busero Inn,** einfache Unterkunft am Strand, mit Restaurant, *
**Elsa's Beach Cottages,** schlichte, aber gemütliche Bambusbungalows am Strand, freundlicher Service, sehr gutes Restaurant, *

**Aktivitäten: MB Survival,** Swissipini Lodge & Resort, fünftägige Tour in einem großen Auslegerboot nach El Nido und zum Bacuit-Archipel, Auskunft und Buchung: Puerto Princesa Office, ✆ 0 48-4 33 47 57, Fax 0 48-4 33 25 40

## Puerto Galera (Mi)

**Information: Tourist Information Center am Pier in Puerto Galera**

**Unterkunft: in Puerto Galera: Puerto Galera Resort Hotel,** ✆ 09 12-3 09 09 05, modernes Ferienhotel mit komfortablen, klimatisierten Zimmern sowie gutem Restaurant und attraktivem Pool, ***–****, Buchung: Manila Office, ✆ 02-5 25 46 41, Fax 02-5 22 29 68
**Tanawin Lodge,** ✆ 09 12-3 28 76 93, sehr komfortabel und geschmackvoll eingerichtete, doppelstöckige Bungalows in herrlicher Lage, mit Restaurant und Pool, ***–****, Buchung: Manila Office, ✆ 02-5 21 81 67, Fax 02-5 21 76 22
**Enceñada Beach Resort,** ✆ 09 12-3 12 97 61, 1,5 km nordöstl., schöne Bungalowanlage an einem privaten Strandabschnitt, geräumige und großzügig ausgestattete Zimmer, mit gutem Restaurant und einem großen Wassersportangebot, **–***, Buchung: Manila Office, ✆ 02-5 22 42 70, Fax 02-5 22 41 52
**Bahay Pilipino,** einfache, gemütliche Pension mit Restaurant und Biergarten, *
**Coco Point,** am Pier, schlichte Unterkunft mit Restaurant, *

**... am Sabang Beach**
**Coral Cove Beach Resort,** 1 km südöstl. von Sabang, in einer einsamen Bucht mit geschmackvoll im ›Tropenstil‹ möblierten Zimmern und gutem Restaurant, **–***, Buchung: Manila Office, ✆ 02-5 21 27 51, Fax 02-5 21 53 31
**Terraces Garden Resort,** ✆ 09 12-3 08 01 36, komfortable Bungalows in herrlicher Hanglage, gutes Restaurant, **
**Capt'n Gregg's,** ✆ 09 12-3 06 52 67, gemütliches, teils klimatisiertes Strandhotel mit Terrassenrestaurant und Tauchbasis, *–**
**Seabreeze Vista Lodge,** ✆ 09 12-3 49 20 22, familiäre Ferienanlage mit hübschen Bungalows und Restaurant, schön am Hang gelegen, *–**
**Seashore Lodge,** ✆ 09 12-3 04 93 40, gemütliche Doppelbungalows, gutes Restaurant, *–**
**Sonny's Inn,** geräumige, inseltypische Strandbungalows in ruhiger Lage, *–**

**... am Small La Laguna Beach**
**Carlo's Paradise, Inn,** ✆ u. Fax 09 12-3 01 07 17, in herrlicher Hanglage über

dem Strand, Bungalows und Zimmer mit Ventilator oder Klima-Anlage, internationales Restaurant, **–***
**El Galleon Beach Resort,** ✆ 0 97-3 78 20 94, rustikale Bungalowanlage am Strand, landestypische *Cottages* mit Ventilator oder Klima-Anlage, Restaurant mit europäischen und philippinischen Gerichten, **–***

**... am Big La Laguna Beach:**
**La Laguna Beach Club,** ✆ 09 12-3 06 56 22, Strandhotel mit Restaurant, Pool und Tauchbasis, gut ausgestattete Zimmer mit Ventilator und Klima-Anlage, **–***
**El Oro Resort,** ✆ 09 12-3 06 66 42, stilvolles Bambushotel am Strand mit Restaurant und hübschem Garten, **
**Cathaquis Inn,** landestypische Strandbungalows, schlicht, aber gemütlich und ruhig, *–**

**... am Coco Beach**
**Coco Beach Resort,** ✆ 09 12-3 05 04 76, komfortables Bungalowhotel im inseltypischen Stil mit Restaurant und Pool sowie einem umfangreichen (Wasser-)Sportangebot, an einem privaten Strandabschnitt mit vorgelagertem Korallenriff, etwas abseits des La Laguna Beach gelegen, ****, Buchung: Manila Office, ✆ 02-5 21 59 58, Fax 02-5 21 52 60

**... am White Beach**
**White Beach Resort,** ✆ 09 12-3 67 06 57, Strandbungalows und Zimmer unterschiedlicher Qualität, teils klimatisiert, gutes Restaurant, **–***, Buchung: Manila Office: ✆ 02-58 29 31
**Delgado's Cottages,** einfache, inseltypische Bungalows im Schatten von Kokospalmen, gutes Restaurant, *
**Summer Connection,** ✆ 09 12-3 16 59 10, einfache Strandhütten an einem ruhigen Strandabschnitt, *
**White Beach Basil Lodge,** ✆ 09 12-3 11 61 27, gemütliche Strandbungalows, einfache Ausstattung, populäres Restaurant, *

**... am Aninuan Beach**
**Aninuan Beach Resort,** ✆ 09 12-3 30 86 83, gut geführtes Resort mit gemütlichen Strandbungalows und Restaurant, unter philippinisch-deutscher Leitung, **
**Tamaraw Beach Resort,** ✆ 09 12-3 04 87 69, Bungalowanlage mit familiärer Atmosphäre und freundlichem Service, sehr ruhig, mit Restaurant, *–**

**... am Talipanan Beach**
**Bamboo House Beach Lodge,** ✆ 09 12-3 30 17 22, kleines, aber feines Strandhotel im inselüblichen Stil mit geräumigen Zimmern, gutes Restaurant und freundlicher Sevice, *–**
**White Sand Beach Resort,** weitläufige Feriensiedlung mit einfachen Doppelbungalows und Restaurant, etwas abgelegen, sehr ruhig, *

**Museum: Excavation Museum,** archäologisches Museum nahe der Kirche in der Ortsmitte, tägl. 8–16 Uhr

**Aktivitäten: Asia Divers,** c/o El Galleon Beach Resort, Small La Laguna Beach, ✆ 0 97-3 78 20 94, PADI-Tauchschule mit Grund- und Fortgeschrittenenkursen, mehrtägige Tauchsafaris mit eigener Motorjacht zum Apo Reef
**Octopus Divers,** c/o Villa Sabang, Sabang Beach, ✆ u. Fax 09 12-3 13 44 86, Tauchkurse für Anfänger und Tauchexpeditionen für Fortgeschrittene

**Bus- und Schiffsverbindungen:** Mehrmals tägl. Busse der BLTB Company, Epifanio de los Santos Ave., Pasay nach Batangas; von dort mehrmals tägl. – meist in der Mittagszeit – Fähren nach Puerto Galera sowie große Auslegerboote zum Sabang Beach oder Big La Laguna Beach.

Der bequemste Weg von Manila (Ermita) nach Puerto Galera: tägl. 9 Uhr ein klimatisierter Bus der Agentur Si-Kat ab Centrepoint Hotel, 1430 A. Mabini St., Ermita (hier auch ein Si-Kat Ticket Office) nach Batangas, dort direkter Anschluß an eine Fähre der gleichen Gesellschaft nach Puerto Galera (Ankunft 14 Uhr). Rückfahrt: tägl. 9.30 Uhr Si-Kat-Fähre ab Puerto Galera mit direktem Busanschluß in Batangas nach Manila (Ankunft 14 Uhr). Auskunft: ✆ 02-5 21 33 44 (Manila), ✆ 09 12-3 09 72 02 (Puerto Galera). In der Hochsaison empfiehlt sich eine rechtzeitige Reservierung!

Vom Pier in Puerto Galera fahren *Jeepneys* (billig, aber staubig) und kleine Auslegerboote (teurer und gelegentlich etwas feucht) zu den Stränden.



## Puerto Princesa (Pa)

**Information: Provincial Tourist Office,** Provincial Capitol Bldg., Rizal Ave., ✆ 0 48-4 33 29 68, Mo–Fr 8–12, 13–17 Uhr

**City Tourism Office,** Airport Compound, ✆ 0 48-4 33 29 83

**St. Paul Subterranean River National Park Administration,** 146 Manalo St., ✆ 0 48-4 33 24 09, Mo–Fr 8–12, 13–17 Uhr, hier sind die für den Besuch des Nationalparks erforderlichen *Permits* erhältlich

**Unterkunft: Asiaworld Resort,** San Miguel, ✆ 0 48-4 33 20 22, Fax 0 48-4 33 21 11, erste Adresse im Ort, mit mehreren Restaurants und Bars sowie Pool und Tennisplätzen, ****–*****

**Airport Hotel,** 442 Rizal Ave., ✆ 0 48-4 33 65 11, Fax 0 48-4 33 65 14, modernes Haus mit gut ausgestatteten, klimatisierten Zimmern sowie Restaurant und Pool, **–***

**Badjao Inn,** 350 Rizal Ave., ✆ 0 48-4 33 27 61, gut geführtes Standardhotel, Zimmer mit Ventilator oder Klima-Anlage, hübsches Gartenrestaurant, **–***

**Lola Itang Pension,** Roxas St., ✆ 0 48-4 33 29 90, moderne, großzügig angelegte Pension mit familiärer Atmosphäre in zentraler, aber ruhiger Lage, gut ausgestattete, klimatisierte Zimmer, hervorragendes Filipino-Restaurant, **

**Casa Linda Inn,** Trinidad St., ✆ 0 48-4 33 26 06, Fax 0 48-4 33 23 09, ruhige Pension im landestypischen Stil mit Tropengarten und Restaurant, Zimmer mit Ventilator oder Klima-Anlage, *–**

**Duchess Pension,** Valencia St., ✆ 0 48-4 33 28 73, beliebte Traveller-Pension, im alten Gebäude Zimmer mit Ventilator und Gemeinschaftsbad, im neuen klimatisierte Zimmer mit Bad/WC, *–**

**Puerto Pension,** 35 Malvar St., ✆ 0 48-4 33 29 69, Fax 0 48-4 33 41 48, mehrstöckiges Gebäude im landestypischen Stil in zentraler, aber ruhiger Lage, Zimmer mit Ventilator oder Klima-Anlage, schöner Blick vom Dachterrassen-Restaurant, *–**

**Sonne Gasthaus,** Manalo Ext., Bancao-Bancao, ✆ u. Fax 0 48-4 33 46 38, gemütliche und gepflegte Zimmer und Bungalows im landestypischen Stil mit Ventilator oder Klima-Anlage, gutes Restaurant mit deutschen und philippinischen Gerichten, *–**

**Sheena's Cottage-Garden,** Libis Rd., ✆ 0 48-4 33 36 93, Bungalowanlage in sehr ruhiger Lage außerhalb der Stadt, gutes Restaurant, *–**

**Trattoria Inn,** 353 Rizal Ave., ✆ 0 48-4 33 27 19, Fax 0 48-4 33 45 80, beliebte, häufig ausgebuchte Pension, Zimmer mit Ventilator oder Klima-Anlage, Traveller- und Tauchertreff, etwas laut, *–**

**Turtle Bay Beach Resort,** Barangay Mangingisda, 10 km Luftlinie südl. gelegenes Strandresort mit Bungalows im landestypischen Stil, einfach und schön, Restaurant mit philippinischen und deutschen Gerichten, *, Buchung: Mercedes Osek, P. O. Box 269,, 5300 Puerto Princesa

**Restaurants: Café Puerto,** 277 Rizal Ave., ✆ 0 48-4 33 24 26, klimatisiertes Restaurant mit ideenreicher Speisekarte, vor allem Seafood und Steaks, **
**Tia Ver,** 355 Rizal Ave., ✆ 0 48-4 33 69 10, Filipino-Restaurant mit Spezialitäten der regionalen Küche, **
**Kamayan,** Rizal Ave., ✆ 0 48-4 33 20 19, Gartenrestaurant, vorwiegend Seafood sowie philippinische und chinesische Gerichte, gelegentlich Live-Musik, wer im ›Treehouse‹ dinieren möchte, sollte unbedingt vorbestellen, *–**
**Luto ni Lola,** 3 Wescom Rd., ✆ 0 48-4 33 43 42, hier kocht die Oma – so die wörtliche Übersetzung –, hervorragende philippinische Gerichte, *–**
**Swiss Bistro Garden,** 353 Rizal Ave., ✆ 0 48-4 33 27 19, beliebtes und daher oft volles Gartenrestaurant mit internationalen Gerichten und sehr legerer Atmosphäre, *–**
**Pho,** Valencia St., ✆ 0 48-4 33 33 89, vegetarische vietnamesische Gerichte, *
**Sonne Gasthaus,** Manalo Ext., Bancao-Bancao, ✆ 0 48-4 33 46 38, deutsche Gastlichkeit in tropischem Ambiente, auch philippinische Gerichte, *
**Zum Kleinen Anker,** Rizal Ave., ✆ 0 48-4 33 97 95, uriges Kellerlokal mit deutscher Hausmannskost, lockere Atmosphäre, gute Informationsbörse, *

**Einkaufen: Culture Shack,** 298 Rizal Ave., ✆ 0 48-4 33 25 66, kunstgewerbliche Souvenirs, vor allem Kunsthandwerk verschiedener ethnischer Minderheiten
**Pagdayan camo sa Tabuan,** Mendoza Park, mehrere kleine Souvenir- und Kunstgewerbeläden
**Palawan Ethnic Shop,** 29 Burgos St., ✆ 0 48-4 33 40 02, kunsthandwerkliche Produkte ethnischer Minoritäten, vor allem Holz-, Schnitz- und Flechtarbeiten
**Russell's Native Crafts,** 360 Rizal Ave., ✆ 0 48-4 33 20 48, kunsthandwerkliche Souvenirs von ethnischen Minderheiten

**Unterhaltung: Edwin's Food Palace,** Rizal Ave./Valencia St., ✆ 0 48-4 33 23 38, tagsüber China-Restaurant mit Videoberieselung, abends Diskothek mit großer Tanzfläche
**Silhouette,** Valencia St., ✆ 0 48-4 33 23 66, bei Einheimischen und Touristen beliebte Diskothek

**Museen und andere Sehenswürdigkeiten: Crocodile Farming Institute,** Irawan, ✆ 0 48-4 33 86 10, Krokodilfarm und kleiner Privatzoo, geführte Touren Mo–Fr 13.15, 14.15, 15.15 u. 16.15, Sa 9.15, 10.15, 11.15, 13.30, 14.15, 15.15 u. 16.15 Uhr
**Iwahig Prison and Penal Farm,** Iwahig, ›Gefängnis ohne Mauern‹, tägl. 9–17 Uhr
**Palawan Museum,** Mendoza Park, ✆ 0 48-4 33 29 63, natur- und völkerkundliches Museum, Mo–Sa 9–12, 13–17, So 9 bis 11 Uhr
**Palawan State College Museum,** CAS Bldg., Tiniguiban, ✆ 0 48-4 33 23 79, Museum, das der Kultur der ethnischen Minderheiten von Palawan gewidmet ist, Mo–Fr 8–17 Uhr

**Aktivitäten: Econo Tours,** Airport View Pension, Rizal Ave., ✆ 0 48-4 33 69 53, Ausflüge zum Underground River, Wanderungen zu Batak-Dörfern, Trekking-Touren im Regenwald, Bergbesteigungen
**Island Divers Ventures,** 371 Rizal Ave., ✆ 0 48-4 33 29 17, Tauchkurse für Anfänger und Unterwasser-Safaris für Fortgeschrittene

**Moonshadow,** Trattoria Inn, 353 Rizal Ave., ✆ 0 48-4 33 27 19, Fax 0 48-4 33 48 92, mehrtägige Touren in einer komfortablen Motorjacht durch die Inselwelt vor Nord-Palawan

**Palawan Adventure Package Tour,** Floral World Travel and Tours, 263 Manalo Ext., ✆ 0 48-4 33 47 57, Fax 0 48-4 33 25 40, Tagesausflüge zum Unterground River, zur Honda Bay und zu den Tabon Caves sowie mehrtägige Ausflüge nach Port Barton und El Nido

**Palawan Diving Corporation,** Zum Kleinen Anker, Rizal Ave., ✆ 0 48-4 33 97 95, mehrtägige Tauchtrips zum Tubbataha Reef und Touren nach El Nido und Coron in einer Motorjacht mit gemütlichen Kabinen

**Queen Anne Boat Diving,** Trattoria Inn, 353 Rizal Ave., ✆ 0 48-4 33 27 19, Fax 0 48-4 33 48 92, Tauchkurse für Anfänger, mehrtägige Tauchsafaris zum Tubbataha Reef

**Busverbindungen: Stadt- und Vorortverkehr:** Es gibt keine Stadtbusse, Nahverkehrsmittel sind *Tricycles;* Taxis, die nicht als solche gekennzeichnet sind, über die Hotelvermittlung

**Überlandbusse:** Zentraler Busbahnhof in der Malvar St., von dort Busse der Gesellschaft Puerto Royal Express, ✆ 0 48-4 33 24 41, in alle Hauptrichtungen sowie Busse der Gesellschaft Charing Buslines, ✆ 0 48-4 33 41 09, Richtung Süden; *Jeepneys* nach Narra vom Public Market

**Flugverbindungen: Puerto Princesa Airport,** 2 km östl., dort befinden sich die Büros der Philippine Airlines, ✆ 0 48-4 33 45 65, und der Pacific Air, ✆ 0 48-4 33 48 72; Air Philippines, 420 Rizal Ave., ✆ 0 48-4 33 70 06; Grand Air, ✆ 0 48-4 33 77 88

**Schiffsverbindungen:** Zweimal wöchentl. ein komfortables Schiff der Gesellschaft WG & A-Superferries, ✆ 0 48-4 33 48 75, nach Manila, jeweils einmal wöchentl. Schiffe der Negros Navigation, ✆ 0 48-4 33 60 54, nach Manila und nach Iloilo (Panay) via Bacolod (Negros), mehrmals monatl. Schiffe der Milagrosa Shipping Corp., ✆ 0 48-4 33 48 06, nach Iloilo (Panay) via Cuyo (Cuyo Island)

## Quezon (Pa)

**Unterkunft: Tabon Village Resort,** Anlage im landestypischen Stil mit Bungalows und Zimmern, Restaurant, 4 km nordöstl. der Stadt, *–**, Buchung: Puerto Princesa Office, ✆ 0 48-4 33 24 26, Fax 0 48-4 33 22 66

**Villa Esperanza,** einfaches Haus mit Restaurant nahe dem Busterminal, *

**Museum: Tabon Museum,** kleines anthropologisches Museum, tägl. 9–17 Uhr

## Roxas (Pa)

**Unterkunft: Coco Loco Island Resort,** Coco Loco Island, stilvolles Strandresort auf einer 30 Bootsminuten entfernten Insel, gemütliche Bungalows im landestypischen Stil mit Ventilator, gutes Restaurant und Tauchbasis, *–**, Buchung: Puerto Princesa Office, ✆ 0 48-4 33 38 77, Fax 0 48-4 33 35 54

**Rover's Inn,** einfache Bleibe in der Ortsmitte, Zimmer mit Ventilator, teils mit Gemeinschaftsbad, *

## Sabang (Pa)

**Unterkunft: Bambua Rainforest Lodge,** etwa 15 Fußminuten von Sabang entfernt, rustikale, aus Naturmaterialien errichtete Lodge in herrlicher Lage,

gutes Restaurant, unter philippinisch-deutscher Leitung, *
**Central Ranger Station,** 2 km östl., einfache Bambusbungalows, Selbstversorgung, *, Buchung: Puerto Princesa Office, ✆ 0 48-4 33 24 09
**Mary's Beach Cottages,** einfache Strandhütten und Bambusbungalows, ruhige Lage, freundliche Atmosphäre, Restaurant, *
**Panaguman Beach Resort,** Barangay Marufinas, sehr ruhig gelegene, gemütliche Strandbungalows im landestypischen Stil, 15 Min. per Boot ab Sabang, *, Buchung: Puerto Princesa Office, ✆ 0 48-4 33 45 70, Fax 0 48-4 33 45 80
**Robert's Beach Cottages,** einfache, gemütliche Bambusbungalows am Strand, Restaurant, *, Buchung: Puerto Princesa Office, ✆ 0 48-4 33 41 61
**Villa Sabang Guesthouse,** einfaches, aber stilvolles ›Bambushotel‹ am Strand, mit Restaurant, *

**Restaurants: P & L Canteen,** luftiges Filipino-Lokal mit einfachen, aber schmackhaften Gerichten, *
**Silayan,** Terrassenrestaurant am Strand, Seafood und einheimische Gerichte, *

## Sagada (L)

**Unterkunft: Sagada Prime Hotel,** modernes, komfortables Hotel, architektonisch jedoch etwas deplaziert, Zimmer mit Bad/WC, mit warmem Wasser, **–***, Buchung: Baguio Office, ✆ 0 74-4 42 26 22
**Olahbinan Resthouse,** stilvolles, gemütliches Haus mit freundlichem Service, Zimmer teils mit Bad/WC, mit warmem Wasser, gutes Restaurant, *–**
**A-Seven House,** einfache Pension mit familiärer Atmosphäre, außerhalb in ruhiger Lage, *
**Country Inn,** zentral gelegen, einfache Zimmer mit Gemeinschaftsbad, gutes Restaurant, *
**Green House,** beliebte Traveller-Bleibe mit schlichten Zimmern, *
**Mapia-aw Pensione,** gemütliche Familienpension mit schlichten, aber ordentlichen Zimmern und offenen Kaminen, außerhalb, sehr ruhig, *
**Masferré Inn,** einfache Zimmer mit Gemeinschaftsbad, in der Ortsmitte, *
**Sagada Guesthouse,** einfache, alteingesessene Pension, beliebter Traveller-Treff, *

**Restaurants: Log Cabin,** urgemütliches Lokal mit interessantem Mix aus philippinischen und internationalen Gerichten, nur auf Vorbestellung, *
**Shamrock Café,** neben Standard-Traveller-Food auch lokale Gerichte, *

**Einkaufen: Bahandi Arts & Crafts,** kunsthandwerkliche Souvenirs
**Sagada Memra,** handbemalte, originelle T-Shirts
**Sagada Weaving Shop,** hochwertige Webarbeiten der Bontok

**Unterhaltung: Village Bistro,** in dieser urigen Kneipe gibt sich abends Sagada ein Stelldichein, manchmal Live-Musik

**Busverbindungen: Busse** nach Baguio tägl. 6, 6.30, 7, 8 u. 9 Uhr; Busse und *Jeepneys* nach Bontoc tägl. stündl. von 8–12 Uhr

## Samal Island (M)

**Unterkunft: Pearl Farm,** luxuriöses Resorthotel auf dem Gelände einer ehemaligen Perlenfarm, komfortable, klimatisierte Bambus-Stelzenbungalows mit Veranda, die teils im Wasser stehen, Restaurant, Bar, Pool und viele Wassersportangebote, *****, Buchung: Davao Office, ✆ 0 82-2 21 99 72, Fax 0 82-2 21 99 79

**Paradise Island Park and Beach Resort,** ✆ 09 12-7 01 41 07, Strandhotel mit klimatisierten Bungalows und Restaurant, ***, Buchung: Davao Office, ✆ 0 82-2 34 17 24, Fax 0 82-2 34 29 26

## San Fernando (C)

**Unterkunft: Pulchra,** Barrio San Isidro, ✆ 0 32-2 32 08 15, Fax 0 32-2 32 08 16, großzügig angelegtes, luxuriöses Strandresort für Reisende mit goldener Kreditkarte, villenähnliche Bungalows im landestypischen Stil mit Privatpool, zwei Restaurants und Bar, herrlicher Tropenpark und attraktive Pool-Landschaft, hellsandiger Privatstrand, Golfplatz, Tennisplätze, *****





## San Fernando, La Union (L)

**Information: Department of Tourism,** Mabanag Bldg., Capitol Hills, ✆ 0 72-41 24 11

**Unterkunft: Sea & Sky,** Quezon Ave., ✆ u. Fax 0 72-41 52 79, an der nördlichen Peripherie, gut geführtes Hotel mit Restaurant und Pool, einige der klimatisierten Zimmer mit Balkon und Blick aufs Meer, **–***

**Las Villas Resort,** San Juan, ✆ 0 72-2 42 37 70, Fax 0 72-2 42 37 69, 8 km nördl. der Stadt, gemütlich, mit kolonialspanischem Flair, gut ausgestattete Zimmer mit Klima-Anlage, Restaurant mit ideenreichem Angebot an internationalen Gerichten, Pool, **

**Sunset Beach Resort,** Montemar Village, San Juan, ✆ u. Fax 0 72-41 47 19, kleines Strandresort in einem hübschen Tropengarten 9 km nördl. der Stadt, einfache, aber gemütliche Bungalows mit Ventilator sowie Zimmer mit Klima-Anlage, Restaurant mit philippinischen und internationalen Gerichten, unter philippinisch-deutscher Leitung, **

**Restaurants: New Mandarin,** Quezon Ave., ✆ 0 72-41 47 75, bester ›Chinese‹ im Ort, *–**

**Nuval's Carenderia,** Don Joaquin St., ✆ 0 72-41 83 94, einfache Einrichtung, aber sehr gute Gerichte der Ilocandia-Küche sowie ausgezeichnetes Seafood, *

**Museum: Museo de La Union,** Capitol Hills, heimat- und völkerkundliches Museum, Mo–Fr 9–12, 13–17 Uhr

**Aktivitäten: Ocean Deep,** ✆ 0 72-41 37 12, Fax 0 72-41 44 40, Tauchkurse für Anfänger, anspruchsvolle Tauchsafaris für Fortgeschrittene

## San Fernando, Pampanga (L)

**Information: Department of Tourism,** Paskuhan Village, ✆ 0 45-9 61 26 65

**Museum: Paskuhan Village,** ✆ 0 45-9 61 53 58, außerhalb gelegener Museumskomplex mit Ausstellungen zu den Themen ›Weihnachten‹ und ›Pinatubo-Vulkan‹, tägl. 9–18 Uhr

## San Pablo (L)

**Unterkunft: Hidden Valley Springs,** Alaminos, sehr komfortable klimatisierte Bungalows im üppigen

Grün eines tropischen Regenwalds, mit Restaurant und mehreren natürlichen Badepools, ****, Buchung: Manila Office, ✆ 02-8 18 40 34, Fax 02-8 40 41 12
**Villa Escudero Resort,** Tiaong, stilvolle Bungalows mit allem Komfort inmitten einer Kokosplantage, ****, Buchung: Manila Office, ✆ 02-5 21 08 30, Fax 02-5 21 86 98

## San Rafael (Pa)

**Unterkunft: Duchess Beachside Cottages,** National Highway km 64,5, einfache, aber gemütliche Strandbungalows, teils mit Gemeinschaftsbad, Restaurant, *, Buchung: Duchess Pension, Valencia St., Puerto Princesa, ✆ 0 48-4 33 28 73
**Green Beach Resort,** Tanabag, National Highway km 66,5, ruhige Anlage mit einfachen Strandhäuschen und Restaurant, *
**Tipanan Beach Resort,** Tanabag, National Highway km 66,5, Strandresort mit schlichten Bambusbungalows und Restaurant, *

## San Vicente (Pa)

**Unterkunft: Caparii Beach Resort,** Barangay Panindigan, Strandresort im inseltypischen Stil mit Restaurant und Tauchbasis, komfortable Zimmer mit Ventilator oder Klima-Anlage, **–***, Buchung: Puerto Princesa Office, ✆ 0 48-4 33 48 68, Fax 0 48-4 33 49 61
**Beth Lodging House,** einfache Bleibe für Anspruchslose, *

## Silay (N)

**Museum: Bernardino Jalandoni House,** Rizal St., ✆ 0 34-5 24 21, Kolonialhaus mit Originalinventar, Sitz der Silay Heritage Foundation, Di–So 9–17 Uhr
**Don Victor Gaston y Fernandez House,** 5 De Noviembre St., ✆ 0 34-5 22 63, Familienmuseum in einer stilvoll restaurierten Kolonialvilla, Di–So 10–18 Uhr

**Aktivitäten: Hawaiian Philippine Sugar Company,** ✆ 0 34-5 10 11, Zuckerraffinerie, Führungen und Fahrten auf alten Dampflokomotiven

## Sogod (C)

**Unterkunft: Alegre Beach Resort,** Calumboyan, Luxusrefugium für Urlauber, denen für die ›kostbarsten Tage des Jahres‹ nichts teuer genug ist, Bungalows im landestypischen Stil mit allen Annehmlichkeiten, Gourmet-Restaurant mit internationaler Karte, großer Pool, Tennisplätze, Tauchbasis und zahlreiche weitere Wassersportmöglichkeiten, hellsandiger Privatstrand in einer malerischen Bucht, *****, Buchung: Cebu City Office, ✆ 0 32-2 54 98 00, Fax 0 32-2 54 98 33

## Sorsogon (L)

**Unterkunft: Veramaris Resort,** Gubat, 24 km südl. gelegenes, komfortables Strandhotel, Zimmer mit Ventilator oder Klima-Anlage, mit Restaurant, **–***, Buchung: Manila Office, ✆ 02-6 31 41 65
**Rizal Beach Resort,** Gubat, 24 km südl. gelegenes, einfaches Strandhotel, Zimmer mit Ventilator oder Klima-Anlage, mit Restaurant, *–**

## Surigao City (M)

**Unterkunft: The Tavern,** Borromeo St., ✆ 0 85 21-9 67 11, zentral,

Zimmer mit Ventilator oder Klima-Anlage, hier auch Vermittlung von Booten für Touren zu vorgelagerten Inseln, akzeptables Restaurant, *–**

**Garcia Inn,** San Nicolas St., ✆ 0 85 21-9 63 51, einfache Pension mit familiärer Atmosphäre, *

**Flugverbindungen: Philippine Airlines,** Surigao Airport, ✆ 0 85 21-9 64 36

**Schiffsverbindungen:** Tägl. Schiffe nach Dinagat auf Dinagat Island (Fahrzeit 1,5 Std.) sowie nach Dapa auf Siargao Island (Fahrzeit 5 Std.)

## Tagaytay (L)

**Unterkunft: Taal Vista Hotel,** Barangay Kaybagal, ✆ 0 46-4 13 12 23, Fax 0 46-4 13 12 25, stilvolle Unterkunft mit gepflegtem Restaurant, Pool, schöne Aussicht über den Lake Taal, ****

**Aroma Tagaytay Apartelle,** ✆ 0 46-4 13 10 44, angenehmes Haus mit familiärer Atmosphäre und kleinem Restaurant, ***

**Taal Lake Guest House,** Leynes, zwischen Tagaytay und Talisay, ordentlich geführtes Gästehaus mit Restaurant, *

## Tagbilaran (B)

**Unterkunft: Bohol Tropics Resort Club,** Graham Ave., ✆ 0 38-4 11 35 10, Fax 0 38-4 11 30 19, erste Adresse im Ort, alle Gebäude im inseltypischen Stil, mit klimatisierten Zimmern sowie Restaurant, Pool und Fitneß-Centre, ***–****

**Hotel La Roca,** Graham Ave., ✆ 0 38-4 11 31 79, Fax 0 38-4 11 30 09, an der nördlichen Peripherie, gut geführtes Standardhotel mit klimatisierten Zimmern, Restaurant und Pool, **–***

**Gie Garden Hotel,** M. H. del Pilar St., ✆ 0 38-4 11 31 82, kleines, freundliches Hotel, das von Service und Atmosphäre her mehr an ein Guest House erinnert, mit klimatisierten Zimmern und gutem Restaurant, *–**

**Slim Pension House,** 35 F R. Ingles St., ✆ 0 38-4 11 48 58, Fax 0 38-4 11 43 67, gut geführte Unterkunft mit familiärer Atmosphäre, saubere, wenn auch etwas kleine Zimmer mit Ventilator oder Klima-Anlage, die preiswerten mit Gemeinschaftsbad, *–**

**Charisma Lodge,** Carlos P. Garcia Ave., ✆ 0 38-4 11 30 94, beliebte Traveller-Unterkunft, Zimmer mit Ventilator oder Klima-Anlage, teilweise mit Gemeinschaftsbädern, *

**Restaurants: JJ Seafood Village,** K of C Dr., ✆ 0 38-4 11 33 31, inseltypisches Lokal mit fangfrischen, Fischgerichten vor dem Hafenpanorama, **

**Kim Leng,** K of C Dr., ✆ 0 38-4 11 33 47, elegantes China-Restaurant mit Blick auf den Hafen, **

**Joving's by the Sea,** Book Pantalan, ✆ 0 38-4 11 36 84, luftiges Restaurant nahe dem Hafen mit Fischgerichten in vielerlei Variationen, *–**

**Agora Market,** Carlos P. Garcia Ave., hier locken abends zahlreiche Grillstände mit Filipino-Gerichten, *

**Garden Café,** J. S. Torralba St., nahe der Kathedrale, von Taubstummen geführtes Café-Restaurant mit kleinen Inselspezialitäten, etwa *Kalamay,* eine süße Köstlichkeit aus Reis, Kokosnußmilch und Zucker, *

**Einkaufen: Carolina Alvarez Antique Shop,** Carlos P. Garcia Ave., ✆ 0 38-4 11 38 62, Antiquitäten und kunsthandwerkliche Souvenirs

**Torralba Market,** Carlos P. Garcia Ave., inseltypisches Kunsthandwerk, vor allem Flecht- und Korbwaren

**Museum: Garcia Museum,** A. Hontanosa/F. Rocha Sts, geschichtliche und naturkundliche Ausstellungen sowie Memorabilia von Carlos P. Garcia, dem vierten Präsidenten der Philippinen, Mo–Fr 8–12, 13–17 Uhr

**Flugverbindungen:** Flughafen im Norden der Stadt, Philippine Airlines, ✆ 0 38-4 11 30 52

**Schiffsverbindungen:** Mehrmals tägl. Fähren nach Cebu City, Fahrzeit 3–4 Std. Sehr bequem sind die klimatisierten Schnellboote, die tägl. zwischen Tagbilaran und Cebu City (1,5 Std.), Dumaguete (Negros; 1,5 Std.) sowie Cagayan de Oro (Mindanao; 5 Std.) verkehren; Waterjet, ✆ 0 38-4 11 41 09

## Talisay (L)

**Unterkunft: Berinayan Lake Resort,** Barangay Berinayan, Laurel, Ferienhotel im landestypischen Stil mit Restaurant, ***, Buchung: Manila Office, ✆ 02-85 28 67
**Taal Fantasy Resort,** Ferienhotel am Vulkansee mit Restaurant, ***, Buchung: Manila Office, ✆ 02-9 21 64 83
**Roslina's Place,** Barangay Banga, schlichte Zimmer, freundlicher Service, kleines Restaurant, *

## Taytay (Pa)

**Unterkunft: Club Noah Isabelle,** Apulit Island, luxuriöses Resort auf einer traumhaft schönen Privatinsel, aus Naturmaterialien errichtete, klimatisierte Bungalows, die auf Stelzen im Wasser stehen, hervorragendes Restaurant sowie vielfältiges Sport- und Freizeitangebot, 20 Min. Bootsfahrt ab Taytay, *****, Buchung: Manila Office, ✆ 02-8 94 56 44, Fax 02-8 18 26 40; Puerto Princesa Office, ✆ 0 48-4 33 57 56, Fax 0 48-4 33 57 55
**Flower Island Beach Resort,** entlegenes, 3 Std. Bootsfahrt von Taytay entferntes Strandresort, gemütliche Bungalows im landestypischen Stil, Restaurant, **–***, Buchung: Pem's Pension House in Taytay
**Pem's Pension House,** in der Nähe des Fort, freundliche Familienpension mit einfachen Zimmern und Restaurant, *

## Ternate (L)

**Unterkunft: Caylabne Bay Resort,** ✆ 02-7 32 10 51, komfortables Strandhotel mit klimatisierten Bungalows, Restaurant, Pool, Tennisplatz und Golfparcours, ****, Buchung: Manila Office, ✆ 02-8 13 85 19, Fax 02-8 92 95 45
**Puerto Azul Beach Resort,** ✆ 02-5 25 92 48, stilvolles Ferienhotel im landestypischen Stil mit Restaurant und Pool sowie vielfältigem Freizeitangebot, ****, Buchung: Manila Office, ✆ 02-5 21 00 04

## Tigbauan (P)

**Unterkunft: Coco Grove Beach Resort,** Barangay Tan Pael, ✆ 09 12-5 20 22 28, gut geführtes Bungalowhotel, Zimmer mit Ventilator oder Klima-Anlage, Restaurant und prächtiger Tropengarten, **–***

## Tigman (Pa)

**Unterkunft: Princessa Holiday Resort,** Strandresort in einem Ko-

koshain, geräumige und komfortabel ausgestattete Bungalows mit Ventilator oder Klima-Anlage, Restaurant, vielfältiges Sportangebot, ***–****, Buchung: Manila Office, ✆ u. Fax 02 8 26 88 01. Puerto Princesa, ✆ und Fax 0 48- 4 33 88 68
**Camille del Sol,** gemütliche Strandbungalows mit Ventilator und Bad/WC, Restaurant, vielerlei Sportmöglichkeiten, **, Buchung: Puerto Princesa Office, ✆ 0 48-4 33 25 62, Fax 0 48-4 33 65 26
**Baroña's Holiday Beach,** einfaches, aber stilvolles Strand-›Hotel‹ aus Bambus und anderen Naturmaterialien, Zimmer und Bungalows mit Ventilator und Gemeinschaftsbad, Restaurant, *–**

## Victorias (N)

**Aktivitäten: Victorias Milling Company (VICMICO),** ✆ u. Fax 09 12-5 03 15 10, Bacolod Office, ✆ 0 34-2 63 43, Zuckerraffinerie, Führungen und Fahrten auf alten Dampflokomotiven, Di–Fr 8–16 Uhr

## Vigan (L)

**Unterkunft: Aniceto Mansion,** 1 Mena Crisologo St., ✆ 0 77-7 22 23 83, Fax 0 77-7 22 23 84, nächtigen mit Stil in kolonialem Gemäuer, mit klimatisierten Zimmern und Restaurant, **–***
**The Cordillera Inn,** 29 Mena Crisologo St., ✆ u. Fax 0 77-7 22 25 24, stilvolles Kolonialhotel für Nostalgiker, Zimmer unterschiedlicher Qualität mit Ventilator oder Klima-Anlage, Restaurant mit philippinischen und chinesischen Gerichten, *–***
**La Felisa Tourist Inn,** 8 De los Reyes St., ✆ 0 77-7 22 25 41, stilvolles Kolonialhotel mit klimatisierten Zimmern, **
**Fernandina,** 26 A. Mabini St., ✆ 0 77-7 22 29 64, Kolonialhotel mit einfachen, ventilatorgekühlten Zimmern mit Gemeinschaftsbad sowie klimatisierten Zimmern mit Bad/WC, *–**
**Vigan Hotel,** Burgos/De los Reyes Sts, ✆ u. Fax 0 77-7 22 30 01, koloniale Herberge mit Restaurant, Zimmer mit Ventilator oder Klima-Anlage, die einfachen Zimmer mit Gemeinschaftsbad, *–**

**Restaurants: Café Leona,** 5 Mena Crisologo St., gemütliches Lokal mit philippinischen und internationalen Gerichten im Geburtshaus der Dichterin Leona Florentino, Probiertip: *Chicken Tinola* – in einem Ingwersud gekochtes Huhn mit Gemüse und Reis, *–**
**Victory,** Quezon Ave., einfaches Lokal mit philippinischen und chinesischen Gerichten, *

**Museum und andere Sehenswürdigkeiten: Ayala Museum,** Burgos St., auf die Ilocandia-Region spezialisiertes Kunst- und Völkerkundemuseum, vermittelt einen guten Überblick über die Kulturgeschichte von Nordwest-Luzon, Mo–Fr 8.30–11.30, 13.30–16.30 Uhr
**Jar Factory – Pagburnayan,** Liberation Blvd./Gomez St., traditionelle Töpferei, Mo–Sa 8–17 Uhr
**Museum Crisologo,** Liberation Blvd., Kolonialgebäude mit Familienmuseum, mit Originalinventar aus der spanischen Epoche, tägl. 8.30–11.30, 13.30–16.30 Uhr

## Zamboanga (M)

**Information: Department of Tourism,** Lantaka Hotel By the Sea, Valderrosa St., ✆ 0 62-9 91 02 18, Mo–Fr 8–12, 13–17 Uhr

**Unterkunft: Lantaka Hotel By the Sea,** Valderrosa St., ✆ 0 62-9 91 20 33, Fax 0 62-9 91 16 26, obwohl etwas in die Jahre gekommen, immer noch die stilvollste Unterkunft der Stadt, gut ausgestattete, klimatisierte Zimmer, Restaurant und Pool, ***–****

**Perlita,** Mayor Jaldon St., ✆ 0 62-9 93 09 90, Fax 0 62-9 93 00 55, komfortables Stadthotel mit klimatisierten Zimmern und Gartenrestaurant auf der Dachterrasse, **–***

**Paradise Pension House,** Barcelona/T. Claudio Sts, ✆ 0 62-9 91 10 54, etwas ältliche Pension, aber zentrale Lage und freundlicher Service, klimatisierte Zimmer mit Bad/WC, Restaurant, kostenloser Flughafen-Transport, **

**Platinum 21 Pension House,** 34 Barcelona St., ✆ 0 62-9 91 25 14, Fax 0 62-9 91 27 09, gut geführte Pension mit klimatisierten Zimmern und Restaurant, **

**Viva Pension House,** T. Claudio/Urdaneta Sts, ✆ 0 62-9 91 37 83, freundliche Pension, zentral, mit gut ausgestatteten, klimatisierten Zimmern, **

**Yang's Hotel,** T. Claudio/Mercado Sts, ✆ 0 62-9 91 01 38, Fax 0 62-9 93 21 22, modernes, gepflegtes Stadthotel mit klimatisierten Zimmern und Restaurant, kostenloser Flughafen-Transport, **

**King Jesse Pension House,** T. Claudio Ext., ✆ 0 62-9 92 08 33, ruhig, mit modernen, teils klimatisierten Zimmern, die billigen mit Gemeinschaftsbad, *–**

**L'Mirage Pension House,** Mayor Jaldon St., ✆ 0 62-9 91 39 62, freundliche Familienpension abseits vom Zentrum, aber mit guter Verkehrsanbindung, einfache Zimmer mit Ventilator und Gemeinschaftsbad sowie besser ausgestattete, klimatisierte Zimmer mit Bad/WC, *–**

**Restaurants: Alavar Seafoods House,** Don Alfaro St., ✆ 0 62-9 91 24 83, schmackhafte Fischgerichte in stilvollem Ambiente, **

**Lotus,** Grand Astoria Hotel, Mayor Jaldon St., ✆ 0 62-9 91 25 10, ausgezeichnetes China-Restaurant, **

**Casa Ilongga,** Midpro Citimall, La Purisima St., ✆ 0 62-9 91 13 84, Kettenrestaurant mit regionalen Spezialitäten der Zentral-Visayas, *–**

**Sizzling Bistro,** Mayor Climaco Ave., ✆ 0 62-9 91 33 90, gute Adresse für Steaks und andere Grillgerichte, *–**

**Puericulture Center,** La Purisima/Brilliantes Sts, bei Einheimischen sehr beliebter und vor allem an Wochenenden voller Essensmarkt mit authentischen Filipino-Lokalen, Spezialität: *Lechon Kawali* – knuspriges Spanferkel mit dicker, süßlicher Schweineleber-Sauce, *

**Sunburst Fried Chicken,** Corcuera St./San José Rd., ✆ 0 62-9 91 58 32, philippinisch ›Wienerwald‹, *

**Sunflower Food Center,** Rizal/Maria Clara Sts, ✆ 0 62-9 91 18 97, Filipino-Lokal nahe der City Plaza, Plastikmobiliar, aber gute philippinische und chinesische Gerichte, *

**Einkaufen: Sulu Handicraft Showroom,** Bangayan Bldg., 55-A Gen. Vicente Alvarez St., ✆ 0 62-9 92 02 54, kunsthandwerkliche Souvenirs der Samal, Tausug und anderer ethnischer Minderheiten

**Yakan Weaving Village,** Calarian, hochwertige Handwebwaren

**Zamboanga Multi Trade Market,** Valderrosa St., Batikstoffe und andere Textilien aus Indonesien und Malaysia

**Unterhaltung: History, T.** Claudio St., ✆ 0 62-9 93 27 42, Mix aus Bar und Restaurant mit Karaoke-Playback zum Mitsingen

**Talisay Bar,** Lantaka Hotel By the Sea, Valderrosa St., ✆ 0 62-9 91 20 33, stimmungsvolle Freiluftbar auf der Hotelterrasse

**Voices,** Gov. Camins Ave., ✆ 0 62-9 93 24 09, bei einheimischen Jugendlichen beliebte Diskothek

**Sehenswürdigkeit: Fort Pilar,** Valderrosa St., altspanische Festung mit archäologisch-naturhistorischem Museum, tägl. außer Sa 9–12, 14–17 Uhr

**Busverbindungen: Stadt- und Vorortverkehr:** Es gibt keine Stadtbusse, Nahverkehrsmittel sind *Jeepneys* und *Tricycles*; wichtige *Jeepney*-Terminals in der Campaner St. (zum Pasonanca Park) und nahe Public Market (zum Yakan Weaving Village, zur San Ramon Prison and Penal Farm und nach Taluksangay); Taxis, die nicht als solche gekennzeichnet sind und auch kein Taxameter besitzen, am besten über die Hotelvermittlung

**Überlandbusse:** Terminal für Busse verschiedener Gesellschaften mit Fahrziel Dipolog, Dapitan, Oroquieta, Illigan, Cagayan de Oro und Pagadian 4 km nördl. am National Highway

**Flugverbindungen: Zamboanga International Airport,** 3 km nördl.; dort Büros der Philippine Airlines, ✆ 0 62-9 93 29 57 und der Pacific Air, ✆ 0 62-9 91 11 07

**Schiffsverbindungen:** Mehrmals wöchentl. Schiffe nach Manila und Cotabato (Zentral-Mindanao) mit WG & A, Rizal St., ✆ 0 62-9 93 23 52; tägl. Fähren nach Isabela (Basilan) mit Basilan Lines, 26 Valderossa St., ✆ 0 62-9 91 13 45

# Reiseinformationen von A bis Z

## Anreise

### Einreise- und Zollbestimmungen

Reisende aus Deutschland, Österreich und der Schweiz benötigen erst für einen Aufenthalt von mehr als 21 Tagen ein Visum. Ansonsten genügt ein Reisepaß, der mindestens noch sechs Monate über die Aufenthaltsdauer auf den Philippinen gültig sein muß. Bisweilen wird bei der Einreise die Vorlage eines Flugtickets zum nächsten Bestimmungsort außerhalb der Philippinen verlangt. Wer länger als 21 Tage bleiben will, muß ein Visum beantragen.

Gebührenpflichtige Visas, die zu einem Aufenthalt von 59 oder 90 Tagen berechtigen, werden von den diplomatischen Vertretungen der Republik der Philippinen ausgestellt. Eine weitere Verlängerung des Aufenthalts kann beim *Department of Immigration and Deportation* in Metro Manila, Cebu City und anderen großen Städten beantragt werden. Bleibt man länger als 59 Tage, sind vor der Ausreise Gebühren zu entrichten.

Die Einfuhr von Devisen in jeglicher Form ist in unbegrenzter Höhe möglich, jedoch muß man bei Beträgen über 3000 US-Dollar eine Deviseneinfuhrerklärung *(Currency Declaration)* abgeben. Die Ausfuhr von Devisen ist erlaubt, allerdings nur maximal in Höhe des eingeführten Betrags. Es dürfen höchstens 1000 Philippinische Pesos ein- und ausgeführt werden. Der Rücktausch von überschüssigen Pesos in ausländische Währungen ist möglich, man benötigt dafür aber bisweilen die offiziellen Umtauschquittungen der Banken.

Zollfrei einführen darf man neben den üblichen Reiseutensilien 400 Zigaretten oder 50 Zigarren oder 250 g Tabak sowie 2 l Alkohol. Bei der Einfuhr besonders umfangreicher Foto- und Videoausrüstungen liegt es im Ermessen des Zollbeamten, diese als persönliche Gebrauchsgegenstände oder Handelsware einzustufen. Mitunter wird hierfür eine Kaution verlangt, die nach der ordnungsgemäßen Ausfuhr der Geräte zurückerstattet wird. Verboten ist die Einfuhr von pornographischem, aufrührerischem oder ›subversivem‹ Material, Rauschgift sowie Waffen und Munition.

Im Flugzeug erhält man eine Zoll- und Devisenerklärung sowie eine für statistische Zwecke wichtige Einreisekarte, die man vor der Ankunft ausfüllen sollte.

### ... mit dem Flugzeug

Obwohl Cebu City als Eingangstor auf die Philippinen zunehmend an Bedeutung gewinnt, führen die wichtigsten Flugverbindungen immer noch über Manila. Die Hauptstadt wird von zahlreichen internationalen Gesellschaften regelmäßig im Liniendienst angeflogen. Die Flugzeit Frankfurt–Manila (Entfernung 12 000 km) beträgt etwa 14 Stunden. Da zwischen Manila und anderen Metropolen im Fernen Osten (Singapur, Bangkok, Hongkong u. a.) hervorragende Flugverbindungen bestehen, sollte man bei der Anreise eventuell einen Zwischenstopp in Erwägung ziehen. Manche Fluggesellschaften bieten Stopover-Programme an, bei denen mit dem Ticketkauf günstige Übernachtungen oder Badeurlaube gebucht werden können.

Beim Abflug ist bei allen internationalen Flügen eine Flughafensteuer von 500 Pesos bzw. 20 US-Dollar zu entrichten. Mindestens 72 Stunden vor der Abreise muß der Rück- oder Weiterflug bestätigt werden. Versäumt man die Rückbestätigung, erlischt die Flugreservierung.

Zahlreiche Reisebüros vermitteln Flüge von den größeren Flughäfen in Europa schon ab etwa 1200 bis 1500 DM. Preiswert sind u. a. die Verbindungen der China Airlines, Malaysian Airlines, Philippine Airlines und Thai Airways. Man sollte beim Preisvergleich darauf achten, ob die Bahnfahrt zum Flughafen eingeschlossen ist. Philippine Airlines gewährt ihren internationalen Fluggästen auf Anschlußflüge im Inland Rabatte in Form eines Couponsystems *(Visit The Philippines Pass).*

Flugankunft in Manila: Der Ninoy Aquino International Airport (NAIA) liegt 8 km südöstlich des Zentrums von Manila. In der Ankunftshalle hinter den Durchgängen zur Zollkontrolle befinden sich 24 Stunden am Tag geöffnete Wechselstuben, die einen recht guten Kurs bieten, sowie ein ebenfalls durchgehend geöffnetes Informationsbüro des *Department of Tourism,* wo man einen Stadtplan erhält und auch Hotelzimmer reservieren lassen kann.

Coupons für die offiziellen, klimatisierten Airport-Taxis kann man an einem Schalter im Ankunftsbereich kaufen. Preiswerter sind reguläre Taxis, die abreisende Fluggäste eine Etage höher beim Abflugterminal absetzen und zurück ins Zentrum fahren. Allerdings sollte man auch hier nicht den Weg des geringsten Widerstands gehen und das erstbeste Taxi besteigen, denn es gibt sehr viele Chauffeure die unerfahrenen Touristen gern ein Vielfaches des regulären Preises (etwa 100 Pesos) abverlangen. Immer darauf bestehen, daß das Taxameter eingeschaltet wird.

Philippine Airlines unterhält einen für Inhaber eines internationalen PAL-Tickets kostenlosen Airport-Shuttle-Service (Flughafenbusdienst) zwischen NAIA und allen großen Hotels. Ein Shuttle Bus der Philippine Airlines verkehrt auch zwischen NAIA und dem Domestic Airport, dem 1 km entfernten Inlandsflughafen. Von der Benutzung der regulären, meist völlig überfüllten Stadtbusse oder *Jeepneys,* die zwischen NAIA und den zentralen Stadtteilen pendeln, ist abzuraten, insbesondere wenn man viel Gepäck mitführt.

## Ärztliche Versorgung

Die besten Krankenhäuser – oft mit westlich-europäischem Standard – findet man in Manila und anderen Großstädten. Gut ausgestattete Hospitäler mit erfahrenem Personal gibt es aber auch in praktisch jeder größeren Provinzstadt. In entlegenen Gebieten dagegen ist die medizinische Versorgung meist unzureichend. Die Behandlung in Regierungskrankenhäusern erfolgt, mit Ausnahme der Medikamente, in der Regel kostenlos. Die staatlichen Krankenhäuser stehen jedoch im Ruf, schlechter und weniger hygienisch als private Einrichtungen zu sein.

Philippinische Ärzte, vielfach in den USA ausgebildet, genießen wie philippinische Krankenschwestern ein ausgesprochen gutes Renommee. Praktisch alle sprechen sehr gut Englisch. Vor allem bei Tropenkrankheiten wie Malaria sind Patienten bei philippinischen Ärzten in guten Händen.

In Manila praktiziert ein deutscher Arzt: Dr. med. Heinz-Rudolf Varwig, Hongkong & Shanghai Bank Bldg., 7. St., 6780 Ayala Ave., Makati, ✆ 02-8 19 08 20 u. 8 17 26 32.

Da die gesetzlichen Krankenkassen in Deutschland keine auf den Philippinen anfallenden Behandlungskosten übernehmen, empfiehlt sich der Abschluß einer Reisekrankenversicherung, welche die Kosten für eine Behandlung sowie für Medikamente und einen Krankentransport ins Heimatland decken sollte. Für eine Kostenrückerstattung benötigt man detaillierte Rechnungen, die folgende Angaben enthalten sollten: Name, Behandlungsort und -datum, Diagnose, Beschreibung der Leistungen und Unterschrift des Arztes.

## Apotheken

Apotheken tragen die Bezeichnung *Drugstore* oder *Pharmacy.* Große Apotheken bzw. Drogerieketten sind *Mercury Drugstore* und *Commander Drugstore.* Erhältlich sind auch viele in Europa gebräuchliche Medikamente, meist rezeptfrei und durchweg erheblich billiger als bei uns.

## Auskunft

**Fremdenverkehrsamt der Philippinen**
Kaiserhofstr. 17, 60313 Frankfurt/Main,
✆ 0 69-2 08 93/94, Fax 0 69-28 51 27
Das philippinische Fremdenverkehrsamt versendet kostenlos Broschüren und Prospekte und erteilt zudem detaillierte Auskünfte zu einzelnen Städten und Regionen, sportlichen Aktivitäten und kulturellen Ereignissen.

## Autofahren

Der Straßenverkehr auf den Philippinen funktioniert ganz einfach – der Stärkere hat Vorfahrt. Vor allem schwere, PS-starke Busse rasen in halsbrecherischem Tempo über die Highways, immer in der Mitte und die Hupe im Dauerton. Vor ihnen flieht alles zur Seite – Autos, Motor- und Fahrräder, Esel-, Ochsen- und Pferdekarren sowie Fußgänger. Nichts für schwache Nerven! Gerade ängstliche Fahrer sollten sich daher fragen »Tauge ich für das philippinische Roulette?«

Verkehrsregeln und -schilder, sofern vorhanden, entsprechen im allgemeinen den international üblichen, haben aber oft nur theoretische Bedeutung. Das Verkehrsgeschehen mag Mitteleuropäern anarchisch und chaotisch erscheinen, prinzipiell aber gilt gegenseitiges Einvernehmen mehr als starre Verkehrsregeln. Im Gegensatz zu anderen südost-asiatischen Ländern besteht Rechtsverkehr.

In geschlossenen Ortschaften gilt eine Geschwindigkeitsbegrenzung von 50 km/h, außerhalb von 80 bis 100 km/h. Nachts ist man auf philippinischen Straßen nie vor unbeleuchteten Fahrzeugen oder Tieren sicher, so daß man auf Nachtfahrten am besten verzichtet. Aber auch tagsüber sollte man höchste Aufmerksamkeit walten lassen, möglichst defensiv fahren und sich wegen der ungewohnten Straßen- und Verkehrsverhältnisse auch keine zu großen Tagesetappen vornehmen. Beim Durchfahren von Städten und Dörfern sollte man stets ausgiebig von der Hupe Gebrauch machen.

Erschwert wird das Reisen oftmals durch fehlende Hinweis- und Ortsschilder sowie in vielen größeren Städten durch ein kompliziertes Einbahnstraßensystem, das nur die Einheimischen verstehen. Zu bedenken ist noch, daß Schotter- und Erdpisten während der Regenperiode häufig unpassierbar sind.

## Bettler

Bettlern begegnet man fast ausschließlich in den Großstädten und den von ausländischen Touristen frequentierten Orten. Zwar sind Armut und Elend vielerorts auf den Philippinen offensichtlich, doch erscheint es fraglich, ob man mit einem Obolus tatsächlich helfen kann. Es gibt Anzeichen dafür,
daß Bettler vielfach zu gut organisierten Syndikaten zusammengeschlossen sind und einen Großteil ihrer Einnahmen an Kriminelle abliefern müssen.

Vor allem bettelnden Kindern gegenüber sollte man in den meisten Fällen hart sein, denn wenn diese erst den Erfolg ihrer Bemühungen sehen, bleiben sie häufig der Schule fern und verdienen mit ihrer Bettelei meist mehr als ihre Eltern, die für das gleiche Geld hart arbeiten müssen. Angebrachter als ein Almosen ist die Unterstützung humanitärer Organisationen, die im Lande sinnvolle Arbeit leisten.

## Diplomatische Vertretungen der Republik der Philippinen

### ... in der Bundesrepublik Deutschland

Philippinische Botschaft, Argelanderstr. 1, 53115 Bonn, ✆ 02 28-26 79 90, Fax 02 28-22 19 68

Philippinische Botschaft, Extension Office Berlin, Hohenzollerndamm 196, 10717 Berlin, ✆ 0 30-8 61 35 30, Fax 0 30-8 73 25 51

### ... in Österreich

Philippinische Botschaft, Laurenzerberg 2, 1010 Wien, ✆ 01-5 33 24 01, Fax 01-5 33 24 01-24

### ... in der Schweiz

Philippinische Botschaft, Brunnmattstr. 24, 3007 Bern, ✆ 0 31 3 98 22 66, Fax 0 31-3 82 40 47

## Diplomatische Vertretungen auf den Philippinen

### ... von Deutschland

Deutsche Botschaft, Solid Bank Bldg., 6. St., 777 Paseo de Roxas, Makati, Metro Manila, ✆ 02-8 92 49 06/07 u. 02-8 92 10 01/02, Fax 02-8 10 47 03

### ... von Österreich

Österreichische Botschaft, Prince Bldg., 4. St., 117 Rada St., Legazpi Village, Makati, Metro Manila, ✆ 02-8 18 15 81 u. 02-8 16 61 16, Fax 02-8 13 42 38

### … der Schweiz

Schweizer Botschaft, Solid Bank Bldg., 18. St., 777 Paseo de Roxas, Makati, Metro Manila, ✆ 02-8 19 02 02, Fax 02-8 15 30 02

## Drogen

Eine sehr strenge Gesetzgebung verbietet auf den Philippinen die Herstellung und Verbreitung, den Besitz und Konsum sowie die Ein- und Ausfuhr von Drogen. Verstöße dagegen werden mit hohen Haft- und Geldstrafen geahndet. So kann der Besitz von Marihuana, unabhängig von der Menge, eine Gefängnisstrafe bis zu sechs Jahren zuzüglich Geldbuße nach sich ziehen. Vor allem in Badeorten, die bei jugendlichen Reisenden beliebt sind wie Puerto Galera, führt die Polizei regelmäßig Razzien durch. Die gesetzlichen Bestimmungen sollten unbedingt eingehalten werden, da bei Drogendelikten keine Hilfe von der jeweiligen Botschaft zu erwarten ist.



## Elektrizität

In den Großstädten und Touristenzentren beträgt die Stromspannung meist 220 Volt, in kleineren Provinzorten mitunter nur 110 Volt Wechselstrom. Es ist ratsam, sich vor Gebrauch elektrischer Geräte nach der Stromspannung zu erkundigen. Für die Steckdosen benötigt man einen Zwischenstecker. In den Abendstunden treten häufig Stromschwankungen auf.

## Essen und Trinken

### Einige typische Speisen

Achara – Geraspelte grüne Papaya mit Karotten und Zwiebeln, mit Essig und Ingwer; Beilage vieler Grillgerichte

Adobo – Ein in Essig, Sojasauce, Knoblauch und Zwiebeln geschmortes Hühner- oder Schweinefleischgericht; vielfach auch eine Kombination aus beidem

Ampalaya con Carne – Rindfleisch mit einer leicht bitteren Melonenart

Arroz Caldo – Dicke Reissuppe mit Hühnerfleisch

Aso – Hundefleisch, früher ein typisches Gericht des nördlichen Luzon; heute nach Protesten ausländischer Tierschützer offiziell verboten

Bagoong – Intensiv riechende Gewürzmischung auf der Basis fermentierter Fische oder Garnelen

Balut – Gekochte, 16 bis 18 Tage alte angebrütete Enteneier mit halbausgebildetem Embryo; hat angeblich die Wirkung eines Aphrodisiakums

Bangus – Auch als *milkfish* bezeichneter Süßwasserfisch, der auf vielfältige Weise zubereitet werden kann, häufig aber mit einer delikaten Füllung aus Kartoffeln, Tomaten, Zwiebeln und Rosinen serviert wird (Relyenong Bangus)

Batchoy – Kräftige chinesische Nudelsuppe mit Schweinefleisch und -innereien als Einlage; Spezialität der westlichen Visayas

Bibingka – Süßspeise aus Reismehl, Zukker und Kokosraspeln

Cameron Rebosado – Panierte Krabben

Crispy Pata – Knusprig gebratene Schweinehaxe; wird meist kleingeschitten und in eine scharfe Sauce aus Essig und Sojaöl mit Chilipfefferschoten getunkt

Guinataan – Sammelbegriff für Speisen, die mit Kokosmilch zubereitet werden; es kann sich um in Kokosmilch gegarte Fleisch-, Fisch- oder Gemüsegerichte handeln sowie auch um eine Süßspeise aus Kokosmilch, Jackfruit, Bananen und Reis

Halo-Halo – eine beliebte Nachspeise aus kleingeschnittenen Früchten, Mais, Haferflocken und geraspeltem Eis, meist mit Dosen- oder Kokosmilch übergossen

Inihaw (auch Ihaw) – Sammelbezeichnung für alle Arten von Grillgerichten (geläufig ist auch der Begriff Sinugba)

Kare-Kare – Geschmortes Gericht aus Ochsenschwanz, Innereien und dicker Erdnußsauce

Kinilaw – Kleingeschnittener roher Fisch oder auch Krabben in einer oft scharfen Marinade aus Kokosessig, Tomaten, Zwiebeln, Knoblauch, Chilis und anderen pikanten Gewürzen, z. B. Kinilaw Pusit (roher Tintenfisch); verwendet man statt Fisch oder Krabben rohes Fleisch, so heißt das Gericht Kilawin

Lapu-Lapu – Edelster Speisefisch des Landes; besonders schmackhaft als Lapu-Lapu sweet and sour. Er trägt den Namen des Magellan-Bezwingers und ersten philippinischen Freiheitshelden

Lechon – Knuspriges Spanferkel; wird meist mit dicker, leicht süßlicher Schweinelebersauce serviert; Bestandteil eines jeden Festmahls

Lumpi Shanghai – Kleine Frühlingsrollen, gefüllt mit Gemüse und Krabben oder Fleisch

Mami – Kräftige Nudelsuppe mit verschiedenen Einlagen, z. B. Chicken Mami

Pancit – Nudelgerichte, die in verschiedenen Variationen zubereitet werden, meist mit geschnetzeltem Schweinefleisch oder Huhn sowie Krabben und Gemüse, z. B. Pancit Kanton und Pancit Guisado

Pulutan – Sammelbegriff für kleinere Snacks

Sinigang – Meist eine säuerliche Fischsuppe mit Gemüseeinlagen, gelegentlich auch mit Huhn-, Rind- oder Schweinefleisch zubereitet

Siopao – Heller, unter Dampf gegarter Teigball mit einer Füllung aus Schweinefleisch oder Huhn

Tanggingue – Makralenähnlicher, schmackhafter Speisefisch

Tapa – Luftgetrocknetes und gebratenes Rindfleisch

## Getränke

Basi – Zuckerrohrwein

Lambanog – aus dem Blütennektar der Kokospalme destillierter, arrakähnlicher Branntwein

Tappey – Reiswein

Tuba – milchiger, leicht säuerlicher Palmwein, der frisch ähnlich wie Federweißer schmeckt

## Feste und Feiertage

Die Filipinos gehören zu den wohl festfreudigsten Menschen der Welt. Der beste Beweis dafür sind die zahlreichen überall im Lande mit großem Prunk begangenen religiösen Feste, welche die Höhepunkte des Jahres bilden. An großen kirchlichen Feiertagen, aber auch zu Ehren lokaler Schutzpatrone feiern Städte und Dörfer – manchmal tagelang – kostspielige Feste mit farbenprächtigen Umzügen.

Die spektakulärsten Feste fallen in die Karwoche, etwa die Kreuzigungszeremonien von San Fernando (Pampanga) oder die Passionsspiele auf der Insel Marinduque. Der Mai ist traditionell der Monat der Volksfeste, doch findet praktisch in jeder Woche irgendwo auf den Philippinen eine *Barrio Fiesta* oder *Town Fiesta* statt. Eines ist allen Festen gemeinsam – bei ihnen mischt sich Heiliges mit Profanem, sie sind Ausdruck des Glaubens und der Lebenslust zugleich. Manche große Feste, etwa das Ati-Atihan Festival von Kalibo oder das Sinulog Festival von Cebu City, ziehen Zehntausende von Besuchern aus allen Teilen des Landes an. Schnell sind dann die Kapazitäten von Hotels und Pensionen, Fliegern und Fähren erschöpft. Hier hilft nur eine rechtzeitige Reservierung!

## Philippinischer Festkalender

**Januar**

| | | |
|---|---|---|
| 1. 1. | Neujahrstag | Staatsfeiertag |
| Erster Sonntag | Dreikönigsfest (folkloristische Darstellung der Reise der Heiligen Drei Könige) | Landesweit (Santa Cruz und Gasan auf Marinduque) |
| 9. 1. | Fest des Schwarzen Nazareners (große religiöse Prozession) | Quiapo (Metro Manila) |
| 15. 1. | Sto. Niño de Praga Festival (Fest zu Ehren des Jesuskindes mit farbenfrohen Umzügen) | Davao (Mindanao) |
| Zweiter Samstag | Barrio Fiesta (Dorffest mit Stierkämpfen) | San Joaquin (Panay) |
| Drittes Wochenende | Ati-Atihan Festival (eines der spektakulärsten Feste des Landes) | Kalibo (Panay) |
| Dritter Sonntag | Sinulog/Sto. Niño de Cebu (Fest zu Ehren des Jesuskindes, farbenfrohe Paraden und Tänze) | Cebu City |
| Viertes Wochenende | Dinagyang Festival (Sto. Niño-Fest, ähnlich Ati-Atihan) | Iloilo (Panay) |
| | Caracol Festival (Sto. Niño-Fest, ähnlich Sinulog) | Makati (Metro Manila) |
| Variabel (Januar/Februar) | Neujahrsfest der Chinesen (Feuerwerke, Drachentänze, u. a.) | Landesweit |

**Februar**

| | | |
|---|---|---|
| 2. 2. | Fest der Madonna von Candelaria (Prozession zu Ehren der Mutter Gottes) | Jaro, Iloilo (Panay) |
| 11. 2. | Fest der Madonna von Lourdes (Heilige Messen und Prozessionen) | Quezon City (Metro Manila) |
| 14. 2. | Valentinstag | Landesweit |
| 22.–26. 2. | Fiesta Sa EDSA (Erinnerung an die People's Revolution vom Februar 1986) | Quezon City (Metro Manila) |
| Variabel | Saranggolohan (Wettbewerbe im Drachensteigen) | Landesweit |
| Variabel | Bambusorgel-Festival | Las Piñas (Metro Manilla) |

**März/April**

| | | |
|---|---|---|
| Variabel | Heilige Woche (Passionsspiele, Kreuzigungszeremonien, Selbstgeißelungen) | Landesweit (vor allem Jordan, Guimaras Island; verschiedene Orte der |

| | | |
|---|---|---|
| | | Provinz Bulacan, Luzon San Fernando, Provinz Pampanga, Luzon) |
| Variabel | Moriones Festival (populärstes Passionsspiel der Philippinen) | Marinduque |
| Variabel | Paraw Regatta (Regatta mit Auslegerbooten) | Iloilo (Panay) |
| Freitag vor der Karwoche | Turumba (Fest zu Ehren der Jungfrau Maria) | Pakil (Prov. Laguna, Luzon) |
| 9. 4. | Bataan-Tag | Staatsfeiertag |
| 24.–26. 4. | Lami-Lamihan (Erntefest der Yakan) | Basilan Island (Mindanao) |
| 26. 4.–2. 5. | Binirayan sta (Darstellung der Ankunft der ersten malaiischen Siedler auf Panay) | San Jose de Buenavi- (Panay) |
| 27. 4. | Magellan's Landing (Folkloristische Darstellung der Landung Magellans) | Mactan Island (Cebu) |
| Variabel (April/Mai) | Pasalamat (farbenprächtiges Erntefest) | La Carlota (Negros) |

**Mai**

| | | |
|---|---|---|
| Variabel | Mannerwap (rituelles Opferfest der Bontok zu Ehren der Regengötter) | Bontoc (Mountain Province, Luzon) |
| 3. 5. | Carabao-Carroza Race (Wasserbüffelrennen) | Pavia, Iloilo (Panay) |
| 14./15. 5. | Carabao Festival (Fest zu Ehren von San Isidro, des Schutzheiligen der Bauern; Segnung von Wasserbüffeln) | Pulilan (Prov. Bulacan, Luzon), Angono (Prov. Rizal, Luzon) San Isidro (Prov. Nueva Ecija, Luzon) |
| 15. 5. | Pahiyas (Erntefest zu Ehren von San Isidro) | Lucban und Sariaya (Prov. Quezon, Luzon) |
| 17.–19. 5. | Fruchtbarkeitsriten | Obando (Prov. Bulacan, Luzon) |
| 22.–24. 5. | Manggahan Festival (Panay) (Mango-Fest mit Musik, Tanz und Paraden) | Guimaras Island |
| 1.–30. 5. | Flores de Mayo (Prozessionen und Andachten zu Ehren der Jungfrau Maria) | Landesweit |

| | | |
|---|---|---|
| 1.–30. 5. | Santacruzan<br>(Mädchenprozessionen zum<br>Gedenken der Kaiserin Helena und<br>ihrer Suche nach dem Kreuz Christi) | Landesweit |
| **Juni** | | |
| 12. 6. | Unabhängigkeitstag | Staatsfeiertag |
| 24. 6. | Fest des hl. Johannes des Täufers<br>(Darstellung der Taufe Jesu,<br>feucht-fröhliches Wasserfest) | San Juan<br>(Metro Manila) |
| | Parada ng Lechon<br>(Spanferkel-Parade zu Ehren des<br>hl. Johannes des Täufers) | Balayan<br>(Prov. Batangas, Luzon) |
| 28.–30. 6. | Sankt Peter und Paul<br>(Flußprozession)<br>Luzon) | Apalit<br>(Prov. Pampanga, |
| **Juli** | | |
| Erster Sonntag | Pagoda Sa Wawa<br>(Flußprozession) | Bocaue<br>(Prov. Bulacan, Luzon) |
| 4. 7. | Philippinisch-amerikanischer<br>Freundschaftstag | Landesweit |
| 29. 7. | Fiesta von Pateros<br>(Flußfest zu Ehren der hl. Martha) | Pateros (Metro Manila) |
| Viertes<br>Wochenende | Sandugo<br>(Fest mit Straßentänzen zur<br>Erinnerung an den Blutbund<br>zwischen Legazpi und Sikatuna) | Tagbilaran (Bohol) |
| 1.–30. 7. | Erntefeste | Mountain Province<br>(Luzon) |
| **August** | | |
| 30. 8. | National Heroes Day | Staatsfeiertag |
| Drittes und<br>viertes<br>Wochenende | Kadayawan Sa Dabaw<br>(Tänze und Paraden von Berg-<br>stämmen Südost-Mindanaos) | Davao (Mindanao) |
| **September** | | |
| Drittes<br>Wochenende | Peñafrancia Festival<br>(Flußprozession) | Naga (Süd-Luzon) |
| **Oktober** | | |
| Zweiter Sonntag | La Naval de Manila<br>(Prozession zu Ehren der Madonna<br>des Rosenkranzes und zum Ge-<br>denken des spanischen Seesiegs<br>über die Holländer 1646) | Quezon City<br>(Metro Manila) |

| | | |
|---|---|---|
| Zweites Wochenende | Zamboanga Hermosa (Stadtfest mit Paraden, kulturellen Veranstaltungen) | Zamboanga (Mindanao) |
| Drittes Wochenende | MassKara Festival (Mardi Gras im Filipino-Stil) | Bacolod (Negros) |
| | Lanzones Festival (Inselfest mit Musik und Tanz) | Insel Camiguin |

**November**

| | | |
|---|---|---|
| 1. 11. | Allerheiligen | Landesweit |
| 28. 11–8. 12. | Town Fiesta (Stadtfest) | Puerto Princesa (Palawan) |
| 30. 11. | Bonifacio-Tag | Staatsfeiertag |
| Erstes Wochenende | Pintaflores (Blumenfest) | San Carlos (Negros) |
| Zweites Wochenende | Baguio Arts Festival (Kulturfest mit Ausstellungen, Musik- und Theaterveranstaltungen sowie Tanzvorführungen der Igorot) | Baguio |
| Drittes Wochenende | T'boli Tribal Festival (Dankesfest der T'boli) | Lake Sebu (Prov. Süd-Cotabato, Mindanao) |
| Viertes Wochenende | Fest des hl. Klemente (Prozession mit riesigen Papiermaché-Figuren) | Angono (Prov. Rizal, Luzon) |

**Dezember**

| | | |
|---|---|---|
| 12. 12. | Pagsanjan Fiesta (Stadtfest) | Pagsanjan (Prov. Laguna, Luzon) |
| 16.–25. 12. | Misa de Gallo (traditionelle Vorweihnachtsfeier; eine Novene von frühmorgendlichen Messen) | Landesweit |
| 24. 12. | Laternenfestival (Parade und Wettbewerb mit Luzon) riesigen Weihnachtslaternen) | San Fernando (Prov. Pampanga, |
| 25. 12. | Weihnachtstag | Landesweit |
| 28. 12. | Fest des Unschuldigen Kindlein (Philippinische Version des ›Ersten April‹) | Landesweit |
| 30. 12. | Rizal-Tag | Staatsfeiertag |
| Letzter Sonntag | Bota de Flores (Prozession zu Ehren von Nuestra Señora de Guia) | Ermita (Metro Manila) |

## Fotografieren

In allen philippinischen Großstädten und Touristenzentren sind Filme internationaler Marken erhältlich, allerdings meist etwas teurer als in Europa und vielfach unsachgemäß gelagert. Es empfiehlt sich, einen ausreichenden Filmvorrat mitzubringen. Mittelempfindliches Material ist in der Regel am günstigsten, doch sollte man auch einige ›schnelle‹ Filme einpacken, um gewisse ›Sicherheitsreserven‹ zu haben etwa bei abendlichen Festen oder bei Wanderungen im lichtarmen tropischen Regenwald. Insbesondere Farbdiafilme sind ›klimafühlig‹ und reagieren auf große Hitze und hohe Luftfeuchtigkeit mit Einbußen der Farbwiedergabe. Man sollte seinen Filmvorrat deshalb immer möglichst kühl aufbewahren, jedoch nicht im Kühlschrank, da sich beim Herausnehmen Kondenswasser bilden kann.

Ein Sicherheitsrisiko sind die Röntgenkontrollen auf den philippinischen Flughäfen. Nicht alle Prüfgeräte sind in ihrer Dosierung so abgestimmt, daß sie tatsächlich ›film safe‹ sind. Man sollte also stets versuchen, die Röntgenkontrolle zu umgehen, indem man das Personal um eine Handvisitation bittet. Beim Gang durch die Kontrolle sollte sich auch kein Film in der Kamera befinden, denn das Personal kann verlangen, daß diese geöffnet wird. Das Aufnahmematerial gehört grundsätzlich ins Handgepäck, denn auch das aufgebene Gepäck wird fast immer durchleuchtet.

Für gewöhnlich ist das Fotografieren von Personen völlig unproblematisch. Jedoch sollte man gegebenenfalls das Einverständnis des Betreffenden einholen – durch einen kurzen Blickkontakt, ein freundliches Lächeln oder auch durch die Frage: »Maari po ba kayong kunan ng retrato?« (Darf ich ein Foto machen?). Respektieren sollte man vor allem in muslimischen Gebieten und auch in den Bergprovinzen von Nord-Luzon die Kamerascheu mancher Einheimischer (vor allem von Frauen und älteren Männern). Gerade bei religiösen Festen sind Diskretion und Zurückhaltung oberstes Gebot – das gilt vor allem für das Fotografieren mit Blitzgeräten.

Besondere Fotogenehmigungen benötigt man meist in Museen. Für militärische Anlagen und Flugplätze gelten die üblichen Fotoverbote.

## Geld und Banken

Die philippinische Währung ist der Peso oder Piso (P), der in 100 Centavos (c) unterteilt ist. Im Umlauf befinden sich Münzen zu 1, 5, 10, 25, 50 Centavos und zu 1, 2, 5 Pesos sowie Scheine zu 5, 10, 20, 50, 100, 500 und 1000 Pesos.

Prinzipiell sollte man erst vor Ort wechseln, da auf den Philippinen die Kurse erheblich günstiger sind als zu Hause. Trotz des etwas schlechteren Wechselkurses gegenüber Bargeld empfiehlt sich die Mitnahme von Reiseschecks, am besten US-Dollar-Traveller Cheques großer internationaler Institute, die von fast allen Banken eingelöst werden. Auf DM oder Schweizer Franken ausgestellte Reiseschecks sind dagegen weniger gebräuchlich und werden (zumindest von privaten Geldwechslern) nur zu einem im Vergleich zum US-Dollar sehr schlechten Kurs angenommen. Beim Wechseln von Reiseschecks muß man häufig die Kaufquittung vorlegen. Ratsam ist es, einen gewissen Bargeldbetrag in US-Dollar mitzunehmen, um auch außerhalb der Großstädte und an Wochenenden wechseln zu können. Beim Kauf der Devisen unbedingt auf unbeschädigte Banknoten achten, da eingerissene, zerknitterte oder auch beschriebene Geldscheine häufig nicht angenommen werden. Generell ist der Wechselkurs bei größeren Noten besser.

Am günstigsten – gute Kurse, kurze Wartezeiten – tauscht man in lizenzierten Wechselstuben, die meist an dem grünen Hinweisschild *Foreign Exchange Dealer authorized by the Central Bank of the Philippines* zu erkennen sind. Oft sind diese Wechselstuben mit Souvenirläden, Reiseagenturen oder Restaurants verbunden. Grundsätzlich findet man in Manila und anderen Großstädten die besten Tauschmöglichkeiten. Je weiter man sich von den großstädtischen und touristischen Zentren entfernt, desto mehr nimmt der Wert der Devisen ab, soweit sie von Provinzbanken überhaupt angenommen werden. Mit erheblichen Risiken sind Tauschgeschäfte auf dem Schwarzmarkt verbunden. Vor allem die Übernachtungspreise werden in den besseren Hotels der Touristenzentren oft in US-Dollar angegeben, können in der Regel aber auch in philippinischen Pesos bezahlt werden.

International gebräuchliche Kreditkarten werden in der Regel – gelegentlich mit Preisaufschlag – von großen Hotels, Restaurants, Autoverleihfirmen und Geschäften akzeptiert. Bei einigen Banken, etwa der Citibank und der Equitable Bank, gibt es gegen Vorlage von Kreditkarten Bargeld.

Überschüssige philippinische Pesos kann man in ausländische Währungen zurücktauschen. Dafür benötigt man jedoch in der Regel die offiziellen Umtauschquittungen der Banken oder Geldwechsler. Es dürfen maximal 1000 philippinische Pesos ein- bzw. ausgeführt werden.

## Gesundheit

Impfungen sind derzeit für Reisende aus infektionsfreien Gebieten nicht vorgeschrieben. Zum Schutz sind jedoch prophylaktische Maßnahmen gegen Cholera, Typhus, Polio, Tetanus, Diphtherie und Hepatitis A zu empfehlen.

Vorbeugende Maßnahmen gegen Malaria werden dringend empfohlen bei Reisen nach Palawan und in andere Regenwaldgebiete der Philippinen. Gesundheitsämter oder Institute für Tropenmedizin geben Auskunft über die Prophylaxe. In jedem Fall gehört ein wirksames Mückenschutzmittel ins Gepäck, denn nicht nur Malaria, sondern auch andere Tropenkrankheiten, etwa das Dengue-Fieber, werden durch Mückenstiche übertragen. Zur Vorbeugung von Stichen sollte man immer unter einem Moskitonetz schlafen, in der Abenddämmerung und nachts Fluß- und See-Ufer sowie Sumpfgebiete meiden und während dieser Tageszeit auch stets langärmlige Hemden bzw. Blusen und lange Hosen tragen. Typische Symptome der Malaria sind abendliches, anfallsartiges Fieber bis über 40 ° Celsius, Schweißausbrüche, Schüttelfrost, Gliederschmerzen und Benommenheit. Es ist dringend anzuraten, beim Verdacht auf Malaria einheimische Ärzte, die gewöhnlich große Erfahrung in der Behandlung dieser Krankheit besitzen, aufzusuchen.

Magenverstimmungen und Durchfälle treten bei Philippinenreisenden immer wieder einmal auf. Man beugt vor, indem man durch Eiswürfel gekühlte und nicht in Flaschen abgefüllte Getränke, nicht abgekochtes Leitungswasser sowie unverpacktes, nicht industriell gefertigtes Speiseeis grundsätzlich meidet, desgleichen ungeschältes Obst, Salat und rohes Gemüse sowie (besonders gefährlich!) rohes oder halbgares Fleisch. Es gilt die altbekannte Vorsichtsmaßnahme: ›Peel it, cook it or forget it!‹

Vorbeugende Schutzmaßnahmen erfordern die oft große Hitze und intensive Sonneneinstrahlung. An heißen Tagen sollte man einen breitkrempigen Hut tragen und eine hochwirksame Sonnenschutzcreme verwenden. Letztere sind teuer auf den Philippinen und sollten von

Europa mitgebracht werden. Nicht verkennen darf man das Risiko, sich durch übermäßiges Sonnenbaden einen hautkrebsfördernden Sonnenbrand zu holen.

Weil zwischen den Philippinen und der Bundesrepublik Deutschland, der Schweiz und Österreich kein Sozialversicherungsabkommen besteht, empfiehlt es sich, für die Reise eine zusätzliche Krankenversicherung abzuschließen.

## Karten

Übersichtlich, aktuell, preiswert und für touristische Belange in der Regel völlig ausreichend ist die vom Nelles Verlag (München) herausgegebene Nelles Map Philippines im Maßstab 1 : 1 500 000 (mit Stadtplan Manila). Detaillierte Gelände- und Seekarten gibt es in Manila bei Namria (vormals Bureau of Coast and Geodetic Survey), 421 Barraca St., San Nicolas.



## Kinder

Die Filipinos sind ausgesprochen kinderlieb, viele Hotels und Restaurants daher auf die Bedürfnisse von Familien eingestellt. In den Touristenzentren stehen Reisenden mit Kindern geräumige Ferienwohnungen, oft auch großzügig ausgestattete Bungalows inmitten von Tropengärten zur Verfügung. Statt Fahrten in überfüllten Bussen, bei denen Kinder sehr in ihrer Bewegungsfreiheit eingeschränkt sind, sollte man bei längeren Distanzen dem Flugzeug den Vorzug geben. Babynahrung, Windeln und Kinderkleidung gibt es in allen Großstädten und Ferienorten zu kaufen.

Neben Märkten und Stränden, wo Kinder leicht einheimische Spielkameraden finden, zählen vor allem Besuche von Vergnügungs-, Freizeit-, und Tierparks zu den Attraktionen für die Kleinen. Besonders beliebt sind die ›Wasserparks‹ bei Calamba und Los Baños auf Zentral-Luzon sowie der zoologische Garten von Manila.

## Lesetips

Einige der genannten Bücher sind leider bei den Verlagen vergriffen. In größeren Stadtbibliotheken könnten die Werke jedoch vorhanden sein.

**Aarau,** Alice/Roces, Alfredo und Grace: Reisegast auf den Philippinen, Dormagen 1994 – gut lesbarer Überblick über Verhaltens- und Lebensweise der Filipinos sowie deren Kultur und Alltag

**Hase,** Michael und Schlaeger, Hilke (Hrsg.): Himmel und Erde, Berlin 1985 – Ein Südostasien-Lesebuch mit Beiträgen der philippinischen Autoren F. Sionil José, E. L. Tiempa und G. C. Brilliantes; vergriffen

**Jagor,** Fedor: Reisen in den Philippinen, Berlin 1994 – gekürzte Neuerscheinung eines Reiseberichts aus dem Jahre 1873 – zugleich eine präzise historische Detailstudie über Land und Leute

**Kirchhoff,** Bodo: Infanta, Frankfurt 1990 – Die Liebesgeschichte zwischen einem deutschen ›Aussteiger‹ und einer jungen Filipina in dem fiktiven Ort Infanta auf der Insel Mindanao

**Regenhardt,** Katharina (Hrsg.): Frauen auf den Philippinen, München 1987 – Erzählungen, Gedichte und Berichte, philippinisches Frauenleben zwischen traditionellem Rollenverständnis und Moderne; vergriffen

**Rosca,** Ninotchka: Tanz der Masken, Hamburg 1990 – Philippinische Familiensaga von der spanischen Kolonialepoche bis zu den Wirren der Marcos-Ära

**Roth,** Marlies: Manila–Frankfurt und zurück, Köln 1994 – persönliche Lebensgeschichten und Erfahrungen von Filipinos und Deutschen sowie Essays zu Politik und Wirtschaft; vergriffen

**Siebert,** Rüdiger: 3 mal Philippinen, München 1989 – Abriß über die Philippinen mit ausführlichen Hintergrundinformationen zum Alltag, aber auch zum politischen, wirtschaftlichen und kulturellen Leben, vergriffen
**Sionil,** F. José: Szenen aus Manila, Bad Honnef 1990 – Die Geschichte eines jungen Filipino, der aus der ländlichen Provinz in den Moloch Manila kommt, sich dort für die Armen in den Slums engagiert und sich schließlich der kommunistischen Guerilla anschließt
**Werning,** Rainer u. Hardillo, Mary Lou U. (Hrsg.): Philippinen – Paradies im Aufruhr, Berlin 1991 – Zwei Dutzend Essays über die wichtigsten Aspekte von Alltag, Geschichte, Kultur, Wirtschaft und Politik

## Märkte

Jeder größere Ort verfügt über mindestens einen Markt *(Public Market)*, dessen Zentrum meist von einer Markthalle eingenommen wird. Hier finden täglich und in der Regel auch ganztägig die Lebensmittelmärkte statt, die normalerweise die besten Einkaufsmöglichkeiten für Frischware aller Art bieten. Gewöhnlich sind größere Märkte unterteilt in einen ›nassen‹ (Obst, Gemüse, Fisch, Frischfleisch u. a.) sowie einen ›trockenen‹ Sektor (Textilien, Haushaltswaren, konfektionierte Lebensmittel u. a.). Nachhaltige Eindrücke hinterlassen vor allem Besuche dörflicher Wochenmärkte, zu denen oftmals Männer und Frauen von Bergstämmen und anderen ethnischen Minderheiten – meist in ihre traditionelle Tracht gekleidet – zusammenströmen, um Waren und Informationen auszutauschen.

Typisch für die Philippinen sind *Sari-Sari-Stores,* winzige Kramläden, die auf engstem Raum ein erstaunliches Warenangebot führen.

Filipinos sind meist sehr kritische Verbraucher. Unermüdlich wird die Ware geprüft, befühlt und verglichen. Bevor das Geld den Besitzer wechselt, wird erst einmal gehandelt. Schließlich einigt man sich auf einen Preis, der bei etwa Zweidrittel bis Dreiviertel des erstgenannten Betrags liegt. Handeln ist auf den Philippinen eine Art Nationalsport und geht auf den Märkten fast immer mit viel Lachen und Scherzen, niemals aber mit einer bierernsten Verbissenheit über die Bühne. Fixpreise haben nur große Kaufhäuser, Supermärkte und Ladengeschäfte der gehobenen Klasse in den Städten.

Eine Frage des Anstands ist es, nicht um jeden Preis schachern zu wollen, zumal es sich oft um Beträge handelt, die für einen Europäer ohnehin kaum zu Buche schlagen, für eine Marktfrau hingegen schon. Man sollte auch gute Kunsthandwerker nicht durch ein zu niedriges Angebot verärgern. Ein günstiger Zeitpunkt zum Feilschen ist übrigens der frühe Morgen. Im gesamten malaiischen Kulturkreis halten nämlich zahlreiche Händler einen guten Tagesbeginn, also den Abschluß (irgend-) eines Geschäftes unmittelbar nach Ladenöffnung, für die Voraussetzung eines erfolgreichen Tagesverlaufs.

## Maße, Gewichte und Temperaturen

Für Gewichte und Maße ist das metrische System gebräuchlich. Gelegentlich erfolgen Höhenangaben in Fuß (1 foot – 30 cm). Temperaturen werden meist in Celsius angegeben, seltener in Fahrenheit.

## Mietwagen

Mit Linienbussen kann man zwar relativ schnell und bequem zwischen den größeren Orten auf den Hauptinseln reisen, doch wer abgelegene Ziele ansteuern will, sollte sich ein Auto mieten. In den wichtigsten philippinischen Städten unterhalten internationale Leihwagenfirmen Betriebe. Da einheimische Verleihfirmen oft billiger sind, lohnen sich Preisvergleiche.

Will man ein Auto mieten, muß man einen internationalen Führerschein vorlegen. Möglich ist es auch, ein Auto mit Fahrer zu mieten (für Stadttouren oder stadtnahe Ausflüge auch stundenweise). Wochenarrangements sind meist günstiger als einzelne Tage. Es empfiehlt sich, eine rechtzeitige Reservierung – eventuell bereits von Europa – vorzunehmen und das gemietete Auto vor Fahrtantritt möglichst genau zu prüfen. Wichtig: Die Hupe muß funktionieren!

Klären sollte man auch, ob die Preise unbegrenzte Freikilometer enthalten, ob man bei Einwegmieten (die zwischen den größeren Städten möglich sind) für die Rückführkosten aufkommen muß, ob die Haftpflichtversicherung und der *Collision Damage Waiver* (Ausschluß der Selbstbeteiligung an Fahrzeugschäden bei Teilkaskoversicherung) eingeschlossen sind und ob die Verleihfirma ein Mindestalter verlangt.

## Nachtleben

Ein Nachtleben westlichen Standards beschränkt sich auf den Philippinen auf die größeren Städte und Touristenzentren. Dort bieten die oft großen Hotels angegliederten Nachtklubs, zumeist in niveauvoller Atmosphäre, Live-Musik von Pop *Made in the Philippines* über klassischen Jazz bis modernen Rock. Musikgruppen spielen auch in halboffenen Restaurants und Biergärten, die man in jeder größeren Stadt findet. Beliebt sind sogenannte Karaoke-Lokale, in denen die Gäste Gelegenheit haben, begleitet von Musikern eigene Songs vorzutragen.

Jeden Vergleich mit Tanzlokalen europäischer Metropolen können die häufig riesigen Diskotheken der internationalen Hotels und Ferienzentren standhalten. Meist wird den Besuchern dort ausgeklügelte Musikbeschallung sowie raffinierte Laser- und Videotechnik geboten.

Wer es ohne Dortmunder oder Münchener Bier und deutsch-schweizerische Küche nicht aushält, findet in den Großstädten und Urlaubszentren Lokale mit entsprechendem Angebot. Außerhalb der städtischen und touristischen Zentren sind Kneipen und Biergärten im deutschen oder Pubs im englischen Stil aber nicht zu finden.

Wenn ein Musik- oder Tanzprogramm geboten wird, sollte man sich generell erkundigen, ob und wieviel Zuschlag *(Cover Charge* oder *Table Charge)* berechnet wird. Vielfach gewährt man während der späten Nachmittagsstunden zur Happy Hour auf alle Getränke einen Nachlaß von 50 %.

## Notfälle

Die landesweiten Notrufnummern lauten: ✆ 1 16 Polizei, ✆ 7 57 Feuerwehr. Touristen können sich in Notfällen in Metro Manila und Cebu City an die rund um die Uhr erreichbare Touristen-Notrufzentrale (Tourist Assistance Hotline) wenden – ✆ 02-5 24 17 28 u. 02-5 24 16 60 (Metro Manila), ✆ 0 32-2 54 11 36 (Cebu City).

## Öffentliche Verkehrsmittel

### Flugzeuge

Die Philippinen besitzen ein engmaschiges und in der Regel auch gut funktionierendes Binnenflugnetz. Selbst kleine Inseln

*Inlandsflugrouten der Philippine Airlines*

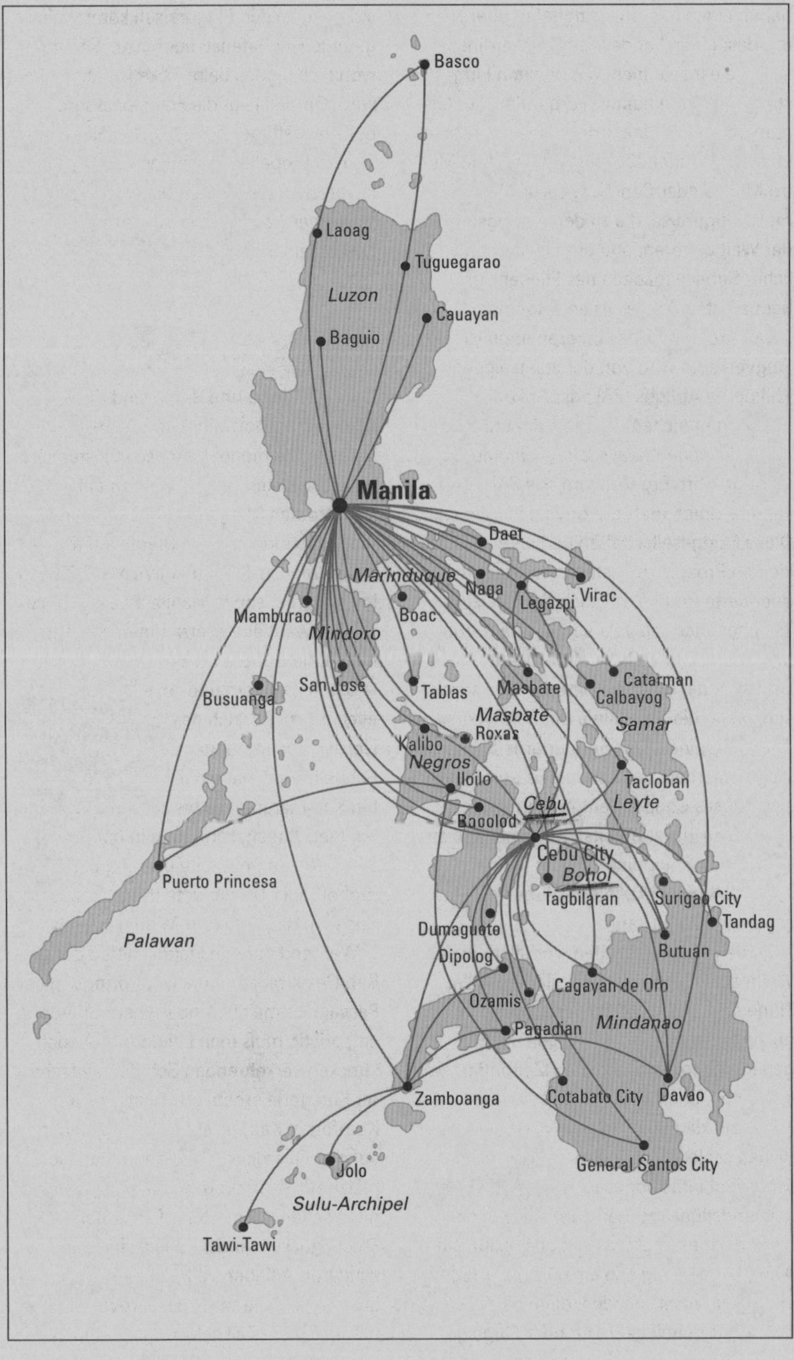
Basco
Laoag
Tuguegarao
Luzon
Cauayan
Baguio
Manila
Daet
Marinduque
Naga
Legazpi
Virac
Mamburao
Boac
Mindoro
San José
Tablas
Masbate
Catarman
Calbayog
Busuanga
Masbate
Samar
Roxas
Kalibo
Negros
Iloilo
Tacloban
Cebu
Leyte
Bacolod
Cebu City
Bohol
Puerto Princesa
Tagbilaran
Surigao City
Tandag
Palawan
Dumaguete
Butuan
Dipolog
Cagayan de Oro
Ozamis
Mindanao
Pagadian
Zamboanga
Cotabato City
Davao
General Santos City
Jolo
Sulu-Archipel
Tawi-Tawi

haben einen Passagierflughafen oder zumindest einen Landestreifen. Allerdings sind viele Inseln nicht mit direkten Flugstrecken untereinander verbunden, so daß man oft erst zu einem der beiden zentralen Inlandsflughäfen (Domestic Airport) in Metro Manila oder Cebu City zurückkehren muß. Flugpreise, die zu den niedrigsten der Welt gehören, und ein meist ordentlicher Service machen das Fliegen zur bequemsten Art des ›Island Hopping‹.

Der größte Teil des innerphilippinischen Flugverkehrs wird von der staatseigenen Philippine Airlines (PAL; die Abkürzung wird von manchen – wenn auch unberechtigt – als *Plane Always Late* gedeutet) durchgeführt. Ergänzt wird das PAL-Streckennetz durch mehrere private Fluglinien. Diese Fluggesellschaften bedienen mit kleinen Propellermaschinen weniger frequentierte Routen, machen der PAL zum Teil aber auch mit Jets auf den Hauptrouten, etwa Manila–Cebu, Konkurrenz. Für Urlauber, die mit Philippine Airlines anreisen, bietet die Staatslinie mit dem *Visit The Philippines Pass* Sondertarife für Flüge innerhalb des Landes. Es empfiehlt sich, dieses Couponheft mit dem internationalen Ticket bereits im Heimatland zu kaufen. Für Philippine Airlines spricht auch, daß man PAL-Inlandsflüge von Europa reservieren kann.

Zu den Haupreisezeiten, vor allem in der Weihnachts- und Osterzeit, sind fast alle Flüge schon Wochen im voraus ausgebucht. Insbesondere bei Flügen in entlegenere Regionen sollte man ›Zeitpuffer‹ einplanen, denn immer wieder werden Flüge mit kleinen Propellermaschinen wegen schlechten Wetters oder technischer Probleme abgesagt.

Inlandsflüge müssen zwar nicht unbedingt rückbestätigt werden, doch kann ein Anruf bei der Fluglinie ein oder zwei Tage vor Abflug nicht schaden, denn häufig werden Abflugzeiten geändert oder Flüge gestrichen. Zu den Flugpreisen kommt eine geringe Flughafensteuer hinzu, die für gewöhnlich bereits beim Ticketkauf berechnet wird. Offiziell liegt die Freigepäcksgrenze bei Inlandsflügen bei 20 kg, bei Flügen mit kleinen Propellermaschinen nur bei 10 kg. In verschiedenen Orten bieten die Fluglinien einen kostenlosen oder preiswerten Zubringerservice zum Flugplatz an.

## Schiffe

Schiffe, Fähren und Boote sind die wichtigsten Transportmittel im interinsularen Verkehr. Die modernsten, schnellsten und zuverlässigsten Schiffe werden auf den Hauptrouten Manila–Cebu–Zamboanga/Davao (oder andere Städte auf Mindanao), Manila–Iloilo (Panay), Manila–Bacolod (Negros) sowie Manila–Puerto Princesa (Palawan) eingesetzt. Einen guten Ruf haben die *Superferries* der Gesellschaft WG & A. Bequem und zuverlässig sind auch die im Bereich der Visayas und im Norden von Mindanao eingesetzten Schnellboote. Mit einem dieser klimatisierten Katamarane, die bis zu 300 Passagieren Platz bieten, kann man in nur fünf Stunden von Cebu City über Tagbilaran (Bohol) oder Dumaguete (Negros) nach Cagayan de Oro (Nord-Mindanao) reisen.

Während auf den Flaggschiffen der großen Gesellschaften die Unterbringung der Passagiere meist europäischem Standard entspricht, muß man bei den auf Nebenstrecken verkehrenden Schiffen einfacherer Kategorie erhebliche Abstriche am Komfort in Kauf nehmen. Häufig stehen auf den Oberdecks nicht genügend Liegeplätze zur Verfügung, so daß Passagiere nicht selten tief im Rumpf zwischen Frachtstücken landen. Meist sind auch die sanitären Anlagen völlig unzureichend. Einen ausreichenden Reiseproviant hat man in jedem Fall selbst mitzubringen.

Den Nahverkehr zwischen den Inseln bewältigen *Pumpboats* (auch *Bancas* genannt), motorisierte Auslegerboote unterschiedlicher Größe, die zum Teil bis zu 100 Passagiere an Bord nehmen können. Diese einfachen Boote besitzen keinen Kiel und haben dadurch nur einen geringen Tiefgang, was ein großer Vorteil in den von Korallenbänken durchsetzten Küstengewässern ist. Auslegerboote sind für den Hochseebetrieb nur bei gutem Wetter geeignet, doch auch bei relativ ruhiger See schlagen die Wellen häufig ins offene Boot. Manchmal wird den Passagieren dann ein Plastiknapf zum Wasserschöpfen in die Hand gedrückt. Man sollte bei einer solchen Fahrt also das Gepäck wasserdicht verpacken.

Tickets kauft man direkt in der Buchungsstelle der jeweiligen Schiffslinie, in Reisebüros, bei Agenturen, die vielfach in Hauptgeschäftsstraßen von Großstädten kleine Verkaufskioske betreiben, oder gelegentlich auch an Bord. Vor allem in der Weihnachts- und Osterzeit ist eine rechtzeitige Reservierung dringend angeraten. Aktuelle Informationen über den inländischen Schiffsverkehr findet man in der Tagespresse. Abfahrtszeiten und andere Auskünfte kann man in Hafenstädten auch bei der Philippine Port Authority oder der Coast Guard erfragen.

Bei Fahrten mit einfachen Passagierschiffen und Auslegerbooten überschreitet man häufig nicht nur die Grenze komfortablen Reisens deutlich, man begibt sich nicht selten auch in große Gefahr. Gravierende Sicherheitsmängel haben in philippinischen Gewässern zu Havarien geführt, die weltweit zu den größten Katastrophen der Schifffahrt gezählt werden. Immer wieder verunglücken auch sträflich überladene Auslegerboote, vor allem zwischen Mindoro, Panay und der Romblon-Gruppe. Es erscheint daher dringend geraten, beim Reisen zu Wasser die größte Vorsicht walten zu lassen.

## Busse

Autobusse sind das meistbenutzte öffentliche Verkehrsmittel auf den Philippinen. Ungeachtet der oftmals katastrophalen Qualität, findet man sie auf fast allen Straßen des Landes und erreicht mit ihnen, zumindest auf den Hauptinseln, beinahe jeden Ort. Auf längeren Strecken werden häufig Nachtbusse eingesetzt. Große Gesellschaften haben in der Regel auch klimatisierte Fahrzeuge. Diese durchweg modernen Fernbusse sind im allgemeinen nicht nur recht zuverlässig, sondern bieten auch wesentlich mehr Komfort als die normalen Busse; der Fahrpreis liegt etwa 25 bis 30 % höher.

Ein Großteil der meist total überfüllten normalen Überlandbusse ist für langbeinige Europäer wenig komfortabel, doch liegen dafür die Tarife niedrig. Wer sehr schwache Nerven hat, sollte nicht in einen philippinischen Bus einsteigen. Allzu oft sind die Busfahrer echte Draufgänger, die ohne Rücksicht auf die Sicherheit der Passagiere rasen. Auch bei dichtem Verkehr liefern sich manche Chauffeure waghalsige Rennen.

An großen Busbahnhöfen kann man die Tickets oft bereits vor Reiseantritt kaufen. Vor allem bei kürzeren Distanzen löst man sie jedoch in der Regel im Bus beim Schaffner. Falls man die Auswahl hat, sollte man Expreßbusse nehmen, da die anderen Fahrzeuge (vor allem Mini-Busse) auch auf offener Strecke häufig anhalten oder bisweilen sogar weite Umwege machen, um die Passagiere einzeln aufzulesen. Gepäckstücke muß man häufig mit in den Innenraum nehmen und dort entweder im Mittelgang abstellen oder auf einer Ablage im Fond des Busses verstauen. Proviant muß man auch auf Langstrecken nicht mitnehmen, da unterwegs bei einfachen Restaurants angehalten wird und man überdies bei Zwischenstopps von fliegenden Händlern bestens versorgt wird. Einfache Überland-Busse erreichen auf Luzon ein Stundenmittel von 40 km, auf verkehrsmäßig weniger gut erschlossenen Inseln deutlich weniger. Sinnvollerweise werden Entfernungen häufig in Wegstunden und nicht in Kilometern gemessen.

Für mittlere Distanzen setzt man vielfach auch *Jeepneys* ein. Diese Vehikel sehen zwar sehr originell aus, bieten jedoch einen denkbar geringen Reisekomfort. Zudem sieht man, wenn man auf einer der beiden Längsbänke im Fond sitzt, praktisch nichts von der Landschaft. Daher sollte man versuchen, einen der Vordersitze neben dem Fahrer zu bekommen oder – bei geeignetem Wetter – eher noch einem luftigen Platz auf dem Dach des Gefährts den Vorzug geben.





## Züge

Von Manilas Hauptbahnhof (Paco Station) verkehren derzeit nur noch Züge der *Philippine National Railways* (PNR) Richtung Süden. Auf der Südstrecke gelangt man von Manila über Calamba, San Pablo, Lucena, Gumaca, Sipocot und Naga nach Iriga (50 km nördlich von Legazpi). Allerdings sind Züge auf dieser Route wesentlich länger als Busse unterwegs (20 Std. bzw. 12 Std.) und bieten zudem keinen Preisvorteil. PNR-Züge besitzen drei Klassen: Economy-, Tourist- und De Luxe-Class. Für Expreßzüge wird ein Aufschlag von 25 % fällig. Studenten erhalten 25 % Rabatt.

## Weitere Verkehrsmittel

*Tricycles,* Leichtmotorräder mit buntgeschmückten und bemalten Beiwagen, bewältigen in den Provinzen einen Großteil des Nahverkehrs. Abenteuerlich beladen, transportieren sie nicht selten vielköpfige philippinische Familien nebst Gepäck und Haustieren. Den Fahrpreis, der sich nach der Zahl der Passagiere und nach der Entfernung richtet, sollte man vorher ausmachen.

*Trishaws,* Fahrräder mit Beiwagen, findet man noch gelegentlich in Provinzstädten, neuerdings auch wieder in Manilas altem Stadtteil Intramuros.

*Calesas,* nostalgische einspännige Pferdedroschken, konnten sich in verschiedenen Städten erfolgreich gegen den motorisierten Verkehr behaupten. Diese Relikte aus der spanischen Kolonialzeit sind vor allem nach heftigen Monsunregen, wenn Taxis und *Jeepneys* vielfach in den Fluten steckenbleiben, ideale Fortbewegungsmittel. In Cebu City heißen diese Gefährte *Tartanillas.* Über den Fahrpreis sollte man sich im voraus verständigen.

## Öffnungszeiten

Geschäfte haben unterschiedliche Öffnungszeiten, üblicherweise Mo bis Sa durchgehend von 9 oder 10 bis 19 oder 20 Uhr. Kleinere Läden und vor allem Märkte sind vielfach bis weit in die Nacht geöffnet. Manche Geschäfte schließen für eine Siesta zwischen 13 und 17 Uhr. Obwohl an Sonn- und Feiertagen allgemeine Geschäftsruhe herrscht, haben manche Ladengeschäfte auch an diesen Tagen geöffnet (vor allem Andenkengeschäfte in Touristenzentren).

**Auskunftsbüros für Touristen:** Mo–Fr 8–12, 13–17 Uhr

**Banken:** Mo–Fr 9–15 Uhr. Länger geöffnet sind Bankfilialen in internationalen Hotels sowie private Wechselstuben.

**Regierungsbüros:** Mo–Fr 8–17 Uhr, die Mittagspause ist oft variabel, etwa zwischen 12–14 Uhr.

**Geschäftsbüros:** Mo–Fr 8–17 oder 18 Uhr; manche sind Sa am Vormittag geöffnet.

**Museen und Galerien:** Di–So 9–16 oder 17 Uhr; meist Mo und an Staatsfeiertagen geschlossen.
**Postämter:** Mo–Fr 8–17, Sa 8–12 Uhr

## Post

Die Beförderungsdauer für Luftpostbriefe nach Mitteleuropa liegt ab den Hauptpostämtern in Manila bei etwa fünf bis sieben Tagen, ab kleinen Provinzpostämtern erheblich darüber. Achten Sie vor allem bei kleineren Postämtern darauf, daß die Briefmarken sofort abgestempelt werden, oder lassen Sie die Wertzeichen per Frankiermaschine aufbringen. Da die philippinische Post nicht den Ruf großer Zuverlässigkeit besitzt, sollten Sie kein Geld oder andere Wertsachen verschicken.

Pakete werden nur bis zu einem Gewicht von 10 kg befördert und müssen neutral verpackt (braunes Papier) sowie verschnürt sein. Luftpostpakete brauchen bis Mitteleuropa zwei bis drei Wochen, auf dem Seeweg dauert es mindestens zwei bis drei Monate (jeweils ab Manila). Viel Zeit kann man sparen, wenn man nach einem ausgiebigen Einkaufsbummel in einem der Ferienzentren seine Mitbringsel einem Packdienst oder einer Spedition anvertraut. Mitunter kann man die Ware auch vom Händler, bei dem man eingekauft hat, an die Heimatadresse schicken lassen.

## Reisezeit und Reisekleidung

Generell gilt – Regenzeit ist von Juli bis November, Trockenzeit von Dezember bis Juni. Da das Wettergeschehen auf den Philippinen sehr komplex ist, kommt es jedoch zu regionalen Abweichungen. So muß man sich im Dezember und Januar vor allem an der Pazifikküste auf Regentage einstellen. Die niederschlagärmsten und von den Temperaturen her angenehmsten Monate sind Februar und März.

Zwischen April und Juni wird es im Tiefland mit Durchschnittstemperaturen von knapp unter 30 °Celsius oft unerträglich heiß. Auch während der Regenperiode ist Dauerregen von mehreren Tagen selten. Im allgemeinen kommt es nur zu kurzen, heftigen Wolkenbrüchen, nach denen die Sonne wieder aus blauem Himmel strahlt. Allerdings kann das Reisen während der Regenzeit – vor allem von August bis Oktober – durch tropische Wirbelstürme stark beeinträchtigt werden. Als Regel sollte man sich mit Beginn der Regenzeit südlich orientieren und Inseln, die außerhalb des Taifungürtels liegen, bereisen. Ebenso kann man in den heißen Monaten ins kühle Bergland von Nord-Luzon ausweichen.

Bei der Zusammenstellung der Garderobe sollte man sich leichte Sommerkleidung aus Baumwolle einpacken. Generell empfiehlt sich legere, aber ›schickliche‹ Freizeit- oder normale Straßenkleidung. Obwohl formelle Kleidung nur in Hotels und Restaurants der gehobenen Kategorie sowie bei festlichen oder offiziellen Anlässen erwartet wird, ist das äußere Erscheinungsbild als eines der offensichtlichsten Statuskennzeichen auf den Philippinen sehr wichtig. Vor allem allzu lässige Urlaubskleidung schätzt man nicht sonderlich. Als sehr unhöflich gilt es, sich in Strandkleidung abseits der Strände sehen zu lassen.

Westliche Besucherinnen sollten auf ein offenes Décolleté ebenso verzichten wie auf knappe Shorts. Zudem sollten sie stets einen BH tragen. Verpönt sind allzu kurze Hosen auch bei Männern, akzeptabel sind dagegen sogenannte ›Bermuda Shorts‹.

Absolut unakzeptabel für Filipinos sind Touristen in zerrissener und schmutziger Kleidung. Besonders bei der Vorsprache in Ämtern sollte man unbedingt auf korrekte

Kleidung achten. Für Wanderungen sind strapazierfähige Jeans und derbes Schuhwerk mitzunehmen, für Abstecher in Bergregionen eine dichte Regenjacke sowie ein warmer Pullover. Ins Reisegepäck gehören zudem ein Hut als Sonnenschutz sowie Badeschuhe als Schutz gegen Korallen, See-Igel oder Glasscherben. Falls erforderlich, kann man Kleidung und viele andere Artikel auf den Philippinen nachkaufen, und zwar viel preisgünstiger als zu Hause.

## Sicherheit

Überbevölkerung, Arbeitslosigkeit und andere ›Dritte-Welt-Probleme‹ haben auf den Philippinen, vor allem in den Ballungsgebieten und in den Touristenzentren, zu einer steigenden Kriminalitätsrate geführt. Zu den Delikten, bei denen Philippinen-Besucher Opfer sind, gehören Einbrüche in Hotelzimmer sowie Taschen- und Trickdiebstähle im Gedränge von Märkten und Festveranstaltungen sowie in öffentlichen Verkehrsmitteln. Als Manövergebiete von sogenannten ›Schlitzern‹, die sich mit scharfen Messern an (Touristen-)Taschen machen, gelten Bahnhöfe und Bus-Terminals. An der Tagesordnung sind kleinere Betrügereien von Kellnern und Taxifahrern sowie Kassierern in Bussen und *Jeepneys*.

Gewaltverbrechen, bei denen Touristen Opfer sind, waren bislang auf den Philippinen selten. Sollte man dennoch überfallen werden, bewahrt man am besten Ruhe und wehrt sich vor allem nicht, denn Filipinos tragen häufig Waffen und setzen diese auch ein! Generell sollte man Waffenträgern – auch Polizisten, Soldaten und privaten Wachleuten – aus dem Weg gehen, besonders wenn diese betrunken sind. Zudem beugt man vor, indem man in den Badeorten auf nächtliche Strandspaziergänge verzichtet und in den Großstädten dunkle und menschenleere Straßen meidet.

Eine erste Kontaktaufnahme von Gaunern erfolgt oftmals durch ein gemimtes Wiedererkennen (»Hello my friend, I know you from the airport ...«). Gelegentlich wird man – vor allem im Rizal Park in Manila – unter einem Vorwand angesprochen. Oft folgt das Angebot einer kostenlosen Stadtführung und schließlich – unter Hinweis auf die philippinische Gastfreundschaft – die Einladung in Haus oder Wohnung, wo schon manchem Gast bei einer ›traditionellen‹ Massage Geld oder Wertgegenstände abhandenkamen oder wo er, nachdem man ihm ein wirksames Schlafmittel verabreicht hatte, völlig ausgeraubt wurde. Unbedingt ablehnen sollte man, wenn einen Unbekannte zu einer Autofahrt oder – ein weiterer beliebter Trick, um Touristen auszunehmen – zum Kartenspielen einladen!

Mißtrauen ist auch so manchem auf den Philippinen ›hängengebliebenen‹ Landsmann gegenüber angebracht. Man sollte auch Fremden gegenüber niemals Auskunft über seine Bankverbindungen geben und vor allem die Kreditkarte(n) gut im Auge behalten.

Trotz abgeschlossener Friedensverträge und laufender Waffenstillstandsverhandlungen zwischen der philippinischen Regierung und Muslim-Separatisten oder kommunistischen Guerilleros gibt es immer noch Krisengebiete, in denen es zu blutigen Kämpfen kommt. Es handelt sich dabei jedoch um begrenzte Unruheherde, denen man als Tourist leicht ausweichen kann.

Bis zu einem endgültigen Abflauen der Auseinandersetzungen sollte man folgende Regionen meiden: Provinz Kalinga-Apayao (Nord-Luzon), Ostteil der Insel Samar, bestimmte Gebiete von West-Mindanao – vor allem die Provinzen Cotabato, Maguindanao und Sultan Kudarat sowie Teile der Zamboanga-Halbinsel –, die Umgebung des Lake Lanao – insbesondere die Stadt Marawi – auf Nord-Mindanao, verschiedene Regionen des Sulu-Archipels, besonders die Inseln Jolo und Siasi sowie die Binnenregionen der Insel Basilan. Da sich die Sicherheitslage in den Krisengebieten auch wieder zum Positiven wenden kann, empfiehlt es sich, vor Reiseantritt aktuelle Informationen einzuholen.

## Souvenirs

Die in erster Linie von Touristen verursachte steigende Nachfrage nach kunstgewerblichen Erzeugnissen hat vielfach zu einer beinahe fabrikmäßigen Produktion und damit zu deutlichen Qualitätseinbußen geführt. Allgemein gilt, daß man traditionelles Kunsthandwerk vorwiegend bei ethnischen Minderheiten findet. Wer am Erhalt der philippinischen Tierwelt interessiert ist, sollte keine Souvenirs kaufen, die von geschützten Tierarten stammen. Dazu gehören Mitbringsel aus Schildpatt, Reptilienleder, Elfenbein sowie auch Korallen und manche Muschelarten. Die Einfuhr solcher Produkte nach Europa ist ohnehin verboten.

Qualitativ hochwertige Handwebarbeiten werden nach alten Traditionen vorwiegend von den Bergstämmen auf Nord-Luzon und Mindanao hergestellt. Aus den Hochlandprovinzen der Hauptinsel kommen die sogenannten *Lepanto*-Stoffe, die sich durch ansprechende Farbkombinationen sowie eine kräftige Webart auszeichnen und zu Tischläufern, Servietten, Decken, Möbelbezügen oder Strandtaschen verarbeitet werden. Als beste Weber von Mindanao gelten die Yakan und T'boli; ihre Produkte sind in Zamboanga oder Davao erhältlich.

Aus den wertvollen, häufig mit kunstvollen Stickereien versehenen Handwebstoffen *Jusi* (aus Abaka-Faser) und *Piña* (aus Ananasfaser) werden teure Kleidungsstücke sowie hübsche Tisch- und Taschentücher gefertigt. *Jusi* bevorzugt man für die Nationaltracht der Damen, den *Terno* (ein festliches, langes Kleid mit kurzen, steifen Schmetterlingsärmeln), die oft fast transparenten *Piña*-Gewebe für die Nationalkleidung der Herren, den *Barong Tagalog* (ein luftiges Hemd, das über der Hose getragen wird). Die besten und auch teuersten *Jusi*- und *Piña*-Handwebstoffe stammen aus Iloilo auf Panay. Preisgünstigere, oft maschinell bestickte Textilien werden meist aus Ramie (auch *China-Gras* genannt), einem dauerhaften, leinenähnlichen Stoff, hergestellt. Auf den Philipinen kann man Kleidungsstücke recht preisgünstig nach Maß fertigen lassen.

Neuere Holzschnitzarbeiten, vor allem Skulpturen, tragen durchweg den Makel der Serienfertigung. Dennoch gibt es recht hübsche und nützliche Gebrauchsgegenstände aus philippinischem Mahagoni wie Schalen, Tabletts oder Aschenbecher. Zentren des Holzhandwerks sind Banaue (Provinz Ifugao, Luzon) und Paete (Provinz Laguna, Luzon).

Dekorative Korb- und Flechtwaren sind im ganzen Land verbreitet. Als Rohmaterialien dienen Bambus, Nipa und Rattan. Geflochtene Bastmatten besitzen häufig kunstvolle traditionelle Muster. Umhängetaschen, Hängematten, Blumenampeln und vielerlei Hausschmuck werden aus der Abaka-Faser, auch Manilahanf genannt, gefertigt.

Messing- und Bronzewaren, auch *Moro Brass* genannt, kommen fast ausschließlich aus den muslimischen Regionen der südphilippinischen Inseln. Spezialitäten sind feinziselierte Kessel, Tabletts, Betelnußbehälter, Schmuckkästen und Gongs.

Obwohl Sammler und Händler den philippinischen Antiquitätenmarkt weitgehend abgeschöpft haben, kann man in Manila und anderen Großstädten doch noch gelegentlich echte Raritäten entdecken, etwa hölzerne Heiligenstatuen (Santos), chinesische Exportkeramik verschiedener Dynastien, Messingwaren muslimischer Herkunft sowie Artefakte ethnischer Minderheiten. Grundsätzlich sollte man Vorsicht walten lassen, da es mittlerweile sehr viele Fälschungen gibt und Imitationen oft von echten Stücken kaum zu unterscheiden sind. Verkauf und Ausfuhr von Antiquitäten unterliegen auf den Philippinen gesetzlichen Regelungen – Antiquitätenhändler müssen eine Lizenz des National Museum besitzen, jeder erworbene Gegenstand muß eine Kennmarke des National Museum tragen, man benötigt in jedem Fall eine Exportgenehmigung des National Museum und muß eine Ausfuhrsteuer von 10 % des Schätzwertes des antiken Gegenstands bezahlen.

Weitere beliebte Mitbringsel sind Zigarren, einheimische Rumsorten, Kassetten und CDs mit philippinischer Musik sowie Gitarren, Ukelelen und andere Saiteninstrumente von der Insel Mactan bei Cebu, bei deren Kauf man jedoch unbedingt auf Exportqualität achten sollte! Den feinsten silbernen Schmuck gibt es in Baguio.

## Sport

Ein großer Teil der ehemals farbenprächtigen und artenreichen philippinischen Korallenriffe wurde durch Dynamit- und Giftfischen teilweise oder ganz zerstört. Die besten Tauchreviere konzentrieren sich in der Verde Island Passage zwischen Luzon und Mindoro, in der Bohol Strait zwischen Cebu und Bohol, in der Camotes Sea zwischen Cebu, Bohol und Leyte, in der Tanon Strait zwischen Cebu und Negros, vor der Südspitze von Negros, in den küstennahen Gewässern von Nord-Palawan und in der Inselwelt der Calamian Group zwischen Palawan und Mindoro. Die Riffe von Apo in der Mindoro Strait und Tubbataha in der Sulu Sea nehmen als Tauchplätze international Spitzenpositionen ein.

Neben Korallengärten locken an manchen Küstenabschnitten Wracks von im Zweiten Weltkrieg versenkten Schiffen Taucher zu Unterwasserausflügen. Viele Strandhotels besitzen eigene, gut ausgerüstete Tauchbasen, die Kurse für Tauchanfänger nach internationalen Prüfungsvorschriften anbieten, Tauchausrüstungen verleihen und Exkursionen für Fortgeschrittene zu beliebten Tauchgründen organisieren. Zudem gibt es Spezialveranstalter, die über eigene komfortable, komplett ausgerüstete Boote verfügen und auch entlegene Tauchziele, wie das Apo Reef oder das Tubbataha Reef, in ihren Programmen haben. Detaillierte Informationen über Tauchplätze, Tauchausrüster und -schulen, Veranstalter von Tauchexkursionen und Strandhotels, die Tauchkurse und -gänge bieten, erhält man beim philippinischen Fremdenverkehrsamt in Frankfurt.

Die meisten gehobenen Hotels verfügen zudem über Tennisplätze. In fast allen Fremdenverkehrszentren gibt es auch gepflegte grüne Golfareale, die sich wie englische Parklandschaften präsentieren.

Nur wenige der philippinischen Gipfel erfordern eine besondere Bergerfahrung, durchweg alle jedoch ein Minimum an Vorbereitung und Organisation sowie vor allem eine gute körperliche Konstitution. Zwar erscheinen Höhen von 2000 bis maximal knapp 3000 m vergleichsweise niedrig, doch muß man bedenken, daß das Bergsteigen häufig auf Meeresniveau beginnt und daß alle Höhenmeter tatsächlich durchstiegen werden müssen.

Zu den landschaftlich reizvollsten Kletterzielen der Philippinen gehören die teils noch aktiven Vulkane Mount Apo auf Mindanao – mit 2956 m der höchste Berg des Landes –, Mount Kanlaon auf Negros (2465 m), Mount Mayon auf Süd-Luzon

(2462 m), Mount Banahaw auf Zentral-Luzon (2177 m) und Mount Hibok-Hibok auf Camiguin (1332 m) sowie Mount Pulog auf Nord-Luzon, mit 2930 m der zweithöchste Berg der Philippinen.

Bei Vulkanbesteigungen kann zu dichte Annäherung an Fumarolen (Erdspalten, aus denen heißer Wasserdampf und Gase ausströmen) lebensgefährlich sein. Schwierig gestaltet sich die Kletterei in jungem Eruptionsmaterial; hier kann ein plötzlicher Wolkenbruch auch Schlammströme auslösen. Die Schlacken in erkalteten Lavafeldern haben oft rasiermesserscharfe Kanten. Es empfiehlt sich, möglichst umfassende Informationen bei Einheimischen einzuholen und im Zweifelsfall nur mit einem geländekundigen Führer loszuziehen.

Auch für einfache Wanderungen in flachem Terrain bieten sich hervorragende Möglichkeiten, denn die oftmals grandiosen Landschaften werden häufig von einem Netz kleiner Pfade und Fahrwege, auf denen aber vielfach nur sehr sporadisch auch Fahrzeuge verkehren, durchzogen. Ein besonders reizvolles Wandergebiet ist das zentrale Hochland von Nord-Luzon und hier wiederum die Gegend um Bontoc und Sagada sowie um Banaue. Für Wanderungen in ursprünglichem tropischem Regenwald empfiehlt sich Nord-Palawan. Faszinierend sind auch geführte Wanderungen durch die labyrinthartigen Lahar-Schluchten an den Flanken des Vulkans Mount Pinatubo.

## Sprache und Sprachführer

Englisch sprechende Besucher der Philippinen werden auch in entlegenen Landesteilen kaum Verständigungsschwierigkeiten haben. Jedoch macht es stets einen guten Eindruck, wenn man einige Wörter und Redewendungen in Filipino beherrscht.

Die Aussprache des Filipino ist einfach: fast jeder Buchstabe wird so ausgesprochen wie im Deutschen. Besonderheiten sind aber zu beachten: Doppelvokale spricht man getrennt aus, babae (Frau) – baba-e, ein geschriebenes ›w‹ wie ein ›u‹, z. B. ikaw (du) – ›ikau‹, den Genitivpartikel ›ng‹ wie ›nang‹. Die meisten Wörter des Filipino werden auf der vorletzten Silbe betont.

Bemerkenswert ist der große Lehnwortschatz des Filipino. So sind bei den Zahlwörtern, diejenigen spanischen Ursprungs im alltäglichen Gebrauch fast geläufiger als die tagalischen (vgl. S. 322, erste Spalte Filipino, zweite Spalte umgangssprachliches Spanisch). Die Nachsilben *ho* (umgangssprachlich) und *po* (förmlich) werden in jeder höflichen Anrede älterer oder zu respektierender Personen verwendet, z. B. magandang umaga po, Ginang Ocampo – ›Guten Morgen, Frau Ocampo‹.

### Begrüßungsformeln und wichtige Redewendungen

| | |
|---|---|
| Willkommen | mabuhay |
| Guten Morgen | magandang umaga |
| Guten Tag (mittags) | magandang tanghali |
| Guten Tag (nachmittags) | magandang hapon |
| Guten Abend, gute Nacht | magandang gabi |
| Auf Wiedersehen | paalam |
| Danke (sehr) | (maraming) salamat |
| Bitte sehr, keine Ursache | walang anuman |
| Ja/ja (förmlich) | oo/oho, opo |
| Nein/nein (förmlich) | hindi/hindi ho, hindi po |
| Los, in Ordnung | sige |
| Wie geht es Dir? | kumusta ka? |
| Wie geht es Ihnen | kumusta po kayo? |
| Danke gut! Und Ihnen? | mabuti po salamat! at kayo? |
| Auch gut | mabuti rin po |

| | |
|---|---|
| Wie heißt Du? | anong pangalan mo? |
| Ich heiße ... | ang pangalan ko ay ... |
| Ich liebe Dich. | mahal kita, ini-ibig kita |
| Ich weiß nicht. | hindi ko alam |
| Macht nichts | hindi bale |
| Bitte helfen Sie mir! | paki tulungan mo ako! |
| Wer (Sing.)/wer (Pl.)? | sino/sinu-sino? |
| Ich, mir, mich | ako |
| Du | ka, ikaw |
| Mann, männlich | lalake, lalaki |
| Frau, weiblich | babae |
| Mann, Herr (Herr Ocampo) | Ginoo (Ginoong Ocampo) |
| Frau (Frau Ocampo) | Ginang (Ginang Ocampo) |
| Großmutter/ Großvater | lola/lolo |
| Deutsch(er) | Aleman |
| Schweizer | Suiso |

**Zahlen**

| | | |
|---|---|---|
| 1 | isa | (uno) |
| 2 | dalawa | (dos) |
| 3 | tatlo | (tres) |
| 4 | apat | (kuwatro) |
| 5 | lima | (singko) |
| 6 | anim | (sais) |
| 7 | pito | (siyete) |
| 8 | walo | (otso) |
| 9 | siyam | (nuwebe) |
| 10 | sampu | (diyes) |
| 11 | labing-isa | (onse) |
| 12 | labindalawa | (dose) |
| 13 | labintatlo | (trese) |
| 14 | labing-apat | (katorse) |
| 15 | labinlima | (kinse) |
| 16 | labing-anim | (disisais) |
| 17 | labimpito | (disisiyete) |
| 18 | labingwalo | (disiotso) |
| 19 | labinsiyam | (disinuwebe) |
| 20 | dalawampu | (beynte) |
| 21 | dalawampu 't isa | (beynte uno) |
| 22 | dalawampu 't dalawa | (beynte dos) |
| etc. | | |
| 30 | tatlumpu | (treynta) |
| 31 | tatlumpu't isa | (treynta y uno) |
| etc. | | |
| 40 | apatnapu | (kuwarenta) |
| 50 | limampu | (singkuwenta) |
| 60 | animnapu | (sesenta) |
| 70 | pitumpu | (setenta) |
| 80 | walumpu | (otsenta) |
| 90 | siyamnapu | (nobenta) |
| 100 | isang daan | (siyento) |
| 101 | isang daan at isa | (siyento uno) |
| etc. | | |
| 200 | dalawang daan | (dosiyentos) |
| 300 | tatlong daan | (tresiyentos) |
| 400 | apat na raan | (kuwatrosi- yentos) |
| 500 | limang daan | (kiniyentos) |
| 600 | anim na raan | (saisiyentos) |
| 700 | pitong daan | (siyetesi- yentos) |
| 800 | walong daan | (otsosiyentos) |
| 900 | siyam na raan | (nuwebesi- yentos) |
| 1000 | isang libo | (mil) |
| 5000 | limang libo | (singko mil) |
| 10 000 | sampung libo | (diyes mil) |
| 100 000 | isang daang libo | (siyento mil) |
| 1 000 000 | isang milyon | (un milyon) |

**Zeitangaben**

| | |
|---|---|
| Abend, Nacht | gabi |
| Morgen | umaga |
| Stunde | oras |
| Tag/täglich | araw/araw-araw |
| Woche | linggo |
| Monat | buwan |
| Jahr | taon |
| Heute/heute Morgen | ngayon/ngayon umaga |

| | |
|---|---|
| Gestern/gestern Abend | kahapon/kahapon ng gabi |
| Morgen | bukas |
| Wieviel Uhr ist es? | anong oras na? |
| Wann? | kailan? |

**Wochentage**

| | |
|---|---|
| Sonntag | Linggo |
| Montag | Lunes |
| Dienstag | Martes |
| Mittwoch | Miyerkoles |
| Donnerstag | Huwebes |
| Freitag | Biyernes |
| Samstag | Sabado |

**Monate**

| | |
|---|---|
| Januar | Enero |
| Februar | Pebrero |
| März | Marso |
| April | Abril |
| Mai | Mayo |
| Juni | Hunyo |
| Juli | Hulyo |
| August | Agosto |
| September | Setyembre |
| Oktober | Oktubre |
| November | Nobyembre |
| Dezember | Disyembre |

**Reisen**

| | |
|---|---|
| Wo ist ... | saan ang ... |
| Links | kaliwa |
| Rechts | kanan |
| Geradeaus | diretso |
| Nah | malapit |
| Fern, weit | malayo |
| Auto, Wagen | kotse, sasakyan |
| Taxi | taksi |
| Polizei | pulisya |
| Wo ist die Haltestelle? | saan ang hintayan ng bus? |
| Fährt hier der Bus vorbei? | dumadaan ba rito ang bus? |
| Welcher Bus fährt nach ...? | aling bus ang papuntang ...? |
| Wo muß ich aussteigen? | saan ako dapat bumaba? |
| Wieviele Kilometer sind es bis ...? | ilang kilometro hanggang ...? |
| Fahren Sie mich zu/nach ... | dalhin mo ako sa ... |
| Halten Sie hier! | para sa tabi! |
| Wo ist die Post? | saan ang koreyo? |
| Hotel | hotel |
| Zimmer | kuwarto |
| Bad, Toilette, Dusche | banyo |
| Gibt es hier ein Hotel? | may hotel po ba dito? |
| Wo kann ich übernachten? | saan kaya ako puwedeng magpalipas ng gabi? |

**Essen**

| | |
|---|---|
| Frühstück | almusal |
| Mittagessen | tanghalian |
| Abendessen | hapunan |
| Löffel | kutsara |
| Gabel | tinidor |
| Messer | kutsilyo |
| Reis | bigas (ungekocht), kanin (gekocht) |
| Fisch | isda |
| Fleisch | karne |
| Huhn | manok |
| Ei | itlog |
| Brot | tinapay |
| Salz | asin |
| Zucker | asukal |
| Ananas | pinya |
| Banane | saging |
| Mango | mangga |
| Wasser | tubig |
| Bier | serbesa |
| Kaffee | kape |
| Tee | tsaa |
| Schmackhaft | masarap |
| Kalt | malamig |
| Heiß | mainit |
| Ich möchte gerne essen. | gusto kong kumain |

**Einkaufen**

| | |
|---|---|
| Was ist das? | ano ito? |
| Wie teuer ist das? | magkano ito? |
| Haben Sie ...? | mayroon ba kayong ...? |
| Teuer | mahal |
| Billig | mura |
| Groß | malaki |
| Klein | maliit |
| Gut, prima | mabuti |
| Gut, schön | maganda |
| Geld | pera |

## Strände

Die meisten Strände sind touristisch kaum oder überhaupt nicht erschlossen, an manchen stehen bescheidene Bambusbungalows, hier und da gibt es luxuriöse Hotelanlagen. Außer in der unmittelbaren Nähe von Großstädten und Industrieansiedlungen ist das Wasser gewöhnlich sauber, die Strände dagegen sind auch in der Provinz gelegenlich von angeschwemmtem Abfall verschmutzt.

Die schönsten Badestrände in der Umgebung von Manila befinden sich bei den Orten Nasugbu und Matabungkai; sie sind allerdings an Wochenenden und während der Ferienzeit sehr überlaufen, die Unterkünfte zudem überteuert. In der Provinz Zambales auf Zentral-Luzon erstrecken sich bei den Orten Botalan und Iba weite, oftmals völlig unberührte Sandstrände.

Kilometerlange, flachabfallende, touristisch gut erschlossene Badestrände gibt es zwischen Bauang und San Fernando sowie nördlich von San Fernando in der Provinz La Union an der Nordwestküste von Luzon. Traumhaft, aber kaum entwikkelt sind die Strände bei Pagudpud an der Nordwestspitze von Luzon. An der ›Mayon Riviera‹ nördlich von Legazpi auf Süd-Luzon erstrecken sich schwarzsandige Strände mit einigen kleineren Beach Resorts.

Der Rizal Beach in der Provinz Sorsogon auf Süd-Luzon ist ein ausgedehnter Sandstrand, an dem man ruhige Ferientage verbingen kann.

Puerto Galera an der Nordküste von Mindoro ist einer der beliebtesten Badeorte der Philippinen. Während die Strände östlich des Städtchens recht schmal und verbaut sind, präsentieren sich die westlich gelegenen Badestrände weitläufig, feinsandig, ruhig und relativ ursprünglich. Stilvolle Unterkunft bieten kleine Feriendorfsiedlungen aller Kategorien. Ein großes Plus von Puerto Galera ist die leichte Erreichbarkeit von Manila.

Touristisch gut erschlossen sind die Badestrände auf der Cebu vorgelagerten Insel Mactan. In die Sternekategorie fällt der Strand bei Badian an der Westküste, 10 km südlich des beliebten Ferienorts Moalboal.

Optisch eindrucksvoll sind die Strände auf der Bohol vorgelagerten Insel Panglao, doch wegen des sehr seichten Wassers eignen sich die Strandhotels eher als Standquartiere für Tauchexkursionen als für einen Badeurlaub.

Die Panay vorgelagerte Insel Boracay besitzt einen der längsten und schönsten Badestrände der Philippinen. Das Spektrum der Unterkünfte reicht von einfachen Nipa-Hütten bis zu teuren Strandhotelanlagen der Sternekategorie. Versteckte Badebuchten mit Sandstränden besitzt Guimaras Island im Südosten von Panay.

Dunkle, aber saubere Badestrände mit einfachen Resorts gibt es auf der Mindanao vorgelagerten kleinen Insel Camiguin. Die meisten Strände auf der zweitgrößten Philippinen-Insel sind touristisch nicht erschlossen. Ausnahmen sind die Privatstrände einiger teurer Ferienhotels auf Samal Island bei Davao im Süden und nahe der Stadt Dapitan an der Nordwestküste. Einen feinsandigen Badestrand gibt es auf der Koralleninsel Santa Cruz bei Zamboanga.

Wunderschöne, zumindest während der Woche sehr einsame Sandstrände erstrecken sich auf den Inseln der Honda Bay nördlich von Puerto Princesa auf Palawan. Kilometerlang und fast menschenleer sind die hellsandigen Strände bei Tigman und Sabang südlich bzw. nördlich der Inselhauptstadt. Weitere ›Südsee-Traumstrände‹ gibt es auf den Inseln der Pagdanan-Bucht bei Port Barton und den Eilanden des Bacuit-Archipels bei El Nido.

## Telefonieren

Für das vom Postdienst getrennte Telefonwesen ist die private Gesellschaft PLDT (Philippine Long Distance Telephone Company) zuständig. Für Orts- und Ferngespräche von öffentlichen Telefonen benötigt man bei alten Apparaten einen ausreichenden Vorrat an 25 Centavo-Münzen (Hörer abnehmen, Münzen einwerfen, warten bis Freizeichen ertönt, dann wählen, sobald Signalton ertönt, Münzen nachwerfen, da sonst das Gespräch unterbrochen wird; bei Ortsgesprächen gilt gewöhnlich der Drei-Minuten-Takt). Es setzen sich vermehrt Kartentelefone durch, von denen bisweilen sogar Auslandsgespräche im Selbstwähldienst möglich sind. Ansonsten führt man Telefongespräche ins Ausland am kostengünstigsten von den PLDT-Fernsprechämtern, die oft mit modernsten Geräten (auch Fax) ausgestattet sind und bisweilen rund um die Uhr geöffnet haben. Teurer sind (Auslands-)Ferngespräche in Hotels, die teils über Vermittlung *(Operator)*, teils in Direktwahl möglich sind. Generell verbilligen sich Telefongespräche an Sonn- und Feiertagen. Bedenken sollte man, daß sich die Telefonnummern auf den Philippinen (auch die in diesem Buch angegebenen!) häufig ändern.

Die Vorwahl für die Philippinen ist ✆ 00 63. Von den Philippinen nach Deutschland wählt man ✆ 00 49, nach Österreich ✆ 00 43 und in die Schweiz ✆ 00 41, danach jeweils die Ortskennzahl ohne die erste Null.

Die Rufnummer der Auskunft ist ✆ 1 14, die der Vermittlung für Inlandsgespräche ✆ 1 09, die der Vermittlung für Auslandsgespräche ✆ 1 08.

## Toiletten

Die geläufigen Bezeichnungen für Toiletten sind *Comfort Room (CR)* oder gelegentlich auch *Rest Room*. Die Türen tragen die gebräuchlichen englischen Beschriftungen oder die Filipino-Begriffe *Babae* (Damen) und *Lalake* (Herren). Außer in guten Hotels, Pensionen und Restaurants entsprechen die philippinischen (Sitz-)Toiletten kaum mitteleuropäischen Vorstellungen von Hygiene. Toilettenpapier ist selten vorhanden und auch nicht überall erhältlich. In entlegenen Gebieten wird man vergeblich nach Toiletten suchen, deren Funktion übernehmen Flüsse und Bäche.

## Touristeninformation

Das zentrale Auskunftsbüro des *Department of Tourism* (DOT) befindet sich in Metro Manila, Ermita, Rizal Park, Teodoro Valencia Circle (Eingang T. M. Kalaw St.), ✆ 02-5 23 84 11 u. 02-5 23 84 30, Fax 02-5 24 83 21, Mo–Sa 8–18 Uhr. 24 Stunden täglich ist der telefonische Auskunfts- und Notfalldienst *Tourist Assistance Hotlines* in Manila besetzt, ✆ 02-5 24 17 28 u. 02-5 24 16 60.

Die staatliche Fremdenverkehrsbehörde unterhält in folgenden größeren Städten regionale Auskunftsbüros: San Fernando (Pampanga), San Fernando (La Union), Laoag, Tuguegarao, Baguio, Legazpi, Cebu City, Bacolod, Iloilo, Tacloban, Cagayan de Oro, Davao, Zamboanga, Cotabato, Butuan.

Auskunft in touristischen Belangen erhält man vielfach auch bei Provinz-, Gemeinde- und Stadtverwaltungen, also in den *Provincial Capitol Buildings, City Halls* und *Municipality Halls.* In ländlichen Gegenden sind oft Dorfvorsteher *(Barangay Captains)* gute Ansprechpartner für ratsuchende Reisende.

## Trinkgeld

In besseren Restaurants sowie in größeren Hotels sind im Rechnungsbetrag neben der 10 %igen Mehrwertsteuer *(Value Added Tax)* meist bereits 10 % Bedienungszuschlag *(Service Charge)* enthalten. Dennoch ist es üblich, nochmals 5 bis 10% Trinkgeld *(Tip)* zu geben. Auch in einfachen Restaurants, wo das Gehalt des Bedienungspersonals meist sehr niedrig liegt, sind Trinkgelder in derselben Höhe angebracht.

In Hotels der mittleren und oberen Kategorien erwarten Pagen sowie Zimmerpersonal eine kleine finanzielle Anerkennung, deren Höhe im Ermessen des Gastes liegt. Bei Taxifahrten ist ein Trinkgeld in Höhe von 5 bis 10 % des auf dem Taxameter angezeigten Betrags angebracht. Gepäckträger auf Busbahnhöfen und Flughäfen erhalten etwa 5 Pesos pro Gepäckstück.

Bedenken sollte man, daß aufgrund der hohen Arbeitslosigkeit für viele Filipinos kleinere Dienstleistungen im Fremdenverkehr die einzige Einnahmequelle sind und daß wegen des sehr niedrigen Lohnniveaus auch viele Erwerbstätige auf Trinkgelder angewiesen sind.

## Unterkunft

Meist gibt es auch in touristisch weniger erschlossenen Regionen der Philippinen kaum Probleme, eine geeignete Übernachtungsmöglichkeit zu finden. In der Hauptsaison von Dezember bis April werden mancherorts die billigeren Hotels und Pensionen stark von einheimischen Touristen frequentiert, so daß eine rechtzeitige Reservierung ratsam ist. Eine frühzeitige Buchung empfiehlt sich vor allem während der Weihnachts- und Osterzeit. In den meisten Ferienorten kennt man zwei oder drei Tarifkategorien, die um bis zu 150–200 % differieren. Am teuersten sind die Zimmer Weihnachten und Ostern. Teils erhebliche Nachlässe gewährt man in der Nebensaison von Juni bis Oktober. Es ist durchaus üblich, in allen Hotels (auch in den Spitzenetablissements) über die Zimmerpreise zu verhandeln, vor allem wenn man einen längeren Aufenthalt plant. Unterkünfte der oberen Kategorien sollte man über ein Reisebüro vorausbuchen, entweder von Europa oder vor Ort – der Preisnachlaß ist oft beachtlich.

In der Regel verfügen Hotels der oberen Kategorien über Zimmer, die hinsichtlich der Ausstattung durchweg westlichem Standard entsprechen. Alle mehrsternigen Hotels bieten klimatisierte Zimmer mit privatem Bad und WC sowie Telefon und häufig auch Fernseher. Zu den Spitzenhotels gehören meist mehrere Restaurants, Bars, kleinere Geschäfte, Wechselstuben sowie Buchungsbüros von Fluglinien und Reiseagenturen. Häufig verfügen sie auch über Swimmingpools, Tennisplätze und Fitneß-Center. Vor allem in den Badeorten gibt es Strandhotelanlagen im landestypischen Stil, die keinerlei Wünsche offen lassen. Oftmals handelt es sich dabei um mit Hilfe von Gartenarchitekten stilvoll angelegte Resorts mit üppigen Tropenparks. Sportlich eingestellte Gäste finden dort ein reichhaltiges Angebot, das häufig Tauchen, Schnorcheln, Tennis, Golf, Reiten, Parasailing, Wasserski und Windsurfen umfaßt. In allen besseren Hotels wird ein Aufschlag von jeweils 10 % für Mehrwertsteuer und Service erhoben.

Auch einfachere Hotels und Pensionen haben ein durchaus akzeptables Niveau. Einige kleine Unterkünfte unterscheiden sich in der Qualität kaum von Hotels der Sternekategorie, meist bieten sie eine angenehme Atmosphäre, die man in den großen Touristenhotels vermißt. Die häufig als Familienunternehmen geführten Pensionen verfügen häufig über saubere, klimatisierte Zimmer, fast immer mit privatem Bad und WC. Reisende mit schmalem Budget, die auf eine Klima-Anlage verzichten können und mit einem Ventilator Vorlieb nehmen, finden allerorts ein weites Angebot an Billigunterkünften. Dusche und WC sind in solchen Herbergen durchweg Gemeinschaftseinrichtungen. Vielfach wird dort keine Bettwäsche zur Verfügung gestellt, so daß es sich empfiehlt, einen Leinenschlafsack mitzunehmen.

Da es auf den Philippinen relativ häufig brennt und Hotels recht verwinkelt gebaut sind, ist es keine übertriebene Vorsichtsmaßnahme, sich Fluchtwege und Notausgänge gut einzuprägen.

## Verhalten als Tourist

Das Zusammenleben der Filipinos wird von zahlreichen ungeschriebenen Gesetzen bestimmt. Wer die Würde des einzelnen – das Gesicht – antastet, begeht die schwerste Beleidigung, die auch einem Fremden nicht verziehen wird. Eine herausragende Bedeutung kommt dem Begriff *Hiya* zu, was soviel wie Scham oder Schande bedeutet, aber eher als Rücksichtnahme auf die Gefühle anderer beschrieben werden kann. So sind es Europäer gewohnt, die Dinge beim Namen zu nennen und unmißverständlich zu sagen, was ihnen gerade in den Sinn kommt. Filipinos vermeiden solche Direktheit. Sie halten mit ihren Ansichten zurück, um nicht die Empfindungen der Gesprächspartner zu verletzen. Daher legen sich Filipinos auch nicht gern mit einem klaren ›Ja‹ oder ›Nein‹ fest, der andere würde ja ›Gesicht verlieren‹, wenn er die gegenteilige Antwort erwartet hatte.

*Hiya* kann auch Angst vor Bloßstellung oder Peinlichkeit bedeuten – Beispiel: Sie bitten einen Filipino um eine Auskunft. Kann er Ihnen weiterhelfen, so ist alles in Ordnung. Ist dies jedoch nicht der Fall, so droht ihm ein ›Geschichtsverlust‹. Um sich keine Blöße zu geben, wird er Ihnen vielleicht eine falsche Auskunft geben, sich wortlos von Ihnen abwenden oder die Frage einfach ignorieren und Sie freundlich anlächeln.

Dem Streben nach Harmonie entsprechen auch Euphemismen. Man sollte damit rechnen, daß ein ›Ja‹ oftmals ein ›Vielleicht‹ und ein ›Vielleicht‹ eigentlich ein ›Nein‹ bedeuten kann. Selten wird ein Filipino sagen: ›Ich kann nicht kommen‹, sondern ›Ich werde versuchen zu kommen‹, was aber dann bedeutet, daß er nicht kommen kann. Oftmals muß man das, was Filipinos wirklich meinen, der Mimik und den Zwischentönen entnehmen.

Das beinahe permanente Lächeln der Filipinos dient als eine Art Schutzwall vor Konflikten, kaschiert häufig heftige Gefühlsregungen und überspielt in manchen Situationen, ebenso wie oftmals völlig unmotiviert erscheinendes Lachen, Gefühle der Unsicherheit oder Verlegenheit.

Strikte Beachtung verlangt – zum Teil auch von Besuchern des Landes – *Utang na loob,* das philippinische Phänomen der Dankespflicht. Wurde jemandem ein Freundschaftsdienst erwiesen, so ist er nicht nur zur Dankbarkeit verpflichtet, sondern muß gelegentlich auch eine Gegenleistung erbringen.

Wichtig im Wertegefüge sind die Achtung vor dem sozialen Status einer Person sowie die Anerkennung der Autorität älterer Leute. So bezeugen Filipinos rein äußerlich ihren Respekt vor Älteren häufig durch eine traditionelle philippinische Grußform *(Mano)* – sie legen die rechte Hand des Betreffenden auf die eigene Stirn. Auch ein Ausländer sollte als Gast einer philippinischen Familie durch entsprechendes Verhalten seine Achtung vor dem Familienoberhaupt zum Ausdruck bringen.

Gastfreundschaft und Aufgeschlossenheit Besuchern gegenüber sind weitere Charaktereigenschaften des *Pinoy,* wie sich der ›typische‹ Filipino selbst gern nennt. Vor allem auf dem Lande geben die Menschen in ihrer Gastfreundschaft oftmals mehr als sie selbst haben. Sie lassen dem Gast beim Essen den Vortritt, bieten ihm das einzige Bett an, schlafen selbst auf dem Boden und sind bei einer Ablehnung zutiefst beleidigt. Man sollte beachten, daß die Verpflichtungen einem Gast gegenüber für eine Durchschnittsfamilie eine große finanzielle Belastung bedeuten können, und dieses offene Entgegenkommen auf keinen Fall ausnutzen! Revanchieren Sie sich als Eingeladener möglichst mit kleinen Gastgeschenken, eventuell auch mit einem angemessenen Geldbetrag.

Erhalten Sie von Filipinos eine Einladung, so dürfen Sie als Grundregel nie die vereinbarte Zeit einhalten, sondern sollten etwa 20 bis 30 Minuten zu spät kommen – ein absolut pünktlicher Mensch ist unhöflich. Zumindest im privaten Bereich gilt eine Zeitangabe nie als genau fixierter Termin, sondern als ungefährer Anhaltspunkt. Schuhe werden an der Tür ausgezogen, sofern man Sie nicht ausdrücklich gebeten hat, es zu lassen. Eine Wohnung mit Schuhen zu betreten, würde als grobe Beleidigung verstanden werden.

Vielfach werden die philippinische Kontaktfreudigkeit, Geselligkeit und Offenheit – ebenso wie die ständigen ›Hey Joe‹-Rufe – von Ausländern als aufdringlich empfunden. Meist signalisieren Filipinos dadurch jedoch ein ehrliches Interesse an Besuchern.

Im Alltagsleben sind für die Filipinos verschiedene Gesten und Zeichen von Bedeutung. Das Hochziehen der Augenbrauen, oft verbunden mit einer ruckartigen Kopfbewegung nach oben, hat vielerlei Bedeutung, drückt jedoch meist Zustimmung aus. Um eine Person oder auch ein Taxi herbeizurufen, winkt man mit nach unten gerichtetem ausgestrecktem Arm. Langer, direkter Augenkontakt gilt als ausgesprochen unhöflich, ebenso das Zeigen auf eine Person mit dem Finger. Ein langgezogener scharfer S-Laut – ›tsss-tsss!‹ oder ›psssst!‹ – dient dazu, die Aufmerksamkeit auf sich zu ziehen, etwa in einem *Jeepney,* aber auch in einem Restaurant.

Kein Filipino erwartet von Touristen die Beachtung aller Regeln und Tabus. Das Übertreten geheiligter Gesetze wird allerdings selbst Fremden häufig verübelt, wenn man es auch oft hinter einem Lächeln verbirgt. Respektiert man die wichtigsten Grundsätze und hält sich an einige Touristentugenden, die man auf den Philippinen schätzt – Höflichkeit, Bescheidenheit, Toleranz, Geduld, sensibles Auftreten – kann man auch die schroffsten kulturellen Klippen umschiffen. Und wenn es einmal dennoch nicht klappt, beherzigen Sie eines der gängigsten Tagalog-Worte, den Schlüssel zur philippinischen Gelassenheit, vielleicht auch zum Nationalcharakter *Bahala na* - Gott wird schon für alles sorgen! oder Überlaß es nur dem Geschick!

## Zeit

Der Zeitunterschied zwischen den Philippinen und Mitteleuropa beträgt plus sieben Stunden. Wenn es in Manila 12 Uhr mittags ist, zeigt die Uhr in Köln 5 Uhr morgens. Während der europäischen Sommerzeit verringert sich diese Differenz um eine Stunde. Die Zeitangaben sind auf den Philippinen nach angelsächsischem Vorbild mit dem Zusatz a. m. (*ante meridiem;* von 0 bis 12 Uhr) und *p. m. (post meridiem;* von 12–24 Uhr) versehen.

## Zeitungen und Zeitschriften

Die philippinische Presse ist eine der liberalsten in Asien. Anders als in manchen Nachbarländern ist das gedruckte Wort bei der Mehrheit der Bevölkerung sehr populär. Neben Zeitungen im Nationalidiom Filipino erscheinen überregionale englischsprachige Tageszeitungen. Daneben gibt es zweisprachige (Englisch/Filipino) Boulevardzeitungen. Desweiteren erscheinen englischsprachige Wochenzeitschriften, die sich zum Teil recht ausführlich mit innenpolitischen Themen beschäftigen.

Die Medienlandschaft ist nicht mehr so eintönig wie während der Marcos-Ära. Zwar gab es auch damals offiziell keine Pressezensur, doch befanden sich die wichtigsten Blätter in den Händen von Marcos-Anhängern. Heute können philippinische Journalisten Mißstände anprangern. Generell dominiert in der philippinischen Presse die Inlandsberichterstattung. Informationen über internationale Politik werden zweitrangig behandelt.

Zeitungen und Zeitschriften werden zu einem Großteil über Straßenhändler vertrieben. In Manila erscheinende Zeitungen kosten in anderen Landesteilen wegen der Transportkosten 50 bis 100 % mehr. Internationale englischsprachige Nachrichtenmagazine und Zeitungen wie »Newsweek«, »Time«, »Asiaweek« und »International Herald Tribune« erhält man in größeren Orten meist in Buchhandlungen, Supermärkten und Drogerien. Deutsche Tages- und Wochenzeitungen sowie Magazine und Illustrierte gibt es (sehr teuer) in großen Hotels und am Flughafen in Manila.





# Abbildungsnachweis

Archiv für Kunst und Geschichte, Berlin S. 31, 40, 94

Roland Dusik, Lauf Titelbild, hintere Umschlaginnenklappe, Umschlagrückseite, S. 2 oben und unten, 3 oben und unten, 4 oben und unten, 5 oben und unten, 6, 7, 8/9, 12, 14, 21, 23, 25, 26, 33, 35, 36, 37, 43, 44, 47, 48/49, 50, 57, 63, 66, 69, 72, 73, 74, 77, 81, 82, 84, 85, 86, 88 oben, Mitte, unten, 88/89, 90/91, 92, 97, 99, 103, 104, 106/07, 108, 111, 112, 116, 121, 123, 124, 126, 130, 134/35, 137, 138, 140, 144/45, 153, 154, 158, 160, 161, 162/63, 164, 166/67, 169, 172, 173, 174, 177, 181, 182/83, 187, 189, 191, 192, 196, 198/99, 202, 204/05, 207, 215, 224/25, 226, 230/31, 233, 237, 238, 241, 242/43, 246

Eduardo Masferré, Bontoc, Mountain Provinces, Luzon S. 59 links und rechts

G.P. Reichelt, White Star, Hamburg S. 60/61, 150

Albrecht G. Schaefer, Bingen S. 53, 207, 220, 213, 228

Ullstein Bilderdienst, Berlin S. 29

**Karten und Pläne**
artic/Duisburg/Karlsruhe

# Register

## Ortsregister

Register

## Personen- und Sachregister

*Titelbild:* Blick auf Puerto Princesa
*Umschlaginnenklappe:* Der Lake Buhi im Süden von Luzon
*Umschlagrückseite:* Essensstand auf dem Carbon Market von Cebu City

*Über den Autor:* Roland Dusik, geboren 1956, arbeitet als freier Journalist und Fotograf und veröffentlichte zahlreiche Reisereportagen sowie Aufsätze vor allem über Südost-Asien und Australien. Bei DuMont erschienen von ihm die Richtig Reisen-Bände »Australien« und »Indonesien«, die Reise-Taschenbücher »Ost-Australien« und »Bali« sowie der Extra-Band »Bali«.



Fremde Kulturen kennenlernen und gastfreundlichen Menschen begegnen – wie sehr genießen wir das auf Reisen. Zu Hause bei uns jedoch wird mancher Ausländer von einer kleinen Minderheit beschimpft und sogar mißhandelt. Alle, die in fremden Ländern Gastrecht genossen haben, tragen hier besondere Verantwortung. Deshalb: Lassen Sie uns gemeinsam für die Würde des Menschen einstehen.

Verlagsleitung, Mitarbeiterinnen und Mitarbeiter des DuMont Buchverlages

Die Deutsche Bibliothek – CIP Einheitsaufnahme

Dusik, Roland:
Philippinen/Roland Dusik. – Köln: DuMont, 1997
(Richtig reisen)
ISBN 3-7701-3808-2


Satz und Druck: Rasch, Bramsche
Buchbinderische Verarbeitung: Bramscher Buchbinder Betriebe

Printed in Germany ISBN 3-7701-3808-2